존 웨슬리의 구원의 교리를 매우 흥미로운 것이 되게 한 이 연구는, 웨슬리가 이룬 '매우 정교한' 신학적 종합을 신뢰할 만하게 재구성해 제시한다. 콜린스는 웨슬리가 '구원의 길'을 이해한 것에 분명한 순서가 있음을 파악하면서도, 현대의 메소디스트들이 쉽게 오해하는 내용인 웨슬리 구원론에 담긴 다양한 종합과 병행구조에 특별히 관심을 기울인다. 그는 웨슬리의 글 전체에 대한 철저한 독서와 현대의 연구에 관한 해박한 지식을 바탕으로 웨슬리의 글에서 '난해한' 문구를 바르게 해석하기 위해 깊이 숙고하지 않는 해석자에게 도전장을 던진다. 그는 많은 경우 선행은총이나 '사회적 종교' 등과 같이 웨슬리 신학에서 사람들이 흔히 오해해온 내용을 바로잡는데, 이는 절실히 필요했던 작업이다. 그 결과 이 책은 웨슬리 신학을 명료하게 설명하고 탁월하게 해석할 뿐 아니라, 현재 웨슬리 연구에서 논쟁 중에 있는 많은 주제들을 훌륭하게 소개한다.

리처드 P. 하이첸레이터(Richard P. Heitzenrater)
듀크 대학교 신학부 교수

존 웨슬리의 신학에 관심을 가진 사람이라면 누구나 이 책을 매우 중요하게 여기게 될 것이다. 콜린스의 책은 명확하고 신선하며 통찰력이 있다. 그의 논리는 견고하고 세밀하고 해박하며, 집요하고도 언제나 정확하다. 콜린스는 웨슬리에 관한 역사적 진실을 밝히는 데 열정적이면서도, 동시에 자신이 꿈꾸는 웨슬리 신학의 비전을 오늘을 위한 실질적 신학적 대안으로 제시하기를 간절히 열망한다. 이 책은 웨슬리의 신학적 유산에 관한 현재의 논의를 더 풍부하게 하고 확장시키는 주도면밀한 연구서다.

윌리엄 J. 아브라함(William J. Abraham)
남감리교 대학교, 퍼킨스 신학대학원 교수

콜린스는 구원에 관한 존 웨슬리의 신학을 신선하게 이해하고 또 해석한다. 웨슬리를 다양한 신학적 전통의 입장에서 선입견을 가지고 해석하려는 다양한 시도에 반대해 콜린스는, 웨슬리의 천재성은 성경이 말씀하는 다양한 신학적 요소를 실용적으로 종합한 데서 드러남을 설득력 있게 논증한다. 앞으로 이루어질 웨슬리의 구원론에 대한 모든 연구는, 웨슬리의 글 전체를 창조적으로 해석한 이 책을 무시하고는 이루어질 수 없을 것이다.

M. 더글라스 미크스(M. Douglas Meeks)

웨슬리 신학대학원 교수

콜린스는 존 웨슬리 신학에 관해 훌륭하고도 유익한 책을 썼다. 콜린스는 현대의 다양한 해석에 진지하게 주의를 기울이면서도, 무엇보다 '웨슬리가 스스로 말하도록' 하기 위해 노력을 기울인다. 즉 웨슬리 자신의 방법에 따라 조직신학의 주된 주제의 범주를 구분하고 또 그 주제들에 접근한다. 콜린스는 웨슬리 신학 전체에서 성경이 갖는 중심적 중요성을 강조하면서, 웨슬리의 '구원의 길'이 갖는 역동성과 순서와 목적이라는 주제를 탐구한다. 이 책은 웨슬리의 사상이나 가르침, 또는 그의 생애와 그가 일으킨 운동에 대해 역사적 발전 과정을 설명하기보다, 웨슬리의 원자료를 교리적으로 연구한 것이다. 학자들은 저자가 웨슬리에 관한 현대의 해석을 어떻게 다루는지, 그리고 그가 다른 학자의 통찰을 존중하면서도 어떤 새로운 해석을 내놓는지에 관심이 많을 것이다. 나는 존 웨슬리의 신학에 관한 주도면밀한 소개를 원하는 분들께 이 책을 추천한다. 이 책은 신학교 수업과 신학 토론 모임을 위한 탁월한 자료가 될 것이다.

데니스 M. 캠벨(Dennis M. Campbell)

듀크 대학교 신학부 교수

미국 애즈베리 신학대학원은 감리교회, 성결교회, 오순절교회 등 범웨슬리안 교단의 신학적 뿌리인 웨슬리 신학 연구에서 세계적 수준과 지도력을 인정받는, 학풍이 매우 복음적이고 경건한 신학교다. 애즈베리가 자랑하는 웨슬리 신학 최고의 권위자 케네스 콜린스 교수의 책『성경적 구원의 길』이 장기영 박사를 통해 번역된 것은 축하할 일이다. 웨슬리의 구원론을 탁월하게 소개한 이 책은, 구원이 하나님의 은혜의 선물임을 분명히 나타내 우리로 하나님의 구원하시는 사랑과 은혜를 높이고 찬양하게 함과 동시에, 하나님의 은혜를 헛되지 하지 않기 위해 우리가 어떤 태도로 은혜를 받고 유지해야 하는지를 명확히 알려준다. 특히 웨슬리는 죽은 지식의 전달자가 아니라 하나님의 은혜를 뜨겁게 체험한 자로서 생생한 하나님의 은혜를 신학에 담아냈기에, 웨슬리 연구는 오늘날에도 우리의 마음을 뜨겁게 만든다. 훌륭한 신학자이자 탁월한 설교자, 성실한 목회자, 성령 충만한 부흥사였던 웨슬리의 구원론은 개인의 칭의와 성화의 길, 교회 생활을 통한 성품과 삶의 훈련, 세상을 향한 전도와 선교, 섬김에서 한국 교회가 보완해야 할 요소들에 대해 깊은 통찰을 준다. 하나님께서 이 책을 도구로 한국의 웨슬리안들과 한국 교회에 다시금 신앙과 성결의 부흥을 일으켜 주시기를 기대하면서, 이 책을 신학자, 목회자, 신학생 및 성경적 지식을 갈구하는 모든 평신도들께 적극 추천한다.

김정석

애즈베리 신학대학원 이사, 광림교회

케네스 콜린스의 『성경적 구원의 길』이 번역, 출간됨을 기쁘게 생각한다. 콜린스 박사는 일찍이 1989년에 웨슬리의 표준 설교에 근거해 『웨슬리의 구원론: 웨슬리의 표준 설교 연구』(*Wesley on Salvation: A Study in the Standard Sermons*)를 출판했는데, 이는 웨슬리의 신학 전반을 소개하는 것이 아니라, 웨슬리가 1765년에 쓴 설교 "성경적 구원의 길"에서 전개한 구원의 순서와 과정을 중심으로 웨슬리의 표준 설교에서 전개된 구원의 중요한 교리를 다루었다. 웨슬리 신학을 강의하며 연구를 계속한 콜린스 박사는 약 10년 뒤인 1997년에 그 내용을 확장해 본서를 출간한 것이다. 전자는 웨슬리의 표준 설교들에 근거해 구원론을 전개하였다면, 이번에는 웨슬리의 설교, 신구약성서 주해, 일지, 편지, 소논문 등 웨슬리의 모든 자료들에 근거해 포괄적으로 웨슬리가 전개한 구원의 순서와 과정에 관한 교리, 곧 인간의 타락과 원죄, 하나님의 은총, 은총의 계속적인 역사, 칭의, 중생, 성화, 확신의 교리, 최종적 칭의 등을 다룬다. 그는 다른 학자들과는 구별되게 웨슬리의 원천자료에 근거해 구원론을 전개하고 있다. 이런 면에서 콜린스의 이 책은 웨슬리 신학 연구에서 모든 연구자들의 기초자료가 될 것이라고 믿는다.

이 책이 설명하는 웨슬리의 신학은 성경적이며 종교개혁자들의 은총관에 깊이 뿌리를 내린 동시에, 종교개혁 신학의 한계에 갇히지 않고 초기 기독교와 교부, 가톨릭과 동방 정교회, 종교개혁과 경건주의, 급진 종교개혁 등 다양한 기독교 전통이 강조하는 성경적 요소를 포괄적으로 종합한다. 그 결과 웨슬리 신학은 "율법과 복음, 신앙과 거룩한 삶, 은총과 행위, 하나님의 사랑으로서의 은혜와 능력 부음으로서의 은혜, 칭의와 성화, 순간과 과정, 선행은총의 보편성과 구원의 제한적 실현, 하나님의 주도하심과 인간의 응답, 초기적 칭의와 최종적 칭의" 중 어느 것 하나 배제하지 않고 조화시키는 창의적이고 실천적인 종합을 이루고 있다. 이 점에서 웨슬리 신학은 위대한 신학이요, 종교개혁자들이 주창한 구원론을 완성한 신학이라고 부를 수 있다.

이 모든 특징을 지닌 웨슬리의 구원론을 탁월하게 해설한 콜린스의 이 책은 웨슬리 신학 연구에 필수적인 자료로 자리 매김할 것이다. 하나님께서 이 책을 통해 한국 교회에 새로운 구원의 역사를 일으키시기를 기대한다. 이 책을 번역한 장기영 박사에게 감사의 뜻을 표하며, 기쁜 마음으로 추천한다.

조종남
서울신학대학교 명예 총장

케네스 콜린스 박사는 현대 웨슬리 신학계를 이끌어가는 출중한 학자로, 자신의 역작인 이 책에서 매우 파악하기 힘든 미묘하고 섬세한 웨슬리 신학의 주제들을 선명히 드러내고 훌륭하게 해석한다. 예를 들면, 콜린스는 구원에서 회개 및 그 열매의 필요성, 구원의 과정에서 하나님의 주권 및 불가항력적 은총이 역사하는 시점과 인간의 자유 및 응답이 요구되는 시점의 구분, 구원의 유일한 조건인 신앙과 마지막 심판의 근거가 되는 행위의 관계를 매우 논리적으로 설명한다. 특히 웨슬리의 구원론에서 칭의(중생)와 완전성화라는 구별되는 구원의 단계 사이에 존재하는 유사성과 차이점을 통해 두 구원론적 은혜 간 신학적 병행관계를 정립해 웨슬리 신학의 구조를 명확히 보게 한 것은, 콜린스가 웨슬리 신학 연구에 끼친 특별한 기여라 할 수 있다. 이 책은 웨슬리 신학 전반에 대한 콜린스의 탁월한 해설로, 교단을 불문하고 모든 독자들의 웨슬리 이해를 한 단계 높이는 데 중요한 기여를 할 것으 로 믿는다.

이후정

감리교신학대학교 총장

The Scripture Way of Salvation:

The Heart of John Wesley's Theology

The Scripture Way of Salvation:

The Heart of John Wesley's Theology

성경적 구원의 길:
존 웨슬리 신학의 정수

케네스 J. 콜린스 지음 | 장기영 옮김

웨슬리 르네상스

역자 후기

저는 미국 애즈베리 신학대학원 석사(MA)과정과 영국 나사렛 신학대학 박사(PhD)과정 모두에서 케네스 콜린스 박사님을 지도교수님으로 모시고 웨슬리 신학을 전공할 수 있었던 것에 대해 늘 하나님께 감사드립니다. 서울신학대학교(BA, MDiv, ThM)에서는 9년간 조종남 박사님, 한영태 박사님을 통해 웨슬리 신학의 기초를 탄탄히 닦고 성경적 구원의 신앙을 고백할 수 있었다면, 콜린스 박사님을 통해서는 웨슬리 신학의 학문적 깊이를 느끼고, 다른 어떤 신학 전통의 것보다 가장 성경적 균형을 지닌 조직신학의 틀을 형성할 수 있었기 때문입니다.

나사렛 신학대학의 지도교수님이셨던 허버트 맥고니글 박사님은 그분 자신이 크게 존경받는 웨슬리 학자임에도, 학생들에게 자주 "콜린스 박사는 현존하는 신학자 중 웨슬리를 가장 정확히 해석하는 학자입니다. 여러분이 웨슬리의 원문을 읽은 후에는 반드시 콜린스의 도움을 받아 웨슬리 신학의 뼈대를 형성하기 바랍니다"라며 콜린스 박사님의 탁월함을 거듭 언급하시곤 했습니다. 논문지도를 받는 과정에서 저는 그분의 탁월함이 지적 능력 외에도 웨슬리의 설교를 통해 회심을 경험하고 그리스도를 만난 깊은 영적 체험 때문이기도 함을 알게 되었습니다. 존 웨슬리 목사님에게 신학이 단지 지식이 아닌 그리스도께 대한 신앙의 고백과도 같았듯, 콜린스 박사님과 저에게도 그러하며, 저는 모든 웨슬리안들에게도 그 점이 동일하기를 바랍니다.

석사와 박사 과정에서 이 책을 수 차례 정독했고, 번역하는 동안 한 문장 한 문장 깊이 음미했으며, 목회자를 위해 일일 세미나 또는 장기 세미나를 수 차례 진행했음에도, 저는 이 책을 다시 펼칠 때마다 여지없이 깊은 통찰력과 해설의 명료함에 새롭게 감탄하게 됩니다.

이 책은 많은 신자가 하늘 가는 길에서 거치게 될 구원의 과정을 요약한 일종의 영적 지도입니다. 실제 신앙생활에서는 간략한 지도에 표기할 수 없는 무수한 샛길과 다양한 경험이 존재하기에, 모두가 구원의 과정을 획일적으로 경험하지는 않습니다. 그럼에도 대부분의 신자가 공통적으로 거치는 성경적 구원의 과정을 바르게 이해하는 일은 매우 중요합니다. 우리가 하나님 은혜로 어디서 출발해 여기까지 왔으며, 또 어디까지 이끌어 가실지를 안다면, 우리는 필요한 위로와 격려를 받을 수 있고, 때로는 경각심을 갖고 스스로를 채찍질하게도 되며, 어떤 경우에도 소망을 갖고 더욱 전진할 수 있기 때문입니다. 이 책을 통해 독자들이 그런 유익을 누리게 되기를 바라고, 또 목회자들은 신자들을 바르게 지도하는 지침이 될, 신뢰할 만한 안내서를 갖게 되기를 바랍니다.

마지막으로 이 지면을 통해 큰 감사를 표하고 싶습니다. 이 책은 창립 50주년을 맞이한 아미성결교회의 기도와 후원으로 출판되었습니다. 창립 50주년을 맞아 한국 교회의 성숙과 발전을 위해 의미 있는 헌신을 하고자 웨슬리 르네상스의 해외 명저 출판을 위해 기도해 주시고 후원해 주신 목석균 담임목사님과 성도님들께 깊이 감사드립니다. 특히 이 소중한 책을 국내에 소개할 수 있도록 출판비를 지원해 주신 유금형 권사님, 신창섭 안수집사님께 깊이 감사드립니다. 권사님, 안수집사님의 귀한 섬김을 통해 하나님께서 영광 받으시고, 국내의 많은 목회자들과 성도님들이 큰 유익을 누리게 될 것을 믿어 의심치 않습니다.

2023년 여름
장기영 박사

약어

BAKER, *LETTERS* John Wesley, *Letters*, ed. Frank Baker, vols. 25-26 in *Works*.

CRAGG, *APPEALS* John Wesley, *The Appeals to Men of Reason and Religion and Certain Related Open Letters*, ed. Gerald R. Cragg, vol. 11 in *Works*.

CURNOCK, *JOURNAL* *The Journal of the Rev. John Wesley*, A.M., ed. Nehemiah Curnock, 8 vols, London: Robert Cullery.

DAVIES, *SOCIETIES* John Wesley, *The Methodist Societies: History, Nature, and Design*, ed. Rupert E. Davies, vol. 9 in *Works*.

JACKSON, *WORKS* *The Works of John Wesley*, ed. Thomas Jackson, 14 vols. (London: Wesleyan Conference Office, 1872; reprinted Grand Rapids: Baker Book House, 1978).

WESLEY, *NT NOTES* John Wesley, *Explanatory Notes Upon the New Tesatament* (London: William Bowyer, 1755; reprinted London: Wesleyan-Methodist Book-Room, n.d.; reprinted Grand Rapids: Baker Book House, 1987).

WESLEY, *OT NOTES*   John Wesley, *Explanatory Notes Upon the Old Testament*, 3 vols. (Bristol: William Pine, 1765; reprinted Grand Rapids: Francis Asbury Press, 1987).

TELFORD, *LETTERS*   *The Letters of the Rev. John Wesley*, A.M., ed. John Telford, 8 vols, London: Epworth Press, 1931.

OUTLER, *SERMONS*   John Wesley, *Sermons*, ed. Albert C. Outler, vols. 1-4 in *Works*.

WARD & HEITZENRATER, *JOURNAL AND DIARIES*

John Wesley. *Journal and Diaries*, ed. W. Reginald Ward and Richard P. Heitzenrater, vols. 18-24 in *Works*.

WORKS   *The Works of John Wesley*; begun as "The Oxford Edition of *The Works of John Wesley*" (Oxford: Clarendon Press, 1975-1983); continued as "The Bicentennial Edition of *The Works of John Wesley*" (Nashville: Abingdon Press, 1984—); 14 of 35 vols. published to date.

나는 이 책을 쓰는 데 도움을 주신 다음 분들께 감사드리고 싶습니다. 듀크 신학대학원의 교회사와 웨슬리 신학 담당 교수인 리처드 하이첸레이터와는 여러 차례 전화 통화를 통해 웨슬리 신학의 다양한 주제에 관해 긴 대화를 나누었습니다. 애즈베리 신학대학원의 도서관 사서인 존 시리는 전산 자료수집 방법을 가르쳐주어 아주 흥미롭게 작업할 수 있도록 도와주었습니다. 메소디스트칼리지 사서인 수잔 펄시퍼는 연구 기간 내내 다양한 일에 대해 친절하게 조언해 주고 도와주었습니다. 마지막으로, 나는 특히 내 인생의 여인들인 마릴린과 브룩과 로렌에게 '입만 열면 웨슬리를 말하는' 남편과 아빠를 참아준 것에 고마움을 표하고 싶습니다.

케네스 J. 콜린스(Kenneth J. Collins)

차례

서론

이 책의 제목은 웨슬리가 1765년에 출판한 설교인 "성경적 구원의 길"에서 가져온 것이다. 어떤 학자들은 이 제목에서 "길"이라는 단어에 초점을 맞춰 구원의 과정적 요소를 부각시키려 하지만, 내가 웨슬리를 이해하기로는 "성경적"이라는 단어가 훨씬 중요하다. 성경을 그리스도인의 삶의 궁극적 기준과 지침으로 삼는 웨슬리 신학의 근본적 지향점을 나타내기 때문이다. 웨슬리 신학의 지향점은 "전통적" 구원의 길이나 "이성적" 구원의 길, 또는 "체험적" 구원의 길이 아니라 "성경적" 구원의 길이다. 이 설교에는 웨슬리가 설교집 서문에서 밝힌 대로 하나님께서 말씀으로 계시하신 "하늘에 이르는 길, 곧 그 행복한 나라에 안전하게 다다르는 방법"[1]을 명확하게 설명하려던 웨슬리의 최선의 노력이 담겨 있다. 따라서 웨슬리가 사용한 "길"이라는 단어는 "방법"이나 "방식"을 의미하는데, 그 길은 다른 방법들과 맞서는 "성경적" 방법이다.

책의 부제를 "존 웨슬리 신학의 정수(heart, 심장)"로 정한 것 역시 웨슬리의 신학적 관심이 순수하게 이론적인 것이기보다 언제나 구원의 교리와 관련된 실천적인 것이었다는 점과, 웨슬리 신학에는 마음과 관련된 용어를 통해 사람의 마음에 반응을 불러일으키는 섬세하고 깊은 차

---

1   Outler, *Sermons*, 1:117, "믿음으로 말미암는 구원."

원이 있음을 나타내기 위한 것이다. 따라서 이 책에서는 "감정", "성품", "기질" 등의 단어가 중요한 역할을 하게 될 것이다. 만약 어떤 사람이 이 "깊은 차원"을 고려하지 않고 웨슬리의 구원론을 관념적이고 개념적으로 설명하는 데서 그친다면, 그것은 '웨슬리'의 사상을 제대로 다룬 것이 아니다.[2] 웨슬리의 신학적 천재성을 보여주는 한 측면은, 죄로 인한 인간 영혼의 파괴와 내면적 종교의 부재가 어떻게 악의 모든 형태, 즉 개인적이거나 사회적, 또는 정치적인 악을 일으키는지 설명하는 탁월한 능력이다.[3] 이 연구는 면밀하게 이 모든 깊은 차원에 주목할 것이다.

나의 더 중요한 임무는, 웨슬리가 남긴 신학자료 전체(신학 논문, 편지, 일지, 설교, 신구약성서주해)에서 웨슬리의 구원의 교리 전반을 빠짐없이 조사하는 것이다. 따라서 이 연구는, 웨슬리가 계속 구원의 과정을 숙고하는 과정에서 칭의, 확신, 성령의 증거 등을 설명할 때 나타나는 사상과 표현의 미세한 변화를 역사적으로 추적할 것이지만, 본질적으로는 교리에 관한 연구다. 나는 세밀한 논거와 유력한 증거를 통해 현재 많은 사람이 받아들이는 가정, 즉 노년의 웨슬리는 "종의 신앙"을 칭의의 신앙과 같은 것으로 간주해 구원의 길을 매우 넓혀놓았고, 이로 인해 초기인 1725년 무렵부터 강조해 온 더 중요한 신학적 강조점들, 무엇보다 참된 기독교라는 핵심 주제를 부인하게 되었다는 가정에 이의

---

2 Gregory S. Clapper, *John Wesley on Religious Affections: His Views on Experience and Emotion and Their Role in the Christian Life and Theology* (Metuchen, NJ: Scarecrow Press, 1989) 참조.

3 웨슬리는 특히 논문 "현시대의 식량결핍의 원인 고찰"(Thoughts on the Present Scarcity of Provisions)에서 사회의 경제적 불안의 원인을 증류주 제조, 과도한 세금(탐욕), 사치스러운 생활(이기심) 등의 사회악과 연결했다. Jackson, *Works*, 11:57을 참조하라.

를 제기할 것이다.

더 나아가 나는 창조, 원죄, 선행은총, 회개, 칭의, 신생, 완전성화, 최종 칭의 같은 웨슬리의 구원론의 구성요소를 고찰할 때 웨슬리 자신의 생각과 진지하게 씨름하기 위해 대부분 원자료에 초점을 둘 것이다. 2차적인 해석에 지나치게 의존하는 연구는 웨슬리를 현대적으로 해석하기 위해 18세기 웨슬리 당시의 관심보다 20세기의 관심을 우선시해 거기에 부당한 우선권을 부여할 위험이 있다. 나는 웨슬리 자신의 글과 당시 상황 이해에 도움이 되는 한에서만 중요한 2차 자료를 사용할 것이다. 즉 이 연구의 목표는 역사학자의 해석 방법이나 전제, 편견이 개입될 수 있음을 인정하더라도 가능한 한 웨슬리가 스스로 말하도록 하는 데 있다.

나는 웨슬리가 가르친 구원의 길의 1) 역동성, 2) 순서, 3) 목적이라는 세 가지 결정적 주제를 더 큰 맥락 안에 통합해 논의하는 방향으로 자료를 다룰 것이다.

첫째, 나는 웨슬리가 가르친 구원의 길의 역동성이 여러 연결(conjunction)에서 표현되며, 그중 가장 중요한 것이 율법과 은혜의 연결임에 주목할 것이다. 내가 보기에 최근의 연구들은 알버트 아우틀러(Albert Outler)의 전례를 따라 은혜에는 특별한 위치를 부여하면서도 도덕법은 비교적 경시하는 경향을 나타낸다. 이렇게 도덕법을 경시하게 되면 (꼭 필연적인 결과는 아니더라도) 웨슬리 신학에 그 진지함과 책임성을 부과하는 힘을 간과하여 웨슬리 신학을 감상적으로 이해할 위험이 생긴다. 사실 웨슬리에게 은혜란 아무 기준과 형식이 없는 무정형(amorphous)의 것이 아니라, 언제나 "영원 속에 거하시는 높고 거룩하신 분에 대한 불멸의 묘사"[4]로서 하나님의 도덕법이라는 맥락에서 표현되고 이해될 수 있는 것이다. 율법의 역할이 완전히 멈추는 칭의와 완전성화의 두 "순간"에서 웨슬리의 사상은 루터의 '오직 은혜'(*sola gratia*) 개념을 명확히 반영한다. 그러나 그 순간을 제외하면 그리스도인의 삶의 여정에서 하나님의 은혜가 어떤 것인지를 이해할 수 있게 해주는 배경이 되는 것이 도덕법이다. 달리 말해, 웨슬리에게 은혜는 언제나 "기준을 가진 은혜"(normed grace)다. 따라서 우리는 하나님께서 계시하신 뜻이 무엇인가 하는 관점에서 은혜를 이해하고 가늠해야 한다. 하나님의 은혜를 이해하는 맥락이 되는 바른 기준이 없다면, 은혜는 즉시 공허하고 무의미한 것으로 전락하고, 인간의 자기 고집이나 이데올로기 및 감상적인 생각이 은혜의 내용이 되어버리는 결과를 피할 수 없다. 나는 이러한 오류를 피하기 위해 창조에서 영원까지 웨슬리의 구원의 길 전반과 모든 중요한 세부 사항에서 율법과 은혜의 관계를 살펴볼 것이다.

더불어 칭의와 성화, 믿음과 행위, 순간과 과정, 하나님의 역사와 인간의 책임 등 웨슬리 신학이 포함하는 다른 연결도 고찰할 것이다. 이 연결의 관점에서 나는, 칭의는 법정적 주제를 다루므로 순간적인 것인데 비해, 성화는 참여적인 주제를 다루므로 과정적 특징을 지닌다는 주장이 잘못된 것임을 주의 깊게 논증하고자 한다. 점차 분명해지겠지만 그런 식의 이분법은 웨슬리의 정교하고 복잡한 신학을 바르게 설명하는 데 적합하지 않다. 이 책 전체에서 나는 웨슬리가 말하는 구원의 길의 "순간적" 요소들이, 사람들이 상상하듯 칭의와 법정적 주제에 한정되지 않고 성화와 참여적 주제에도 해당됨을 입증할 것이다. 간단히 말

---

4   Outler, *Sermons*, 2:9, "율법의 기원, 본성, 속성 및 용법."

해, 칭의와 성화 모두 순간적 요소와 과정적 요소 둘 다를 특징으로 지닌다. 따라서 함께 결합되어 있는 순간적 요소와 과정적 요소 중 어느 하나를 소홀히 다루는 것은 웨슬리에 대한 왜곡된 이해만 낳을 뿐이다.

둘째, 나는 구원의 순서(서정)를 포함하는 웨슬리의 구원론의 더 큰 틀은 병렬구조의 특징을 가졌음을 보여줄 것이다. 즉 웨슬리가 칭의에 관해 설명할 때 등장하는 신앙과 은혜, 행위의 역할, 도덕법, 회개, 확신, 성령의 활동 등의 요소는, 완전성화를 설명할 때도 병렬적으로 나타난다는 것이다. 그러나 둘 사이에는 한 가지 다른 점이 있다. 예를 들어, 칭의 이전의 율법적 회개와 완전성화 이전의 복음적 회개에서처럼 칭의와 완전성화의 병렬적 요소 사이에는 유사성이 있음에도, 두 교리는 칭의의 시점과 완전성화의 시점 사이에 이루어지는 은혜 안에서의 성장이라는 요소로 인해 서로 구별된다. 따라서 웨슬리의 구원론을 해석할 때는 칭의와 완전성화 사이의 유사성과 차이점이 균형을 이루도록 세심한 주의를 기울여야 한다. 이 점을 충분히 입증한 후 나는, 웨슬리 구원론의 주요 교리들 간 유사성과 차이점을 세밀하게 드러내는 역동적 병렬구조가 웨슬리 구원론 전체를 풀어내는 중요한 해석적 도구임을 말할 것이다. 구원 과정에 대한 웨슬리의 다양한 성찰에는 함축적인 질서와 운율과 논리가 있다. 웨슬리의 실천적 신학이 18세기 부흥운동의 다양한 필요에 대처하면서 생겨난 결과물이라는 말도 일리는 있지만, 그럼에도 그의 신학, 특히 구원의 교리는 그것을 만든 사람이 체계적이고 합리적이고 논리정연한 지성을 가졌음을 증거한다.

마지막으로, 나는 웨슬리가 가르친 구원의 길의 목적은, 신자들이 신앙을 통해 하나님께로 나아가게 하고 사랑을 통해 이웃에게로 나아가게 함으로써 구원 이전에는 생각지도 못한 더 큰 세계로의 길을 열어준다는 점을 주장할 것이다. 인간의 마음에서 성품과 관계의 변화를 일으켜 이웃과 더 큰 세상에 영향을 끼치게 하는 이러한 노력의 중심에 있는 것은 "사랑으로 역사하는 믿음"(갈 5:6)이다. 하지만 이 책의 마지막 장에서 다룰 구원의 길의 목적은 현재의 삶뿐 아니라 다가올 삶을 위한 도전과 가능성을 포함한다. 달리 말해, 구원의 길은 시간 속에서의 거룩함과 영원에서의 거룩함 모두를 목적으로 삼는다. 구원의 길에서 구원 과정을 완성하는 것은 종말론이다. 다가올 미래의 바로 그 삶이 한시적이고 세속적인 우리 존재를 온전히 변화시킬 것이다.

이 책의 마지막 장에 이르는 동안 총명한 독자들은 구원의 과정에 관한 웨슬리의 최상의 설명 속에 다양한 긴장(tension)과 연결(conjunction)이 있음을 발견할 것이다. 웨슬리 해석자들이 빠지기 쉬운 위험은, 서로 연결되어 있는 양자 모두가 아닌 한쪽만을 고려한 결과 그의 신학을 왜곡되게 그려낼 수 있다는 점이다. 예를 들어, 누군가 웨슬리의 구원의 교리에서 단지 점진적 요소에만 초점을 맞춘다면, 그는 웨슬리를 매우 "가톨릭적"으로 이해할 것이다. 반대로 누군가 웨슬리의 구원론에서 순간적 요소만을 강조한다면, 그는 웨슬리를 매우 "개신교적"으로 이해할 것이다. 결국 서로 연결되어 있는 버팀목 중 어떤 것을 강조하는지에 따라 웨슬리는 고교회파 영국 국교회주의자가 될 수도 있고, 저교회파 복음주의자가 될 수도 있다. 또한 성례주의자가 될 수도 있고, 부흥사가 될 수도 있다. 은혜의 선포자가 될 수도 있고, 선행의 독려자가 될 수도 있다. 깊은 영성의 사람이 될 수도 있고, 통속적인 도덕주의자가 될 수도 있다. 그 각각의 버팀목이 함께 모여 웨슬리 신학을 형성하는 것이지, 그중 하나가 전부일 수는 없다.

모든 웨슬리 해석자에게 진정한 도전은 웨슬리의 "전체"를 보는 것이다. 그러나 여기서 "전체"를 본다는 것은 마치 연대기 자체가 웨슬리 해석의 비결인 양 그의 생애 전체를 다루어야 한다는 의미가 아니다. 연대기적 관심도 중요하지만, 그 관심은 웨슬리 사상의 특징인 깊이와 정교함에 대한 세밀한 관심으로 이어져야 한다. 이는 웨슬리의 구원의 교리와 씨름하는 사람은 그의 생애 중 어떤 부분을 다루든, 특히 그 시점에서의 웨슬리 사상의 미묘한 의미를 구분해내기 위해 노력해야 함을 의미한다. 웨슬리에 대한 가장 잘못된 이해는, 어떤 이유에서든 18세기의 인물을 그 자신이 한 말과 뜻에 따라 이해하려 하지 않는 데서 발생한다. 나는 가능한 한 이런 오류를 피하기 위해 노력할 것이다. 따라서 나는 웨슬리를 그 자신의 용어 안에서, 그의 신학이 가진 다양한 뉘앙스 속에서, 그의 신학적 종합에 내재된 긴장을 보존하는 가운데, 그의 모든 실패와 한계까지도 숨기지 않고 밝히 드러냄으로써 웨슬리를 있는 모습 그대로 제시하고자 한다. 그것이 나를 비롯해서 사람들이 자신의 의도에 따라 웨슬리를 창조해내는 것보다 우리 세대를 위해서든 다른 세대를 위해서든 훨씬 더 깊은 의미가 있을 것이라 믿는다.

1장

하나님의 은혜, 창조,
인간의 타락

구원의 전 과정에 함께하는 하나님 은혜

웨슬리가 가르친 다양한 교리를 하나로 묶어줄 뿐 아니라 그 배후에서
모든 교리의 원천과 맥락을 제공해주는 웨슬리 신학의 핵심 주제는 하
나님의 은혜의 교리다. 인간 창조에서부터 성도의 영화에 이르기까지,
양심을 선물로 주신 데서부터 성령의 친절한 인도하심에 이르기까지,
죄를 깨닫는 데서부터 사람의 마음에 하나님과 이웃을 향한 사랑이 회
복되기까지 모든 것 위에 하나님의 은혜가 있다. 웨슬리의 구원 신학에
서는 인간의 타락을 생각하든, 구원 과정의 어떤 단계를 다루든 하나님
의 은혜가 핵심 주제가 되지 않는 곳은 단 한 곳도 없다. 웨슬리 신학 이
해에서 이 지극히 중요한 요소를 충분히 고려하지 않는 것은 매우 잘못
된 것이다. 간단히 말해, 웨슬리 신학에서 울려 퍼지는 첫 화음이자 이
책의 주제는 하나님의 은혜다.

은혜: 하나님의 호의 및 능력 부으심

웨슬리의 은혜 이해는 매우 정교하기에 많은 웨슬리 학자, 특히 메소디
스트 전통 밖에 있는 학자들은 웨슬리의 구원론에 담긴 난해하고 미묘
한 의미를 제대로 파악하지 못하는 경우가 많다. 웨슬리는 하나님의 은

혜를 하나가 아닌 두 개의 핵심 개념으로 정의했다. 먼저 웨슬리는 오
래 전 루터와 칼뱅처럼 은혜를 "자격 없는 자에게 베푸시는 하나님의 호
의"[1]로 보면서, "하나님께서 사람에게 주시는 모든 복은 오직 하나님의
은혜와 관대하심, 호의로 인한 것이다"[2]라고 말한다. 알버트 아우틀러
(Albert Outler)가 지적하듯, "웨슬리를 펠라기우스, 아르미니우스, 에피
스코피우스와 구별 짓는 요소는, 영적인 이해력과 하나님의 은혜는 전
적으로 우리에게 주어지는 것이라는 가르침에 있다."[3] 그러나 은혜에 관
한 이 첫 번째 개념만으로는 웨슬리의 은총 개념을 모두 포괄하지 못한
다. 웨슬리는 하나님의 생명에 참여하는 것과 하나님의 생명의 능력 받
는 것을 강조한, 동방 교회와 로마 교회를 포함하는 폭넓은 가톨릭 전통
에 관해 매우 많은 책을 읽었다.[4] 이러한 독서에 힘입어 그는 은혜를 하

---

1   Outler, *Sermons*, 1:117, "믿음으로 말미암는 구원."

2   같은 곳.

3   Thomas C. Oden and Leicester R. Longden, eds., *The Wesleyan Theological
Heritage: Essays of Albert C. Outler* (Grand Rapids: Zondervan, 1991)에 실린 Albert
C. Outler, "The Wesleyan Quadrilateral in John Wesley," 34.

4   Outler, *Sermons*, 1:98, 서문. 웨슬리가 동방 정교회의 영향을 받았다는 아우틀러의
주장에 대해서는 좀 더 젊은 학자들 사이에 많은 논쟁이 있어 왔다. 그중 일부는 웨
슬리가 성결 및 그리스도인의 삶의 본질과 씨름할 때 그가 기초로 삼은 원천 중 두
가지가 영국 국교회 전통(제레미 테일러와 윌리엄 로)과 로마 가톨릭 전통(토마스
아 켐피스)이었다는 사실을 충분히 고려하지 않는다. 더 나아가 우리는 은총과 거
룩한 삶에 대한 웨슬리의 이해에서 알렉산드리아의 클레멘트, 마카리우스, 시리아
의 에프렘 같은 동방 신학자들이 가진 중요성을, 웨슬리가 동방 정교회 자체를 어
떻게 평가했는지와 혼동해서는 안 된다. 웨슬리는 둘 사이를 구분했을 뿐 아니라,
동방 정교회 자체에 대해서는 다음과 같이 매우 부정적으로 언급했기 때문이다. "
오랜 시간 동방교회를 지배해 그들 속에 있던 참된 기독교를 거의 말살해버린 천
하고 미개한 무지와 깊고 어리석은 미신, 맹목적이면서 격렬한 열심, 끊임없는 헛
된 말과 논쟁이, 그리스도인이라는 이름에 걸맞은 이들을 매우 드물게 만들었고,
이슬람교도들 앞에 극복할 수 없는 장애물을 쌓아놓게 되었다." Thomas Jackson,
The Works of John Wesley, 14 vols. (London: Wesleyan Methodist Book Room,

나님의 길로 행할 수 있도록 사람에게 부어주시는 "성령의 능력"[5]으로도 보게 되었다. 간단히 말해, 첫 번째 은혜는 인간에 대한 하나님의 호의를, 두 번째 은혜는 인간의 참여와 갱신을 강조한다.

흥미롭게도 20세기 초의 유명한 감리교 역사가 조지 크로프트 셀은 웨슬리 신학이 개신교적 은혜 개념과 가톨릭적 성결 개념을 종합했다는 주장을 제기했다.

> 웨슬리가 복음을 그리스도인의 삶의 윤리와 연관지은 것과 관련해 가장 중요한 사실은, 16세기 교회의 대(大)분열로 불행하게 나눠진 초기 개신교의 이신칭의 교리와 가톨릭의 성결 교리라는 두 가지 신앙의 원리가, 둘 모두를 적절한 틀 속에서 균형 있게 종합한 웨슬리 신학의 포괄적 정신 속에서 재등장했다는 점이다.[6]

셀의 주장을 지지하는 자료는 상당히 많이 있다. 그러나 웨슬리 신학을 더 정확히 설명하면, 개신교의 강조점인 하나님의 은혜와 가톨릭의 강조점인 인간이 하나님의 생명에 참여한다는 두 주제 사이를 구분짓는 경계선은, 셀의 주장처럼 이신칭의 교리와 성결 교리 사이가 아니라, 웨슬리의 복잡한 은총 개념 자체 내에 놓여야 한다. 웨슬리 설교들에 대한 서문에서 아우틀러가 지적한 대로, "웨슬리 신학이 가진 '가톨

1829-1831, reprinted by Grand Rapids: Baker Book House, 1978), 9:217 참조.

5   Outler, *Sermons*, 1:260, "종의 영과 양자의 영."

6   George Croft Cell, *The Rediscovery of John Wesley* (New York: Henry Holt and Co., 1934), 359.

릭적 본질'은 '참여'라는 주제다. 모든 생명은 하나님의 은혜로 말미암
고, 하나님의 모든 은혜는 그리스도의 중보로 성령을 통해 주어진다."[7]
확실히 웨슬리에게 은혜란, 하나님께서 풍성한 호의를 베푸셔서 죄인을
의롭다고 선언하시는 것만이 아니라, 동일한 은혜로 그들의 마음을 변
화시키고, 돕고, 갱신해 거룩하게 만드시는 것을 포함한다. 웨슬리의 글
전체에서 이 두 가지 의미의 은혜는 뒤섞여 있는데, 특정한 글에서 강조
한 은혜의 의미가 무엇인가 하는 것은 흔히 글의 현재 문맥이 어떤 교리
를 다루는지에 따라 달라진다. 예를 들어, 회개를 다루는 문맥과 칭의를
다루는 문맥에서 등장하는 은혜의 의미는 동일하지 않다.

인간의 창조

위에서 언급한 은혜의 두 가지 의미라는 측면에서 살펴보면, 웨슬리는
인간의 창조를 설명할 때는 성령의 능력 부음이나 하나님과 인간의 협
력이라는 두 번째 의미가 아니라, 하나님의 전적 호의와 관대하심, 선
하심으로서의 첫 번째 은혜를 강조한다. 웨슬리는 "땅의 티끌로 사람의
형체를 만드시고 그 속에 생기를 불어넣어 살아 있는 영혼이 되게 하신
것은 하나님의 값없는 은혜입니다"[8]라고 말한다. 다른 곳에서는 "모든
피조물은 본래 상태에서는 선했습니다"[9]라고 말함으로써 하나님의 창
조의 시초적 선함을 긍정했다. 하나님의 자유로우신 결정과 선하심 외
에는 어떤 것도 인간존재의 원인과 원천일 수 없다.

---

7   Outler, *Sermons*, 1:99, 서문.
8   같은 책, 1:117, "믿음으로 말미암는 구원."
9   같은 책, 2:388, "하나님이 시인하신 일들."

　자신의 글 전체에서 웨슬리는 하나님께서 인간을 단순한 피조물이 아닌 몸과 영으로 된 복잡한 존재로 창조하셨음을 강조한다.[10] 예를 들어, 초기의 자필설교[11]인 "하나님의 형상"에서 다음과 같이 설명한다.

　　우리가 관찰할 수 있는 것은 첫째, 사람은 창조될 때 물질과 영이 결합된 존재로 지음 받았다는 사실입니다. 둘째, 물질과 영이 필연적으로 결합해 있는 동안에는 둘 중 어느 하나도 다른 하나와 함께하지 않은 채 독자적으로 활동할 수 없고, 이 상호의존은 침해받지 않는 채로 언제나 지속되어야 함을 하나님께서 최초의 법으로 명령하셨다는 사실입니다.[12]

　사람의 첫 번째 구성요소인 몸에 대한 웨슬리의 생각은 18세기의 기준으로 보더라도 매우 원시적인 요소를 포함하고 있다. 예를 들어, 웨슬리는 고대 그리스 철학자 엠페도클레스의 전통적인 생각을 따라 "사람의 몸은 [흙, 물, 공기, 불] 네 가지 요소가 적절한 비율로 뒤섞여 구성되어 있습니다"[13]라고 주장한다. "사람이란 무엇인가?"(1788)라는 설교에서는 몸을 "신기한 기계"로 묘사할 뿐 아니라, "땅에 속한 일부분"[14]으

10　알버트 아우틀러는 존 웨슬리와 찰스 웨슬리 모두 몸과 영혼의 이분설주의자였다고 정확히 지적한다. 예를 들어 존 웨슬리는 데카르트의 전례를 따라 몸을 영혼의 집으로서 신기한 기계라고 생각했다. Outler, *Sermons*, 1:145 ("잠자는 자여 일어나라"), 각주 39와 1:626 ["산상수훈(8)"], 각주 116 참조.

11　자필설교(manuscript sermon)란 웨슬리가 자신의 문서와 함께 간직했음에도 어떤 이유에서 출판하지 않기로 결정한 설교들을 말한다. 아우틀러가 편집한 비평 연구판 설교집 중 133번에서 151번까지의 설교가 여기에 해당한다.

12　Outler, *Sermons*, 4:296, "하나님의 형상."

13　같은 책, 4:20, "인간이란 무엇인가?" 괄호 내용은 내가 덧붙인 것이다.

14　같은 곳.

로 보는 것이 적절하다고 주장해 데카르트를 연상시킨다.

그러나 사람은 단지 몸으로만 되어 있지 않다. 웨슬리가 표현한 대로 사람에게는 스스로 생각하고 움직이는 원리(생각하는 실체)인 "영혼"도 있다.[15] 웨슬리는 비록 현재 상태의 인간은 영혼과 몸이 밀접하게 연결되어 있어 몸을 떠나서는 영혼을 생각할 수 없다고 주장하지만, 그렇다고 몸의 죽음이 영혼의 죽음을 포함하지는 않는다. 간단히 말해, 흔히 "자아"와 동일시되는 인간의 본질은 몸이 죽은 후에도 계속 존재한다. 웨슬리는 "비록 몸은 썩어 흙으로 돌아갈지라도 스스로 생각하고 움직이는 원리는 모든 정서와 감정을 가지고 계속 존재할 것입니다"[16]라고 적었다.

웨슬리는 영혼의 불멸성을 확언했을 뿐 아니라, 인간의 영이나 영혼—웨슬리에게 이 두 용어는 상호대체 가능한 것이었다[17]—을 하나님의 형상 그 자체로 설명하기도 했다. 예를 들어, "인간이 무엇이관대"란 설교에서 웨슬리는 인간의 영혼이 하나님의 형상이라고 설명하면서 몸

---

15   같은 책, 4:23. 괄호 내용은 내가 덧붙인 것이다. 생각이 몸의 어떤 부분에 위치해 있는지에 관해 웨슬리가 어느 정도 데카르트의 생각을 따랐다는 점은 흥미롭다. 웨슬리는 생각이 송과선(pineal gland) 내부에 있을 것이라고 생각했는데, 프랑스 철학자 데카르트는 뇌의 이 부분이 몸과 정신의 상호작용의 장소일 수 있다고 생각했다. Outler, *Sermons*, 4:22; Descartes, *Meditations*, translated by E. S. Haldane and G. T. R. Ross, in *The Philosophical Works of Descartes*, 2 vols. (Cambridge University Press, 1931), 1:192, 196 참조.

16   같은 곳.

17   웨슬리가 영혼과 영을 동의어로 사용한 예는 설교 "인류의 타락에 대하여"(1782) 중 "영혼(soul)은 비록 불완전하더라도 몸의 도움 없이 작용할 수 없습니다. 몸과 일체를 이룬 영(spirit)은 몸의 기관의 중개 없이는 단 하나의 생각도 만들어내지 못할 것입니다"라는 언급에서 발견할 수 있다. Outler, *Sermons*, 2:405-06, "인류의 타락에 대하여." 같은 곳 2:576, 설교 "인간 지식의 불완전함"에서도 웨슬리는 "영혼(soul)이 무엇입니까? 우리가 알다시피 그것은 바로 영(spirit)입니다"라고 언급했다.

과 비교해 영혼이 어떤 가치가 있는지를 다음과 같이 평가했다.

> 몸이 사람은 아닙니다. 사람은 단지 흙집만이 아닌 불멸의 영이며, 영광의 하
> 나님의 썩지 않는 그림 즉 하나님의 형상으로 지음받은 영이며, 온 세상과 해
> 달별, 창조된 물질세계 전체보다 무한히 큰 가치를 지닌 영입니다.[18]

웨슬리는 인간의 영이 하나님의 형상(*imago Dei*)이라는 점을 자연
적 형상, 정치적 형상, 도덕적 형상이라는 세 가지 면에서 고찰했다.[19]
설교 "하나님의 형상"(1730)에서는 사람이 이해력과 의지력, 선택의 자
유를 부여받은 영혼을 가졌다고 지적했는데, 이러한 요소를 이후 설교
"신생"에서는 하나님의 자연적 형상으로 부른다.[20] "그리스도가 오신 목
적"(1781)이라는 후기 설교가 잘 보여주듯, 웨슬리의 자연적 형상 개념
은 그의 생애 전체를 통해 거의 변하지 않고 유지된다.

> 주 하나님께서는 사람을 하나님 자신의 형상, 곧 하나님의 자연적 형상으로
> 창조하셨습니다. 그것은 하나님이 영이신 것처럼 사람도 이해력을 가진 영
> 으로 창조하셨음을 의미합니다. 이해력은 영혼의 본질 자체, 또는 적어도 영
> 의 가장 본질적인 특성일 것입니다. 또 사람은 선한 것을 사랑하고 바라며 기
> 뻐할 수 있도록 … 다양한 감정과 의지력을 부여받았는데, 그렇지 않았다면

---

18 Outler, *Sermons*, 3:460, "인간이 무엇이관대"
19 웨슬리가 하나님의 자연적·정치적·도덕적 형상을 특별히 구별한 것은 1760년에 작
     성한 "신생" 이전 설교에서는 명확히 나타나지 않는다. 그럼에도 하나님 형상의 세
     범주는 웨슬리의 초기 자료 연구에도 적용 가능하다. Outler, *Sermons*, 2:188, "신
     생" 참조.
20 같은 책, 4:293-295, "하나님의 형상."

사람이 받은 이해력은 쓸모 없었을 것입니다. 사람은 또 자유로운 선택의 능력, 곧 선한 일을 선택하고 그렇지 않은 것을 거부할 수 있는 능력을 부여받았습니다. 자유로운 선택의 능력이 없다면, 의지력과 이해력 모두 아무 쓸모가 없었을 것입니다.[21]

특이하게도 웨슬리는 하나님의 자연적 형상을 인간에 한정 짓지 않았다. 그는 "우주의 모든 영이 이해력을 부여받았고, 의지력과 어느 정도 자유로운 선택의 능력도 부여받았습니다"[22]라고 주장했다. 설교 "우주적 구원"(1781)에서 웨슬리는 처음 창조되었을 당시의 짐승의 상태를 스스로 움직이는 내적 원리와 어느 정도의 이해력, 다양한 감정과 의지력, 선택의 자유를 가진 것으로 설명했는데, 이 요소는 위에서 인간의 상태를 설명할 때 포함된 것이다.[23] 간단히 말해, 동물의 영역 전체는 제한된 방식으로나마 하나님의 자연적 형상에 참여한다. 하나님의 자연적 형상에서는 인간만 배타적 특권을 가진 것은 아니다.

인간이 창조 시에 부여받은 하나님의 형상의 두 번째 요소는 정치적 형상이다. 정치적 형상에 대한 설명은 "신생" 같은 웨슬리의 중기 설교뿐 아니라 "우주적 구원" 같은 후기 설교에서도 명확히 드러난다.[24] 웨

---

21   같은 책, 2:474, "그리스도의 오신 목적."

22   같은 책, 2:475.

23   같은 책, 2:440, "우주적 구원." 여기서 웨슬리의 관점이 함축하고 있는 의미는 중요한데, 인간이 동물의 세계를 단지 도구적으로 다루지 말아야 한다는 것이다. 웨슬리에게 모든 살아 있는 피조물은 하나님의 손에서 비롯되었으며, 따라서 사람은 그 사실에 부합하도록 그들을 다루어야 한다. 데카르트가 주장한 것처럼 동물은 기계가 아니라 살아 있는 영이다. Outler, *Sermons*, 2:437 이하, "우주적 구원" 참조.

24   이러한 관찰은, 웨슬리가 설교 "그리스도의 오신 목적"에서는 하나님의 형상을 두 종류(자연적 형상과 도덕적 형상)로 설명했었는데 이제는 세 종류로 설명하

슬리는 정치적 형상을 정의하고 설명할 때 성경, 특히 창세기에서 인간에게 "바다의 고기와 공중의 새와 땅에 움직이는 모든 생물을 다스릴 권세"[25]가 주어진 사실에 주목했다. 또 창조세계의 질서와 통치를 설명하면서 "인간은 이 땅에서 하나님의 대리자로서 이 낮은 세계를 다스리고 통치하는 존재"[26]라고 기록했다. 홍미롭게도 이 말의 의미는, 비록 하나님께서 훨씬 뛰어난 세상의 통치자이심에도 불구하고 세상에서 배타적 특권을 주장하시지 않고, 은혜롭게도 인간이 하나님의 통치에 참여해 하등한 피조세계를 다스리는 권한을 행사하도록 허락하셨다는 것이다. 여기서 인간은 특별한 의미에서 다른 모든 피조물과 구분되고, 하나의 위계질서가 확립된다. 통치자이신 하나님께서는 홀로 독립적으로 다스리시지 않고, 자신이 지명하신 대리자들을 통해 다스리신다.

그러나 창조 질서 속에서 인간의 위치는 통치와 주권이라는 관점 외에, 하나님의 풍부한 은혜의 전달자라는 관점에서도 살펴볼 수 있다. 웨

게 되었기에 웨슬리의 사고에 일시적 발전이 있었다고 한 베리 브라이언트(Barry Bryant)의 설명이 잘못이라고 주장한 랜디 매덕스가 오히려 잘못을 범했음을 보여준다. 오류의 주된 이유는 첫째, 매덕스가 웨슬리의 설교 "우주적 구원"에서 발췌한 다음의 인용구가 나타내는 정치적 형상의 의미를 잘못 파악했기 때문이다. "인간은 이 땅에서 하나님의 대리자로서 이 낮은 세계의 왕과 통치자다. 하나님의 모든 복은 사람을 통해 더 열등한 피조물에게로 흘러간다. 인간은 창조주와 짐승 사이를 연결하는 매개적 존재다." 둘째, 이 설교에 정치적 형상에 대한 설명이 이미 나온다는 사실은 매덕스의 시간 계산 역시 잘못되었음을 보여준다. 하나님 형상을 삼중적으로 제시한 설교 "우주적 구원"은 1781년 11월에 작성된 것으로, 하나님 형상을 이중적으로 제시한 설교 "그리스도의 오신 목적"보다 나중 것이다. 이 설교는 1781년 1월에 쓰였다! Outler, *Sermons*, 2:440; Maddox, *Responsible Grace*, 68, 각주 16 참조. 웨슬리의 글 중 하나님 형상의 삼중적 설명에 대한 다른 자료로는 Jackson, *Works*, 9:293, 381, "원죄에 관한 교리"를 참조하라.

25 Outler, *Sermons*, 2:440, "우주적 구원."
26 같은 곳.

슬리에 의하면 인간은 하나님께서 복을 다른 피조물에게로 흘려보내기 위해 선택하신 훌륭한 전달수단이다. 따라서 어떤 의미에서 인간은 동물 세계의 일반적 상태에 대해 책임이 있다.[27] 웨슬리는 인간이 동물세계와 가졌던 원래의 은혜로운 관계에 대해 다음과 같이 말한다.

낙원에서 하나님의 모든 복은 사람을 통해 더 하등한 피조물에게로 흘러갔습니다. 사람은 창조주와 짐승의 세계 전체를 연결하는 훌륭한 매개자였습니다. 타락은 인간으로 하여금 하나님의 복을 전달하지 못하게 만들었고, 그 결과 이전의 연결고리는 끊어지고 말았습니다.[28]

더 나아가 반드시 주지해야 할 사실은, 웨슬리가 하나님께서 인간을 선택하심으로 하등한 피조물을 복되게 하셨을 뿐 아니라, "일반적으로 사람을 통해 사람을 돕는 것을 기뻐하십니다"[29]라고 가르쳤다는 점이다. 달리 말해, 하나님의 은혜는 흔히 인간의 모습을 하고 찾아온다.

인간이 창조 시에 부여받은 하나님의 형상의 세 번째이자 마지막 요소는 도덕적 형상이다. 웨슬리는 설교 "믿음에 의한 칭의"(1746)에서 "하나님을 따라 의와 진리의 거룩함으로 지으심을 받은 새 사람을 입으

---

27 같은 곳.

28 같은 책, 2:442.

29 같은 책, 3:349, "자녀 교육에 대하여." 이 설교는 웨슬리 구원론의 (하나님께서 은혜로 가능하게 하신, 하나님과 인간의 협력이라는 의미에서) 신인협력의 기본적인 윤곽을 보여주지만, 그 점은 이제까지 거의 이해되지 못했다. 이 설교에서 웨슬리는 보상과 영광을 구분하는데, 이 구분은 그의 구원론이 공로사상에 빠지는 것을 막아준다. 웨슬리는 "하나님께서는 사람에게 '하나님의 동역자'라는 영예를 주셨다. 이로써 하나님께서 우리에게 보상을 주시더라도 영광은 오직 하나님만 받으신다"고 말한다.

라"고 하신 에베소서 4:24을 지침으로 삼아 도덕적 형상이 하나님의 눈 부신 사랑이라는 논지를 전개했다.

> 사람은 하나님의 형상으로 지음 받아 자신을 창조하신 분이 거룩하신 것처 럼 거룩했고, 모든 것을 지으신 분이 자비로우신 것처럼 자비로웠으며, 하늘 아버지께서 온전하신 것처럼 온전했습니다. 하나님이 사랑이신 것처럼 사랑 안에 거하는 사람은 하나님 안에 거하고 하나님은 그 사람 안에 거하십니다. 하나님께서는 사람을 '하나님의 영원하심을 닮은 존재', 곧 하나님의 영광의 불멸의 초상으로 만드셨습니다. 하나님이 순결하신 것처럼 사람역시 모든 죄 의 더러움에서 순결했습니다. 사람은 어떤 종류, 어떤 정도의 악도 알지 못했 고, 내적으로나 외적으로 죄가 없고 순수했습니다.[30]

2년 후 웨슬리는 설교 "산상수훈(9)"(1748)에서 자신의 다른 신학 작 품에서 언급하지 않는 여러 특징을 강조해 하나님의 도덕적 형상을 설 명했다. 예를 들어, 하나님께서 창조하신 대로 하나님의 형상을 나타내 는 사람들은 "친절하고 자비로우며 동정적이고 다정한데, 단지 선하고 유순한 사람에게만 그런 것이 아니라 완고한 자에게도 그러합니다"[31]라 고 말한다. 그러나 웨슬리가 열거하는 다른 특징은 원 상태의 아담과 하 와에 대한 묘사에서 함축적으로 끌어내지 않고, "하나님 아버지께 대한 사랑과 경외와 위탁, 겸손과 온유와 친절함, 타락한 인류에 대한 사랑,

---

30 같은 책, 1:184, "믿음에 의한 칭의." 웨슬리는 설교 "신생", 2:188와 "인류의 타락에 대 하여", 2:411, "그리스도의 오신 목적", 2:475, "완전에 대하여", 3:75 등 여러 설교에서 도덕적 형상을 의와 참된 성결, 즉 하나님께 대한 사랑의 관점에서 설명하기도 했다.
31 같은 책, 1:636, "산상수훈(9)."

그리고 그 외의 모든 거룩하고 신적인 성품"[32] 등 내적·인간적 의를 가지신 둘째 아담 예수 그리스도에게서 이끌어냈다. 아담을 통해서든 그리스도를 통해서든, 웨슬리가 도덕적 형상을 설명할 때 늘 반복적으로 언급하는 두 가지 특성은, 앞서 언급한 에베소서에서 사도 바울이 강조한 참된 의와 성결이다.

웨슬리는 하나님의 형상의 세 측면인 자연적, 정치적, 도덕적 형상 중 도덕적 형상을 주된 형상으로 설명했다. 예를 들어, 설교 "신생"(1760)에서는 "하나님께서는 사람을 자신의 형상 … 그중에서도 주로 자신의 도덕적 형상으로 창조하셨습니다"[33]라고 적었다. 웨슬리의 글을 주의 깊게 읽고 판단한다면, 도덕적 형상이 가장 중요한 하나님의 형상인 것은 다음 세 가지 이유 때문임을 알 수 있다.

첫째, 도덕적 형상은 참된 의와 성결로 이해할 수 있는데, 이것은 인간을 다른 모든 피조물과 구별 짓는 특성이다. 들의 짐승과 달리 사람은 하나님과 교제할 수 있다. 즉 사람은 영과 진리로 하나님을 예배할 수 있으며, 사람의 마음은 고귀한 지위에 적합한 사랑의 거룩한 성품으로 채워질 수 있다.

사람과 짐승을 구분 짓는, 도저히 넘을 수 없는 경계가 무엇입니까? 이성은

---

32   같은 책, 1:452-53, "우리의 의가 되신 주."

33   같은 책, 2:188, "신생." 웨슬리에게 도덕적 형상의 중요성은 그가 1725년에 토마스 아켐피스와 제레미 테일러(Jeremy Taylor), 윌리엄 로(William Law)의 책을 읽은 후 평생 거룩한 삶을 추구한 사실에서 잘 드러난다. 설교 "마음의 할례"(1733) "그리스도인의 완전"(1741) "성경적 구원의 길"(1765) "더 좋은 길"(1787)도 동일한 강조점을 지닌다. 이 설교들 여러 곳에서 웨슬리는 구원과 하나님의 도덕적 형상 회복을 밀접하게 연결한다.

아닙니다. 그런 모호한 말은 제쳐두고, 쉬운 말로 이해력이라고 해봅시다. 짐승이 이해력을 가졌다는 것을 누가 부인할 수 있습니까? … 그 경계는, 사람은 하나님과 교제할 수 있는데, 열등한 피조물은 그럴 수 없다는 것입니다. 우리에겐 짐승도 어느 정도 하나님을 알고 사랑하고 순종한다고 믿을만한 근거가 전혀 없습니다. 이것이 사람과 짐승의 명확한 차이, 도저히 극복 불가능한 차이입니다.[34]

둘째, 도덕적 형상이 중요한 것은 죄의 가능성을 가져오는 경위가 되기 때문이다. 웨슬리는 "세상에 죄가 있는 것은 무엇 때문입니까?"라고 질문한 후, "인간이 하나님의 형상으로 지음 받았기 때문입니다"[35]라고 답한다. 도덕적 형상은 하나님과의 관계가 죄의 파괴적인 결과로 왜곡되고 일그러질 수 있음을 나타낸다. 그렇다면 도덕적 형상을 가졌다는 것은 인류에게 영예가 될 수도 있지만, 반대로 인류의 가치를 격하시킬 수도 있다. 이 점에서 웨슬리가 도덕적 형상을 주된 형상으로 설명한 것은 충분히 이해할 만하다.

셋째, 하나님의 도덕적 형상은 도덕법과도 밀접한 관계가 있는데, 도덕법은 "영원에 거하시는 높고 거룩하신 분의 불멸의 초상"[36]일 뿐 아

---

34 같은 책, 2:441, "우주적 구원." 이 설교에서 웨슬리가 "하나님을 알지도, 사랑하지도, 즐거워하지도 않고, 그 일에 신경조차 쓰지 않는 사람은 누구나 사람의 본성을 포기하고 스스로를 짐승의 위치로 격하시키는 사람입니다"라는 말로 죄인을 설명한 것 역시 흥미롭다. Outler, *Sermons*, 2:449-50 참조.

35 같은 책, 2:401, "인류의 타락에 대하여." 이 설교에서 웨슬리는 죄를 지을 수 있는 가능성을 자연적 형상, 특히 이해력과 의지, 선택의 자유 등과 연결하면서도, 동시에 사람은 "선과 악 사이에서 선택할 수 있는 능력"을 가지고 있음을 강조하는데 이 능력은 도덕적 형상의 대표적 요소다.

36 같은 책, 2:9, "율법의 기원, 본성, 속성 및 용법."

니라, 창조 시 인간이 가졌던 원형적이고 순결한 본성을 표현한다. 그렇다면 하나님의 은혜는 분명히 창조 시에 함께했다. 도덕법도 마찬가지였다. 웨슬리는 다음과 같이 설명한다.

> 하나님께서 정하신 때에 지성적 존재로 이루어진 새 신분(사람)을 창조하셨을 때 … 그보다 먼저 지으신 천사들에게 주신 것과 동일한 법을 이 자유롭고 지성적인 피조물에게 주셨습니다. 하나님께서는 그 법이 너무 멀고 이해하기 힘든 것이 아니라 언제나 가깝고, 하늘의 태양처럼 항상 뚜렷이 빛나게 하시기 위해, 돌판이나 썩어질 물질이 아닌 사람과 천사의 가장 깊은 영혼에 자신의 손으로 그 법을 새겨 주셨습니다.[37]

웨슬리는 아담이 본래 가졌던 의를 특히 이 도덕법에 대한 순응으로 정의했다.

> 이 의는 아담의 영혼의 모든 기능과 능력이 도덕법에 순응한 것입니다. 이를 세 가지로 설명할 수 있습니다. 첫째, 아담의 이해력은 등불과 같았습니다. 그는 하나님의 형상으로 지음 받았습니다. … 둘째, 아담의 의지는 하나님의 뜻과 일치했습니다. 그의 의지에는 적절한 의미에서 죄라 부를 수 있는 어떤 부패도, 악을 좋아하거나 악으로 기울어지는 성향도 없었습니다. … 셋째, 그의 감정은 일정하고 순결하며 거룩했습니다.[38]

---

37   같은 책, 2:7.
38   Jackson, *Works*, 9:434-35, "원죄에 관한 교리."

따라서 도덕법은 하나님의 형상인 의와 거룩함의 본질을 이해하는 중요한 수단으로, 하나님의 본성과 하나님이 창조하신 그대로의 인간 본성이 얼마나 닮아 있었는지를 분명히 보여준다. 웨슬리는 이렇게 율법이 한편으로 "영원한 정신의 복사본, 하나님의 본성의 사본"[39]이면서, 다른 한편으로 "인류의 본성에도"[40] 주어졌다는 양면적 초점을 견지했다. 이것은 웨슬리가, 확립된 인간의 본성이 처음부터 존재한다고 생각했다는 사실뿐 아니라,[41] 우리가 이미 언급한 하나님의 은혜를 심지어 창조에서조차도 도덕법과 아무 상관없는 것으로 여기지 않고, 언제나 도덕법이라는 규범적 가치와 연결 지어 이해했다는 사실을 보여준다. 그렇다면 웨슬리에게 도덕법은 하나님과 인간의 관계의 기초는 아니더라도, 그 관계의 온전함이 어떤 것인지를 나타내는 기준, 하나님의 은혜와 의로우심이 무엇을 목적하는지를 드러내는 기준이 된다.

만약 하나님이 인간을 자신의 도덕적 형상으로 창조하신 것을 (일부 현대신학에서처럼) 단지 은혜로만 생각하고 도덕법과는 관계없는 것으로 여긴다면, 그런 은혜는 즉시 특정한 형식(form)을 결여한 무정형 (amorphous)의 은혜가 되고 마는데, 이는 은혜에 형식을 제공하는 것이 "과

---

39 Outler, *Sermons*, 2:10, "율법의 기원, 본성, 속성 및 용법."

40 같은 책, 2:7.

41 "노예제도에 대한 생각"이라는 논문에서 웨슬리는 자연법에 호소하면서, 자유는 자연법에 기초한 것으로 모든 사람이 누려야 할 권리임을 주장했다(또 십계명은 자연법을 표현한 것이라고 주장함으로 자연법과 도덕법을 연결했다). 웨슬리의 주장은, 인간이 만든 법(실정법)이 "사물의 본성을 바꿀 수 없다. … 수만 가지 법률이 있어도 옳은 것은 옳고 그른 것은 그르다"고 주장한 토마스 아퀴나스를 연상시킨다. 토마스 아퀴나스, 『신학대전』 II부 1편, 질문 94-95; Jackson, *Works*, 11:70, 79, "노예제도에 관한 생각" 참조.

거에 지음 받았거나 새롭게 지음 받는 모든 사물의 영원한 적합성"[42]
(즉 율법—역주)이기 때문이다. 그러나 웨슬리의 구원의 교리에서 은혜란
언제나 "기준을 가진" 은혜("normed" grace)로, 가치평가의 맥락에서 발생하
고 꽃을 피운다. 그러므로 은혜는 적어도 어떤 면에서 인간을 초월하는
기준인 하나님의 도덕법에 의해 그 의미가 드러난다. 참으로 웨슬리의
종합에서 은혜와 짝을 이루는 도덕법이라는 기준이 없다면, 은혜는 즉
시 웨슬리가 개탄할 수밖에 없었던 인간의 뻔뻔스러움과 자기 고집, 자
기 기만, 율법무용론으로 변질되고 만다.

인간의타락

하나님은 인간에게 은혜롭고 선하시며 또한 인간은 조금도 부족함 없이
하나님의 선한 형상 그대로를 닮도록 창조되었다면, 악은 어떻게 세상
에 들어왔는가? 웨슬리는 이 중요한 질문에 대한 답변을 처음에는 인간
이 아닌, 이사야 14:12 이후에 나오는 존재와 동일시되는 타락한 천사
루시퍼에게서 시작한다.[43] 그리고 악의 기원을 마귀[44]나 사탄[45]으로 추
적한다. 웨슬리는 루시퍼, 마귀, 사탄 등의 이름을 거의 구분하지 않고,
이 모든 이름으로 같은 악의 원천을 언급했다.

---

42 Outler, *Sermons*, 2:10, "율법의 기원, 본성, 속성 및 용법."
43 마귀론의 역사적 발전을 훌륭하게 다룬 책으로는 Jeffrey Burton Russell, *Lucifer: The Devil in the Middle Ages* (Ithica: Cornell University Press, 1984)를 참조하라.
44 Outler, *Sermons*, 2:476, "그리스도의 오신 목적."
45 같은 책, 2:477.

웨슬리는 확립된 교회 전통에 따라 루시퍼의 죄의 본질을 교만이라고 생각했다.[46] 그는 다음과 같이 설명한다. "대천사장이나 천사장이었을 루시퍼는 … 스스로 유혹을 받아 자신을 너무 높이 평가했다. 그는 자유로이 유혹을 따랐고, 처음에는 교만, 그다음에는 자기 고집(self-will)에 굴복했다."[47] 그렇다면 사탄의 악은 그것을 일으킨 선행적 원인이 없었다는 점에서 매우 비합리적으로 보일 수 있다. 사탄의 악은 단지 선과 자유가 오용되는 상황 속에서 발생한 것이다. 그러나 웨슬리는 인간의 타락을 중요한 점에서 루시퍼의 타락과 구별 짓는다. 루시퍼는 창조세계가 완전히 선했음에도 타락했지만, 인간의 타락은 유혹, 즉 능동적이고 외적인 악의 힘에 굴복한 것이다. 웨슬리는 마귀가 "스스로 유혹받았음"[48]에 주목했다. 그러나 인간은 그렇지 않았다.

악의 원천과 기원에 관한 이 차이는 다음으로 악의 본질과 근원에 대한 서로 다른 판단으로 이어진다. 사탄은 스스로 유혹받은 것이 교만을 낳았으나, 아담은 외부에서 유혹받은 것이 가장 먼저 불신앙, 즉 하나님께 대한 신뢰의 결핍을 가져왔다. 웨슬리는 하와의 타락을 설명할 때, 사탄이 외부에서 공격해 진리를 거짓과 뒤섞어버림으로 "불신앙이 교만을 낳고 … 교만이 자기 고집을 낳았다"[49]고 설명했다. 설교 "인류의 타락에 대하여"에서도 웨슬리는 불신앙이 죄의 근본적 요소임을 강조해, "죄가 시작되는 곳은 불신앙입니다. 사도는 '여자가 속임을

---

46 Matthew Baasten, *Pride According to Gregory the Great: A Study of the Moralia* (New York: Edwin Mellon Press, 1986) 참조.

47 Outler, *Sermons*, 2:476, "그리스도의 오신 목적."

48 같은 곳.

49 같은 책, 2:477.

당했다'고 말합니다. 그녀는 거짓말을 믿었습니다. 하나님의 말씀보다
마귀의 말을 더 신뢰했습니다"[50]라고 주장한다. 『신약성서주해』(*Notes
Upon the New Testament*)에서는 히브리서 3:12을 설명하면서 "불신앙이
모든 악의 원천이다. 불신앙의 본질은 바로 우리의 생명과 성결, 행복의
원천이신 살아 계신 하나님을 떠나는 것이다"[51]라고 확언했다.

　그렇다면 웨슬리에게 인간의 죄의 본성, 즉 더 이상 단순화할 수 없
는 죄의 핵심은, 사람들이 자주 오해하는 것처럼 교만이 아니라 하나님
과 인간의 관계의 왜곡인 불신앙이다. 하나님께 대한 신뢰의 결여와 그
로 인해 하나님으로부터 독립하려는 욕망은, 그것을 뒤따르는 죄인 교
만과 자기 고집의 참된 근원이다. 달리 말해, 하나님에게서 분리됨과 불
신앙에서 필연적으로 교만과 자기 고집이 흘러나오고, 악한 기질이 생
겨난다. 웨슬리를 이렇게 이해하는 것이 옳다는 사실은, 웨슬리가 인간
의 악의 문제를 해결하는 방법이 무엇인지를 설명하는 곳에서도 입증
된다. "사탄이 불신앙으로 하와를 타락시키기 시작한 것처럼, 하나님
의 아들은 우리로 자신을 믿게 하심으로 당신의 일을 시작하십니다."[52]

　인간이 죄로 타락해 하나님께 대한 반역에 빠진 것은 수없이 많은
해로운 결과를 낳았다. 몸과 영혼으로 이루어진 복잡한 피조물인 아담

50　같은 책, 2:402-3, "인류의 타락에 대하여."

51　웨슬리, 『신약성서주해』, 히 3:12. 눅 15:12과 요 16:9에 대한 주해도 보라. 웨슬리는
　　약 4:6 주해에서 "교만이 모든 부적절한 성정의 거대한 뿌리"라고 언급하지만, 이것
　　이 그의 이전의 강조점을 손상시키지는 않는다. 불신앙에 대한 언급이 횟수도 훨
　　씬 많고 더 본질적이기 때문이다. 심지어 야고보서 주해에서도 웨슬리는 "모든 부
　　적절한 정서"를 낳는 교만의 배후에 불신앙이 있음을 가정하고 있다. 교만은 악의
　　두 번째 원천(따라서 많은 악의 뿌리)이지, 궁극적 원천은 아니다.

52　Outler, *Sermons*, 2:480-81, "그리스도의 오신 목적."

과 하와는 자신의 죄로 인해 육체적이고 영적인 결과를 겪게 되었다. 첫
번째 육체적 결과로, 그들이 선악을 알게 하는 나무의 열매를 먹자 "전
에는 고통을 느끼지 않았던 불멸의 몸에 죽음의 선고가 내려졌다."[53] 타
락 전 인간은 생명을 창조주에게서 값없이 받았다. 그러나 그 관계를 상
실하자 죽음이 득세하게 되었다. 죽음의 권세는 매우 광범위해, 웨슬리
는 그것을 하나의 왕국에 비유했다.

> 죽음이 통치했습니다. 그의 왕국은 얼마나 거대합니까! 그가 정복한 왕들도
> 많은 백성을 거느렸지만, 우리는 그렇게 많은 백성을 거느린 왕은 본 적이
> 없습니다. 사망은 심지어 자신의 인격으로 아담이 지은 것 같은 죄를 한번도
> 지은 적이 없는 유아들은 물론, 아담처럼 하나님이 명시하신 율법을 거슬러
> 죄를 지은 적이 없는 사람들도 통치했습니다.[54]

그 결과 죄는 죽음만이 아니라 "고통, 질병, 모든 불안정하고 부정
한 감정과 성품"[55]을 초래했다. 웨슬리는 호라티우스를 인용해 다음과
같이 말한다.

> 사람이 창조주를 철저히 배반해 선악을 알게 하는 실과를 먹은 후에는
> "파괴적인 질병과 전대미문의 열병이 온 땅을 덮쳤고" 전에는 알려지지

---

53 같은 책, 4:297. 변화 가능성 개념이 여기서 웨슬리의 사상을 좀 더 명료하게 하는
    데 필수적인 것처럼 보인다. 만약 무언가가 정말 불멸의 것이라면 죽을 수 없기 때
    문이다. 이 문제는, 아담은 불멸하도록 창조되었지만 변할 수 있다는 논증으로 해
    결된다. 아담 몸의 불멸성은 죄로 상실할 수 있는 것이었다.
54 웨슬리, 『신약성서주해』, 롬 5:14.
55 Outler, *Sermons*, 2:423, "타락한 인류를 향한 하나님의 사랑."

않았던 전혀 새로운 악의 무더기가 반역한 인간과 다른 모든 피조물을 찾아와 세상을 뒤덮었습니다.[56]

타락의 두 번째 영적인 결과는 육체적 결과보다 훨씬 더 끔찍하다. 웨슬리는 아담이 "자신과 모든 후손에게 고통, 수고, 슬픔과 함께 현세적 죽음과 영적 죽음, 그리고 (하나님의 은혜가 없는) 영원한 죽음을 초래했다"[57]고 설명했다. 영적 죽음이라는 주제는 웨슬리의 구원론에도 나타나는데, 다음의 언급에서 잘 알 수 있다. "아담은 그 실과를 먹는 순간 죽었습니다. 그의 영혼은 죽어 하나님과 분리되었습니다. 영혼과 분리된 육체가 죽은 것같이 하나님과 분리된 영혼은 더 이상 생명을 가진 것이 아니었습니다."[58] 그러나 육체적이고 영적인 죽음이 죄의 열매라면, 웨슬리의 영혼 불멸 개념은 어떻게 이해해야 하는가?

웨슬리는 이 중요한 질문에 대해, 아우틀러가 웨슬리의 첫 번째 "[옥스퍼드] 대학교 [채플] 설교"라고 주장한[59] 초기의 자필설교인 "하나님의 형상"(1730)에서, 아담은 타락으로 인해 육체가 죽을 수밖에 없게 되었으며 "영혼은 그 모든 능력에서 유사한 변화를 겪었지만, 단지 죽지 않는다는 점에서만 예외적"[60]이라고 답한다. 여기서 웨슬리는 영혼이 죽을 수밖에 없게 되었다면서, 동시에 계속 존재할 것이라고도 하는

56   같은 책, 2:398, "하나님이 시인하신 일들." 아우틀러는 호라티우스의 라틴어 원문을 "파괴적 질병과 열병이라는 새 전염병이 온 땅을 습격했다"고 번역한다. Outler, *Sermons*, 2:398, 각주 44 참조.

57   Jackson, *Works*, 9:291, "원죄에 관한 교리."

58   Outler, *Sermons*, 1:185, "믿음에 의한 칭의."

59   같은 책, 4:290, "하나님의 형상." 괄호 내용은 역자가 덧붙인 것이다.

60   같은 책, 4:298.

데, 이는 분명 모순된 주장이다. 그러나 이 설교에 담긴 사상을 후기 설교 "믿음에 의한 칭의"(1746)와 연결하면, 웨슬리가 영혼의 "죽음"이라고 언급한 것은 모두 비유적으로 이해해야 한다는 점이 드러난다. 즉 영혼의 죽음이란 하나님의 생명에서 분리되었음을 의미하며, 영혼의 존재 자체는 지속된다는 것이다.[61] 이 해석이 옳다는 사실은 후기 설교 "영원에 대하여"(1786)에도 나타나는데, 여기서 웨슬리는 매우 일관된 주장을 한다. "그들의 육체는 참으로 '좀먹고 으스러져버렸습니다.' 그러나 그들의 영혼은 결코 죽지 않을 것입니다. 고대 작가가 말한 것처럼, 하나님께서는 영혼을 '하나님의 영원하심의 화신들'로 만드셨습니다."[62] 죄에도 불구하고 영혼 불멸은 재차 확언된다.

아담은 자기 존재의 원천인 하나님의 생명으로부터 분리되자 영혼이 죽음과 동시에 창조의 원인인 하나님의 은혜도 상실했다.[63] 하나님께서는 더 이상 인간이 하는 일을 인정하지 않으셨고, 사람은 하나님의 풍성한 복을 계속적으로 누릴 수 없게 되었다. 하나님의 은혜와 형상을 상실하자 인간은 철저히 저주받은 상태에 놓이게 되었다.

아담이 하나님께 의도적으로 반역하자 죄가 세상에 들어왔습니다. … 그는 하나님의 은혜뿐 아니라 하나님의 형상, 즉 모든 덕과 의로움, 참된 거룩함을 상실했으며, 교만과 적의와 모든 다른 악한 기질을 통해 부분적으로는 마귀의

---

61 같은 책, 1:185, "믿음에 의한 칭의." "신생"에서도 웨슬리는 영혼의 죽음을 하나님의 생명에서의 분리로 설명한다. 같은 책, 2:189-90, "신생" 참조.
62 같은 책, 2:361, "영원에 대하여." 웨슬리는 또한 여기서 모든 영은 불멸로 옷 입었음을 주장한다. 달리 말하면, 심지어 동물의 영적 실체나 마음 역시 어떤 의미에서는 그 존재를 지속한다는 것이다.
63 같은 책, 2:452, "불법의 신비."

형상에 빠졌고, 짐승 같은 욕정과 천박한 욕구의 지배를 받아 부분적으로는
짐승의 형상으로 떨어지고 말았습니다.[64]

아담이 하나님의 형상을 상실했는지에 관해 웨슬리의 가르침을 이
해하려면, 앞에서 대략적으로 윤곽을 살펴본 대로 자연적 형상, 정치적
형상, 도덕적 형상의 세 측면으로 나누어 논의하는 것이 가장 좋다. 첫
째, 웨슬리는 자연적 형상은 타락으로 매우 손상되었지만 완전히 지워
지지는 않았다고 주장한다. 예를 들어, 아담의 이해력은 여전히 작용하
지만, 타락 후에는 혼동되어 자주 오류에 빠진다. "거짓을 진실인 줄 알
고, 진실을 거짓으로 여깁니다. 무지에서 오류가 뒤따랐고, 또 오류가
무지를 증가시켰습니다."[65] 아담의 의지 역시 타락해 슬픔, 분노, 미움,
공포, 수치심 같은 마귀적 정서의 지배를 받게 되었으나, 의지력 자체
가 완전히 파괴되지는 않았다.[66] 의지는 여전히 남아 있지만 왜곡되고
저속한 형태가 되었다. 마지막으로, 선택의 자유는 미덕과 함께 상실되
었다. "선택의 자유는 관대한 주인 대신 무자비한 폭군 밑에서 종살이
하게 되었습니다. 미덕을 가졌던 백성이 악의 종이 되고 말았습니다."[67]

둘째, 타락의 영향으로 정치적 형상은 매우 모호하게 되었다. 웨슬
리는 "사람은 창조주와 짐승의 세계를 연결해주는 훌륭한 통로였으나,
이제 하나님의 복을 전달할 수 없게 되자 그 소통은 불가피하게 끊어지

---

64 같은 책, 2:423. "타락한 인류를 향한 하나님의 사랑." "불법의 신비", 2:452와 "인간
    이 무엇이관대", 3:454-63도 보라.
65 같은 책, 4:298, "하나님의 형상."
66 같은 곳.
67 같은 곳.

고 말았습니다"[68]라고 말한다. 인간은 하나님의 다른 피조물들에게 하나님의 은혜와 유익을 전달함으로써 복이 되는 것이 아니라, 정반대로 저주가 되었다. 웨슬리는 "하나님을 배반함으로 아담은 자신만이 아니라 자신과 연결된 피조물 전체를 무질서와 불행, 죽음에 던져버렸습니다"[69]라고 단언한다. 생명 없는 피조물과 달리, 리워야단에서 가장 작은 진드기에 이르기까지 생명을 가진 모든 피조물은 "허무한 데" 굴복하게 되었다(롬 8:20).[70]

셋째, 웨슬리는 하나님의 의와 성결을 직접적으로 반영하는 것이 도덕적 형상이라는 점에서 이를 하나님의 주된 형상으로 주장했는데, 타락으로 가장 심하게 파괴된 것은 이 부분이다. 이 내용은 정확히 발견된다. 예를 들어, 웨슬리는 자연적 형상과 정치적 형상은 부분적으로 오염되거나 훼손된 것으로 설명하면서도, 도덕적 형상은 완전히 상실되었다고 말한다. "아담의 영혼에서 하나님의 생명은 소멸되고 말았습니다. 영광은 그를 떠났습니다. 그는 의와 참된 성결, 즉 하나님의 도덕적 형상 전체를 잃고 말았습니다. 그는 악해졌고 그 결과로 불행해졌습니다.

---

68 같은 책, 2:442, "우주적 구원." 웨슬리는 설교 "악한 천사들에 대하여"(Outler, *Sermons*, 3:16)에서 창조세계가 보여주는 대로 "땅의 무기물로부터 광물과 식물이 나름의 질서를 가지고, 그 위로는 곤충과 파충류, 어류, 조류, 짐승, 사람, 천사에 이르기까지 하나씩 높아지는" 특별한 순서와 위계질서를 말한다.

69 같은 책, 2:399, "하나님이 시인하신 일들." 아담의 타락 및 타락이 인간과 동물의 세계에 끼친 영향에 관한 웨슬리의 가르침이 현대에 어떤 평가를 받는지에 관해서는 Charles W. Carter, "Man, the Crown of Divine Creation," in *A Contemporary Wesleyan Theology*, ed. Charles W. Carter, 2 vols. (Grand Rapids: Francis Asbury Press, 1983), 1:220 이하를 참조하라.

70 Outler, *Sermons*, 2:508, "새로운 창조."

죄와 죄책 및 고통스러운 두려움으로 가득하게 되었습니다."[71]

하나님의 형상을 잃은 후, 아담은 한편으로는 교만과 적의 및 다른 악한 기질 속에서 "마귀의 형상"[72]에 빠졌고, 다른 한편으로는 짐승처럼 욕정과 저속한 욕구의 지배를 받으면서 "짐승의 형상"[73]으로 떨어지고 말았다. 그 결과 하나님과 아담의 관계는 뒤틀리게 되었다. 이 뒤틀린 관계는 아담의 생각과 행동의 기본적 성향과 방향을 구성하는 마음속 성품에 영향을 끼쳤다.[74] 달리 말해, 모든 삶과 거룩함의 원천이신 하나님과의 관계의 타락은 필연적으로 성품의 타락을 가져왔다. 마귀의 형상이 하나님의 형상을, 어둠의 지배가 빛의 지배를 대신하게 되었다. 요컨대, 아담과 하와는 악해졌기에 불행하게 되었다. 마음은 악하고 괴로운 감정으로 가득했고, 순결함을 잃었다.[75]

원죄

원죄 교리란 아담과 하와의 타락이 어떻게 인류 전체에 영향을 끼치게 되었는지에 관한 교리로, 어떤 점에서 타락과는 구분되는 교리다. 이 교

---

71   같은 책, 2:477, "그리스도의 오신 목적."
72   같은 책, 2:423, "타락한 인류를 향한 하나님의 사랑."
73   같은 곳.
74   성품과 감정, 기질 및 거룩한 사랑과의 연관성에 관한 웨슬리의 이해를 다룬 훌륭한 연구로는 Gregory S. Clapper, *John Wesley on Religious Affections: His Views on Experience and Emotion and Their Role in the Christian Life and Theology* (Metuchen, N. J.: Scarecrow Press, 1989)를 참조하라.
75   Outler, Sermons, 4:154, "마음의 기만."

리는 교회의 신학적 사고의 결과물로, 특히 아우구스티누스의 글에서 상당히 발전된 형태를 갖추게 되었다.[76] 간단히 말해, 원죄란 아담에게서 인류 전체가 전달받은 육적·영적 유산이다. 이 전통적 교리는 현재 인류의 상태를 설명할 때 "육체"(the flesh), "타고난 죄"(inbred sin), "육적 본성"(carnal nature) 등의 문구를 중시한다.

웨슬리에게 원죄 교리는 지극히 중요했기에, 1756년에 쓴 "원죄에 관한 교리: 존 테일러 박사에 대한 응답으로서 성경과 이성과 경험에 따른 해석"은 웨슬리가 작성한 논문 중 가장 길다. 1758년 어거스터스 토플래디에게 보낸 편지가 보여주는 대로, 웨슬리는 이 비국교도 사역자의 신학 작품을 매우 혹평했다.

나는 진심으로 마호메트 이후 기독교에 가장 큰 해를 끼친 사람이 테일러 박사라고 믿습니다. 그의 책, 그중에서도 원죄에 관한 책은 매우 많은 성직자와 그들을 배출하는 영국과 스코틀랜드, 네덜란드, 독일의 대학들에 해를 끼쳤습니다.[77]

웨슬리가 테일러의 책 『원죄에 관하여』에 특히 당혹스러워한 이유는, 그가 그 글을 통해 계몽된 시대에는 원죄 교리가 적합하지 않다며 이의를 제기했고, 글 전체에서 인간을 과도하게 낙관적으로 묘사했기 때문이다. 몇 년 후 웨슬리는 자신의 논문이 너무 길어 대중이 읽기 어렵다는 판단 하에 주된 내용을 요약해 좀 더 짧고 대중적인 설교로 출

---

76 원죄 교리 형성의 기초가 된 성경 본문은 창 3장, 롬 5:12-21, 시 51:5 등이다.

77 Telford, *Letters*, 4:48 (to Augustus Toplady, December 9, 1758).

판했다.

웨슬리는 테일러 및 『창조만큼 오래된 기독교』(Christianity as Old as Creation)의 저자인 매튜 틴달(Matthew Tindal), 이신론자들의 고전인 『신비하지 않은 기독교』(Christianity Not Mysterious)의 저자 존 톨란드(John Toland) 같은 이신론자들과 자신을 구별해, 설교 "원죄"(1759)에서 지극히 중요한 원죄 교리를 부인하는 사람은 어떤 이유에서든, 스스로를 어떻게 합리화하든 "여전히 이교도에 불과하다"[78]고 선언했다. 같은 설교에서 웨슬리는 '인간은 선천적으로 온갖 종류의 악으로 가득한가?'와 같은 질문이, 성경적 기독교와 이교를 실질적으로 구별해내는 십볼렛이라고 설명했다.[79]

이러한 상황과 관련해 웨슬리가 가진 우려는 분명 구원론에 대한 깊은 관심에서 비롯되었다. 달리 말해, 만약 이신론이나 18세기의 합리주의 종교처럼 문제(원죄)를 부인하거나 덜 심각하게 다루면, 그 해결책(신생)도 잃어버리거나 오해하게 된다. 이것은 단지 추측이 아니다. 웨슬리는 "우리 본성의 전적인 부패가 우리가 신생을 필요로 하는 근거"[80]

---

78 Outler, *Sermons*, 2:183, "원죄." 이 설교에서 웨슬리가 육적 본성을 설명할 때 사용한 "전적 타락" "선의 전적인 결여" "온갖 죄로 가득함" 등의 용어는, 그가 호라티우스나 세네카 같은 고전적 이교도들의 인간론의 오류를 비판한 이유가 무엇이었는지 보여준다. Burton Raffel, trans., *The Essential Horace: Odes, Epodes, Satires and Epistles* (New York: North Point Publishing Co.); Seneca, *Moral Essays*, 3 vols. (Cambridge, Mass.: Harvard University Press), vol. 1 참조.

79 같은 책, "원죄." 원죄 교리에 대한 웨슬리의 생각은 평생 변하지 않았다. 예를 들어, 1759년에 쓴 설교 "원죄"를 그보다 29년 전에 쓴 설교 "하나님의 형상"과 비교해 보라. "만약 사람이 본성적으로 타락하지 않았다면, 유대교든 기독교든 모든 종교는 헛되다. 종교는 치유의 방법에 기초하고 있으며, 치유는 질병을 전제로 하기 때문이다." 두 설교 사이에는 놀라울 정도의 일관성이 있다.

80 같은 책, 2:190, "신생." 강조는 내가 덧붙인 것이다.

라는 주장으로 이 사실을 입증한다. 웨슬리에게는 원죄, 이신칭의, 마음과 삶의 성결의 교리가 결정적으로 중요했기에, 이 세 교리를 기독교의 근본 교리로 생각했다.[81] 웨슬리는 "원죄에 관한 교리"의 서문에서 "만약 사람의 본성은 어리석고 악해 하나님의 영광스러운 형상에 도달할 수 없다는 기초를 제거해버린다면, 기독교의 체계는 즉시 붕괴되고 만다"[82]고 역설한다.

원죄는 어떻게 전가되는가

웨슬리는 원죄가 어떤 방법으로 아담과 하와에게서 인류 전체로 전달되었는지에 관해 잘 발전된 아우구스티누스 전통에 상당히 근접한 입장을 취했다. 히포의 감독처럼, 웨슬리는 창세기 3:1, 시편 51:5, 로마서 5:12-21 등의 성경 본문을 자주 인용했다.[83] 아우구스티누스와 유사하게 웨슬리는 시편 51:5을 시편 기자에게만이 아니라 전 인류에 적용해 다음과 같이 말한다. "우리 모두는 악함 속에서 생겨났고, 우리의 모친은 죄 중에 우리를 잉태했습니다! 우리의 본성은 그 능력과 기능에서 완전히 부패했습니다."[84]

원죄 교리의 핵심 요소인 창세기 구절에 관해 웨슬리는 아담에게서의 상속을 상세히 설명하고, 아담의 형상과 하나님의 형상을 대조했다.

---

81 Ward & Heitzenrater, *Journal and Diaries*, 21:456 (April 19, 1764).

82 Jackson, *Works*, 9:194, "원죄에 관한 교리에 붙인 서문."

83 Augustine, "On the Grace of Christ and on Original Sin," in *Basic Writings of Saint Augustine*, ed. Whitney J. Oates, 2 vols. (New York: Random House, 1948), 1:583-657 참조.

84 Outler, *Sermons*, 2:242, "자기 부인."

모든 독자는 [아담이 자기 형상과 같은 아들을 낳았다는] 우울하지만 중요한 진리에 유의해야 합니다. 이 진리는 "자기 형상을 따라"라는 말을 반복함으로 강조되었는데, 이 말은 앞 절에 나오는 "하나님의 형상"이라는 말과 대조됩니다. 이 표현들은 분명히 아담이 창조되었을 당시의 상태와 셋이 태어날 당시의 상태가 서로 달랐음을 나타내기 위한 것입니다.[85]

그럼에도 웨슬리의 『신약성서주해』에는 로마서 5:12("한 사람으로 말미암아 죄가 세상에 들어오고 죄로 말미암아 사망이 들어왔나니 이와 같이 모든 사람이 죄를 지었으므로 사망이 모든 사람에게 이르렀느니라")과 19절("한 사람이 순종하지 아니함으로 많은 사람이 죄인 된 것같이 한 사람이 순종하심으로 많은 사람이 의인이 되리라")을 다루면서 아담을 언약의 대표자 및 인류 전체의 대표자로 제시하는 분명한 설명이 나온다. 예를 들어, 웨슬리는 12절을 "'한 사람으로 말미암아'라는 말이 지칭하는 사람은 아담이지 하와가 아니다. 아담이 인류의 대표자기 때문이다. 죄가 세상에 들어왔다는 말씀에서 죄는 자범죄며, 그 결과로 초래된 것은 본성의 부패와 죽음이다"[86]라고 설명한다. 19절은 "한 사람의 불순종으로 많은 사람, 즉 모든 사람이 죄인이 되었다. 이는 그들 모두가 우두머리와 대표자였던 첫 부모의 허리에 있었기 때문이다"[87]라고 해석한다.

이 마지막 문구는 그 누구도 죄의 상속에서 제외되지 않는다는 사실, 즉 유아를 포함해 모든 사람이 죄로 파괴되었음을 나타낸다. 웨슬

---

85   Jackson, *Works*, 9:291-92, "원죄에 관한 교리." 괄호 내용은 내가 덧붙인 것이다.

86   웨슬리, 『신약성서주해』, 롬 5:12. 롬 5:19에 대한 웨슬리의 설명도 보라.

87   같은 책, 롬 5:19. 아담을 언약의 대표자로 언급한 다른 용례는 웨슬리의 논문 "원죄에 관한 교리"를 보라. Jackson, *Works*, 9:333, 403, 404, 412, 418.

리에게는, 유아도 그들의 조상처럼 죄의 결과를 동일하게 경험해 죽음을 겪는다는 점을 감안하면, 논리적으로 보더라도 유아가 순결한 상태를 잃어버렸고 죄에 연루되었음은 분명했다. 웨슬리는 "하나님께서는 유아들을 죄 없는 것으로 여기지 않으시고, 아담이 지은 죄책에 연루된 것으로 보십니다. 그렇지 않다면 그 죄로 인한 죽음의 형벌이 유아에게 내려지지 않았을 것입니다"[88]라고 설명한다.

더 나아가 웨슬리는 본래 죄가 어떤 방법으로 모든 인류에게 전달되는지를 알지 못하며, 크게 관심 갖지도 않는다고 말했다.[89] ("만약 당신이 어떻게 죄가 널리 퍼지게 되었는지, 어떻게 조상에게서 후손에게 전해졌는지, 그 명확한 방식을 묻는다면, 제 분명한 대답은 '모른다'는 것입니다."[90]) 그러나 워드(W. Reginald Ward)와 하이첸레이터(Richard P. Heitzenrater)가 적절하게 지적한 것처럼, 그는 헨리 울노어(Henry Woolnor)의 『영혼의 참 기원』(The True Original of the Soule)을 읽은 후인 1762년에 영혼유전설(traducianism) 관점으로의 변화를 보이면서, "아담의 후손은 육체뿐 아니라 영혼도 첫 부모 속에 있다가"[91] 이후에 후손에게 전달되었다고 주장했다. 달리 말해, 인간은 아담

---

88 Jackson, *Works*, 9:316; 9:318, "원죄에 관한 교리."

89 원죄가 어떻게 "전가되는지에 대해 저는 알지도 못하고, 알고 싶지도 않습니다"라고 로벗슨 박사에게 쓴 부분을 참조하라. Telford, *Letters*, 3:107 (to Dr. Robertson, September 24, 1753).

90 Jackson, *Works*, 9:335, "원죄에 관한 교리."

91 Ward & Heitzenrater, *Journal and Diaries*, 21:350 (January 27, 1762). 워드와 하이첸레이터가 "영혼은 조상에게서 이어받는다. 즉, 창조주에게서 직접적으로 받는 것은 아니다"라고 쓴 각주 60번도 참조하라. 이 관점은 영혼유전설로 알려진 것으로 영혼창조설(creationism)과 대립된다. 처음에 웨슬리는 『신약성서주해』의 히 12:9 주해(1755년)와 "원죄에 관한 교리"(1757)에서는 주저하는 태도로 영혼창조설적 관점을 가지고 있었다. 그러나 (1770년 11월 7일자 일지에서 알 수 있듯) 『영혼의 참 기원』을 읽고서 이전 입장을 바꾸어 영혼유전설적 입장으로 돌아섰고, 이

안에서 아담과 함께 타락했고, 이제는 출산이 불가피하게 타락한 영혼을 유전할 수밖에 없다는 것이다.[92]

이 점과 함께 다른 용어들의 사용에 근거해 하랄드 린드스트롬(Harald Lindström)은, 아담과 인류의 관계에 대한 웨슬리의 견해는 칼뱅주의의 계약사상(federalism)과 유사성을 보인다고 주장한다.[93] 린드스트롬은 "아담이 인류의 조상과 대표자로 제시된다"[94]고 말한다. 이 주장은 대체로 정확하나, 다음 두 가지를 염두에 두어야 한다.

첫째, 웨슬리가 아담을 "인류의 대표자" 또는 "언약의 대표자"로 설명하는 언어에 친숙했고 그의 사상도 그런 언어로 가득했지만, 그가 그러한 언어 사용을 주장한 것은 아니다. 웨슬리는 "인류의 대표자도, 언약의 대표자도 성경적 용어는 아니기에, 그 용어들이 주장할 만한 가치가 있는 것은 아니다"[95]라고 설명한다.

둘째, 웨슬리가 "원죄에 관한 교리"에서 로마서 5:15-21을 설명하면서 아담이 한 일과 그리스도께서 하신 일을 병렬 대비한 것에는 어느 정

변화로 웨슬리는 『신약성서주해』의 히 12:9 주해를 수정했다.

92 웨슬리는 더 이른 시기인 1756년에 쓴 "원죄에 관한 교리"에서 자연적 생식이 죄악된 본성을 전달하는 수단임을 인정하면서도 생식 활동 자체를 죄 된 것으로 여기는 것에는 반대했다. "여러분이 자녀들에게 죄로 오염된 본성을 전달한다고 그것 자체가 죄짓는 것은 아닙니다." Jackson, *Works*, 9:282, "원죄에 관한 교리" 참조.

93 그럼에도 많은 칼뱅주의자는 웨슬리처럼 영혼유전설주의자가 아니라 영혼창조설주의자였다. 즉, 그들은 하나님이 각각의 육체를 위해 새로운 영혼을 창조해 주신다고 믿었다.

94 Harald Lindström, *Wesley and Sanctification: A Study in the Doctrine of Salvation* (Wilmore, Ky.: Francis Asbury Publishing Co. 1982), 29.

95 Jackson, *Works*, 9:332, 335. 웨슬리가 아담의 죄가 나머지 인류에게 전가됨을 주장하면서도, 정확히 어떤 방법으로 전가되는지 알지 못한다고 한 것 역시 흥미롭다. Jackson, *Works*, 9:335, "원죄에 관한 교리" 참조.

도 한결같지 못하고 불연속적인 면이 존재한다. 예를 들어, 그는 매우 중요한 도덕적·영적 의미를 가진 문제에서 아담의 죄가 인류에게 전가되었음을 자유롭게 주장하다가도, 그것과 평행을 이루는 그리스도의 의의 전가를 인정하기는 다소 주저한다. 로마서 5:19에서 그리스도의 의의 전가를 설명할 때는, 전가되는 것이 모라비아교도들이나 칼뱅주의자들의 주장처럼 거룩함이나 성화가 아니라, 오직 칭의와 죄 용서임을 분명히 했다. 이러한 방법을 통해 웨슬리는, 그리스도께서 우리를 대신해 율법에 순종하셨다(즉 우리가 해야 할 순종을 그리스도께서 미리 대신 해놓으셨다)는 주장이나, 깨끗한 옷이 더러운 몸을 가리듯 그리스도의 거룩하심이 우리 죄를 덮어버린다는 주장이 담고 있는 율법무용론의 위험을 피하고자 했다. 웨슬리에게 거룩함은 전가되는(imputed) 것이 아니라 분여되는(imparted) 것이다. 달리 말해, 신자는 실제로 거룩하게 바뀐다. 신자와 그리스도의 관계는 성품의 변화를 낳는다. 신자의 마음에서 성품이 변화되면, 그 성품이 하나님과 이웃에 대한 사랑을 표현하게 된다.

원죄의 결과

웨슬리는 우리가 우리 본성의 죄에 대해 정확히 이해하려면, 다른 무엇보다 "하나님의 율법의 영적인 성격과 범위를 배워 알아야 합니다. 율법은 우리가 스스로를 비추어볼 수 있는 거울이기 때문입니다"[96]라고 설명한다. 도덕법은 인간의 마음에 있는 죄를 드러내고 하나님의 형상이 부패되었다는 사실을 폭로함으로, 원죄 또는 타고난 죄로 인해 야기될 수

---

96   같은 책, 9:464, "원죄에 관한 교리."

있는 더 해로운 결과를 알게 해준다.

아담이 인류에게 남겨놓은 "영적 유산"이 어떤 것인지는 웨슬리의 설교 "원죄"(1759)에 잘 나타난다. 이 설교에서 웨슬리는 하나님의 은혜의 도움을 받지 못하는 자연적 인간의 상태를, 다윗처럼 모든 사람이 "다 치우쳐 진리와 성결을 떠났으며, 의인은 없나니 하나도 없다"[97]는 말로 설명했다. 또 예언자 이사야의 말을 인용해 "온 머리는 병들었고 온 마음은 피곤했으며, 발바닥에서 머리까지 성한 곳이 없다"[98]는 설명을 덧붙인다. 웨슬리는 구약의 구절들 외에도 인류의 현재적 문제를 잘 드러내는 요한1서의 구절들로 설교의 견고한 구조를 만들어낸다.[99]

첫째, 사람은 불신자로 세상에 태어난다. 웨슬리는 "우리는 자연적으로는 하나님을 아는 지식이나 … 하나님과의 교제가 불가능합니다"[100]라고 주장한다. 달리 말해, 우리는 은혜 없이 자연적 이해력만으로는 하나님을 아는 지식에 이르지 못한다. 이어서 그는 "우리는 하나님께 대한 지식이 없기에 하나님을 사랑할 수 없습니다. 알지 못하는 분을 사랑할 수는 없기 때문입니다"[101]라고 말한다. 하나님을 아는 지식과 사랑에서 멀어져 소외된 인간은 즉시 자기 자신을 삶의 의미의 중심으로 삼아 경배함으로써 일종의 우상숭배에 빠진다. 웨슬리는 "우리는 하나님께

---

97   Outler, *Sermons*, 2:176, "원죄."

98   같은 곳. 웨슬리는 이 구절이 원래는 "하나님의 특별한 백성"에 관한 구절이라고 지적한다. 그러면서도 "이교도들의 상태는 결코 이보다 좋지 않다"고 덧붙인다. Outler, *Sermons*, 2:176 참조.

99   Outler, *Sermons*s, "원죄", 2:177-82; "마음의 기만", 4:154; 믿음으로 얻는 의", 1:212 참조.

100 같은 책, 2:177, "원죄."

101 같은 책, 2:178.

돌려 마땅한 영광을 우리 자신에게 돌려 자기 스스로를 예배합니다"[102] 라고 지적한다. 그리고 이 생각을 "원죄에 관한 교리"에서 더 완전한 형 태로 발전시킨다.

> 그들은 "열심히 달리지만" 바른 길을 벗어나 있으며, 올바른 목표를 향한 적 이 없습니다. 또 어디로 향하든 자기 자신이라는 한계를 벗어나지 못합니다. 그들은 자기 자신을 추구하고, 자신을 위해 삽니다. 자연적 행동이든, 정치 적 행동이든, 신앙적 행동이든, 그들이 하는 모든 것은 이 사해바다로 흘러 들어와 만납니다.[103]

둘째, 불신앙과 우상숭배는 교만을 낳는다. 불신앙과 우상숭배는 사람들로 하여금 "자기 자신을 마땅히 생각해야 할 것보다 더 높게 생각 하게 하고, 모든 것을 받았음에도 마치 받지 않은 것처럼 생각해 소유물 때문에 영광스러움을 느끼는"[104] 자기 숭배를 초래한다. 죄와 속임의 권 세에 사로잡히면, 자아도취의 힘은 너무나 강해 하나님의 은혜가 아니 고는 깨지지 않는다. 콜린 윌리엄스의 지적처럼, 웨슬리에게서 나타나 는 '자신으로 굽어짐'(self-curvature)으로서 죄 개념은 아우구스티누스와 루 터의 '자신에게로 굽어짐'(cor incurvatum in se)과 놀랄 만큼 유사하다.[105]

---

102 같은 책, 2:179.
103 Jackson, *Works*, 9:456, "원죄에 관한 교리."
104 같은 책, 4:154, "마음의 기만."
105 Colin W. Williams, *John Wesley's Theology Today* (Nashville: Abingdon Press, 1960), 50.

셋째, 아담에게서 받은 상태는 자기 고집(self-will)을 수반한다. 웨슬리는 "우리 모두가 본성적으로 가진 죄성 중에 교만이 유일한 우상숭배는 아닙니다. 사탄은 '자기 고집'을 통해서도 자기 형상을 우리 마음에 새겨 놓았습니다"[106]라고 주장한다. 웨슬리는 이사야 14:13을 통해 인간이 현재 가진 자기 고집을 사탄의 자기 고집과 연결했는데, 이 구절은 비록 부정확한 요소가 있지만 전통적으로 루시퍼와 관련되어 왔다.[107]

사탄은 하늘에서 쫓겨나기 전 "내가 북극의 산들 위에 좌정하리라"고 말했습니다. "나는 창조주의 뜻과 상관없이 내 뜻과 내가 기뻐하는 것을 행할 것이다." 세상에 태어난 모든 사람은 수없이 많은 경우 이와 똑같이 말합니다.[108]

넷째, 지금까지의 설명에서 원죄는 불신앙과 교만 및 자기 고집이라는 형태로 사탄이 저지른 죄를 그대로 닮아 있다. 그러나 웨슬리는 "그 다음 단계에서 우리는 사탄이 저지르지 않는 우상숭배로 달려갑니다. 그것은 '세상을 사랑'하는 것입니다"[109]라고 적는다. 그는 요한1서 2:16에 근거해 지금까지 살펴본 원죄의 네 번째 요소를 "육신의 정욕", "안목

---

106   Outler, *Sermons*, 2:179, "원죄."

107   이 주제에 관해 제프리 버튼 러셀(Jeffrey Burton Russell)은 "루시퍼와 사탄을 동일시한 최초의 기독교 문서는 테르툴리아누스(170~220)가 쓴 『마르키온 반박』(*Against Marcion*, 2.10)이라고 썼다. Jeffrey Burton Russell, *The Prince of Darkness: Radical Evil and the Power of Good in History* (Ithaca, N.Y.: Cornell University Press, 1988), 43 참조.

108   Outler, *Sermons*, 2:179, "원죄."

109   같은 곳.

의 정욕", "이생의 자랑"이라는 세 요소로 발전시킨다.

웨슬리는 세상 사랑의 첫 번째 요소인 "육신의 정욕"에 대해 감각을 만족시키는 일에서 자신은 일반인보다 훨씬 세련되고, 짐승과는 비교조차 할 수 없다는 교양 있는 사람들의 뻔한 가식을 폭로한다. 그는 사람 사이에는 정도의 차이만 있을 뿐, 이성만으로는 남자와 여자가 자신을 지배하는 감각적 욕구에 이리저리 끌려 다니는 것을 막을 수 없다는 사실을 설득력 있게 주장한다.[110] 교육 역시 타락이 초래한 최악의 결과를 제거하지 못하고, 영혼에 하나님의 생명을 확립하지 못한다. 웨슬리는 설교 "원죄"를 작성하기 몇 년 전인 1755년 6월 17일자 일지에서 다음과 같이 주장했다.

우리는 분별 있고 신앙적인 사람으로 알려진 한 사람과 함께 저녁을 보냈다. 이 무슨 타락의 증거란 말인가! 내가 감히 말할 수 있는 것은, 이 사람은 자유민주적인 교육을 받았다는 모든 장점이 있음에도 불구하고 마음의 종교, 즉 성경적 기독교로서 사랑의 종교에 대해 세 살짜리 아이가 대수학(algebra)을 아는 정도밖에 알지 못하고 있다는 것이다.[111]

이 모든 것을 더 확고히 주장하기 위해 웨슬리는 다소 썰렁하고 자주 사용되지 않던 유머를 사용한다. "좋은 교육을 받고 여러 업적을 이루었다고 그 사람이 염소보다 뛰어나지 않습니다. 오히려 그 짐승이 더 뛰어난 것은 아닐지 꽤 의심됩니다."[112]

---

110 같은 책, 2:180.

111 Ward & Heitzenrater, *Journal and Diaries*, 21:20 (July 17, 1755).

112 Outler, *Sermons*, 2:180, "원죄." 웨슬리의 유머의 다른 예는 "우주적 구원", Outler,

두 번째 요소인 "안목의 정욕"에 대해 웨슬리는 "위대하고 아름다우며 비범한 대상"[113]을 추구하고 소유하려는 망상적 즐거움을 언급한다. 그는 어떤 대상을 갈망하고 획득할 때는 즐거움을 얻었다가, 그 새로운 기분이 사라지면 만족감도 사라져버리는 심리적 변화를 통찰력 있게 묘사했다. 이러한 주기는 항상 반복된다. 밀려오는 지루함은 오직 새로운 갈망에 의해서만 끝난다. 웨슬리는 "태어나면서부터 우리는 이 갈망이 채워지면 채워질수록 더 큰 것을 갈망합니다"[114]라고 경고한다.

세상을 사랑하는 질병의 마지막 증상은 "이생의 자랑"이다. 이 자랑은 하나님에게서 오는 칭찬과 영예를 갈망하는 고상한 욕망이 아니라, 사람에게서 오는 칭찬과 영광을 갈망하는 저급한 욕망이다. 이러한 자랑은 대중의 갈채를 구하고, 심지어 진리와 지혜의 추구를 희생하면서까지 세상에서 좋은 평판을 얻으려 한다. 웨슬리는 "세련되고 발달된 이해력을 가진 사람들 사이에서는 … 다른 사람이 자신을 어떻게 생각하는지를 개의치 않는 것이 곧 악하고 방탕한 마음을 가진 증거입니다"[115]라고 말한다. 그리고 이렇게 덧붙인다. "그들은 [이교도만이 아니라 그리스도인 역시] 사람의 칭찬을 구하는 것은 덕스러운 마음의 징표로 여기는 반면, 하나님에게서 오는 영예로 만족하는 태도는 악한 마음을 가

Sermons, 2:450를 참조하라.

113 같은 책, 2:181.

114 같은 곳.

115 같은 책, 2:182. 주위 사람의 평판에 큰 가치를 두는 사람에 대해 웨슬리는 다음과 같이 덧붙인다. "명예를 누리든 치욕을 당하든, 나쁜 평가를 받든 좋은 평가를 받든 평안하고 동요되지 않는 사람들에 대해 그들은 '그런 놈은 살 가치가 없다. 이 땅에서 내쫓아버려라'라고 말한다."

진 징표로 여깁니다."[116]

　　불신앙(무신론), 교만, 자기 고집, 세상에 대한 사랑 모두 인간이 아담과 하와에게서 받은 유산이다. 다시 말해, 웨슬리는 아담에게서 하나님의 도덕적 형상은 상실되었고, 자연적이고 정치적인 형상은 크게 손상을 입었기에, 그 상태가 그대로 후손에게 전해졌다고 주장한다. 그 결과, 하나님의 은혜를 떠나 생각하면, 현재 인간의 영적 상태는 어둠과 황량함으로 설명하는 것이 적절하다. 웨슬리는 원죄의 교리를 통해 인류가 빠진 도덕적·영적 깊은 심연을 "최고로 부정적으로" 설명한 것이다.

　　사람은 그 본성이 모든 종류의 악으로 가득합니까? 모든 선을 결여하고 있습니까? 전적으로 타락했습니까? 영혼이 완전히 부패했습니까? 성경의 표현 그대로 "그 마음의 생각의 모든 계획이 항상 악합니까?"(창 6:5) 그것을 인정하면 여러분은 그리스도인입니다. 반대로 부인하면 여러분은 단지 이교도일 뿐입니다.[117]

　　웨슬리는 이 사실을 강조하기 위해 인간의 전적 타락이라는 주제를 다른 여러 설교에서도 계속 다루었다. 예를 들어, 설교 "하나님 나라로 가는 길"(1746)은 동일한 강조점을 다음과 같이 표현한다. "여러분은 영혼의 모든 능력과 기능이 타락했습니다. 그 각각은 물론 그 모든 것의 토대마저도 바른 방향을 벗어나 전적으로 타락했습니다."[118] 설교 "마음의 기만"(1790)에서는 "사람의 마음의 모든 상상과 생각은 악합니다. 오

116　같은 곳.
117　같은 책, 2:183-84.
118　같은 책, 1:225, "하나님 나라로 가는 길."

직 악할 뿐이며, 또 언제나 악합니다"[119]라는 말로 동일한 점을 강조한
다. 같은 설교에서 웨슬리는, 사람은 이 상태를 바꿀 능력이 없다고 역설
한다. "모든 사람의 마음에는 고갈되지 않는 무궁무진한 불경건과 불의
가 있습니다. 그것은 영혼 속에 깊고 강하게 뿌리내리고 있어 전능하신
하나님의 은혜 외에는 그 어떤 것으로도 그것을 치료할 수 없습니다."[120]

웨슬리의 다른 신학 작품들에서도 지금까지 설명한 것과 유사한,
18세기 합리주의자들이 그토록 싫어했던 인간의 전적 타락이라는 표현
이 발견된다. 예를 들어, 『신약성서주해』에서 웨슬리는 우리 본성의 부
패와 그 결과로 우리가 그리스도와 그리스도의 모든 직분을 필요로 하
게 되었음을 다음과 같이 설명했다.

> 우리는 본성이 하나님으로부터 멀어져 하나님에게서 소외되어 있으며, 하나
> 님께 자유로이 나아갈 수 없게 되었습니다. 그래서 우리는 중보자 또는 중재
> 자, 한마디로 제사장이신 그리스도를 필요로 합니다. 이 사실은 하나님 앞에
> 서 우리의 상태가 어떤지를 보여줍니다. 또 우리는 하나님과 하나님의 일에
> 전적으로 어둡고 눈멀고 무지합니다. 이 점에서 우리는 우리의 마음을 밝혀
> 하나님의 온전한 뜻을 가르쳐주시는 예언자이신 그리스도를 필요로 합니다.
> 또 우리는 우리 속에서 악한 욕망과 정욕이 우리를 다스리고 있음을 압니다.
> 이로 인해 우리는 우리 마음을 다스리시고 그 악한 것을 정복하시는 왕 되신
> 그리스도를 필요로 합니다.[121]

---

119 같은 책, 4:154-55, "마음의 기만."
120 같은 책, 4:156.
121 웨슬리, 『신약성서주해』, 마 1:16.

그 외에도 웨슬리는 "원죄에 관한 교리"에서 우리 본성의 부패를 "원의(original righteousness)의 결핍"과 "죄를 지으려는 본성적 성향" 모두로 설명함으로, 타락이 아우구스티누스 신학의 주장처럼 단지 선의 결핍 상태만이 아니라, 우리 마음의 성품에 영향을 끼쳐 죄와 불순종을 저지르게 하는 실제적인 힘이라는 사실을 지적했다.[122]

이러한 설명은 자연스럽게 루터와 칼뱅 등 유럽 종교개혁자들이 원죄를 설명할 때 사용한 표현을 떠올리게 한다. 루터는 『로마서 강해』에서 원죄는 "모든 올바름의 상실과 … 악으로 향하는 경향, 선을 싫어하는 마음, 빛과 지혜를 멸시하고 오류와 어둠을 좋아하는 것"[123] 모두를 포함한다고 주장한다. 그가 에라스무스의 가르침을 반박하기 위해 쓴 논쟁적 작품인 『노예의지론』(The Bondage of the Will) 역시 동일한 강조점을 갖는다. 칼뱅도 『기독교강요』에서 "바울은 부패가 한 부분에만 국한된 것이 아니며, 그 죽을 병에 오염되지 않고 깨끗하거나 영향받지 않은 영혼은 한 사람도 없다고 가르침으로 모든 의심을 제거한다"[124]고 선언하면서, "이는 우리 본성이 단지 선을 결여한 것만이 아니라, 결코 게

122 Jackson, Works, 9:407, "원죄에 관한 교리." 그러나 웨슬리는 전적 타락이 "중립적 성격"을 가진 일에 대해서는 인간의 자유를 훼손하지 않으나, 하나님 앞에서 의의 문제에서 우리의 자유를 침해했다는 사실을 설명하기 위해 주의를 기울였다. Jackson, Works, 10:350에 실린 웨슬리의 "Remarks on a Defence of Aspasio Vindicated"를 참조하라. "원죄에 관한 교리"라는 논문에서 "전적 타락"을 언급한 다른 곳은 Jackson, Works, 9:197, 237, 273, "원죄에 관한 교리"를 참조하라.

123 Martin Luther, Luther's Works, vol. 25: Lectures on Romans, ed. Hilton C. Oswald (Saint Louis: Concordia Publishing House), 167-68.

124 John Calvin, Institutes of the Christian Religion, ed. John T. McNeill, 2 vols. (Philadelphia: The Westminster Press), 1:253.

으르지 않은 모든 죄악을 가득히 만들어내기 때문"[125]이라고 주장했다. 아르미니우스주의 신학자로서 웨슬리는, 윌리엄 캐논이 표현한 대로 "인간의 본성이 전적으로 의를 결여하고 있으며 하나님의 심판과 진노를 피할 수 없다고 주장한 점에서 칼뱅, 루터, 아우구스티누스와 전적으로 일치"[126]했다.

선행은총

이제까지 살펴본 내용에 의하면, 웨슬리의 원죄 교리와 루터나 칼뱅의 원죄 교리는 크게 다르지 않은 것으로 보인다. 셋 모두 동일하게 인간의 전적 타락을 강조했다. 그러나 더 자세히 들여다보면, 그들의 견해에는 서로 다른 은총 개념에서 기인하는 중요한 차이점이 있다. 예를 들어, 웨슬리는 전적 타락이라는 용어를 하나님의 은총을 전혀 받지 못한 사람이라는 의미의 "자연적 인간"과 연결한다. 그러나 그런 사람이 실제로 존재하는가? 웨슬리는 설교 "우리 자신의 구원을 성취함에 있어서"(1785)에서 그런 사람은 존재하지 않는다고 말한다.

> 모든 사람의 영혼이 자연 상태에서는 죄로 죽어 있더라도, 이것이 핑계거리가 될 수는 없습니다. 단지 자연 상태에만 있는 사람은 아무도 없으며, 스스

---

125 같은 책, 1:252.

126 William R. Cannon, *The Theology of John Wesley* (Nashville: Abingdon-Cokesbury Press, 1946), 200. George Croft Cell, *The Rediscovery of John Wesley* (New York: Henry Holt and Co., 1934), 246도 보라.

로 성령을 소멸하지 않는 한 하나님의 은혜를 전적으로 결여한 사람은 아무
도 없기 때문입니다. 살아 있는 사람 중에 우리가 흔히 말하는 "자연적 양심"
을 가지고 있지 않은 사람은 아무도 없습니다. 그런데 양심은 자연적인 것이
아닙니다. 더 적절히 말하면 그것은 "선행은총"입니다.[127]

같은 설교에서 웨슬리는 요한복음 1:9("참 빛 곧 세상에 와서 각 사람에게
비추는 빛이 있었나니")을 선행은총에 관한 주된 본문으로 삼아, "모든 사람
은 어느 정도의 빛, 희미하게 빛나는 광선을 가지고 있는데, 이 빛은 시
간과 정도의 차이는 있지만 세상에 태어나는 모든 사람을 비춥니다"[128]
라고 주장한다. 엄프리 리가 바르게 지적한 것처럼, 웨슬리에게 "자연
인"이란 논리적으로 추론한 추상적 개념이지, 사람의 실제 상태를 설명
하는 것은 아니다. 리는 "이 세상에서 사람은 자연인 위에 하나님의 선
행은총이 더해진 상태로 존재한다"[129]고 말한다. 간단히 말해, 원죄의 영
향은 여전히 존재하지만, 더 이상 전적인 것이 아니다.

웨슬리는 영국 국교회의 훌륭한 방식대로 성경과 전통 모두를 따라,
즉 요한복음 1:9 및 영국 국교회의 39개 신조("그리스도로 인해 우리보다 앞
서 역사하시는 하나님의 은총 없이는 우리는 하나님께서 기뻐하시고 용납하실 만한 선
을 행할 능력이 없다")에 근거해 선행은총 교리를 옹호했다. 그러나 특정한
기독교 자료에 근거했다는 것이, 선행은총이 미치는 범위를 제한하지
는 않는다. 웨슬리는 선행은총이 예수 그리스도의 구원 사역을 토대로

---

127 Outler, *Sermons*, 3:207, "우리 자신의 구원을 성취함에 있어서."
128 같은 곳.
129 Umphrey Lee, *John Wesley and Modern Religion* (Nashville: Cokesbury Press, 1936), 124-25.

성령의 역사하심을 통해 모든 사람, 즉 그리스도인과 비그리스도인에
게 똑같이 적용된다고 주장했다.[130] "정도의 차이는 있지만 모든 사람이
이 은총을 가지고 있습니다. 이 은총은 사람이 간구하기 전에 이미 주어
집니다."[131] 다시 말해, 선행은총은 지리적·문화적 차이 같은 우연적 요
소로 차별받지 않고 "모든 사람이 값없이" 받으며, 인간의 능력이나 공
로에 따라 받는 것이 아니라 "모든 수혜자가 값없이" 받는다.[132] 선행은
총은 폭넓은 은혜이지 배타적 은혜가 아니며, 값없이 주어지는 은혜이
지 공로의 대가가 아니다.

　선행은총의 혜택을 좀 더 자세히 살펴보기 위해서는, 20세기의 탁
월한 감리교 학자인 알버트 아우틀러가 웨슬리의 글에서 선행은총의
용례를 하나가 아닌 두 가지로 구분했음을 주목할 필요가 있다. 그 첫
째는 "좁은" 의미의 용례인데, 이는 칭의와 성화의 은혜 이전에 주어지
는 모든 은혜를 말한다.[133] 이 용례에서 선행은총은 그리스도의 사역의
결과로 죄인에 대한 일반적인 조명하심뿐 아니라, 성령의 역사에 의한
죄의 깨달음을 포함한다. 둘째는 "넓은" 의미의 용례로, 이는 하나님과
인간의 협력에서는 언제나 하나님의 은총이 앞서고, 인간의 응답은 오
직 은총을 뒤따른다는 사실에 기초해 모든 은혜를 선행적인 것으로 보

130　웨슬리는 설교 "선한 청지기"에서 하나님의 은혜와 성령을 강하게 결부시킨다. "마
　　지막으로, 다른 모든 것이 의존하고 있으며, 그것 없이는 다른 것이 복이 아닌 저주
　　가 되어버리는 그것을 거기에 첨가해야 합니다. 그것은 하나님의 은혜, 곧 성령의
　　능력입니다. 그것만이 우리 안에서 역사해 하나님께서 용납하실 만한 모든 것을 이
　　루어냅니다."

131　Outler, *Sermons*, 3:207, "우리 자신의 구원을 성취함에 있어서."

132　Outler, *Sermons*, 3:545-52, "값없이 주시는 은총" 참조.

133　웨슬리의 설교 "양심에 대하여" 서문에 관한 아우틀러의 설명을 보라. Outler,
　　Sermonss, 2:479.

는 것이다. [134]

아우틀러가 말한 "넓은" 용례는, 일부 학자들 사이에서 웨슬리가 구원의 교리 내에서 구별한 핵심적 구분을 모호하게 만들어버리는 유감스러운 결과를 낳았다. 예를 들어, 아우틀러가 말한 넓은 용례는, 웨슬리가 반복적으로 강조한 내용으로, 신자가 은혜에서 은혜로 자라가면서 삶에서 이루어지는 질적 변화인 성품과 존재의 변화를 알아차리는 데 실패할 수 있다. 웨슬리가 선행은총, 죄를 깨닫게 하는 은혜, 칭의의 은혜, 중생의 은혜, 성결의 은혜, 영화의 은혜를 구별한 것은, 하나님과 인간의 관계가 점진적으로 깊어지면 궁극적으로 사랑이 무지와 두려움을 이기게 된다는 사실을 가리키기 위해서다. 이 과정에서 영혼을 부르시고 죄를 깨닫게 하시는 성령의 초기적 활동은, 그 후에 그를 거룩하게 하시는 은혜와 구분되어야 한다.

웨슬리는 "선행은총"이라는 단어를 사용할 때 사실상 모든 곳에서 넓은 용례가 아닌 좁은 용례의 선행은총을 의미했다. [135] 비록 각각의 은혜 모두를 하나님께서 주도하신다는 사실의 중요성이 경시되어서는 안 되지만, 선행은총이라는 용어 자체는 좁은 의미의 선행은총, 죄를 깨닫게 하는 은혜, 칭의의 은혜, 성결의 은혜, 영화의 은혜 사이의 구분이 나타내는 존재의 변화, 즉 신자의 성장과 발전에 특별한 주의를 기울이도

---

134 Thomas C. Oden and Leicester R. Longden, eds., *The Wesleyan Theological Heritage: Essays of Albert C. Outler* (Grand Rapids: Zondervan, 1991)에 실린 Albert C. Outler, "John Wesley's Interests in the Early Fathers of the Church," 105; Outler, "A Focus of the Holy Spirit: Spirit and Spirituality in John Wesley," 165를 참조하라.

135 특히 Outler, *Sermons*, 2:156-157, "성경적 구원의 길"과 3:203-4, "우리 자신의 구원을 성취함에 있어서", 3:482, "양심에 대하여"를 보라.

록 하기 위해 사용된 것이다.

선행은총의 혜택

웨슬리는 선행은총이 주어져 타락의 가장 나쁜 영향을 부분적으로 완화시킨 결과로 사람이 누리게 된 다섯 가지 혜택을 다음과 같이 설명한다.[136]

첫째, 그는 로마서 1:19("이는 하나님을 알 만한 것이 그들 속에 보임이라. 하나님께서 이를 그들에게 보이셨느니라")을 주해하면서, 전능하심이나 영원하심 등 주로 하나님의 속성에 관한 기본적 지식은 모든 사람이 알고 있는데, 이는 성령께서 선행은총을 통해 선행적으로 역사하셨기 때문이라고 주장한다. 달리 말해, 사람은 은혜가 전혀 없는 자연적 상태에서 하나님에 관해 전적으로 무지한 상태로 버려져 있지 않다. 비록 그 지식이 흐릿하고 불충분하더라도 모든 사람은 어느 정도 하나님을 아는 이해력을 가지고 있다. "'하나님을 알 만한 것', 즉 하나님에 관해 반드시 알아야 할 중요한 원리는 '그들 속에 이미 알려져 있습니다. 하나님께서 이를 그들에게 보이셨기 때문'입니다(롬 1:19). 이는 '세상에 오셔서 각 사람을 비추시는 빛'에 의한 것입니다"(요 1:9).[137] 이 지식은 인간의 자율적 이성의 결과가 아니라 은총의 결과이기에, 어떤 의미에서 자연신

---

136 선행은총의 혜택에 관한 좀 더 자세한 논의를 위해서는 Charles Allen Rogers, "The Concept of Prevenient Grace in the Theology of John Wesley" (Ph. D. Dissertation, Duke University, 1967), 196를 참조하라. 나는 로저스의 네 가지 혜택에 다섯 번째 범주인 "악에 대한 저항"을 추가했다.

137 웨슬리, 『신약성서주해』, 롬 1:19.

학의 가능성은 미리 배제된다. 인간은 자신의 지혜대로 내버려두면 우상만 만들어낼 뿐이다.

둘째, 인간은 하나님의 은총을 떠나 영적으로 죽었기에, 창조 시에 그들의 마음에 새겨진 율법과 동일하며 하나님의 형상을 표현하는, 하나님의 거룩한 율법의 명령을 이해할 능력이 없고 또 이해하려 하지도 않는다. 그러나 웨슬리는 하나님께서 타락한 인간을 전적으로 버려진 상태에 내버려두시지 않고, 그 마음에 도덕법에 대한 지식의 일부를 다시 새겨 넣으셨다고 주장한다.

> 오래지 않아 인간은 하나님을 배반했고, 이 영광스러운 율법을 깨뜨려버린 후 그것을 마음에서 거의 지워버렸습니다. … 그럼에도 하나님께서는 손수 창조하신 그들을 멸시하지 않으시고, 사랑하시는 아들을 통해 인간과 화해하셨으며, 어둠과 죄로 가득한 피조물의 마음에 어느 정도 율법을 다시 새겨 넣으셨습니다.[138]

셋째, 웨슬리는 "필연에 관한 생각"(*Thoughts upon Necessity*, 1744)에서 양심의 궁극적 원천이 인간의 본성이나 사회가 아니라 전능하신 하나님이심을 주장한다. 그는 "하나님께서는 모든 사람 속에 자신이 임명한 심판관으로 양심을 새겨 넣으셨으며, 이 양심이 사람의 욕구와 행위를

---

138 Outler, *Sermons*, 2:7, "율법의 기원, 본성, 속성 및 용법." 웨슬리의 작품, "신중하게 숙고한 예정"도 보라. 이 글에서 웨슬리는 "하나님께서 처음 하신 일은 선과 악에 대한 대략적인 지식을 통해 이해력을 밝히는 것이었다. 하나님께서는 만약 그들이 이 빛에 역행할 경우, 거기에 수많은 비밀스러운 책망을 추가하신다"고 말한다. Jackson, *Works*, 9:233, "원죄에 관한 교리" 참조.

허용하거나 정죄하는 내면의 심판관으로 일한다는 사실을 부인할 수 없습니다"[139]라고 적었다. 그리고 "성경적 구원의 길"(1765)에서는 양심의 작용을 선행은총과 동일시했다. 오랜 시간이 지난 후 노년의 웨슬리는 여전히 설교 "양심에 대하여"(1788)에서, 누구나 양심을 가지고 있기에 양심이 자연적인 것처럼 보이지만, 정확히 말해 "양심은 자연적인 것이 아니라 하나님의 초자연적 선물로서 인간의 타고난 자질 이상의 것입니다"[140]라고 주장했다. 또 웨슬리는 "여러분이 하나님께서 주신 빛과 반대로 행할 때 여러분 속에 불안한 마음을 일으켜 그 길을 막으시는 분은 성령이십니다"[141]라고 단언했다. 성령께서는 하나님의 율법을 인간의 마음에 어느 정도 재각인하실 뿐 아니라, 사람의 생각과 행동이 도덕법과 심각하게 불일치할 경우 양심의 활동이 중지되게 하신다.

넷째, 웨슬리는 원죄 교리를 여러 면에서 루터나 칼뱅과 유사하게 가르치면서, 인간이 하나님과 관계된 일에서 본성적으로 의지의 자유를 갖는다는 주장을 명백히 부인했다.[142] 달리 말해, 인간은 은혜를 떠나서는 죄 덩어리일 뿐이다. 그러나 웨슬리 신학이 루터와 칼뱅처럼 인간에게서 도덕적 책임성을 제거해버리는 결정론에 빠지는 일을 피하게 해준 것은, 모든 사람에게는 그리스도의 사역을 토대로 성령을 통해 어느 정도의 의지의 자유가 초자연적으로 회복되었다고 주장한 점이다. 웨슬리는 "신중하게 숙고한 예정"(1752)이라는 논문에서 다음과

---

139 Jackson, *Works*, 10:473, "필연에 관한 생각."
140 Outler, *Sermons*, 3:105, "양심에 대하여."
141 같은 곳. 이 설교에서 웨슬리는 양심의 역할을 증언, 판단, 집행의 세 가지로 말한다. Outler, *Sermons*, 3:483, "양심에 대하여" 참조.
142 Jackson, *Works*, 10:229, "신중하게 숙고한 예정."

같이 말한다.

> 나는 그 정도까지(도덕적인 면에서까지) 의지의 자유를 주장하지 않습니다. 그리고 인간의 현재 상태에서 의지의 자유는 자연적이라고 생각하지 않습니다. 내가 주장하는 것은 "세상에 와서 각 사람에게 비추는"(요 1:9) 초자연적인 빛과 함께 어느 정도의 의지의 자유가 초자연적으로 인간에게 회복되었다는 것뿐입니다.[143]

웨슬리는 "힐 씨의 주장에 대한 반박"(Remarks on Mr. Hill's Review, 1772)에서도 같은 주제를 다루면서, "우리[웨슬리와 플레처] 둘 모두는 자연적 상태에서 인간의 의지는 죄를 짓는 일에서만 자유롭다고 변함없이 주장해왔습니다. 그러나 우리는 모든 사람이 은총에 의해 어느 정도 회복된 의지의 자유를 가지고 있다는 사실도 믿습니다"[144]라고 말한다.

알버트 아우틀러가 바르게 지적한 것처럼, 선행은총의 결과를 은총에 의해 회복된 의지의 자유로 본 웨슬리의 이해는 중요한 점에서 웨슬리 신학을 야콥 아르미니우스(Jacobus Arminius)의 신학과 구별시켰다. 아우틀러는 "아르미니우스는 은총이 선행적으로 역사하기 전에도 인간이 하나님께로 돌이키고자 하는 의지를 가지고 있다고 생각했다면, 웨슬리는 '우리가 어떤 선한 일에서든 마음이 움직이고 영감을 받았다면' 그것은 성령의 선행적 활동에 의한 것이라고 생각했다"[145]고 적었다. 이

---

143 같은 책, 10:230.

144 같은 책, 10:392, "힐 씨의 주장에 대한 반박"과 "하나님의 주권에 관한 생각"(Thoughts Upon God's Sovereignty), 10:362를 보라. 괄호 내용은 내가 덧붙인 것이다.

145 Outler, *Sermons*, 2:157, 각주 3, "성경적 구원의 길."

러한 점을 고려한다면, 웨슬리가 1745년 메소디스트 연회에서 자신과
자신을 따르는 설교자들이 모든 선의 원인을 하나님의 은혜로 돌리고
자연적 의지의 자유와 공로를 부인함으로 "칼뱅주의와 매우 가깝다"[146]
고 한 말은 신뢰할 만하다.

다섯째, 하나님의 속성에 대한 제한된 지식, 도덕법에 대한 이해, 양심
의 기능, 초자연적으로 회복된 어느 정도의 의지의 자유로 표현되는 선행
은총은, 그 각각의 경우와 구별되는 누적 효과로 인간의 불의를 제지하
고 악함을 억제하는 효과를 갖는다. 웨슬리는 설교 "산상수훈(3)"(1748)
에서 선행은총이 (그리고 하나님의 섭리가) 인간의 악에 대해 가지는 "억제
효과"를 하나님의 자녀에 대한 세상의 증오와 관련지어 설명했다.

"너희가 세상에 속하였으면 세상이 자기의 것을 사랑할 것이나 너희는 세상
에 속한 자가 아니요 … 세상이 너희를 미워하느니라"(요 15:19). 그렇습니
다. (선행은총이나 하나님의 특별한 섭리에 의한 예외를 제외한다면) 세상은
과거 주님께 한 것처럼 진정으로 충심을 다해 그들을 미워합니다.[147]

웨슬리는 로마서 1:24("그러므로 하나님께서 그들을 마음의 정욕대로 더러움
에 내버려 두사 그들의 몸을 서로 욕되게 하셨으니")을 주해하면서 또 다시 하나
님께서는 완고하고 반역적인 사람들과 우상숭배에서 떠나지 않는 사람
들에게서 "하나님의 억제하시는 은혜"를 거두어버리신다고 말한다.[148]
선행은총의 다섯 번째 개념은 확실히 어떤 면에서 루터가 말하는 창조

---

146 Jackson, *Works*, 8:285, "연회록."
147 Outler, *Sermons*, 1:526, "산상수훈(3)."
148 웨슬리, 『신약성서주해』, 롬 1:24.

의 질서 및 보존의 질서와 유사하고, 좀 더 현대에는 디트리히 본회퍼의 위임 개념과도 유사하다. 즉 여기서 하나님의 은혜는 인간의 악을 억제한다. 심지어 하나님을 전혀 개의치 않고 교회에 대해서는 더욱 그런 사람들 중에서도 어느 정도 악을 억제한다. 그러나 불행하게도 웨슬리는 이 부분에 관한 자신의 은혜 개념을 충분히 발전시키지 않는다.

　하나님의 은혜가 없이는 불가능한 기능과 혜택의 회복으로서 선행 은총의 다섯 요소는, 최근의 연구에서 바르게 지적된 것처럼, 은혜로 회복된 기능을 사용해 죄인을 구원으로 부르시는 하나님의 선행적 활동과는 구분된다.[149] 부분적으로 갱신된 기능을 갖는 것 자체와 그 기능을 통해 하나님의 부르심을 듣는 것은 분명 별개다. 웨슬리가 이해한 선행 은총은 이 두 가지 의미를 모두 포함한다.

　이제까지 살펴본 웨슬리의 은총과 율법, 죄의 교리에서 간략하게 다음 세 가지를 관찰할 수 있다. 첫째, 웨슬리의 원죄 교리가 인간의 전적 타락을 강조한 것에 논리적으로 뒤따르는 사실은, 웨슬리의 구원의 길 중 적어도 어느 한 지점에서는 "불가항력적 은총"이 작용해야 한다는 것이다. 이는 불가항력적 은총이 칼뱅주의자에게 더 적합한 주제라고 배워온 메소디스트들에겐 놀라운 소식일지 모른다. 그럼에도 웨슬리에 의하면 자연적 상태에 있는 사람은 하나님께서 주신 은혜를 받아들이거나 거부할 자유조차 갖지 못했기에, 선택의 기능 자체의 회복은 하나

149　랜디 매덕스는 *Responsible Grace*, 89에서 이 유익한 구분을 제시한다.

님의 은총에 의해 불가항력적인 방법으로 이루어져야 한다. 달리 말해,
하나님의 은혜로 회복된 기능이라는 면에서 선행은총이 불가항력적임
을 부인하는 것은, 웨슬리가 인간의 전적 타락 교리를 가지고 있다는 사
실 자체를 부인하는 것이 된다. 그렇게 보면 하나님께서 영혼을 부르시
는 은혜로서의 선행은총은 거부할 수 있고, 실제로도 그런 일이 자주 일
어나지만, 하나님의 은혜로 회복된 기능이라는 면에서의 선행은총은 거
부할 수 있는 것이 아니다.[150] 이 점은 다시 한번 웨슬리가 장 칼뱅과 매
우 유사하게 하나님의 전적 은혜와 절대적 자비, 하나님께서 사랑으로
주도하시는 일이 절대적으로 필요하다는 사실을 강조했음을 보여준다.
만약 그렇다면, 자신과 칼뱅의 신학 사이에는 머리카락 하나 차이밖에
없다는 웨슬리의 주장은 허풍이 아니다. 칼뱅주의와 웨슬리주의의 주
된 차이는, 불가항력적 은혜가 구원의 길 중 어느 지점에서 작용하는지
에 있다. 칼뱅에게는 성화시키는 은혜 자체가 불가항력적으로 주어진
다고 할 수 있지만, 웨슬리에게 불가항력적인 것은 "사람이 구하기도 전
에 이미 주어져 있는"[151] 선행은총이다. 이 차이는 중요하다.

---

150 이 점에 관해 랜디 매덕스의 입장은 일관성이 없어 보인다. 그는 한편에서 불가항
   력적 은총 개념을 부인하지만, 다른 한편에서는 심지어 선행은총의 "제안"이 거부
   될 때조차도 "인식하고 반응할 수 있는 기능 회복이 가진 잠재성은 이론적으로 여
   전히 유효함"을 인정하기 때문이다. Maddox, *Responsible Grace*, 88 참조.

151 Outler, *Sermons*, 3:207, "우리 자신의 구원을 성취함에 있어서." 웨슬리에 의하면
   (좁은 의미의) 선행은총은 "생명으로 향하는 어느 정도의 경향성, 어느 정도의 구
   원, 분별없고 무감각한 마음에서의 구원의 시작"을 포함한다. 그럼에도 선행은총
   이 성화의 시작은 아니다. 구원은 여전히 죄를 깨닫게 하는 은혜와 성화의 은혜로
   계속 진전해 나아가야 하기 때문이다. 달리 말해, 선행은총 상태에서 인간의 마음
   은 어떤 면에서 하나님의 은총에 반응하고 있지만, 여전히 죄의 지배 아래 머물러
   있다. 사실 1747년 연회록은 이 주제를 다루면서 "사람은 선행은총으로 인해 자신
   의 본성과 습관에 따라 (엄격하지 않은 의미에서) 좋은 성품을 가지고 나무랄 데 없

둘째, 선행은총에서 (그리고 다른 은총에서도) 나타나는 성령의 주도적 역사는 "인간의 공로에 대한 모든 망상"[152]을 제거하면서도, 동시에 인간의 가능성과 그 결과로서 책임성을 확대시킨다. 웨슬리는 "하나님께서 여러분 속에서 역사하십니다. 그러므로 여러분은 행할 수 있습니다. … 하나님께서 여러분 속에서 역사하십니다. 그러므로 여러분은 행해야만 합니다"[153]라고 단언했다. 이는 웨슬리의 은혜 이해가 중요한 면에서 다른 개신교 지도자들과는 달리 전반적으로 하나님과 인간의 협력 속에서 제시되고 있음을 의미한다. 그럼에도 웨슬리가 매우 주의를 기울여 표현한 신인협력설은 펠라기우스주의의 위험을 벗어나는데, 이는 구원의 과정에서 하나님께서 명백히 주도권을 취하시기 때문이다. 엄밀히 말하면, 하나님께서 먼저 행하셨고 또 언제나 먼저 행하시기에, 인간 역시 행해야 하며 하나님께서 이미 주신 은혜에 담긴 가능성을 충분히 발전시켜야 하는 것이다.[154] 웨슬리는 다음과 같이 경고한다.

> 대체로 반대 입장을 지지한 아우구스티누스마저도 "우리 없이 우리를 만드신 하나님은 우리 없이 우리를 구원하지는 않으신다"고 주장했습니다. 하나님께서는 우리가 "이 패역한 세대에서 우리 자신을 구하지"(행 2:40) 않으며, 우리 자신이 "믿음의 선한 싸움을 싸우고 영생을 취하지"(딤전 6:12) 않는다면, 우리가 "좁은 문으로 들어가기를 힘쓰고"(눅 13:24) "우리 자신을

는 삶을 살 수도 있다"고 공표했다. 그러나 신앙 없이 또는 하나님의 사랑 없이는 실제로 거룩해지는 것이 불가능하다. Outler, *Sermons*, 3:203-4; Jackson, *Works*, 8:293; 웨슬리, 『신약성서주해』, 366; Telford, *Letters*, 6:239 참조.

152 같은 책, 3:202, "우리 자신의 구원을 성취함에 있어서."

153 같은 책, 3:206, 208.

154 같은 책, 3:208.

부인하고 날마다 우리 십자가를 지지"(마 16:24) 않으며, 모든 가능한 방법을 다해 힘써 "우리 부르심과 택하심을 굳게"(벧후 1:10) 하지 않는다면, 우리를 구원하려 하지 않으실 것입니다.[155]

따라서 "애쓰라", "힘을 다하라", "수고하라" 같은 용어를 포함하는 명령법은 웨슬리의 구원의 길의 모든 단계에서 나타난다. "만약 성령을 소멸시키지만 않는다면, 하나님의 은혜를 전적으로 결여한 사람은 아무도 없기 때문"[156]이다. 간단히 말해, 우리가 행할 수 있도록 능력을 부여하시는 하나님의 은혜는 우리가 그것을 충분히 자각하기 전부터 이미 주어져 있다. 더 나아가 이 은혜는 언제나 우리를 응답으로 초청한다. 하나님의 은혜는 항상 현재의 우리의 수준 그대로 우리를 만나주신다. 그런 다음에는 더 깊은 은혜로 나아가라고 우리에게 말씀하신다.

셋째, 이제까지 분명해진 점은, 비록 유럽의 종교개혁자들과 웨슬리 모두 인간의 전적 타락 교리에 동의하더라도, 그들의 신학의 기본적인 틀은 명확하게 구분되는데, 이는 그들의 은총 개념이 서로 다르기 때문이라는 사실이다. 웨슬리의 선행은총 교리는 인간의 전적 타락, 은총에 의한 구원, 인간의 책임성, 모든 사람을 위한 구원의 제시라는 네 가지 주제를 아무 모순 없이 조화되게 만들었다. 그러나 칼뱅과 루터의 신학은 인간의 전적 타락과 은총에 의한 구원이라는 처음 두 가지 주제만

---

155 같은 책, 3:208-9.

156 같은 책, 3:207. 린드스트롬은 결론적으로 웨슬리의 선행은총 교리는 그의 하나님 이해에 기초하고 있다고 주장한다. "웨슬리는, 의지의 자유 교리가 그에 대한 대안적 교리인 유기의 교리보다 하나님의 지혜, 정의, 자비와 더 잘 조화를 이룬다고 생각한다." Lindström, *Wesley and Sanctification*, 46 참조.

을 서로 연결하며, 그 후에는 예정과 선택의 교리를 통해 왜 모든 사람
이 구원받을 수 없는지를 설명한다.

2 장

죄를 깨닫게 하는 은혜와
초기의 회개

앞 장에서는 웨슬리 신학에서 원죄가 어떻게 인간의 현세적 죽음과 영적인 죽음 모두를 가져오게 되는지 설명했다. 그러나 육적인 본성 자체가 영원한 죽음을 가져오지는 않는다. 즉 하나님의 현존에서 인간을 궁극적으로 배제시키지는 않는다. 웨슬리는 논문 "원죄에 관한 교리"(1756)에서 어떤 사람도 자기 조상의 죄 때문에 죽지 않으며, "단지 첫 조상의 죄 때문에 영원한 죽음을 겪은 사람은 아무도 없었고 또 앞으로도 없을 것"[1]이라고 주장했다. 1756년에 존 메이슨에게 보낸 편지에서도 그는 유아에게 죄책이 전가되지 않는 이유를 다음과 같이 설명했다. "단 한 명의 유아도 '아담의 죄 때문에 지옥에 간' 경우는 없으며, 앞으로도 없을 것입니다. 그것은 그들이 세상에 태어나자마자 그리스도의 의로 아담의 죄책이 무효화되기 때문입니다."[2] 따라서 그리스도의 공로로 "모든 사람은 아담이 실제로 지은 죄의 죄책과 아무 상관없게"[3] 되었다. 웨슬리에 의하면, 죄인이 최종적으로 정죄받는 이유는 죄인 스스로 좀 더 직접적이고 능동적으로 죄에 참여했기 때문이다. 죄책을 상속받았기에 영원한 죽음에 처하는 것이 아니다.

이 점에서 웨슬리는 두 가지 사상을 긴장 속에서 연결한다. 첫째, 죄

---

1   Jackson, *Works*, 9:315, "원죄에 관한 교리."

2   Telford, *Letters*, 6:239-40 (to John Mason, November 21, 1776).

3   Jackson, *Works*, 8:277, "연회록."

로 오염된 우리의 본성은 결국 거짓과 탐욕과 정욕 같은 자범죄를 일으
킬 것이다. 둘째, 그러나 원죄가 자범죄라는 결과로 나타나는 것이 반
드시 필연적인 것은 아니다. 죄를 지으려는 본성을 행동으로 옮기는 것
을 피할 수 있도록 이미 주어져 있는 것이 하나님의 선행은총이기 때문
이다. 따라서 웨슬리는 "타락한 본성에는 자범죄가 뒤따르지만, 그것은
피할 수 없는 것이 아니다"[4]라고 적었다. 달리 말해, 모든 사람이 죄를
지으려는 본성적 경향을 가지고 있다는 것은 기독교 인간론의 핵심적
진리지만, 우리가 이 성향에 저항할 수 없는 것은 아니다. 웨슬리는 "하
나님께서 이미 주신 은혜를 통해 우리는 그것에 저항해 이길 수 있습니
다"[5]라고 지적한다. 또 "우리는 스스로 결정하기도 전에 이미 죄를 지으
려는 성향을 가지고 있습니다. 그러나 하나님의 은혜로 이 성향을 이겨
낼 수도 있고, 거기에 져서 자범죄를 짓게 될 수도 있습니다"[6]라고 말한
다. 따라서 웨슬리의 글에 나타난 원죄와 자범죄 사이의 관계는 하나님
의 은혜와 인간의 책임성 모두를 중요하게 만든다. "어느 누구도 은혜
를 받지 못해서가 아니라, 은혜를 받았음에도 활용하지 않아 죄를 짓게
되기 때문"[7]이다.

---

4   같은 책, 9:338, "원죄에 관한 교리."

5   같은 책, 9:294.

6   같은 책, 9:275.

7   Outler, *Sermons*, 3:207, "우리 자신의 구원을 성취함에 있어서."

죄를 깨닫게 하는 은혜

인간은 반드시 그래야 하는 것은 아니더라도 결국 죄를 짓게 되므로, 선행은총은 웨슬리가 죄를 깨닫게 하는 은혜로 명명한 다른 은혜로 연결되어, 사람이 거룩하신 하나님 앞에서 자신의 죄책을 깨달을 수 있도록 성령께서 좀 더 능동적인 역할을 하셔야 한다.[8] 성령의 좀 더 적극적인 역할이 필요한 이유는, 죄가 영적 감각을 완전히 제거해버리지는 않았더라도 매우 무디게 만들어 죄인들이 자신의 참된 영적 상태를 전혀 알 수 없게 되었기 때문이다. 그들은 사실상 죄의 마약으로 마비되어 제정신이 아닌 상태인데, 웨슬리는 이 통탄할 만한 상태를 묘사하기 위해 "자연인"이라는 문구를 사용한다.

그러나 주의해야 할 것은, 웨슬리가 "자연인"이나 "자연적 상태"라는 문구를 두 가지 다른 의미로 사용한다는 사실이다. 이것은 그 의미의 차이를 알아차리지 못한 학자들의 웨슬리 연구에 큰 혼란을 일으키는 원인이 되기도 했다.[9] 먼저, 설교 "원죄"에서 자연적 상태는 하나님의 은

---

8   죄를 깨닫게 하는 은혜는 어떤 의미에서 일종의 선행은총이다. 그럼에도 죄를 깨닫게 하는 은혜는 (양심, 도덕법에 관한 지식 같은) 선행은총의 기본적 요소보다 더 진전된 것이다. 비록 모든 사람이 하나님의 선행은총을 받았더라도, 그들 모두가 죄를 깨닫고 회개하지는 않기 때문이다.

9   Colin W. Williams, *John Wesley's Theology Today* (Nashville: Abingdon Press, 1960), 58. 윌리엄스는 설교 "종의 영과 양자의 영"에서 "자연인"을 언급한 부분을 인용하면서 혼동을 일으킨다. 그래서 (마치 설교 "원죄"에 나오는 자연인의 용례를 인용하고 있는 것처럼) "하나님께서는 사람을 이 자연적 상태에 내버려두지 않으신다"고 덧붙인다. 그러나 "종의 영과 양자의 영"에 나오는 "자연인"과 관련된 요점은 많은 사람이 그대로 남겨져 있다는 점, 더 분명히 표현하면 많은 사람이 그 나쁜 상태에 머물러 있다는 점이다.

혜가 없는 상태다. 웨슬리는 이 설교에서 자신의 의지대로 내버려진 채 "하나님의 은혜의 도움을 받지 못하는"[10] 원죄로 가득한 인간을 설명한 다. 그러나 앞 장에서 지적한 대로, 그런 상태에 있는 사람은 실제로 존 재하지 않는다. 하나님의 선행은총을 받지 않은 사람은 아무도 없기 때 문이다. 그렇다면 이 첫 번째 문맥의 자연적 상태란 경험적으로 입증될 수 없는 이론적 개념이다. 어떤 사람도 그 정도까지 망가지고 타락한 상 태에 내버려져 있지 않다.

다른 한편, 설교 "잠자는 자여 일어나라"(1742, 실제로는 찰스 웨슬리에 의해 작성됨)와 "종의 영과 양자의 영"(1746)에서 "자연인"과 "자연적 상태" 라는 문구는, 실제로 살과 피를 가진 개인을 말하는 것이지 단지 이론 적 개념이 아니다. 전자의 설교에서 자연적 상태는, 죄인이 자기 죄 속 에서 만족해 타락한 상태에 머물러 있으려는 영적 어둠의 상태를 말한 다.[11] 후자의 설교에서 "자연인"의 상태는 영적으로 잠든 상태다. 이는 영적 감각이 깨어나지 않은 상태로, 이해의 눈이 닫혀 있어 하나님의 법 을 이해하지 못한다. 웨슬리는 "종의 영과 양자의 영"의 최소한 세 곳에 서 "자연인"을 실제 사람, 특히 "이교도"와 연결한다.[12]

혼동이 불가피하게 발생하는 시점은, 앞 장에서 인용한 "우리 자신 의 구원을 성취함에 있어서"라는 설교에서 웨슬리가 부인한 내용("실제 로 자연적 상태에 남겨져 있는 사람은 아무도 없습니다")을 마땅히 적용해야 할 설교 "원죄"에 적용하지 않고, 적용하지 말아야 할 설교 "잠자는 자여 일 어나라"와 "종의 영과 양자의 영"에 적용하는 경우다. 이 오류에 빠진 결

---

10   Outler, *Sermons*, 2:176, "원죄."
11   같은 책, 1:142-43, "잠자는 자여 일어나라."
12   같은 책, 1:263-65, "종의 영과 양자의 영."

과는, 존 웨슬리와 찰스 웨슬리가 자기 죄에 안주하면서 영적인 어둠속을 살아가는 사람이 실제로는 존재하지 않는다고 믿은 것이 되고 만다. 그 결론은 분명히 잘못된 것이다.

  "자연인"과 "자연적 상태"에 관한 두 가지 다른 의미를 구분하면서 웨슬리가 "종의 영과 양자의 영"에서 설명하려 한 것은, 적절한 의미의 자연적 상태에서 아무 근거 없이 거짓되이 자신이 안전하다고 믿는, 각성되지 않은 죄인의 상태라는 점이 분명해진다. 웨슬리는 "그는 자신이 지옥의 경계선에 서 있다는 것을 모르기에 두려워하지 않습니다. 자신이 위험함을 모르고는 떨 수도 없기 때문입니다"[13]라고 말했다. 죄인은 영적 감각이 잠들어 있고 이해의 눈이 닫혀 있어, 자신의 참된 영적 상태 및 자신과 하나님의 관계가 치명적으로 잘못되어 있음을 전혀 알지 못한다. 영적 영역의 현실에 관해 사실상 죽어 영적 무지가 그들의 주된 특징이 되어버렸기에, 자연적 상태에 있는 사람은 하나님을 두려워하지도 사랑하지도 않는다.[14] 따라서 그들은 아무 근거 없이 자신이 자

13 같은 책, 1:251. 이렇게 근거 없이 안전하다고 믿는 감각을 쇠렌 키에르케고르의 미적 단계와 비교해 보라. Søren Kierkegaard, *The Point of View of My Work as an Author*, ed. Benjamin Nelson (New York: Harper Torchbooks, 1962), 22-43 참조.

14 Outler, *Sermons*, 1:250, "종의 영과 양자의 영"과 웨슬리, 『신약성서주해』, 요일 4:18을 참조하라. 비록 "자연적 상태"라는 말을 사용한 사람은 웨슬리 자신이지만, 우리는 이 구절을 고정된 의미로 해석하지 않도록 주의해야 한다. 웨슬리의 구원의 길은, 한편으로 클라렌스 벤스(Clarence Bence)가 지적한 것처럼 동적이고 과정적이지만, 다른 한편으로 웨슬리는 신자의 삶에서 은혜가 실현되는 단계, 즉 성결의 성취에 세심한 주의를 기울였다. 예를 들어, 온전히 성화된 자의 마음의 성품 또는 기질은 처음으로 죄의 극심한 고통을 겪고 있는 사람의 것과는 다르다. 따라서 은총의 여러 상태를 언급하고, 하나님의 사랑이 실현되는 서로 다른 단계를 신중히 고찰하는 것은 적절한 태도다. Clarence Bence, *John Wesley's Teleological Hermeneutic* (Ann Arbor, Mich.: University Microfilms International, 1982) 참조.

유를 가졌다고 상상해 실제로는 죄의 종임에도 불구하고 아무런 문제를 느끼지 못한다. 또 "언젠가는 회개할 것"이라거나, "사람은 연약하며, 우리 모두가 약하다. 모든 사람은 결점을 가지고 있다"면서 자신을 합리화하고 거짓 위안을 찾는다.[15] 그 결과 그들은 억제되지 않은 채 계속 죄 속에서 살아간다.

하나님께서는 자신의 공의에 따라 죄에 사로잡힌 인간을 내버려두심으로써 죄에 적극적으로 참여한 반역에 대해 쓰디쓴 열매를 맛보게 하실 수도 있었다. 따라서 화해의 길을 마련하신 것은 하나님의 전적인 은혜이자 아무 자격 없는 자에게 베푸시는 자비다. 웨슬리는 인간을 향한 하나님의 자비를 자세히 설명하면서, 하나님께서는 무서운 섭리로 "어둠 속, 지옥의 그늘에서 잠자는 사람의 마음을 다루십니다"[16]라고 말한다. 그때 죄인은 죄를 깨닫게 하시는 하나님의 은혜를 통해 자신의 참된 상태를 깨닫기 시작한다. 그리고 사랑과 자비의 하나님이 또한 소멸하는 불도 되심을 알게 된다. 그들은 율법의 내적이고 영적인 의미를 깨닫기 시작하며, "종교와 덕으로 만든 알량한 가면과 하나님을 대적한 죄에 대한 가증스러운 변명"[17]이 벌거벗겨지는 것을 본다. 마지막으로 죄인은 죄의 삯은 사망이며, 하나님의 뜻을 떠난 삶은 아무 의미가 없음을 알게 된다. 여기서 그들의 망상적 안식과 거짓 평화 및 공허한 안전은 끝이 난다.

---

15   Outler, *Sermons*, 1:254, "종의 영과 양자의 영."

16   같은 책, 1:255.

17   같은 책, 1:256.

설교의 중요성

죄를 깨닫게 하는 수단에 관해 웨슬리는 성령이 다양한 방법으로 역사하심을 인정했다. 그는 "성령께서 많은 사람을 인도해 하나님의 복을 발견하도록 하는 데 사용하시는 수단은 매우 다양해 시시때때로 방법을 바꾸시기도 하고 천 가지가 넘는 갖가지 방식을 서로 조합하시기도 합니다"[18]라고 말한다. 죄에 대한 깨달음은 교회 안에서 일어나기도 하고 밖에서 일어나기도 한다. 웨슬리는 특히 경건한 사람들의 말을 듣거나 그들과 대화 나누는 것, 진지한 서적을 읽고 숙고하는 것 등을 강조했다.[19]

그러나 웨슬리가 무엇보다 중요하게 여긴 활동은 하나님의 말씀의 분명하고 지속적인 선포다. 그는 옥외설교 실천이 "사탄의 왕국을 흔들어 놓았다"[20]고 했을 뿐 아니라, 일평생 분명한 목적을 지닌 설교의 가치를 강조했다. 예를 들어, 1743년 일지의 앞부분에서 웨슬리는 사람을 상당히 각성시키고도 "후속적인 돌봄 없이 내버려둠으로써 다시 영적인 잠에 빠지게 하는"[21] 비효율적 설교의 해악을 언급했다. 18세기의 일부 설교자에게서 나타난 이런 경향을 감안해 그는 하나님의 은혜에 의

18　같은 책, 1:395, "은총의 수단." 웨슬리가, 하나님께서 영혼들로 죄를 깨닫게 하실 때 어떤 때는 전적 주권만으로(어떤 수단도 사용하시지 않고—역주) 역사하신다고 한 사실은 흥미롭다. Jackson, *Works*, 10:363 참조.

19　같은 책, 1:394.

20　Ward & Heitzenrater, *Journal and Diaries*, 21:479 (July 17, 1764).

21　같은 책, 19:318 (March 13, 1743). Curnock, *Journal*, 7:321 (August 29, 1787)도 보라. 여기서도 웨슬리는 유사한 말을 사용해 "나는 아침에도 영적 각성의 분위기를 이어가고자 했다. 그러나 목이 거의 쉬어버렸다"라고 적었다.

해 "사람들을 각성시킨 이후에 계속 책임질 수 있는 곳이 아니라면 사람들을 깨우치려 하지 않겠다"[22]고 결심했다. 다음 해에는 자신의 일지에서 메소디스트와 모라비아 형제단의 설교를 비교하면서 메소디스트 설교가 얼마나 진지한지를 강조했다.

나는 형제단 설교의 "편안한" 방식을 매우 칭찬하는 어떤 사람과 대화를 나누었다. 나는 그를 잘 이해할 수 있었는데, 그는 과거에는 신자였지만 현재는 태만함과 고의적인 죄에 빠져 있다. 만약 그가 우리의 설교를 들으러 온다면, 우리는 그의 모든 뼈를 흔들어 산산조각 나게 했을 것이다. 그러나 그가 형제단에 간다면, 그들은 달래고 안심시켜 잠들게 할 것이다.[23]

그 후 오랜 시간이 지난 1774년에 웨슬리는 자신을 따르는 설교자 중 몇 사람을 비난했는데, 그것은 "설교자가 청중을 각성시키기보다 즐겁게 하는 일에 더 열중하는 것"[24]을 보고 염려했기 때문이었다. 1779년에 웨슬리는 스코틀랜드 설교여행 중 여러 설교자의 설교를 직접 들은 후 일지에 "적용 없는 설교는 종달새 노래처럼 좋게만 들릴 뿐이다. 그들은 그런 식의 설교가 한 사람의 죄인도 죄를 깨닫게 하지 못하고 하나님께로 돌이키게 하지 못함을 보게 될 것이다"[25]라고 적었다.

---

22 같은 곳. 물론 죄에 대한 자각이 설교의 유일한 목적은 아니다. 웨슬리는 초청, 그리스도를 제시함, 세워나감 이 모두를 설교의 목적에 포함시킨다. Jackson, *Works*, 8:317, "연회록."

23 같은 책, 20:43-44 (November 25, 1744).

24 같은 책, 22:431 (October 12, 1774).

25 Curnock, *Journal*, 6:239 (June 13, 1779). 웨슬리는 분명히 죄인을 불편하고 불안하게 만들고, 거룩하신 하나님 앞에서 죄책감을 느끼게 만드는 것을 두려워하지 않

도덕법

설교자로서 웨슬리는 사람들의 양심을 살피고 그들에게 죄에 대한 자각을 일깨우고자 할 때마다 하나님의 말씀, 특히 도덕법을 가까이했다. 그는 초기 교회 때부터 내려온 구분에 따라 의식법과 도덕법을 분리해, 의식법은 "그리스도를 지시한다"는 점에서 좋은 것이지만, 적절히 말해 "그 본성 자체"가 거룩하고 의로우며 선한 것은 도덕법이라고 가르쳤다.[26] 당연히 웨슬리는 1571년에 작성한, 평신도 설교자들이 어떻게 그리스도를 설교해야 하는지에 관한 지침에서 죄인으로 하여금 죄를 자각하게 하는 최우선적이고도 가장 중요한 수단은 도덕법이라고 가르쳤다.

> 나는 바른 설교의 방법이 이것이라고 생각합니다. 어디서든 처음 설교를 시작할 때는, 죄인을 향한 하나님의 사랑과 하나님께서 그들을 구원하기 원하신다는 사실을 일반적으로 선포해야 합니다. 그 후에는 율법을 설교하되 가장 강력하고 밀접하며 세밀하게 죄인의 상태를 낱낱이 드러내는 방식으로 설교해야 합니다. 율법을 설교하는 중간 중간 복음을 함께 선포하되, 그들이 복음에서 얼마나 멀리 떨어져 있는지를 가르쳐야 합니다.[27]

앗다. 행 9:3 주해에서 볼 수 있듯, 그는 죄인으로 죄를 자각하게 하시는 하나님 역사를 일종의 "공략"(attack)으로 보았다. 『신약성서주해』 행 9:3 참조.

26 Outler, *Sermons*, 2:4, "율법의 기원, 본성, 속성 및 용법." 『신약성서주해』에서 딤전 1:8 설명을 보라. "우리는 모세의 율법 전체가 좋은 것이며, 사람이 바르게 사용한다면 탁월한 목적을 성취한다는 사실을 인정합니다. 의식법도 그리스도를 지시한다는 점에서 좋은 것입니다. 도덕법은 그 본성 자체가 거룩하고 의로우며 선합니다. 불신자로 하여금 자신의 죄를 깨닫게 하며, 신자를 모든 성결로 인도하는 훌륭한 역할을 합니다."

27 Jackson, *Works*, 11:486, "Letter On Preaching Christ." 하나님께서는 율법을 통해 두려움만이 아니라 위로도 주신다. 1761년 4월에 웨슬리는 심야예배에 관해 "내가 시작부터 마칠 때까지 설교한 것은 율법이었지만, 그럼에도 많은 사람이 매우

복음만이 율법의 모든 목적을 달성할 수 있다고 주장하면서 율법 설교의 필요성을 부인하는 태도에 대해 웨슬리는 다음과 같이 답한다. "우리는 그런 주장에 전적으로 반대합니다. 복음은 율법의 첫째 목적인 사람들로 죄를 자각하게 하는 일을 하지 못합니다. … 하나님께서 죄인 으로 죄를 깨닫게 하시는 일반적인 도구는 율법, 오직 율법뿐입니다."[28] 웨슬리는 훨씬 이른 시기인 1744년의 첫 메소디스트 연회에서 협력자 들과 보조자들에게, 그리스도를 설교할 때는 그리스도의 모든 직분(예 언자, 제사장, 왕으로서 그리스도의 삼중직—역주)을 설교해야 한다는 의미에서 "그리스도의 복음만이 아니라 율법도 선포하되, 신자와 불신 자 모두에게 하십시오"라고 조언했다. 웨슬리의 판단에 의하면 도덕법 을 선포하는 것은 하나님의 은혜나 복음을 약화시키지 않는다. 오히려 그 선포 자체가 죄를 깨닫게 하시는 하나님 은혜의 결정적·필연적 표현 일 뿐 아니라, 예수 그리스도 안에서 구원의 기쁜 소식을 받아들이도록 바르게 준비시키는 과정이다.

그렇다면 웨슬리가 설교자들에게 조언한 "율법 설교"는 무엇을 의 미하는가? 우선 웨슬리에게 그것은 "주로 산상수훈에 포함되어 있는 그 리스도의 명령"[29]을 의미했다. 또 『구약성서주해』(*Explanatory Notes Upon the*

큰 위로를 받았다. 하나님께서는 자신이 기뻐하는 어떤 수단을 통해서든 사람의 마음을 두렵게 하실 수도 있고 위로하실 수도 있음이 분명하다"라고 적었다. **Ward & Heitzenrater,** *Journal and Diaries*, 21:301 (January 22, 1761) 참조.

28 Outler, *Sermons*, 2:22-23, "믿음으로 세워지는 율법(1)." 아직 각성 되지 못한 죄 인에게 오직 복음만 설교하는 것의 오류를 지적하는 웨슬리의 다른 글은 Baker, Letters, 26:418, 483, 485-487를 참조하라.

29 Baker, *Letters*, 26:482 (to an Evangelical layman, December 20, 1751).

Old Testament)의 출애굽기 20:1-17에 대한 설명[30]과 "주님은 십계명이 가르치고 예언자들이 시행한 도덕법을 폐하지 않으셨습니다"[31]라는 주장에서처럼, 율법 특히 도덕법 설교라는 말은 십계명을 의미했다. 사실 웨슬리는 "야웨의 모습으로 모세의 율법을 선포하신"[32] 분은 다름 아닌 하나님의 아들이었다고 설명해 "그리스도의 명령"과 십계명을 명백히 기독론적으로 연결했다. 더 나아가 웨슬리는 "십계명이 삶과 행동의 온전한 규칙으로 의도된 것이 아니라고 생각하지 않는다"[33]고 선언함으로, 십계명에서 표현된 도덕법과 산상수훈에서 표현된 도덕법 사이에 어떤 불일치도 없음을 지적했다. 동일한 도덕법에 관한 두 가지 다른 버전의 관계는 상호 불일치가 아니라 발전의 관계다. 도덕법이 산상수훈에서 가장 분명하게 표현되었다는 것은 의심의 여지가 없다. 웨슬리는 다음과 같이 말한다.

> 도덕법은 그 법을 만드신 위대한 제정자 자신이 오셔서 인류에게 그 모든 본질적인 부분을 권위 있게 가르쳐 주시고, 또 율법은 영원히 변하지 않고 세상 끝날까지 유효할 것이라고 설명해 주시기 전까지는 한 번도 온전히

---

30 웨슬리, 『구약성서주해』, 출 20:1-17.

31 Outler, *Sermons*, 1:551, "산상수훈(5)."

32 웨슬리, 『신약성서주해』, 행 7:35.

33 Ward & Heitzenrater, *Journal and Diaries*, 20:365-66. 흥미롭게도 웨슬리는 십계명의 도덕법을 자연법과 연결하면서 다음과 같이 말한다. "바울은 이교도들로 자신의 죄를 깨닫게 하기 위해 직접적으로 이교도들에 대해 말하고 있다. '본성으로는'이라는 말은 '외적인 규칙 없이'라는 뜻이지만, 엄밀히 말하면 '선행은총에 의하면'이라는 뜻이다. '율법에 담긴 계명들' 곧 십계명은 자연법의 요체이다"(웨슬리, 『신약성서주해』, 롬 2:14).

설명되거나 이해된 적이 없었습니다.[34]

　　그러나 정확히 무엇이 도덕법을 죄를 깨닫게 하시는 하나님의 은혜의 적합한 수단이 되게 만드는가? 그 답은 도덕법의 본성 자체에서 발견된다. 예를 들어, 웨슬리는 설교 "율법의 기원, 본성, 속성 및 용법"(1750)에서 도덕법의 본질적 특성을 두 가지로 설명했다. 첫째, 그는 율법에 대해 "영원 속에 거하시는 높고 거룩하신 분의 불멸의 형상입니다. 어떤 사람도 당신의 본질 속에 계신 하나님을 본 적이 없고 또 볼 수도 없지만, 율법은 사람과 천사가 볼 수 있도록 자신을 나타내신 하나님이십니다"[35]라고 말했다. 율법은 베일을 없앤 하나님의 얼굴로, 하나님께서 피조물에게 그들이 감당할 수 있는 방법으로 자신을 계시하신 것이다.[36] 즉 율법은 인간에게 드러내신 하나님의 마음이며, 그 영광의 광채이자 그분의 인격을 그대로 나타낸 형상이다.[37] 또 하나님의 율법은 영원한 지성의 복사본이자 하나님의 본성을 글로 옮긴 것이며, 영원하신 아버지의 가장 순결한 소산이다.[38]

　　이 모든 묘사는 어떤 점에서 플라톤이 『국가론』(The Republic)에서 말한 형상론을 연상시킨다.[39] 플라톤에게 인간의 용기는 이상적인 용기의

34　Outler, Sermons, 1:553, "산상수훈(5)."

35　같은 책, 2:9, "율법의 기원, 본성, 속성 및 용법."

36　같은 곳.

37　같은 곳.

38　같은 책, 2:10.

39　이는 플라톤의 『파이드로스』(Phaedrus)에 나오는 "이데아"와 현실에서의 모사에 관한 논의 역시 연상시킨다. 사실 웨슬리는 자신의 설교에서 플라톤의 이 작품을 인용하기도 했다. M. A. Jowett, The Dialogues of Plato, 2 vols. (New York: Random House, 1937), 1:254를 보라.

근사적 투영인 것처럼, 웨슬리에게도 도덕법은 하나의 투영으로 인간이 감당할 수 있을 만큼의 하나님에 대한 묘사다. 즉 인간은 타락해 죄의 어둠에 깊이 빠져 있기에, 하나님의 눈부신 광채를 직접 본다면 그 빛에 압도되어 파괴되고 말 것이다. 그래서 하나님께서는 사람이 감당할 수 있는 수단인 도덕법으로 그 광채를 가리셨다. 그러나 성령께서 역사하시면, 하나님께서 인간의 연약성을 고려해 조정된 방법으로 자신을 나타내신 이 도덕법마저도 죄인에게 공포와 죄의식을 일으킨다는 사실은, 도덕법에 죄를 자각하게 하는 엄청난 힘이 있음을 보여준다.

둘째, 웨슬리는 율법의 본성을 창조 질서와 관련지어 설명했다. "율법은 최고이자 불변의 이성입니다. 또 변경할 수 없는 공정성이며, 과거와 현재에 창조된 모든 사물의 영원한 적합성입니다."[40] 이 말은 앞 장에서 살펴본 것처럼, 율법이 어떤 면에서 본래의 창조 그대로 태초의 아름다움을 반영하고 있음을 의미한다. 율법은 하나님께서 처음 만드신 그대로의 질서 및 관계와 조화를 이룬다. 따라서 율법은 하나님의 영원한 의와 인간이 가졌던 본래의 의 모두를 반영하는 거울과 같다.[41] 죄가 맹렬히 공격해 웨슬리의 설교를 들었던 사람들을 세상의 모든 풍조와 견해로 미혹함으로 혼란에 빠뜨려 삶에서 무엇이 선이고 악인지 바르게 구별하지 못할 때, 웨슬리는 언제나 도덕법에서 확고한 기준과 표준을 발견하고 제시했다.

---

40 Outler, *Sermons*, 2:13, "율법의 기원, 본성, 속성 및 용법."

41 웨슬리는 도덕법을 창조 질서와 연결했지만, 자연 신학은 부정했다. 이는 웨슬리가 선행은총이나 성화의 은혜 없이 인간의 이성만으로 율법을 인식하는 것은 불가능하다고 여겼기 때문이다. Kenneth J. Collins, "John Wesley's Theology of Law" (Ph. D. Dissertation, Drew University, 1984), 62를 보라.

율법의 본성은 죄를 깨닫게 하는 힘의 근원이 될 뿐 아니라, 도덕법을 우리 삶의 지침과 영성 함양을 위한 촉매제로 사용할 근거가 된다. 웨슬리는 율법의 용법을 다룬 주요 설교에서 이러한 영적 기능을 가진 장치로서 율법의 기능을 세 가지로 설명한다.[42] 그러나 그중 죄를 강하게 지적하는 힘은 율법의 기능의 전부가 아니라 단지 첫째 기능일 뿐이다.

> 율법의 첫째 용법은 두말할 나위 없이 세상으로 죄를 깨닫게 하는 것입니다. 이는 성령께서 하시는 특별한 사역입니다. 성령께서는 아무런 수단 없이도 그렇게 하실 수 있습니다. 또 성령께서 기뻐하시는 어떤 수단을 통해서도 그 일을 하실 수 있습니다. … 그러나 성령께서 죄인으로 죄를 깨닫게 하시는 일반적인 방법은 율법을 통한 것입니다. 양심에 자리잡기만 하면 바위같이 굳은 마음도 산산조각나게 하는 것이 바로 이 율법입니다.[43]

웨슬리는 또한 율법의 첫째 용법의 목적은 죄인이 신뢰하는 생명과 힘을 부수는 것이라고 확언한다.[44] 자기 만족을 주는 모든 것을 산산이 부숨으로, 자신이 살아있지만 영적으로는 죽어 있음을 깨닫게 하는 것이다.[45] 간단히 말해, 율법의 이 역할은 죄인을 그리스도께로 몰아가

---

42   루터의 율법의 용법과 비교하기 위해서는 Jaroslav Pelikan, ed., *Luther's Works*, 55 vols., vol. 26: *Lectures on Galatians* 1535 (Saint Louis: Concordia Publishing House, 1963), 308-9를 보라. 또 칼뱅과의 비교를 위해서는 John T. McNeill, ed., *Calvin: Institutes of the Christian Religion*, 2 vols. (Philadelphia: The Westminster Press, 1960), 1:360 이하를 보라.

43   Outler, *Sermons*, 2:15, "율법의 기원, 본성, 속성 및 용법."

44   같은 책, 16.

45   같은 곳. 아우틀러는 찰스 웨슬리와 조지 휘트필드의 설교는 존 웨슬리의 초기 설교처럼 죄인을 절망으로 몰아가지는 않았다고 주장한다. 그러나 이후에는 존 웨슬

는 것이다.

웨슬리는 각성되지 못한 사람을 눈멀게 하는 무지의 사슬을 깨뜨리기 위해 도덕법을 "가장 강력하고 밀접하며, 죄인의 상태를 가장 샅샅이 탐색하는 방식으로" 설교했다. 또 죄인이 자신의 영적인 상태에 만족하고 교만으로 마비되어 있다고 판단될 때는 그들의 마음을 흔들어 놓고자 죽음과 지옥에 대한 주제로 나아갔다. 예를 들어, 1769년에 웨슬리는 일지에 자신이 토우스터에서 영적으로 잠들어 있는 많은 군중에게 "그들이 전혀 생각하지 않았던 것처럼 보이는 주제, 즉 그들이 죽을 수밖에 없다는 사실"[46]을 설교했다고 기록했다. 1770년 가을에는 윈캔톤으로 가는 길에 펜스포드와 셰프턴 말렛에 들려 "한밤중에 죽어 아침에는 지옥에서"라는 주제로 설교했다.[47] 그는 1772년에 포트 글라스고의 메이슨스 랏지에서 더 심각하고 예리한 설교를 했는데, 일지에 그 이유를 "나는 전날 한 것처럼 그들이 이해하지 못하는 설교를 하지 않기를 결심하고 죽음과 심판, 천국과 지옥에 대해 강하게 설교했다"[48]고 적었다. 1777년에는 에웬 교회에서 영적으로 잠들어 있는 회중에게 설교한 경험을 말하면서, 그 회중에게는 믿음으로 구원 얻는다는 진리가 적합하지 않은 주제였기에 다시 한번 "한 번 죽는 것은 사람에게 정하신 것이요"라는 주제로 설교했다고 적었다.[49] 현대의 많은 설교자는 사

리도 죄를 깨달은 증거로 절망하라는 요구를 완화했는데, 이는 그의 집회에서 나타나던 히스테리적 반응이 줄어든 것에 부분적으로 영향을 주었다. Outler, *Sermons*, 1:200-1, "믿음으로 얻는 의" 서문 설명 참조.

46   Ward & Heitzenrater, *Journal and Diaries*, 22:208 (October 23, 1769).

47   같은 책, 22:255 (October 8, 1770).

48   같은 책, 22:317 (April 22, 1772).

49   Curnock, *Journal*, 6:141 (March 23, 1777).

람들이 불편하게 여기는 이런 주제를 회피하려 하지만, 웨슬리는 그렇지 않았다.

회개 및 그에 합당한 행위

양심에 큰 부담과 충격을 주는 도덕법의 정죄와 영원한 지옥의 공포는, 죄인에게서 참된 영적 상태를 알지 못하는 데서 오는 안일함과 교만, 거짓 평화를 제거한다. 만약 죄인이 자기 상태를 깨달은 이 상태에 머물러 더 이상 은혜 안에서 전진하지 못하면 오직 고통과 속박만을 경험할 것이다. 그는 하나님께서 지속적으로 주시는 은혜에 믿음으로 반응하려 하지 않기에 더 나아가지도 못하고, 타락 이전의 무죄한 상태로 돌아갈 수 없듯이 하나님을 몰랐던 과거로도 돌아갈 수 없기에 예전처럼 안일할 수도 없다. 설교자는 무거운 책임감으로 이러한 상태를 깊이 참작해, 웨슬리가 그랬던 것처럼 각성된 죄인의 양심을 더욱 일깨워 더 깊은 은혜로 나아가도록 권면해야 한다.

회개

죄에 대한 깨달음은 많은 경우 다행히 회개로 이어진다. 겸허해진 죄인은 괴로운 마음으로 자신이 하나님의 영광에 이를 수 없는 자임을 인정하고, 자기 삶을 바꾸려는 굳은 각오를 하게 된다. 이때 "회개"는 마음을 바꾼다는 것을 의미하는데, 웨슬리는 바로 이런 의미에서 회개를 주장했다.

2장 | 죄를 깨닫게 하는 은혜와 초기의 회개   101

웨슬리는 다른 개신교 신학자들과 달리 회개를 두 종류로 생각했다. 하나는 율법적 회개인데, 이는 한 사람의 영적 여정의 시작 단계에서 죄에 대한 철저한 깨달음을 가져온다. 즉 이 회개는 성령에 의해 새롭게 각성된 죄인이 굳은 결단과 신실한 마음으로 삶을 새롭게 시작하고자 할 때 일어난다. 율법적 회개는 "하나님께로 향하는 영혼의 첫 번째 움직임"[50]으로, 웨슬리는 이 각성, 즉 영적 삶으로의 첫 걸음을 기독교 신앙으로 들어가는 "현관"으로 설명했다. [51]

다른 하나인 복음적 회개는 좀 더 넓은 회개의 개념으로, 마음이 "모든 죄에서 거룩함으로" 변화되는 것이다. [52] 이 두 번째 회개는 사람이 칭의되고 중생한 후에 일어난다. 간단히 말해, 율법적 회개는 새롭게 각성된 사람과 관계된 것으로서 주로 자범죄, 즉 실제적 죄의 행위(에서의 구원)와 관련된 반면, 복음적 회개는 영적으로 더 성숙한 사람과 관계된 것으로 타고난 죄나 원죄, 죄의 존재 자체(그리고 거룩한 삶)와 관련된다. [53] 이러한 구분 아래 우리가 먼저 다루고자 하는 것은 율법적 회개다. 즉 하나님께서 어떻게 처음으로 죄를 깨닫게 하시는 능력을 영혼 위에 비

---

50 웨슬리, 『신약성서주해』, 행 20:21. 마 4:17과 5:3도 보라.

51 Jackson, *Works*, 8:472, "메소디스트의 원리에 대한 추가 설명." 웨슬리는 설교 "부자와 나사로"에서 회개는 성령의 역사며, 사람은 "다른 사람을 회개하도록 설득할" 능력이 없다고 주장한다. Outler, *Sermons*, 4:16, "부자와 나사로."

52 웨슬리, 『신약성서주해』, 마 3:8.

53 웨슬리가 두 번째 또는 복음적 회개라는 말로 다루는 죄가 타고난 죄나 원죄라는 사실은 "신자 안에 있는 죄"와 "신자의 회개"라는 설교에서 분명히 나타난다. 예를 들어, 웨슬리는 후자의 설교에서 해야 할 것을 하지 않는 죄와 "우리 행동에 들러붙은" 죄의 문제를 다루기는 하지만, 설교 앞 부분에서 "죄가 우리를 다스리지는 못하더라도 우리 속에 남아 있다"는 설명을 통해, 구원론적 맥락에서 자범죄가 아닌 죄 된 본성을 주로 다룬 전자의 설교의 주된 강조점을 반복한다. Outler, *Sermons*, 1:328, 336-37, "신자 안에 있는 죄" 참조.

추시는지, 그리고 사람들이 이 은혜에 대해 어떻게 다양하게 반응하는
지에 관한 것이다.

웨슬리는 자필 설교 "옥스퍼드의 위선"(1741)에서 초기적 또는 율법
적 회개의 여러 요소를 다음과 같이 설명했다.

> 회개는 단 한 번 일어나고 끝나는 것이 아니라, 그러한 일이 많이 모여 되는
> 것입니다. 회개는 다음과 같은 일을 포함합니다. (1) 죄로 인한 슬픔, (2)
> 하나님 손 아래에서 겸손해짐, (3) 죄를 혐오함, (4) 죄를 고백함, (5) 간절히
> 하나님의 자비를 구함, (6) 하나님을 사랑함, (7) 죄를 중단함, (8) 순종을
> 새롭게 결단함, (9) 부정직하게 얻은 이익을 배상함, (10) 우리에게 잘못한
> 이웃을 용서함, (11) 자비와 자선의 행위 … .[54]

이 요소를, 5년 후 웨슬리가 작성한 "메소디스트의 원리에 대한 추
가 설명"에서 회개란 단지 자기 죄를 깨닫는 것보다 훨씬 많은 것을 의
미한다고 설명한 부분과 비교해 보자.

> 여러분은 회개를 단지 자기 죄를 깨닫는 것이라고 생각합니다. 그러나 그것
> 은 회개의 일부일 뿐입니다. 교리문답을 배웠다면 어린아이라도 회개가 죄
> 를 그치는 것, 기회가 되는 대로 하나님의 뜻에 순종하며 사는 것, 기회가 되
> 지 않더라도 하나님께 순종하려는 진지한 소원과 목표를 갖는 것, 예수 그리
> 스도를 통해 하나님의 자비를 믿는 신앙 모두를 포함한다는 사실을 압니다.[55]

---

54   Outler, *Sermons*, 4:397, "옥스퍼드의 위선."
55   Davies, *Societies*, 178, "메소디스트의 원리에 대한 추가 설명."

　　웨슬리는 앞에서 설명한 요소 중 어떤 것도 부인하지 않았지만, 점
차 회개의 세 요소, 즉 죄에 대한 깨달음이나 자기 인식, 심령의 가난함,
자기 의와 합리화의 거부에 좀 더 초점을 두게 되었다. 첫째 요소와 관
련해 웨슬리의 글을 자세히 살펴보면, 웨슬리는 회개, 죄에 대한 자각,
자기 인식이라는 용어를 서로 바꾸어 사용하면서, 그 각각을 다른 것과
강하게 연결한 것을 알 수 있다. 예를 들어, 웨슬리는 설교 "성령의 증
거(1)"(1746)에서 "성경은 회개나 죄에 대한 깨달음이 언제나 성령께서
용서를 증거하시기 전에 온다고 설명합니다"[56]라고 지적한다. "우리 자
신의 구원을 성취함에 있어서"(1785)에서는 회개의 세 요소를 모두 연
결해 "구원의 과정은 '죄를 깨닫게 하는 은혜' 즉 성경에서 '회개'라고 불
리는 자기 인식을 크게 증진시키고, 돌과 같이 굳은 마음에서 건져내는
은혜로 연결됩니다"[57]라고 설명했다. 또 "하나님 나라로 가는 길"(1746)
에서는 "이것이 구원의 길입니다. 그 안에서 행하십시오. 첫째, 회개하
십시오. 즉 자기 자신을 아십시오. 이 첫 번째 회개는 믿음 이전에 이
루어지는 것으로 죄에 대한 자각 또는 자기 이해입니다"[58]라고 적었다.

56　Outler, *Sermons*, 1:278, "성령의 증거(1)."

57　같은 책, 3:204, "우리 자신의 구원을 성취함에 있어서."

58　같은 책, 1:225, "하나님 나라로 가는 길." 회개와 죄를 깨닫게 하는 은혜라는 두 요
소는 웨슬리의 구원론에서 매우 강하게 연결되어 있지만, 그럼에도 둘 사이는 중요
한 한 가지 점에서 구분된다. 예를 들어, 웨슬리 신학의 더 넓은 맥락은 죄를 깨닫
게 하는 은혜가 반드시 회개로 연결되는 것이 아니라는 사실을 암시한다. 그 단순
한 이유는, 죄를 깨닫게 하는 은혜를 죄인이 거부할 수도 있기 때문이다. 만약 이를
반대한다면 그것은 죄를 깨닫게 하는 은혜가 불가항력적이라는 의미인데, 그렇다
면 왜 모든 사람이 회개하지 않는가? 회개가 일어나는 조건은, 하나님의 은혜로 죄
를 자각한 죄인이 이미 받은 그 은혜를 통해 능력을 받아 하나님의 계속적인 은혜
에 반응할 때다. Outler, *Sermons*, 3:202 이하, "우리 자신의 구원을 성취함에 있어서."

알버트 아우틀러는 웨슬리의 설교를 설명하면서, 웨슬리의 회개 이해의 핵심은 자기 인식의 중요성이라고 바르게 강조했다.[59] 자기 인식이라는 회개의 요소는, 웨슬리가 죄와 관련된 주제 중 죄의 망상적·기만적 힘을 강조한 것과 연결되어 있다. 죄인이 고통 속에서 자신의 참된 영적 상태를 깨닫기 시작하는 것은, 타락한 세상의 기준에 의해서가 아니라 거룩하고 의로우신 하나님의 임재 속에서 자신을 보기 때문이다. 회개의 주제와 관련된 웨슬리의 가장 중요한 글인 "하나님 나라로 가는 길"은 자기 인식이 어떻게 죄인을 겸손케 하고 치유하는지 분명히 보여준다.

> 여러분 자신이 죄인이라는 사실과 그 이유를 깨달으십시오. 여러분의 가장 깊은 본성이 부패했고, 원의(原義)에서 멀어졌음을 깨달으십시오. 여러분의 모든 능력, 영혼의 모든 기능이 부패한 것을 깨달으십시오. … 여러분의 이해의 눈은 어두워져 하나님과 하나님의 일을 식별하지 못합니다. 무지와 오류의 구름이 여러분 위에 머물러 죽음의 그늘로 여러분을 덮고 있습니다. 여러분은 반드시 알아야 할 것을 모르고 있습니다. 하나님도, 세상도, 여러분 자신도 알지 못합니다.[60]

달리 말해, 자기 기만이 제거되고, 자기 본성이 선하다는 망상이 묵인되지 않으며, 하나님과 인간 사이의 먼 "거리"가 흐릿하게라도 인식되면, 죄인은 자신의 참된 상태를 이해하기 시작한다.

---

59   같은 책, 1:225, 각주 55.
60   같은 책, 1:225-26.

웨슬리는 회개의 둘째 요소를 심령의 가난함으로 설명한다. 더 깊은 자기 인식의 결과는 낮아짐과 겸허함이라는 것이다. 예를 들어, 웨슬리는 설교 "산상수훈(1)"에서 참된 기독교의 기초는 영적 가난이며, "참된 기독교는 언제나 심령의 가난에서", 즉 자기 죄를 깨달음과 자기를 부인함에서 시작된다고 설명한다.[61] 이 맥락에서 "심령이 가난하다"는 것은 죄인의 물질적·경제적 상태가 아니라, 웨슬리의 다음 설명에서처럼 좀 더 근본적인 상태를 말한다.

"심령이 가난하다"는 표현을 경제적인 의미로 이해하는 것은 기독교 전체 구조의 토대를 마련하시려는 우리 주님의 목적에 부합하지 않습니다. 주님의 목적은 특정한 하나의 악에 저항함으로써 이루어질 수 있는 것이 아닙니다. 그것은 주님께서 의미하신 것의 일부일 수는 있어도 그 의미의 전체는 아닙니다.[62]

다시 말해, 세례 요한과 예수님이 하나님 나라를 받아들이기 전에 먼저 회개하라고 하신 것은, 웨슬리가 바르게 지적한 것처럼, 그들이 들어가야 할 나라가 영적인 나라이므로 "아무리 현명하고 용감하며 학식이 풍부하더라도 죄인은 그 나라의 백성이 될 수 없음"[63]을 나타낸다.

그렇다면 심령이 가난한 사람이란 외적인 환경과 관계없이 "모든 참되고 실질적인 행복의 첫 걸음이 되는 마음의 기질을 가진"[64] 사람이

---

61 같은 책, 1:475, "산상수훈(1)."
62 같은 책, 1:476-477.
63 웨슬리, 『신약성서주해』, 마 3:2.
64 Outler, *Sermons*, 1:476, "산상수훈(1)." 그럼에도 웨슬리가 항상 가난의 두 가지

다. 다시 말해, 참회하는 사람, 자신의 죄와 버려진 상태를 자각한 사
람, 자신의 내적이고 외적인 죄를 바르고 실제적으로 느끼는 사람이 곧
심령이 가난한 사람이다. 웨슬리는 겸손한 죄인은 "자신에게 영적으로
선한 것이 전혀 없고, 자신이 영적으로 매우 가난함"을 확신하므로 "'내
속에 선한 것이 거하지 않습니다'(롬 7:18). 악하고 혐오스러운 것뿐입니
다"[65]라고 고백한다고 설명한다.

　회개가 일으키는 겸손은 소중한 것이지만, 하랄드 린드스트롬의 지
적처럼 이것을 참된 기독교적 겸손과 혼동하면 안 된다.[66] 회개가 일으
키는 겸손은 죄를 깨닫고 자신이 정죄 받은 것을 아는 데서 일어나며,
하나님을 두려워하고 과거의 죄를 후회하며 수치스럽게 여기는 특징을
지닌다. 그러나 참된 기독교적 겸손은 칭의와 중생 후에 일어나며, "하
나님의 사랑을 받고 하나님과 화해되었음"[67]을 알 때 이루어진다. 따라
서 참된 기독교적 겸손을 갖는 것은 웨슬리가 성결의 동의어로 자주 사
용한 "그리스도의 마음"을 갖기 위해 중요한 하나의 과정이다.

　이 말은 죄를 깨닫게 하는 은혜의 결과로 이루어지는 성품의 변화
가 참되지 않다는 뜻이 아니다. 웨슬리에게 은혜 안에서의 성장은 선행
은총에서 죄를 깨닫게 하는 은혜로 성장하는 것이든, 성화의 은혜에서

정의를 분리한 것은 아니다. 그는 때로 둘을 함께 종합해 겸손과 온유 같은 심
령의 가난함의 특징을 경제적 가난과 동일시하기도 했다. 그리고 심령의 가난함
과 반대되는 교만을 경제적인 부유함과 연결하기도 했다. 메소디스트 지도자는
"아, 가난한 사람이 부자에 비해 얼마나 유익한가! 가난한 사람은 스스로 보기에
는 지혜롭지 않게 보이지만, '그 영혼을 구원할 바 마음에 심긴 도를 온유함으로 받
는다'(약 1:21)"고 기록했다. Curnock, *Journal*, 7:436 (September 19, 1788) 참조.

65　같은 책, 1:477.
66　Lindström, *Wesley and Sanctification*, 114.
67　같은 곳.

완전성화의 은혜로 성장하는 것이든, 거의 모든 경우 성품이나 기질의 변화를 가져온다.[68] 예를 들어, 우리가 지금 다루는 회개의 주제에서, 죄를 깨닫게 하시는 은혜가 갖는 치유력이 사람의 마음에 함양하고 강화하는 성품은 주로 성실함이다. 웨슬리와 1746년 메소디스트 연회는 행동지향적 특성을 가진 이 성품을 "하나님께 이미 받은 모든 은혜를 선용하려는 부단한 기질"[69]로 설명했다. 기꺼이 하나님을 알고자 힘쓰고 하나님의 뜻을 행하고자 노력하는 성실성은 큰 가치가 있다. 그러나 이 성실성 자체를 좀 더 깊은 영적 성숙을 가져오는 은혜로 혼동해서는 안 된다. 동일한 메소디스트 연회는 "우리는 사람이 성실하고도 칭의되지 않을 수 있음을 인정한다. 그는 참회하고도 아직 칭의되지 못했을 수 있다"[70]고 적었다. 따라서 초기적 회개와 회개 후의 성실성은 참되고 실질적으로 은혜 안에서 성장했음을 의미한다. 그러나 이 성장만으로는 마음에 사랑이라는 거룩한 성품을 심는 데 충분하지 않다.

웨슬리가 설명하는 회개의 셋째 요소는 자기 만족 또는 자기 합리화의 거부이다. 이것은 많은 유익을 얻게 하는 것으로서, 충성의 대상을 자아와 그 부패한 자원에서 하나님의 은혜와 사랑 및 능력으로 옮기는 변화의 시작이다. 적절한 때에 더 나은 하나님의 의를 받아들이기 위해 필요한 것은 먼저 자기 의와 자기 합리화를 버리는 것이다. 회개에는 그

---

68 이 문제에 대해 웨슬리는 "은혜 안에서의 성장은 그리스도의 성품 안에서의 성장을 말한다. 육체적 생명도 성장하지 않는 때가 있듯 영적 생명도 한동안 은혜 안에서의 성장이 멈추는 시기가 있을 수 있다. 그러나 영혼 또는 육체가 병든 결과는 죽음이며, 날마다 죽음에 가까워지는 것이다. 육체적, 영적 성장의 비결은 모두 건강이다"라고 설명한다. 웨슬리, 『신약성서주해』, 벧후 3:18 참조.

69 Jackson, *Works*, 8:288-89, "연회록."

70 같은 곳.

말의 어원이 암시하듯 참된 "돌아섬"이 있어야 한다. 죄인은 우상숭배와 정욕에 사로잡힌 자신이 아니라 성육신하신 그리스도를 향해야 한다.

> 우리는 "복음을 믿기" 전에 "회개"해야 합니다. 우리는 참으로 그리스도를 의지하기 전에 먼저 자신에 대한 의존을 끊어야 합니다. 우리 자신의 의에 대한 모든 신뢰를 던져버려야 합니다. 그렇지 않으면 그리스도의 의를 참되게 신뢰할 수 없습니다. 우리가 의지하던 모든 것에서 벗어나기 전에는 그리스도의 행하심과 고난만을 전적으로 의지하지 못합니다.[71]

또 웨슬리는 설교 "믿음으로 얻는 의"(1746)에서 회개란 자기 의를 부인하는 것이라면서, "자기 의를 부인하는 것"과 "진리와 사물의 참된 본성대로 행하는 것"의 중요성을 강조했다.[72]

무엇을 의지하는지의 문제는 분명 신앙 전반과 연결되어 있다. 이는 초기적 또는 율법적 회개가 어느 정도 신앙을 구성하는 요소가 됨을 의미한다. 웨슬리가 "종의 신앙"이라는 표현을 사용한 것은 이 때문이다. 초기적 또는 율법적 회개는 하나님을 향해 참되게 각성되었음을 의미한다. 그러면서도 상당한 정도의 의심과 두려움이 존재한다는 특징을 지닌다.[73] 웨슬리의 영적 자서전을 주의 깊게 살펴본 사람은, 일지에 "나는 내 삶 전체를 바꾸기 시작했고, 매우 진지하게 새로운 삶을 살기

---

71 Outler, *Sermons*, 1:458, "우리의 의가 되신 주."

72 같은 책, 1:212, "믿음으로 얻는 의." 웨슬리가 '의존'을 심령의 가난함과 연결한 "산상수훈(1)"도 보라. Outler, *Sermons*, 1:482 참조.

73 웨슬리의 설교 "종의 영과 양자의 영"을 보라. 이 설교에서 웨슬리는 자연적 상태(각성되지 않은 죄인), 율법적 상태(각성된 죄인), 복음적 상태(하나님의 자녀)를 구분한다. Outler, *Sermons*, 1:248 이하 참조.

시작했다"[74]고 기록한 1725년이 그가 각성된 해며, 그 후 그는 (가끔은 그렇지 못했지만) 확고한 결심으로 새 삶을 살기 시작했음을 관찰할 수 있을 것이다.

회개에 합당한 행위

지금까지의 내용만으로 결론을 내리면, 회개란 단지 내적인 일로 마음과 결심이 변화되는 것이다. 그러나 이것이 회개의 전부라면 그것은 분명 잘못이다. 웨슬리는 회개를 설명할 때 항상 "회개에 합당한 열매"(마 3:8; 눅 3:8)를 함께 설명했는데, 이 열매는 내적인 회개의 외적 표현이자 진정으로 은혜를 받았다는 증거다. 웨슬리는 논문 "이성적이며 종교적인 사람들에게 보내는 추가적 호소"(1745)에서 회개에 뒤따르는 행위를 다음과 같이 정의했다. "내가 말하는 회개에 합당한 열매는, 형제를 용서하고 죄를 그치며 선을 행하되 하나님의 규례를 지키고 이미 받은 은혜의 분량에 따라 하나님께 온전히 순종하면서 그렇게 하는 것입니다."[75]

회개에 합당한 행위의 첫 번째는 "형제를 용서하는 것"인데, 이 용서는 이미 회개의 행위 자체에 필연적으로 내포되어 있다. 우리가 완고한

---

74   Ward & Heitzenrater, *Journal and Diaries*, 18:244 (May 24, 1738). 웨슬리는 1739년 8월 31일자 일지의 시작 부분에서 많은 사람이 회개 후에 다시 죄에 빠지지만, 이것이 그들의 회개 즉 하나님께로 돌아섬이 진실하지 않았음을 의미하지는 않는다고 주장한다. 그는 "모든 사람은 자신의 타락한 상태를 깨닫고 하나님의 진노가 자신 위에 머물러 있음을 느낄 때 회개하지만, 그 후에는 자신이 이전에 쉽게 빠졌던 죄로 또 다시 되돌아간다"라고 적는다. 그러면서 그가 믿음으로 의롭다 함을 받기까지는(그리고 중생하기까지는) 죄의 권세가 깨뜨려지지 않을 것이라고 덧붙인다. Ward & Heitzenrater, *Journal and Diaries*, 19:92-93 참조.

75   Cragg, *Appeals*, 106.

마음으로 이웃을 용서하지 않으면서 하나님의 사랑에 의지해 용서받기를 기대한다는 것은 이치에도 맞지 않고 몰인정한 것이다.

그다음의 세 가지 요소인 "죄를 그치고 선을 행하며 하나님의 규례를 지키는 것"은 웨슬리가 한 조(triad)로 묶어 다른 곳에서도 자주 사용한 표현이다. 예를 들어, 이 표현은 1744년의 첫 번째 메소디스트 연회 토론에서도 나타나고,[76] 1785년에 행한 "너희의 구원을 이루라"(빌 2:12)는 말씀의 의미를 설명하는 중요한 설교에서도 발견된다.[77] 웨슬리는 또 1743년에 쓴 "연합 신도회의 일반 규칙"에서도 이 표현을 신도회의 주된 규칙으로 제시했다.[78] 이는 메소디스트 신도회의 의도와 목적이 죄인을 회개하게 함으로써 "다가올 진노를 피하도록" 준비시키는 데 있었음을 분명히 보여준다.

웨슬리는 "죄를 그친다"는 말로 하나님의 이름을 잘못 사용하는 것이나 주일을 범하는 것, 술 취함과 분쟁, 거칠고 유익하지 않은 대화, 세상에 보물을 쌓는 것 같은 일을 더 이상 하지 않는 것을 표현했다.[79] "선을 행함"이라는 말로는, 진정으로 회개한 사람은 하나님의 성결의 은혜를 기다리면서 헐벗은 자를 입히고, 나그네를 대접하며, 병든 자와 옥에 갇힌 자를 방문하는 등 자비의 일을 행하는 데 힘써야 함을 표현했다. "하나님의 규례를 지킨다"는 표현으로는 기도와 성경 읽기, 성찬 참여

76   Jackson, *Works*, 8:275-76, "연회록."
77   Outler, *Sermons*, 3:205, "우리 자신의 구원을 성취함에 있어서."
78   Outler, *Sermons*, 3:511-12, "하나님의 포도원"; Davies, *Societies*, 70-73, "연합 신도회의 일반 규칙"; 같은 책, 256-57, "메소디스트라 불리는 사람들에 대한 평이한 해설" 참조.
79   Davies, *Societies*, 70-71, "연합 신도회의 일반 규칙."

등 은혜의 방편을 활용하는 것의 중요성을 강조했다.[80] 은혜의 방편(또는 은총의 수단, means of grace)이란, 웨슬리 자신의 표현을 사용하면 "하나님께서 사람들에게 선행은총, 칭의의 은혜, 성결의 은혜를 주시기 위해 일반적인 통로로 제정하신 외적 표징, 말씀, 행동"으로, 이것을 바르게 활용하는 일은 새롭게 회개한 죄인이 은혜 안에서 더욱 성장해 나가는 데 반드시 필요하다.

웨슬리가 회개에 합당한 행위의 마지막 요소를 "이미 받은 은혜의 분량에 따라 하나님께 순종함"으로 제시한 것은, 회개와 그 열매를 맺는 것이 하나님께서 이미 주신 죄를 깨닫게 하는 은혜에 대한 진정한 응답이면서도, 이 응답은 인간의 공로에 대한 어떤 망상도 배제함을 의미한다. 이 점에서 하나님과 인간의 협력은 두 가지 측면을 갖는다. 즉 한편으로는, 새롭게 회개한 사람이 "하나님께 순종"할 때, 이 순종은 활발한 인간의 활동이다. 그러나 다른 한편으로 이 순종과 노력은 그보다 앞서 주신 죄를 깨닫게 하시는 하나님의 은혜로 촉발된 것이기에 "이미 받은 은혜의 분량에 따른" 것이다. 하나님의 은혜와 그 은혜로 가능하게 된 인간의 순종, 이 두 움직임은 웨슬리 신학의 특징을 설명하는 필수요소다.

웨슬리는 악을 행하지 말고 선을 행하라는 자연법의 두 명령에 순종할 것을 요구하고 은혜의 방편을 끊임없이 활용하라고 권고하지만, 외적 종교의 요소인 이러한 실천 자체가 하나님의 형상의 갱신을 일으키지는 않는다. 그는 "근본에 대한 강타"(1762)에서 다음과 같이 설명한다.

---

80 제정된 은혜의 방편과 재량적 은혜의 방편에 대한 설명은 Jackson, *Works*, 8:322-23, "연회록"을 참조하라.

개신교인들은 어떻게 거룩함이 없이 주님을 뵐 수 있을 것이라고 소망합니까?(히 12:14) 악을 행하지 않고 선을 행하며, 교회에 출석하고 성찬에 참여하기 때문입니까? 많은 사람이 그것을 행했기에 자신이 천국으로 가는 확실한 길에 들어서 있다고 믿으면서 만족해합니다.

그러나 다른 많은 사람은 여기서 안주하지 않습니다. 그들은 그런 태도를 개신교 속 가톨릭주의로 여깁니다. 그들은 악을 행하지 않고, 기회 될 때마다 모든 은혜의 방편을 활용하며, 할 수 있는 대로 모든 사람에게 선을 행함이 없이는 누구도 참된 그리스도인이 될 수 없다는 것뿐 아니라, 이 모든 것을 행하더라도 여전히 이교도에 불과할 수 있다는 것도 압니다.[81]

또 웨슬리는 소책자 『개신교인을 위한 권면』(A Word to a Protestant)에서 다시 한번 악을 행하지 않고 선을 행하며, 기도하고 교회에 출석하고 성만찬에 참여한다는 이유로 구원받을 것이라 희망하는 것은 "노골적인 가톨릭주의"라고 지적한다.[82] 달리 말해, 비록 회개와 그 열매는 매우 중요하지만, 이는 반드시 성령의 임재와 치료를 통해 마음이 새로워지고 변화되는 더 큰 은혜의 역사로 이어져야 한다.

빈틈없는 철저한 목회자였던 웨슬리는 개인을 자기 의지대로 살게 내버려두면 은혜 안에서의 성장이 거의 불가능함을 잘 알았다. 따라서 그의 영적 지도를 따르는 모든 개인은 삶에서 참된 교제를 나누면서 그리스도인의 의무를 다할 것을 요구하는 공동체의 일원이 되어야 했다. 웨슬리에 의하면, 은혜 안에서의 성장은 얼굴과 얼굴을 마주함으로 이

---

81   Jackson, *Works*, 10:365, "근본에 대한 강타."
82   같은 책, 11:190, "개신교인에게 드리는 권면."

루어지는 친밀한 교제 속에서 서로 돌아보고 관심을 가질 때 가장 잘 이루어질 수 있다. 따라서 기독신우회 같은 그리스도인들의 소그룹 모임은 참된 은혜의 방편이 될 수 있다.[83] 실제로도 경건의 모양뿐만이 아니라 경건의 능력을 추구해 메소디스트 신도회의 일원이 된 사람은,[84] "자신이 참으로 구원을 이루어가고 있는지"[85] 용이하게 점검할 수 있도록 속회라는 작은 모임에 배치 받았다. 웨슬리는 "속회 모임에 참여하지 않으려는 사람은 우리와 함께할 수 없습니다"[86]라고 강조했다.

기독교 신앙은 매우 개인적(personal)인 것이지만, 메소디스트 모임이 추구한 깊이 있는 신앙이 개인주의적(individualistic)인 것은 아니다. 웨슬리는 "기독교는 본질적으로 사회적 종교며, [서로에 대한 책임성이 없는] 은둔적 신앙생활은 참으로 기독교를 파괴하는 것입니다"[87]라고 적었다. 이 점에서 웨슬리는 신앙생활에서 자기 본위적 태도나 영적 자기중심주의를 위한 어떤 여지도 허락하지 않았다.

---

83   같은 책, 8:322-23, "연회록."

84   Davies, *Societies*, 69, "연합 신도회의 일반 규칙."

85   같은 곳. 웨슬리는 메소디스트 신도회와 속회, 반회, 선발 신도회 등을 설립한 것 때문에, 영국 국교회를 분열시키며 교회 밖에서 교회를 모은다는 비난을 받았다. 이에 대해 웨슬리는 "그들은 이 모임에 참여하기 전에는 그리스도인이 아니었습니다. 대부분이 노골적인 이교도였습니다. … 그들은 여러분이 영국 국교회에서 분리되어 나온 것으로 생각하는 그런 그리스도인이 아닙니다"라고 답했다. Davies, *Societies*, 258, "메소디스트라 불리는 사람들에 대한 평이한 해설" 참조.

86   Telford, *Letters*, 7:154 (to Zachariah Yewdall, December 7, 1782).

87   Outler, *Sermons*, 1:533, "산상수훈(4)." 괄호 내용은 내가 덧붙인 것이다. 아우틀러는 메소디스트 신도회가 회심자들에게 "복음의 깊은 의미와 복음이 구체적인 삶의 정황에서 무엇을 의미하는지를 배울 수 있는" 기회를 제공했다고 말한다. Thomas C. Oden and Leicester R. Longden, eds., *The Wesleyan Theological Heritage: Essays of Albert C. Outler* (Grand Rapids: Zondervan, 1991)에 실린 Albert C. Outler, "Visions and Dreams; the Unfinished Business of an Unfinished Church," 259.

회개 및 그에 합당한 행위의 필요

회개와 그 열매가 반드시 필요한가, 아니면 비교적 중요한가는 웨슬리
의 구원론에서 상당한 변화를 겪은 주제다. 예를 들어, 웨슬리는 1738
년 올더스게이트에서의 강한 영적 체험 직후에 옥스퍼드 대학교의 세인
트메리 채플에서 전한 설교 "믿음으로 말미암는 구원"에서, 칭의의 신앙
이전의 행위는 "그 자체가 악하고 죄로 가득해 각각의 모든 행위가 속죄
를 필요로 합니다"[88]라고 말함으로써 모라비아파-루터파적 행위 개념을
나타냈다. 같은 설교의 다른 곳에서는 "우리가 믿기 전에 행한 모든 행
위와 의는 하나님 앞에서 어떤 공로도 될 수 없고 오히려 저주를 가져올
뿐입니다"[89]라고 확언했다.

그러나 첫 번째 메소디스트 연회가 있었던 1744년까지 웨슬리의 생
각은 많은 부분이 바뀐다. 그 역사적인 집회에 모인 사람들은 "회개와
그에 합당한 행위는 칭의의 신앙 이전에 반드시 있어야 하는 것이 아
닌가?"[90]라는 질문을 제기했다. 이에 대한 연회의 결정은 다음과 같다.

당신이 말하는 회개가 죄에 대해 깨닫고, 회개에 합당한 행위로서 우리가 이
미 받은 능력을 따라 할 수 있는 대로 하나님께 순종하며, 이웃을 용서하고,
모든 죄를 떠나 선을 행하며, 하나님의 모든 규례를 활용하는 것을 의미한다
면, 의심할 여지없이 그렇다.[91]

---

88   Outler, *Sermons*, 1:118, "믿음으로 말미암는 구원."
89   같은 책, 1:126.
90   Jackson, *Works*, 8:275, "연회록."
91   같은 책, 8:275-76.

그로부터 1년 후 모인 메소디스트 연회는 고넬료의 경우를 다루면서 다시 한번 예수 그리스도를 믿는 믿음으로 의롭다 함을 받기 전의 행위의 문제를 다음과 같이 설명했다.

질문   우리는 고넬료의 경우를 적절하게 고려했는가? "기도와 구제가 하나님 앞에 상달되어 기억하신 바가 되었을"(행 10:4) 당시, 즉 그가 그리스도를 믿기 전 그는 이미 하나님의 은혜 안에 있지 않았는가?

대답   그는 어느 정도 하나님의 은혜 안에 있었지만, 그것이 복음을 들은 사람들과 같은 정도는 아니었다.

질문 8   복음을 듣기 전에 행한 행위는 그의 "화려한 죄"(splendid sins, 죄인을 교만하게 만들어 하나님 앞에서 자신의 영적 실상을 깨닫지 못하게 만드는 외적 행위들—역주)였는가?

대답   그렇지 않다. 그러한 행위 역시 그리스도의 은혜 없이는 행할 수 없기 때문이다.

질문 9   만약 그렇다면 우리는 어떻게 하나님의 용서하시는 사랑을 깨닫기 전에 행한 모든 행위가 죄며 하나님께서 보시기에 혐오스러운 것이라고 주장할 수 있는가?

대답   복음을 듣고도 믿지 않는 사람의 행위는, 하나님께서 "그들이 행하기를 바라고 명령하신" 대로 행한 것이 아니다. 그러나 하나님을 경외하는 사람이 그 경외함 속에서 최선을 다한 행위까지 주님이 혐오하실 만한 행위라고 말할 수 있는지는 모른다.[92]

---

92   Jackson, *Works*, 8:283, "연회록."

웨슬리의 생각의 변화에 부분적으로 영향을 끼친 것은, 런던의 페터 레인에서 모라비아파와 메소디스트 연합 신도회 사이에 발생한 논쟁이었다. 1739년 후반, 웨슬리가 브리스톨에서 전도 사역으로 바쁠 때 모라비아교도인 브레이 씨가 이 신도회 회중에게 외적인 행위는 불필요하고, 칭의 전에 예배 출석이나 성찬 참여 같은 교회의 규례를 따르는 것은 어리석은 일이며, 그들은 주님 앞에서 "가만히 있어야 한다"고 설교함으로 신도회에 혼란을 일으키기 시작했다.

같은 해 11월에는 친첸도르프 백작의 아들의 개인 교사였던 필립 헨리 몰더가 브레이 씨의 가르침에 동조해 페터레인 신도회의 한 여성에게 "당신은 전혀 신앙을 가지고 있지 않으며 … 신앙을 갖기까지 외적인 행위를 멈추고 '가만히 있어야' 한다"[93]고 설득해 그 말을 믿게 만들었다. 웨슬리는 신앙이라는 미명 아래 실제로는 선행과 하나님의 규례 준수 같은 회개의 열매를 파괴하는 이러한 주장에 반대했다. 1740년 7월경에는 신도회가 모라비아교도 또는 독일인들로 이루어진 한 편과, 메소디스트들로 구성된 다른 한 편으로 분명하게 나뉘었다. 어느 날 애찬이 끝날 무렵 웨슬리는 짧은 성명서를 읽은 후 자신을 따르는 열여덟 혹은 열아홉 명의 사람과 함께 그 신도회를 떠났는데 그중 많은 사람이 여성이었다.[94]

---

93   Ward & Heitzenrater, *Journal and Diaries*, 19:119 (November 1, 1739).
94   같은 책, 19:162 (July 20, 1740).

회개, 행위, 신앙의 구분

페터레인 사건은 회개와 그 열매, 특히 은혜의 방편의 사용에 관한 웨슬리의 판단에 분명한 분수령이 되었다. 그러나 그가 이 주제에 대한 생각을 다듬는 데는 몇 년의 시간이 더 필요했다. 예를 들어, 웨슬리는 1745년에 쓴 논문 "이성적이며 종교적인 사람들에게 보내는 추가적 호소"에서, 1744년 연회록에서 구분했던 내용을 더 발전시키고 개선했다.

> 나는 회개와 그 열매가 칭의 전에도 필요하지만, 둘 중 어떤 것도 신앙과 '같은 의미로'(in the same sense) 또는 '같은 정도로'(in the same degree) 필요하지는 않음을 인정합니다. 신앙과 '같은 정도'로 필요하지 않다는 이유는, 사람이 믿는 순간 그는 (기독교적 의미 그대로) 의롭다 하심을 받고, 죄가 제거되며, "그의 신앙이 의로 간주되기 때문"입니다. … 따라서 신앙만이 의롭게 하지, 회개가 의롭게 하는 것이 아니며, 외적 행위가 의롭게 하는 것은 더욱 아닙니다. 칭의에서 회개와 행위는 믿음과 같은 정도로 필요하지는 않습니다.
>
> 회개와 행위가 신앙과 '같은 의미'로 필요하지 않다는 이유는, 그것이 신앙만큼 직접적이고 즉각적으로 칭의와 관련되지 않기 때문입니다. 믿음은 칭의를 위해 직접적으로 필요하지만, 회개는 믿음을 자라게 하고 지속시키기 위해 필요하다는 점에서 간접적으로 필요합니다. 회개의 열매는 회개를 위해 필요하다는 점에서 더 간접적으로 필요합니다.[95]

---

95 Cragg, *Appeals*, 117. 웨슬리는 회개에 합당한 열매를 폄하하는 태도를 매우 우려했기에 영국 국교회의 39개 신조를 요약해 메소디스트들을 위한 역사적 문서로 만

"신앙과 같은 의미로 필요하지는 않음" 그리고 "신앙과 같은 정도
로 필요하지는 않음"이라는 두 구분은, 한편으로는 칭의 전에 회개와
그 열매가 반드시 필요하다는 사실을, 다른 한편으로는 회개와 그 열매
가 칭의를 얻게 하지는 않는다는 사실을 설명하기 위해 웨슬리가 사용
한 섬세한 구분을 담고 있다. 우리는 이 주제에 관해 웨슬리의 미묘하
고 정교한 사상을 이해하는 가장 좋은 방법으로 이 구분을 차례로 살
펴볼 것이다. 아래 도표는 앞으로의 논의를 더 잘 이해하는 데 도움이
될 것이다.

회개, 행위, 신앙을 구별 짓는 요소	
"신앙과 같은 의미로 필요하지는 않음" (Not in the Same Sense)	"신앙과 같은 정도로 필요하지는 않음" (Not in the Same Degree)
회개는 간접적으로 필요함	회개가 의롭게 하지는 않음
열매는 더 간접적으로 필요함	열매가 의롭게 하지는 않음
신앙은 직접적으로 필요함	신앙만이 의롭게 함

"신앙과 같은 의미로 필요하지는 않음"

웨슬리는 첫 번째 문구인 "신앙과 같은 의미로 필요하지는 않음"을 통
해 칭의에서는 회개가 간접적으로 필요하고, 회개의 열매는 더 간접적
으로 필요함을 주장한다. 웨슬리는 자신을 비난하던 사람에게 "나는 우
리가 하나님께 용납받기 위해 먼저 행해야 할 자격조건이 전혀 없다는

들 때 제8조("칭의 전의 행위에 관하여")를 삭제했다. Paul F. Blankenship, "The
Significance of John Wesley's Abridgment of the Thirty-Nine Articles as Seen
from His Deletions," *Methodist History* 2, 3 (April 1964): 35-47.

말에 동의할 수 없습니다. 왜냐하면 우리가 용납받았거나, 용납받을 자격을 얻었거나, 용납받을 수 있게 된 것은 회개와 신앙 없이 된 것이 아니기 때문입니다"[96]라고 응답했다. "이성적이며 종교적인 사람들에게 보내는 추가적 호소"에서는 "신앙 이전에 회개는 반드시 있어야 합니다. 회개에 합당한 열매는 기회가 허락한다면 있어야 합니다"[97]라고 강조했다.

여기서 웨슬리는, 시간적 요소인 "시간과 기회가 허락한다면"이라는 조건은 회개의 열매에 해당되는 것이지 회개 자체에 해당되는 것이 아님을 확실히 했다. 비록 간접적으로 필요하더라도, 회개는 칭의의 신앙을 위해 언제나 필요하다. 웨슬리는 십자가 상의 강도를 말할 때 이 비참한 죄인이 사실상 다른 무엇이 아닌 회개를 통해 그리스도를 믿는 신앙을 갖게 되었다고 결론 내린다. "심지어 십자가 상의 강도에게도 회개와 경건과 사랑 뒤에 믿음이 따라왔습니다. … 신앙보다 먼저 회개가 있었습니다"[98]라고 웨슬리는 주장한다.

웨슬리의 글에서 회개와 그 열매의 필요성이라는 주제는 특히 페터 레인에서 모라비아파와 메소디스트 연합 신도회의 관계가 깨진 후 더 강화된 주제다. 웨슬리와 동료들은 율법무용론의 가능성 및 모라비아 교도들의 정적주의를 염려해, 1745년 연회에서 심사숙고 후 다음과 같이 결론 내린다. "우리는 그리스도를 믿는 신앙만이 칭의의 유일한 조건임을 단언합니다. 그러나 이 신앙 전에 회개는 필요하지 않습니까?

---

96 Jackson, *Works*, 10:309, "브리스톨의 한 신사에게 보낸 편지."
97 Cragg, *Appeals*, 106. 11:116도 보라. 강조는 내가 덧붙인 것이다.
98 같은 책, 11:453. 웨슬리, 『신약성서주해』, 눅 23:40도 보라. 여기서 웨슬리는 십자가상의 강도에게 회개에 합당한 행위를 위한 시간이 있었다고 지적한다!

필요합니다. 만약 기회가 허락한다면 회개에 합당한 열매는 어떻습니
까? 의심할 바 없이 회개에 합당한 열매도 필요합니다."⁹⁹

이 외에도 웨슬리는 "칭의에 관한 논문에 붙이는 서문"에서 "새 언약
의 조건은 '회개하고 믿는 것'입니다. 그리스도께서 능력을 주시면 당신
은 그것을 할 수 있습니다"¹⁰⁰라고 주장했다. 1758년에 웨슬리는 브리스
톨의 한 신사에게 보내는 편지에서 칭의에 회개가 필요함을 다음과 같
이 설명했다. "만약 회개와 신앙이 하나님께서 값없이 주시는 선물이라
면, 그것이 우리의 칭의의 조건일 수 있습니까? 그렇습니다. 안 될 이유
가 없습니다. 아무도 회개와 신앙 없이 칭의를 받지 못했고 또 그럴 수
도 없습니다."¹⁰¹ 같은 편지에서 웨슬리는 하나님의 은혜와 칭의의 조건
이 서로 모순을 일으키지 않도록 다음과 같이 연결했다.

하나님께서는 특정한 조건이 먼저 충족되지 않으면 주시지 않음에도 값없이
주실 수 있습니까? 의심할 나위 없이 하나님은 그러실 수 있습니다. 마치 누
군가 당신에게 일정 금액의 돈을 값없이 주더라도, 당신이 손을 뻗어 받을 때
만 그것을 받을 수 있는 것과 같습니다. 하나님의 은혜로 값없이 의롭다 하심
을 얻었다는 것과, 그럼에도 특정한 조건이 만족되어야 한다는 것 사이에는

99　Jackson, *Works*, 8:281-82, "연회록."
100　같은 책, 10:325, "칭의에 관한 논문에 붙이는 서문." 이 주장의 문맥을 보면
　　웨슬리는 믿음으로 율법을 무효화하는 율법무용론의 가능성을 우려했음을 알 수
　　있다. 그래서 웨슬리는 회개가 매우 중요함을 강조했다.
101　Telford, *Letters*, 3:247 (브리스톨의 한 신사에게 보낸 편지, 1758년 1월 6일). 같은
　　편지에서 웨슬리는 "만약 언약을 만드신 분이 실수하지 않았다면, 회개와 신앙이
　　언약의 조건입니다. 만약 사람이 회개나 신앙 없이는 하나님 나라에 들어갈 수
　　없다면, 회개와 신앙이 그 조건입니다"(3:246)라고 적었다.

어떤 모순도 없습니다.[102]

린드스트롬이 지적하는 것처럼, 웨슬리는 시간이 지남에 따라 점점 회개를 칭의의 신앙과 구분하여, 회개를 칭의의 필요조건으로 여기게 되었다.[103] 달리 말해, 죄로 인해 마음에서 우러나는 통회와 슬픔, 자기 인식, 가난한 심령, 자기 의의 부인은 은총이 일으키는 칭의 신앙의 서막이다. 칭의에 회개가 필요한 이유는, 하나님께서 회개보다 먼저 선행 은총과 죄를 깨닫게 하는 은총을 주셨기 때문이다. 회개는 우리가 하나님의 더 큰 은혜를 받을 준비가 되었다는 징표다.[104]

웨슬리는 회개가 하나님의 값없는 선물임을 명시함으로써는 죄를 깨닫게 하시는 하나님의 은혜 없이는 인간은 스스로 회개할 능력도 없는 무능한 존재임을 강조한 반면, 회개가 칭의의 조건임을 명시함으로써는 하나님의 은혜를 받은 후에 뒤따르는 인간의 책임성을 지적했다. 여기서 다시 한번 인간의 공로는 전혀 없는 가운데 하나님의 은혜와 그 은혜가 가능케 하신 인간의 협력이라는 화음이 공명된다.

"신앙과 같은 정도로 필요하지는 않음"

웨슬리가 "신앙과 같은 의미로 필요하지는 않음"(또는 "어떤 의미에서")이라는 문구를 통해 칭의의 신앙 이전의 회개의 필요성을 주장할 수 있었다면, "신앙과 같은 정도로 필요하지는 않음"이라는 두 번째 문구는 회

---

102   같은 곳.

103   Lindström, *Wesley and Sanctification*, 93.

104   Williams, *Theology*, 66.

개와 그 열매가 의롭게 하는 것은 아니라는 사실을 명확히 한다. 이는 "성경적 구원의 길"(1765)이란 설교에서 명백히 드러나는데, 이 설교는 "이성적이며 종교적인 사람들에게 보내는 추가적 호소"처럼 신학적으로 민감한 여러 요소를 다룬다.

> 회개의 열매는 신앙과 같은 의미로 필요한 것도, 신앙과 같은 정도로 필요한 것도 아닙니다. 같은 정도로 필요한 것이 아니라는 것은, 그러한 열매는 시간과 기회가 허락될 때에 한해 조건적으로 필요하기 때문입니다. 시간과 기회가 허락되지 않는다면, 사람은 십자가 상의 강도처럼 회개의 열매 없이도 의롭다 함을 받을 수 있습니다. … 그러나 믿음이 없이는 의롭다 함을 받을 수 없습니다. 그것은 불가능합니다. 어떤 사람이 아주 많이 회개하고 또 그에 합당한 열매를 많이 맺었다고 해봅시다. 그렇더라도 이 모든 것은 아무 소용이 없습니다. 그가 믿기 전에는 의롭다 함을 받을 수 없습니다. 그러나 그가 믿는다면 그런 열매가 있든 없든, 또 어느 정도 회개했는지와 관계없이 의롭다 함을 받습니다.[105]

노년의 웨슬리는 웨슬리 신학의 반복적인 표현 중 "신앙과 같은 정도로 필요하지는 않음"이라는 구분을 통해, 회개와 그에 따르는 행위는 어떤 의미에서는 칭의에 필요하면서도 그것이 의롭게 하지는 않는

---

105 Outler, *Sermons*, 2:162-63, "성경적 구원의 길." "이성적이며 종교적인 사람들에게 보내는 추가적 호소"에 나오는 동일한 구분은, 표현이 다소 수정되었지만 현재 우리가 다루는 1765년 설교 "성경적 구원의 길"에서도 나타난다(웨슬리는 신앙에 대해 "즉각적" "직접적으로 필요하다"는 표현을 사용하는데, 이 표현은 "이성적이며 종교적인 사람들에게 보내는 추가적 호소"에 나오는 "근사적으로[proximately] 필요하다"는 말과 같은 뜻이다).

다고 공언할 수 있었다. 사실 웨슬리는 '오직 믿음'(sola fide)을 가르치는 데 매우 고집스러웠다. 그는 "성경적 구원의 길"을 작성한 그 해에 존 뉴턴에게 쓴 편지에서 "칭의에 대한 내 생각은 지난 27년 동안 언제나 가르쳐 온 것과 똑 같고, 칼뱅이 가르친 것과도 일치합니다. 이 점에서 나는 칼뱅과 머리카락 하나만큼의 차이도 없습니다"[106]라고 했다. 다음 장에서 살펴보겠지만, '오직 믿음'에 대한 웨슬리의 이 주장은, 첫 번째 구분인 "신앙과 같은 의미로 필요하지는 않음"의 측면이 아니라 두 번째 구분인 "신앙과 같은 정도로 필요하지는 않음"의 측면에서 볼 때 실제로 신뢰할 만하다. 웨슬리는 회개가 어떤 의미에서 칭의의 조건임을 주장했다. 그러나 '오직 믿음'이라는 주장의 기초는 다른 곳, "신앙과 같은 정도로 필요하지는 않음"에 있다. 일부 웨슬리 학자들이, 후기 웨슬리가 '오직 믿음'에서 후퇴했다고 주장하는 것은 이 두 가지 의미를 혼동하거나 무시했기 때문이다. 그러나 후기든 모라비아파의 정적주의 및 칼뱅주의자들의 율법무용론을 걱정하던 시기든 웨슬리에게서 오직 신앙만이 의롭게 한다는 사실은 결코 변함이 없었다. 회개와 그 열매에 대한 생각의 변화도 '오직 믿음'에 대한 강조에는 아무런 영향을 끼치지 못했다.

불행하게도 18세기에 웨슬리를 비방한 많은 사람들은 지금까지 살펴본 구분에 담긴 웨슬리의 예리한 통찰을 보지 못했거나 의도적으로 무시해버렸다. 또 웨슬리는 칼뱅주의 메소디스트들과의 격화된 논쟁에서도 많은 것을 잃었을 것이다. 흥미롭게도 때로는 웨슬리 자신이 문제를 일으키기도 했다. 예를 들어, 웨슬리는 1770년 연회록에서 회개, 행

---

106 Telford, *Letters*, 4:298 (to John Newton, May 14, 1765).

위, 칭의와 관련된 문제를 자신의 첫 번째 구분인 "신앙과 같은 의미에서 필요하지는 않음"이라는 측면에서만 다룸으로, 자신의 다른 구분인 "신앙과 같은 정도로 필요하지는 않음", 즉 오직 믿음만으로 의롭다 함을 받는다는 측면을 재확언하는 것을 간과해버렸다.

> 우리는 '칭의를 얻기 위해서는 아무것도 하지 말아야 한다'는 말을 금언으로 받아들였습니다. 그러나 그것처럼 잘못된 것은 없습니다. 하나님께 은혜를 얻고자 하는 자는 "악행을 그치고 선행을 배워야"(사 1:16-17) 합니다. 이는 하나님께서 예언자 이사야를 통해 말씀하신 것입니다. 회개한 사람은 누구나 '회개에 합당한 행위'를 해야 합니다. 만약 이것이 하나님의 은혜를 얻기 위한 것이 아니라면, 회개에 합당한 행위를 해야 할 이유가 무엇입니까?
>
> 다시 한번 전체를 살펴봅시다.
>
> (1) 우리 중 하나님께서 용납하신 사람은 누구입니까?
>   - 사랑하고 순종하는 마음으로 그리스도를 믿는 사람입니다.
> (2) 그리스도에 대해 들어본 적이 없는 사람 중에는 누구입니까?
>   - 자신이 가진 빛에 따라 "하나님을 경외하며 의를 행하는 사람"(행 10:35)입니다.
> (3) 이 말이 "신실한(sincere) 사람"과 같은 뜻입니까?
>   - 정확히 같은 뜻이 아니라면, 매우 비슷합니다.
> (4) 이는 행위에 의한 구원이 아닙니까?
>   - 행위의 공로에 의한 것은 아니지만, 조건으로 제시된 행위에 의한 것입니다.[107]

---

107 Jackson, *Works*, 8:337, "연회록."

당연히 웨슬리를 반대하던 칼뱅주의자들, 그중에서도 특히 헌팅던 백작 부인[108]과 월터 셜리가 웨슬리를 비난했는데 이는 온당한 이유를 가진 비난이었다. 이 사례에서 웨슬리는 복잡한 신학적 문제에 관한 해설을 지나치게 한 단어에만 의존했다. 그러나 일반적 편견과 달리 웨슬리는 1770년대에 이미 자신이 사용해 오던 다른 신학적 언어가 있었다. 그것은 "신앙과 같은 정도로 필요하지는 않음"이라는 표현인데, 이는 '오직 믿음'을 강조하는 것이다. 웨슬리가 만약 이 언어를 사용했다면 칼뱅주의 메소디스트들에게 회개와 그 열매가 칭의에 간접적으로 필요하지만 그것이 의롭게 하지는 않는다는 사실을 증명하고 확신시킬 수 있었을 것이다. 그러나 웨슬리는 그들에게 자신의 신학을 바르게 평가할 기회를 주지 못했다.

---

108 1770년 연회록이 출판된 후 헌팅던 백작부인은 "그 주장을 부인하지 않는 사람은 누구나 내가 세운 대학을 그만두어야 한다"고 선언했다. Luke L. Tyerman, *The Life and Times of the Rev. John Wesley*, M.A., 3 vols. (New York: Burt Franklin), 3:73 참조.

3 장

은혜에 의해
믿음으로 얻는 칭의

죄를 깨닫게 하시는 하나님의 은혜로 인한 각성, 가능한 한 모든 은혜의
방편의 성실한 활용, 하나님과 이웃을 신실하고 열정적으로 섬김, 이 모
든 요소는 신자가 은혜 안에서 성장할 때 나타나는 참된 특징이다. 그
러나 은혜 안에서의 성장이 아무리 중요하더라도, 그것이 웨슬리가 말
하는 칭의의 은혜는 아니다. 일부 메소디스트 역사가들과 조직신학자
들은 죄를 깨닫게 하는 은혜와 칭의의 은혜를 바르게 구분하지 못하기
에, 웨슬리의 구원론의 섬세함과 그리스도인의 삶에 관해 놀랄 만큼 높
은 기준을 제대로 알아차리지 못한다. 본 장에서 다룰 주요 내용은, 죄
를 깨닫게 하는 은혜와 칭의의 은혜가 서로 다른 은혜이며, 두 은혜의
차이를 강조하는 것이 신앙의 높은 표준을 유지하기 위해 웨슬리가 사
용한 신학적 장치였다는 두 가지 주제다.

율법적 상태: 칭의를 위한 준비

웨슬리는 설교 "종의 영과 양자의 영"(1746)에서 영적 발전의 단계를 자
연적 상태, 율법적 상태, 복음적 상태라는 세 단계로 구분했다. 이 구분
은 웨슬리에게 매우 중요한 것으로서, 몇 해 후 자신의 "교리적 표준" 중

하나로 출판한『신약성서주해』에 자주 등장한다.[1] 또 이후 "자연인은 하나님을 두려워하지도, 사랑하지도 않습니다. 각성된 사람은 사랑 없이 두려워하기만 합니다. 그리스도 안에서 어린아이는 사랑하면서도 두려워합니다. 그리스도 안에서 아비는 두려움 없이 사랑합니다"[2]라고 한 웨슬리의 지속적인 주장에서도 나타난다. 은혜에서 더 깊은 은혜로 나아가기를 열망하는 사람의 삶에서 나타나는 구원론적 변화는, 그들로 하나님에 대해 알지 못하던 상태(자연적 상태)에서 출발해, 하나님을 두려워하는 상태(율법적 상태)를 지나, 하나님을 사랑하기 시작하는 상태(복음적 상태)로, 그리고 최종적으로는 그 사랑이 온전해지는 상태(완전성화)로 나아가게 한다.[3]

그러나 이 상태들은 고정된 것이 아닌데(또 상호 중첩되기도 하는데), 이는 웨슬리의 구원의 길이 역동적이기 때문이다. 즉 그 길은 도중에 하나님의 은혜의 수용과 실현을 강조하는 핵심 "순간"들을 통합해 두드러지게 하는 전진 과정이다.[4] 달리 말해, 웨슬리의 구원의 길에는 하나가 아닌 두 개의 기본 주제가 있다. 그중 하나는 과정을 강조하는 것으로, 그 주된 의무는 "앞으로 나아가는 것"이다. 다른 하나는 은혜의 실현을 강조하는 것으로, 하나님의 은혜와 능력을 통해 신자의 감정과 성품 및 존

1 웨슬리,『신약성서주해』, 롬 7:14; 6:14; 8:1.

2 같은 책, 요일 4:18.

3 하나님 자녀들의 창조주에 대한 사랑에는 여전히 의심과 두려움이 뒤섞여 있을 수 있다(웨슬리가 이를 깨닫는 데는 상당한 시간이 걸렸다). 그럼에도 그들과 하나님 사이는 기본적으로 사랑의 관계로, 만약 그들의 마음이 온전히 성화되면 그 사랑은 더 이상 경쟁자 없이 그 마음을 다스리게 된다.

4 Clarence L. Bence, "Processive Eschatology: A Wesleyan Alternative," *Wesleyan Theological Journal* 14, no. 1 (Spring 1979): 45-59 참조.

재가 변화되고 더 깊은 은혜를 받기에 적합하게 되는 것이다. 웨슬리가 "상태"라는 용어를 사용하는 것은 구원의 길 중 이 두 번째 주제다.[5] 마음이 온전히 성결하게 된 신자의 성품과 기질은, 하나님을 알지 못하다가 이제 막 두려워하기 시작한 신자와는 전혀 다르다. 이 차이를 설명하는 것이 "상태"라는 용어다.

웨슬리는 위에서 두 번째로 언급한 율법적 상태에 대해, 비록 죄인이 하나님 앞에서 진정으로 각성되어 선한 의도를 가지고 죄와 싸우기로 결심하더라도, 여전히 죄의 권세에서 자유로울 수 없다고 지적한다. 웨슬리는 "자유롭게 되기 위해 더 노력하고 바라고 분투할수록 그는 고통스러운 죄의 속박을 더 크게 느낍니다"[6]라고 적었다. 죄를 자각한 죄인이라도 율법적 상태에서는 아직 죄의 종으로 남아 있다. 그래서 강하게 결심하고, 도덕적으로 높은 목표를 품었음에도 불구하고 죄의 유혹에 굴복한다.[7] 웨슬리는 이 영적 몸부림을 다음과 같이 설명한다.

죄로 인해 번민할수록 죄는 더 강해집니다. 죄의 사슬을 물어뜯지만 끊어버리지는 못합니다. 회개하고 죄짓고 다시 회개하고 또 죄를 지으며 끊임없이 애쓰지만, 결국 그 가련하고 죄로 가득하며 도울 자가 없는 불쌍한 사람은 어

---

5 구원의 과정적 요소를 강조하는 관점을 참고하려면 Maddox, *Responsible Grace*를 보라.

6 Outler, *Sermons*, 1:258, "종의 영과 양자의 영."

7 웨슬리 자신도 일찍이 죄를 멀리하기 위해 규율과 확고한 결단에 의해 영적 삶을 살려고 노력했지만 성공적이지 못했다. 이러한 성향은 그가 어릴 때부터 "모든 일에서의 순종과 하나님의 모든 계명을 지킴을 통해" 구원받을 수 있다고 배웠기에 당연한 것이라 할 수 있다. Ward & Heitzenrater, *Journal and Diaries*, 18:227-28 (February 28, 1738), 243 (May 24, 1738) 참조.

쩔 줄 모르면서 "오호라 나는 곤고한 사람이로다. 이 사망의 몸에서 누가 나를 건져내랴"(롬 7:24)라고 신음할 수밖에 없습니다.[8]

웨슬리는 죄의 종 된 상태뿐 아니라, 높은 도덕적 목표를 가지고 있으면서도 그 목표에 도달하지 못하는 데서 생기는 심리적 변화에도 주의를 기울였다. 그렇게 두 마음을 품는 것은 죄뿐 아니라 두려움을 일으킨다. 각성된 죄인은 "죄로 인해 영혼이 방종하는 것"[9]을 보면서 슬픔과 양심의 가책 및 죽음의 공포를 느끼는데, 이에 대해 웨슬리는 "가련하고 죄 많고 죄의식을 가진 영혼은 모든 것에서, 심지어 아무런 외적 원인 없이도 이 공포를 느낄 수 있고, 그림자나 나뭇잎이 바람에 흔들리는 것만으로도 이 공포가 일어날 수 있다"[10]고 말한다. 어떤 경우 공포는 "거의 절망에 이를 정도"[11]로 극심해지기도 한다. 이 상황에서 자신이 죄의 종임을 깨닫는 자각은 두려움의 영, 즉 웨슬리가 종의 영(롬 8:15)이라 부른 것을 일으킨다. 웨슬리는 『신약성서주해』에서 하나님의 자녀가 누리는 자유와 정반대인 종의 영을 다음과 같이 설명한다.

---

8 Outler, *Sermons*, 1:258, "종의 영과 양자의 영." 아우틀러는 웨슬리의 자연적, 율법적, 복음적 상태 구분의 세 가지 주된 원천으로 토마스 보스톤(Thomas Boston)의 논문 "네 가지 상태의 인간 본성"(Human Nature in Its Fourfold State)과 1735년 2월 14일에 어머니께 보낸 초기의 편지, 벤자민 잉함(Benjamin Ingham)의 1734년 3월 17일자 일기의 시작 부분을 언급한다. Outler, *Sermons*, 1:248 참조. 웨슬리 자신의 율법적 상태에 대한 언급을 위해서는 Ward & Heitzenrater, *Journal and Diaries*, 18:247 (May 24, 1738)을 참조하라.

9 같은 책, 1:257.

10 같은 곳.

11 같은 곳.

여기서 종의 영의 직접적 의미는, 영혼이 성령의 역사로 처음 자기 죄를 깨닫게 되면서 자신이 죄와 세상 및 사탄의 종이기에 하나님의 진노를 당하는 것이 마땅하다고 느끼는 것입니다. 이와 같이 종의 영과 양자의 영이란, 동일한 성령께서 사람의 상태에 따라 다양한 모습으로 나타나시는 것을 말합니다.[12]

여기서 웨슬리는 성령의 역사가 각각 다르게 나타나는 이유가 언제나 동일하신 성령께 있는 것이 아니라 "사람의 상태"에 따른 것이라고 분명히 말한다. 즉 성령께서 각 사람에게 다르게 역사하심은, 각 사람이 이미 받은 은혜의 정도뿐 아니라 그 마음의 기질의 상태가 다름을 반영한다. 따라서 지금은 죄를 깨닫게 하는 권세로 다가온 성령의 임재가, 이후에는 "저항할 수 없는 사랑의 권세"로 다가올 수도 있다. 이 차이는 구속하시는 은혜의 능력으로 존재가 변화되는 과정에서 발생한다.

웨슬리는 종의 영과 두려움의 영, 율법적 상태, 로마서 7장의 죄인에 대한 묘사를 모두 같은 것으로 보았다. 그는 『신약성서주해』에서 로마서 7장에 관해 "이 장이 묘사하는 사람의 특징은 첫째, 율법에 대해 무지하고, 다음으로 율법 아래에서 성실히 최선을 다하면서도 하나님을 섬기는 일에 무능하다는 점이다"[13]라고 설명한다. 그리고 로마서 7장의 의미를 명확히 하기 위해 "이를 바울 자신이나 다른 참된 신자에 관

---

12   웨슬리, 『신약성서주해』, 롬 8:15.

13   같은 책, 롬 7:7. 웨슬리가 롬 7장을 율법적 상태와 동일시한 사실은 14절에 대한 다음의 설명에서 분명해진다. "바울은 신자의 과거와 현재를 대조하면서 … 한 사람이 율법적 상태에서 복음적 상태로 나아가는 과정 전체에서 갖게 되는 생각과 번민, 노력을 하나로 묶어 설명한다."

한 묘사로 설명하는 것은 바울의 글 전체 의도와 맞지 않다"[14]는 말을 덧
붙인다. 다른 신학 전통은 로마서 7장을 일반적인 그리스도인의 경험
의 표준으로 보기도 하지만, 웨슬리는 그렇지 않았다는 것이 분명하다.

웨슬리가 동일시하는 다른 요소도 있다. 예를 들어, 노년의 웨슬리
는 종의 영을 죽음의 공포와 연결했는데, 이러한 통찰은 1735년과 1736
년 사이에 시몬스 호를 타고 바다를 건널 때 웨슬리의 영적 상태가 어떠
했는지를 이해하는 데 도움을 준다. 웨슬리는 1773년 12월 27일자 일지
에 다음과 같이 기록했다.

> 나는 물질적으로는 부유했으나 "종의 영", 특히 죽음에 대한 공포로 완전히
> 비참해진 어떤 사람과 함께 식사했다. 그에게 이 상태는 어떤 외적인 수단에
> 의해서가 아니라 성령의 직접적인 손길로 갑자기 찾아왔다. 만약 그가
> 하나님의 손길을 뿌리치지 않음으로 양자의 영을 받는 데 이른다면 지금
> 경험하고 있는 이 일은 유익할 것이다.[15]

웨슬리는 설교 "종의 영과 양자의 영"에서 종의 영을 유대교 시대와
연결했고,[16] 1746년 연회록에서는 유대인을 '하나님의 종' 즉 "하나님을
두려워해 성실히 순종하는" 사람들[17]로 설명했다. 주의 깊게 연구해 보
면 웨슬리의 글에서 "율법적 상태", "종의 영", "유대교 시대", "종의 신

---

14   같은 책, 롬 7:14.

15   Ward & Heitzenrater, *Journal and Diaries*, 22:357 (December 27, 1772).

16   Outler, *Sermons*, 1:263, "종의 영과 양자의 영."

17   Jackson, *Works*, 8:287-88, "연회록."

앙" 등의 용어가 다른 용어와 연결되어 있음을 알 수 있다.[18] 예를 들어, 1746년에 웨슬리는 "사도 바울은 '율법 아래' 그리고 '두려움과 속박의 영' 아래 있는 사람이 행하는 모든 노력을 훌륭하게 묘사했다"[19]고 지적했다. 중요한 사실은 웨슬리의 "중기"뿐 아니라 후기에도 이 연결이 나타난다는 점이다. 예를 들어, 웨슬리는 1788년에 행한 설교 "믿음의 발견에 대하여"에서 "'믿음에서 믿음으로', 종의 신앙에서 자녀의 신앙으로, 두려워하는 종의 영에서 사랑하는 자녀의 영으로 나아가도록, 모든 가능한 방법을 다해 계속 전진하라고 권면하십시오"[20]라고 적었다.

"종의 신앙", "두려워하는 종의 영", "율법 아래" 같은 문구는 어느 정도 신앙과 은혜를 가졌음에도, 의롭다 함을 받아 하나님에게서 난 사람의 신앙과 특권에는 미치지 못하는 사람의 상태를 묘사한다. 웨슬리가 자신의 사역 후기에도 변함없이 칭의를 죄를 깨닫게 하는 은혜나 각성시키는 은혜와 혼동하지 않고 그보다 높게 평가했다는 사실은, 1780년에 페넬롭 뉴만에게 한 말에서도 입증된다. "나는 평생 칭의를 경험하는 수준까지 신앙의 진전을 이룬 퀘이커교도를 열 명도 만나보지 못했습니다."[21]

이러한 구분을 염두에 둘 때 또 하나 분명해지는 것은, 웨슬리가 루

---

18   이 연결에 대한 더 많은 정보를 위해서는 Kenneth J. Collins, *A Faithful Witness: John Wesley's Homiletical Theology* (Wilmore, Ky.: Wesley Heritage Press, 1993), 133-38를 보라.

19   Outler, *Sermons*, 1:258, "종의 영과 양자의 영."

20   같은 책, 4:35-36, "믿음의 발견에 대하여."

21   Telford, *Letters*, 7:26 (to Penelope Newman, July 31, 1780). "'하나님의 종'이 가지는 초기적 신앙을 칭의의 신앙과 동일한 것"으로 보는 관점은 Maddox, *Responsible Grace*, 155를 보라.

터나 칼뱅처럼 회개와 칭의를 밀접하게 연결하지는 않았다는 점이다. 이를 간과하면 오해가 발생한다. 유럽 종교개혁자들에게 회개는, 웨슬리의 구원 교리에서처럼 칭의 신앙 전에 이루어지는 것이 아니라, 칭의의 신앙을 뒤따른다. 달리 말해, 회개하기 위해서는 그 전에 이미 칭의의 신앙, 하나님의 자녀의 신앙이 있어야 한다. 이러한 주장은 루터의 『갈라디아서 강해』뿐 아니라 칼뱅의 『기독교강요』에도 나타난다.

> 칭의의 신앙에서 회개가 나오거나 칭의의 신앙의 열매가 회개가 아니라, 회개가 칭의의 신앙보다 앞선다고 추측하는 사람들이 있다. 그런 사람들은 회개의 능력도 알지 못하면서 매우 취약한 논리로 그렇게 생각하는 것이다.[22]

구원론에서 웨슬리와 종교개혁자들의 이러한 차이점에는 중요한 의의가 있다. 루터와 칼뱅에게서 회개한 사람, 죄에 대한 자각 속에 있는 사람은 당연히 이미 칭의된 사람이다. 그러나 웨슬리에게는 "당연히"라는 말이 삭제되어야 한다. 회개가 일어나는 시점은 일반적으로 칭의의 신앙을 갖기 얼마 전인 경우가 많다. 그래서 회개와 칭의가 거의 동시적으로 보일 수 있다. 그러나 웨슬리 자신의 경우처럼 회개 이후부터 칭의의 신앙을 갖기까지의 시간은 그보다 훨씬 길어질 수도 있다.[23] 따

---

22 John Calvin, *Institutes of the Christian Religion*, ed. John T. McNeill, 2 vols. (Philadelphia: Westminster Press, 1960), 1:593. 웨슬리와 종교개혁자들 사이의 차이점에 대한 더 많은 내용은 Lindström, *Wesley and Sanctification*, 64를 보라.

23 웨슬리는 1738년 일지에 "나는 사바나에 있는 내내 '헛수고'를 했다. 그리스도를 믿는 살아 있는 신앙으로 '모든 믿는 자'에게 구원을 주시는 그리스도의 의를 알지 못한 채, 나 자신의 의를 세우려고 노력했다. … 적절히 말해 그때 나는 율법 아래 있었다"고 적었다. 몇 년 후 1751년에는 "나는 '율법 아래' 있는 모든 사람이,

라서 칭의는 회개와 동일시되어서도 안 되고, 회개에 반드시 뒤따르지도 않는다. 사람은 하나님의 진노하심에 대해 각성하고, 죄에 대한 자각을 가지며, 굳은 결심을 한 후에도, 어느 정도 내키지 않더라도 죄의 지배에 계속 빠져듦으로써 로마서 7장이 말하는 율법적 상태에 계속 머무를 수 있다. 달리 말해, 웨슬리는 칭의가 있는 곳에는 회개가 언제나 선행한다고 믿었다. 그러나 회개가 있었다고 해서 칭의가 즉시 그리고 반드시 뒤따르는 것은 아니다.

구원의 과정에는 언제나 하나님과 인간의 협력이 아니라 오직 전적인 선물로서의 하나님의 은혜에만 의존하는, 인간의 한계를 넘어선 요소가 있다. 18세기에 어떤 이들은 죄사함과 같이 회개와 신앙도 전적인 선물이라고 주장했다. 그러나 웨슬리는 1754년에 "그렇지 않습니다. 사람은 회개와 신앙에서는 은혜에 협력해야 하지만, 죄사함에서는 그렇지 않습니다. 죄는 홀로 하나님만이 사하십니다"[24]라고 적었다. 웨슬리는 1777년에 쓴 한 편지에서 이 주제를 계속 다룬다.

모든 사람이 자신이 **원할 때** 칭의나 성결에 이르는 믿음을 가질 수 있다고 말하는 것은 명백한 사실과 반대된 것입니다. … 만약 믿으려 한다면 누구나 믿음을 가질 수 있다는 것은 내가 열심히 주장해 온 것입니다. 그러나 그가 믿고자 하는 때에 믿을 수 있다는 주장에는 나는 전적으로 반대합니다. 이

열두 살 이후로 서른이 훨씬 넘을 때까지의 나 자신과 같은 상태라는 것을 안다"고 회상한다. Ward & Heitzenrater, *Journal and Diaries*, 18:246 (May 24, 1738); Cragg, *Appeals*, 417 참조.

24 웨슬리, 『신약성서주해』, 행 5:31.

문제에 관해서는 언제나 우리가 잘 이해할 수 없고 설명할 수 없는 부분이
있습니다.[25]

회개란, 하나님께서 먼저 주신 죄를 깨닫게 하시는 은혜에 (하나님께
서 가능하게 하심으로) 인간이 반응하는 것이다. 그러나 칭의는 결코 인간
의 일이 아니다. 칭의는 하나님만의 (고유한) 활동이자 권한이다.

웨슬리가 회개와 칭의를 시간적·논리적으로 구분한 것은, 그 두 교
리를 구분 짓는 분명한 분수령이 된다. 이 구분은 칭의의 신앙을 회개나
종의 신앙과 혼동하지 말아야 하며, 하나님께 대한 각성과도 동일시하
지 말아야 함을 드러낸다. 회개한 사람, 자신의 죄를 깨달은 사람은 이
미 각성되었지만 그럼에도 사랑의 하나님이 아닌 진노하시는 하나님만
본다. 이러한 율법적 상태에 비해 칭의는 좀 더 "높은" 상태, 속박과 두
려움의 영보다 더 고귀한 상태다. 회개와 칭의의 신앙 사이에 존재하는
잠정적 시기는, 실은 칭의를 부각시킬 뿐 아니라, 그리스도인이 어떤 존
재인지에 대해 높은 기준을 유지하기 위한 웨슬리의 중요한 신학적 장
치다. 현실적으로 말하면, 이 잠정적 시기에 있는 사람은 당연히 하나님
의 자녀의 영광스러운 자유를 얻기를 기다리는 가운데 기도와 성찬 참
여, 성경 읽기 등 가능한 모든 은혜의 방편을 활용하는 일에서 더욱 진
전을 이루어야 한다.

---

25   Telford, *Letters*, 6:287 (to Mr.___, November 9, 1777); Telford, *Letters*, 7:203.
강조는 내가 덧붙인 것이다. 여기서 순간적 요소는 매우 중요하다. 웨슬리는
칭의가 회개에 즉각적으로 뒤따르는 것은 아니라고 분명히 말하는데, 이는 회개
후에 칭의를 위해 계속 전진할 수도 있지만, 무지나 두려움, 공공연한 죄 등으로
인해 뒤로 후퇴할 수도 있음을 의미한다.

신앙

웨슬리는 모든 신앙이 의롭게 하는 것은 아니라고 생각했다. 즉 의롭게
하는 신앙은 특정한 종류여야 하고, 적절한 대상을 가진 것이어야 한다.
젊은 시절 웨슬리는 신앙의 이 요소들에 대해 혼동했다. 1725년 7월 29
일에 어머니에게 보낸 편지는, 젊은 웨슬리가 매우 피상적이고 추상적
이며 이론적인 신앙 개념을 가지고 있었음을 보여준다.

> 신앙은 믿음의 한 종류고, 믿음은 "합리적 근거 위에서 특정한 명제에 찬성
> 하는 것"으로 정의할 수 있습니다. 따라서 합리적 근거가 없다면 믿음이 있
> 을 수 없고, 그 결과 신앙도 있을 수 없습니다. … 저는 신앙을 합리적 근거에
> 대한 동의라고 부릅니다. 다른 모든 증거보다 가장 합리적인 것이 하나님의
> 증거라고 믿기 때문입니다. 결국 신앙은 이성이라고 볼 수밖에 없습니다.[26]

몇 개월이 지난 1725년 11월, 웨슬리는 다시 어머니에게 같은 주제
로 편지를 썼는데, 이번에는 이전 편지에서보다 더욱 분명하게 신앙과
이성을 구분했다. 그럼에도 신앙에 대한 이해는 여전히 추상적이고 관
념적이었다. 즉 신앙은 성경이 확증하는 내용에 단지 동의하는 것이었
다. 웨슬리는 어머니에게 "저는 (실천을 포함해) 구원의 신앙이란 하나님
께서 계시하신 사실에 대해 그분이 계시하셨다는 이유만으로 동의하는
것이지, 이성이 그것을 진리로 증명할 수 있기에 동의하는 것이 아니라

---

26   Baker, *Letters*, 25:175-76 (to Mrs. Susanna Wesley, July 29, 1725).

는 어머니의 생각에 전적으로 동의하게 되었습니다"[27]라고 설명했다.

그러나 1738년에 이르러 웨슬리는 기독교 신앙이 동의만이 아니라 그리스도를 마음으로 신뢰하는 것을 포함한다는 사실을 이해하기 시작했다.[28] 웨슬리는 1781년에 자신의 삶을 돌아보며 "메소디스트라 불리는 사람들에 대한 약사"에서, 자신이 1738년 3월 6일까지는 구원의 신앙의 본질을 분명하게 이해하지 못했다고 밝힌다.[29] 이 시기는 정확히 피터 뵐러(Peter Bohler)가 웨슬리의 이해에 중대한 도움을 주던 시기다.[30] 그 젊은 모라비아교도는, 웨슬리가 1725년에 가졌던 신앙 이해를 뛰어넘는 신뢰와 확신이라는 지극히 중요한 요소를 통해 웨슬리에게 부족했던 칭의 신앙의 경험적 차원을 채워주었을 뿐 아니라, 칭의 신앙의 열매가 성결(능력)과 행복(평화)임을 가르쳐주었다. 웨슬리의 글을 통해 판단하자면, 이러한 열매는 이 시기 이전에는 웨슬리가 알지 못했던 것이다. 웨슬리는 1738년 3월 22일자 일지에 다음과 같이 적었다.

다시 피터 뵐러를 만났다. 나는 그가 신앙의 본질에 대해 말한 것, 즉 (영국 국교회의 표현으로) 신앙이란 "사람이 그리스도의 공로로 죄를 용서받고, 사랑의 하나님과 화해된 것에 관해 하나님 안에서 가지는 확고한 신뢰와 확신"이라고 말한 것에 지금은 어떤 반대도 하지 않는다. 나는 그가 살아 있는 신앙의

---

27   같은 책, 25:188 (to Mrs. Susanna Wesley, November 22, 1725).

28   지적 동의로서의 신앙에 관한 논의를 더 살펴보려면 Telford, *Letters*, 5:74 (to the Countess of Huntingdon, January 4, 1768)를 보라.

29   Davies, *Societies*, 430, "메소디스트라 불리는 사람들에 대한 약사."

30   Ward & Heitzenrater, *Journal and Diaries*, 18:228 (March 4, 1738), 237 (May 3, 1738)를 보라.

열매라고 설명한 성결과 행복 중 어떤 것도 부인할 수 없다.[31]

　이 설명에서 웨슬리는 하나님께 대한 확고한 신뢰와 확신을 살아 있
는 신앙의 열매와 연결한다. 달리 말해, 칭의 신앙은 적어도 어떤 면에
서는 성결이나 성화와 연결되어 있다.[32] 그렇다면 이는 비록 성화가 칭
의보다 앞서지는 않더라도 칭의 후에는 반드시 있어야 함을 의미한다.
다시 말해, 성화는 칭의 신앙과 구분되고 또 그래야 하지만, 어떤 칭의
도 구원의 신앙의 열매(거룩함)가 없이 존재할 수 없다. 쉽게 말해 칭의에
성화가 따르지 않는다면, 실은 칭의가 일어나지 않은 것이다.

　웨슬리가 초기에 신앙의 본질을 거듭 오해한 점을 감안하면, 그가
여러 글에서 칭의 신앙의 본질을 바르게 설명하기 위해 많은 노력을 기
울인 것은 놀랄 일은 아니다. 예를 들어, 웨슬리는 올더스게이트 체험

31　Ward & Heitzenrater, *Journal and Diaries*, 18:233-34 (April 22, 1738). 라텐베리
　　(Rattenbury)는 웨슬리가 모라비아파를 통해 전수받은 것이 루터의 이신칭의
　　교리라고 주장한다. 이 점이 아마도 웨슬리가 다른 설교와 달리 "믿음으로 얻는
　　구원"에서 루터를 호의적으로 언급한 이유에 대한 설명이 될 것이다. 그러나
　　라텐베리의 주장처럼 모라비아교도들이 웨슬리에게 이신칭의의 의미를 알게
　　한 것이 사실이더라도, 웨슬리가 이신칭의를 설명할 때 영국 국교회의 자료를
　　사용했다는 사실 역시 기억해야 한다. "그다음 주(1738년 11월)에 나는 많은 논쟁이
　　있었던 '믿음으로 구원 얻는 교리'에 대해 좀 더 범위를 좁혀 영국 국교회 교리를
　　살펴보기 시작했다." 그렇다면 이신칭의 교리는 모라비아교도들에게서 배우고,
　　영국 국교회의 설명을 통해 확고해진 것이라 할 수 있다. J. Ernest Rattenbury,
　　The Conversion of the Wesleys (London: The Epworth Press, 1938), 183; Ward &
　　Heitzenrater, *Journal and Diaries*, 19:21 (November 12, 1738).
32　몇 달 후 웨슬리는 다시 한번 뷜러에게서 받은 도움을 생각하고 다음과 같이
　　말한다. "나는 우리 구원의 대장 되신 그분을 믿는 신앙이 반드시 화평과 죄에 대한
　　승리를 가져온다는 것을 그때 배웠다." Ward & Heitzenrater, *Journal and Diariess*,
　　18:250 (May 24, 1738), 253 (May 29, 1738).

직후에 한 설교인 "믿음으로 말미암는 구원"에서 "우리로 구원받게 만드는 믿음은 어떤 믿음입니까?"[33]라는 질문에 답한다. 그는 자신의 설교를 듣는 이들이 칭의 신앙을 더 잘 이해하도록 하기 위해 먼저 부정의 방식(via negtiva)으로 칭의 신앙이 아닌 것이 무엇인지 설명한다.

첫째, 칭의 신앙은 이교도의 신앙이 아니다. 의롭게 하는 신앙은 하나님이 존재하시며 "그가 자기를 찾는 자들에게 상 주시는 이심"(히 11:6)을 믿는 믿음 이상의 것이다.[34] 칭의 신앙은 하나님의 존재와 속성을 아는 것(롬 9:19-20), 도덕적인 덕을 열심히 실천하는 것(롬 2:14-15)보다 더 뛰어난 것이다. 더 나아가 칭의 신앙은 하나님께서 주신 모든 것에 감사함으로 하나님을 영화롭게 하는 태도(눅 2:20) 이상의 것이다. 이 모든 것은 비록 고귀한 것이지만, 그럼에도 단지 헬라인이나 로마인의 신앙, 이교도의 신앙일 뿐이다.[35] 그것이 사람을 의롭게 하지는 못한다.

둘째, 칭의 신앙은 마귀의 신앙이 아니다. 웨슬리에 따르면 귀신들도 "지혜롭고 권세 있는 하나님이 계시며, 하나님은 은혜로 보상하시고 의로 벌하시는 분이심"을 믿는다(약 2:19).[36] 또한 귀신들은 "모든 성경은 하나님의 감동으로 된 것"(딤후 3:16)을 믿는다.[37] 그런데 이처럼 단지 성경에 기록된 모든 것에 동의하는 것만으로는 구원을 얻지 못한다. 하지만 흥미롭게도 마귀의 신앙은 이런 신앙보다 더 나아가 예수님이 하나님의 아들이시며, 심지어 그리스도이심도 주장한다(눅 4:34). 그렇다면

---

33   Outler, *Sermons*, 1:119, "믿음으로 말미암는 구원."

34   같은 곳.

35   같은 곳.

36   같은 곳. 웨슬리의 마귀론에 관해 알아보려면 설교, "우리 자신의 영의 증거", Outler, *Sermons*, 1:306과 "사탄의 계략들", 2:138-51, "결혼예복에 대하여", 4:144-47을 보라.

37   같은 책, 1:120.

왜 이러한 신앙이 그들을 구원하지 못하는가? 그것은 차갑고 이론적인 신앙일 뿐이기 때문이다. 그 신앙은 존재의 가장 깊은 마음과 아무 관계가 없다. 웨슬리는 다음과 같이 판단했을 것이다. '이 악한 영들은 하나님의 원수로서 자신의 믿음 때문에 두려워 떨 것이다. 그들은 하나님의 질서와 조화를 이루지 못하고 있으며, 언젠가 자신이 심판 받을 것을 안다. 따라서 그들의 신앙은 전적으로 두려움에 사로잡혀 있다. 그들은 자신이 아는 하나님을 사랑하지도 않고, 하나님의 통치에 굴복하려 하지도 않는다. 그들은 살아 있는 신앙의 특징인 거룩한 성품을 조금도 가지고 있지 않다.'

셋째, 칭의 신앙은 그리스도께서 세상에 계실 때 사도들이 가졌던 신앙과도 다르다. 웨슬리는 비록 사도들이 예수님을 따르기 위해 모든 것을 버렸고 병자를 고치며 귀신을 내쫓았지만, 그리스도께서 그들을 여전히 "믿음이 없는 세대"(막 9:19)라고 부르셨다고 주장한다.[38] 이를 어떻게 이해해야 할까? 웨슬리는 실질적인 의미에서 사도들을 과도기적 인물로 보면서 그들의 체험을 유일회적인 것으로 이해했다. 그들은 그리스도를 그의 죽으심과 부활 전에도 믿었고, 후에도 믿었기 때문이다. 그리스도의 죽으심의 필요와 공로 및 그의 부활의 능력을 아는 사도들 이후의 그리스도인들이 가지는 신앙보다 열등한 신앙은, 정확히 말하면 그리스도의 죽으심과 부활 이전에 사도들이 가졌던 신앙이다. 그리스도의 죽으심과 부활 이후 신자가 누리는 특권은, 그리스도의 죽으심과 부활 이전에 신자가 가졌던 특권보다 훨씬 뛰어나다.

칭의 신앙이 단지 하나님이 존재하심을 믿는 믿음이나 도덕적 덕의

38　같은 곳.

실천, 성경의 모든 진리에 대한 동의, 예수님이 하나님의 아들이시자 그리스도이시라는 지식, 심지어 그리스도께서 세상에 계실 때 사도들이 가졌던 신앙도 아니라면, 칭의 신앙은 정확히 무엇인가? 웨슬리가 지금까지 칭의 신앙이 아닌 것을 장황하게 설명한 이유는, (그중 일부는 과거 웨슬리 자신의 생각을 지배한 것이기도 했기에) 많은 잘못된 출발점과 막다른 길을 알려줌으로써 자신의 설교를 듣는 이들이 오류에 빠지지 않기를 원했기 때문이다. 따라서 칭의 신앙이 아닌 것을 설명한 것은 아무 목적이 없는 것이 아니라, 칭의 신앙이 무엇인지 깊이 생각할 수 있도록 준비시키기 위한 것이었다.

칭의 신앙이란 첫째, "그리스도를 믿는 신앙이다. 올바른 신앙의 대상은 그리스도 및 그리스도를 통해 계시된 하나님이다."[39] 이 점이 바로 이교도의 신앙과 구별되는 점이다. 웨슬리는 올더스게이트 체험을 묘사하는 글 서두의 짧은 영적 자서전에서 자신이 이전에는 신앙을 올바른 대상에게 고정시키지 못했음을 고백한다. 하나님을 신앙의 대상으로 삼았을 뿐, 그리스도를 믿거나 그리스도를 통해 하나님을 믿지 못했다는 것이다.[40] 웨슬리는 "나는 내가 바른 신앙을 전적으로 결여했다고 생각하지 않고, 단지 부족한 신앙을 가졌다고만 생각했다"[41]고 적었다. 그러나 8년이 지난 1746년, 웨슬리는 부흥운동 성공의 비결이 부분적으로 이 새로운 발견 때문이라고 설명했다.

1738년부터 지금까지 나는 계속해서 예수 그리스도를 말하고, 오직

---

39   같은 곳.

40   Ward & Heitzenrater, *Journal and Diaries*, 18:247 (May 24, 1738).

41   같은 곳.

그분만을 기독교 전체의 토대로 삼으며, 그분을 모든 것 중의 모든 것, 처음과 끝으로 삼겠다는 오직 한 가지 목적으로 "하나님 나라가 가까웠으니 회개하고 복음을 믿으라"고 설교했습니다. 그러자 하나님의 말씀은 덤불에 붙은 불처럼 번져나갔습니다.[42]

둘째, 칭의 신앙은 마귀의 신앙과 다르다. "신앙은 단지 사색적이고 합리적인 어떤 것이나, 차갑고 생명력 없는 동의, 머리 속에 있는 일련의 개념만이 아니라, 마음의 성향"[43]이기도 하기 때문이다. 여기서 우리는 웨슬리가 신앙의 지적 요소를 배제하지 않는다는 점을 유념해야 한다. 그가 지적하고자 한 것은 단지 지적 요소만으로는 충분하지 않으며, 그것은 반드시 마음의 성향으로 이어져야 한다는 것이다. 지성은 마음에 정보를 제공하고, 마음은 지성을 활용해야 한다. 지성과 마음은 '이것과 저것 모두'(both/and)의 관계지 '양자택일'(either/or)의 관계가 아니다. 웨슬리에게 있어 하나님의 칭의의 은혜에 대한 죄인의 응답은 단지 지적인 것이 아니라 인격적인 것이다. 죄인은 자신의 전 존재를 다해 하나님께 응답해야 한다.

셋째, 칭의 신앙은 "그리스도의 죽으심의 필요와 공로 및 부활의 능력을 인정한다"[44]는 점에서 그리스도께서 지상에 계실 때 사도들이 가졌던 신앙보다 뛰어난 것이다. 이 신앙은 그리스도의 죽으심만이 인간을

---

42 Telford, *Letters*, 2:264 (to Thomas Church, June 17, 1746).

43 Outler, *Sermons*, 1:120, "믿음으로 말미암는 구원." 마귀의 신앙에 관한 흥미로운 자전적 설명과 웨슬리의 초기 신앙에 관하여는 Telford, *Letters*, 4:219 (to Richard Hart, July 11, 1763)를 보라.

44 같은 책, 1:121.

영원한 죽음에서 구원하는 유일하고 충분한 방법임을 믿고, 그리스도의
부활만이 인간을 생명과 불멸로 회복시키는 치료약임을 고백한다.[45] 웨
슬리에 의하면 기독교 신앙은 다음의 것으로 이루어진다.

> 그리스도의 복음 전체에 지적으로 동의하는 것만이 아니라, 그리스도의 피를
> 전적으로 의존하는 것, 그분의 삶과 죽음 및 부활의 공로를 전적으로 신뢰하는
> 것, 우리를 위해 오시고 우리 안에 살아 계신 그분을 우리의 속죄와 생명으로
> 삼아 그분을 전적으로 의지하는 것입니다. 이 신앙은 사람이 하나님 안에서
> 갖는 확고한 신뢰로서, 그리스도의 공로로 자기 죄를 용서받았고, 자신이
> 하나님의 사랑 속으로 회복되었다는 확고한 신뢰입니다.[46]

예상할 수 있듯이, 웨슬리는 1738년 이후로는 칭의 신앙을 동의와
신뢰 모두로 정의했다. 한번 이렇게 이해한 후로 다시는 변하지 않았
다. 예를 들어, 웨슬리는 "이성적이며 종교적인 사람들에게 보내는 진
지한 호소"(1743)에서 "바르고 참된 기독교 신앙은 성경과 우리가 고백
하는 신조가 옳다고 믿는 것만이 아니라, 영원한 저주에서 구원받기 위
해 그리스도를 … 전적으로 신뢰하고 확신하는 것"[47]이라고 지적한다.
몇 년 후에는 설교 "하나님 나라로 가는 길"(1746)에서 믿음을 성경에 대
한 동의로만 여겨서는 안 된다고 주의를 주었다.[48] 노년의 웨슬리는 설

---

45   같은 곳.
46   같은 곳. 신앙에 관한 유사한 설명을 위해서는 "믿음에 의한 칭의", 같은 책, 1:193
      이하와 "성경적 구원의 길", 2:160 이하를 보라.
47   Cragg, *Appeals*, 69.
48   Outler, *Sermons*, 1:230, "하나님 나라로 가는 길."

교 "교회에 대하여"(1785)에서 초기 설교인 "믿음으로 말미암는 구원"에
서와 같이 부정의 방식(이교도나 마귀의 신앙이 아니라는 식의 설명 방식)으로
신앙을 다시 설명했다. 두 설교는 놀랄 만한 일관성이 있다. 그러나 웨
슬리의 후기 설교에 나타나는 한 가지 다른 점은, 그가 신앙의 본질을
영적 감각으로 묘사하기 위해 많은 노력을 기울인 점이다. 웨슬리는 영
적 감각에 대한 생득적 관념을 부인하고 경험론적 인식론의 관점에서
자연적 감각과 영적 감각의 관계를 설명했다. 시각, 청각, 미각, 촉각,
후각이 자연적 감각인 것처럼 신앙은 영적인 감각이라는 것이다. 예를
들어, 웨슬리는 1770년에 메리 비숍에게 보낸 편지에서 신앙을 영적인
시력으로 정의했다. "신앙은 빛이고, 어둠이 아닙니다."[49] 자연적 감각
과 영적 감각의 핵심적 차이는, 신앙은 자연적 대상이 아닌 영적 대상
을 인식한다는 점이다.

　영적 감각으로서 신앙은 일반적인 의미와 특별한 의미로 구별해 이
해할 수 있다. 웨슬리는 일반적인 영적 감각으로서의 신앙에 대해 "메
소디스트 원리에 대한 추가 설명"(1746)에서 "일반적으로 신앙은 과거에
있던 것이나 미래에 있을 것, 또는 신체의 감각으로 발견할 수 없는 보
이지 않는 영적인 것에 대한 신적이고 초자연적인 엘렝코스(*elegchos*, 증거
또는 확신)"[50]라고 가르친다. 그렇다면 신앙은 대체로 "이해의 눈을 열어
주는, 보이지 않는 것에 대한 증거와 확신 및 논증으로서 … 그들 속에
부어진 신적인 빛"[51]으로 정의할 수 있다. 웨슬리는 특별한 영적 감각으
로서의 신앙으로는, 신앙의 바른 대상인 그리스도와 신자의 관계를 설

49　Telford, *Letters*, 5:209-10 (to Mary Bishop, November 27, 1770).
50　Davies, *Societies*, 177, "메소디스트의 원리에 대한 추가 설명."
51　Outler, *Sermons*, 1:304, "우리 자신의 영의 증거."

명한다. 여기서는 신앙의 인격적 차원이 분명히 드러나는데, 신앙이란 단지 추상적인 영적 진리가 아닌 인간의 마음에서 일어나는 감정적이고 관계적인 변화를 의미한다. 이 변화는 신자가 하나님의 은혜를 통해 그리스도께서 온 세상만이 아니라 특별히 자기 자신을 위해 죽으셨음을 "느끼기" 때문에 일어나는 것이다. 이러한 강조는 설교 "성경적 구원의 길"(1765)에서 분명하게 나타난다.

> 용어의 더 특별한 의미를 살펴보면, 신앙이란 "하나님이 그리스도 안에서 세상을 자신과 화해시키신다"는 사실뿐 아니라, 그리스도께서 "나를 사랑하시고 나를 위해 자신을 주셨다"는 사실에 대한 신적인 증거와 확신입니다. 우리가 "그리스도를 영접하는 것", 즉 예언자와 제사장과 왕으로서 그의 모든 직분 안에서 그리스도를 영접하는 것은 이 신앙에 의해 이루어집니다.[52]

웨슬리는 방금 설명한 특별한 의미의 신앙을 구체적으로 칭의 신앙과 동일시했다. 웨슬리는 다음과 같이 말한다. "일반적으로 신앙은 보이지 않는 것에 대한 신적이고 초자연적인 엘렝코스(증거 또는 확신)입니다. 그러나 칭의 신앙은 그리스도께서 나를 사랑하셔서 나를 위해 자신을 주신 사실에 대한 신적 엘렝코스(증거 또는 확신)입니다."[53] 따라서 웨슬리는 히브리서 11:1("믿음은 바라는 것들의 실상이요 보이지 않는 것들의 증거니")을 설명하면서, 이러한 신앙이 칭의를 가져오는 이유는 "오직 그리스도만

---

52   같은 책, 2:161, "성경적 구원의 길." 웨슬리가 언급한 서로 다른 종류의 신앙, 즉 유물론자, 이신론자, 이교도, 이슬람교도, 유대인, 그리고 그 외의 사람들의 신앙에 관한 요약을 살펴보려면 Outler, *Sermons*, 3:493-97, "믿음에 대하여(1), 히 11:6"를 보라.

53   Telford, *Letters*, 3:159-60 (to Richard Tompson, February 5, 1756).

을 바라보고 의지하기 때문이다"[54]라고 주장한다. 더 중요한 것은, 웨슬리가 몇 년 후 1757년에 사무엘 워커에게 보낸 편지에서 "그리스도께서 나를 사랑하셔서 나를 위해 자신을 주셨다는 신적 증거나 확신이 칭의 신앙의 본질 그 자체가 아니라면, 적어도 칭의 신앙에 반드시 있어야 하는 요소입니다"[55]라고 주장했다는 점이다.

요약하면, 칭의 신앙에는 여러 중요한 요소가 포함된다. 개념적 차원에서 칭의 신앙은 하나님께서 그리스도 안에서 세상을 자신과 화해시키신다는 성경에 계시된 진리에 대한 동의를 포함한다. 인격적 차원에서는 그리스도의 인격과 사역에 대한 마음으로부터의 신뢰를 포함하며, 감정적·경험적 차원에서는 초자연적인 일을 깨닫는 것, 즉 그리스도께서 "나를 사랑하셔서 나를 위해 자신을 주셨다"는 사실에 대해 "신적 증거와 확신"을 갖는 것이다. 따라서 온전한 의미에서 말한다면, 예수 그리스도의 삶과 죽음 및 사역의 구속적 성격에 관한 깨달음이 없거나, 신자가 성령의 사역을 통해 은혜의 선물로 받는 경험적 요소로서 신뢰와 확신이 없는 칭의 신앙은 상상할 수 없다. 웨슬리는 1787년에 테오필러스 레시에게 보낸 편지에서 기독교 신앙의 특징을 다음과 같이 강조했다. "하나님의 존재와 속성을 믿는 것은 이교도의 신앙입니다. 구약성경을 믿고 앞으로 오실 분을 신뢰하는 것은 유대인의 신앙입니다. 그리스도께서 나를 위해 자신을 내어주셨음을 믿는 것이 그리스도인의 신앙입니다."[56]

---

54 웨슬리, 『신약성서주해』, 히 11:1.

55 Telford, *Letters*, 3:222 (to Samuel Walker, September 19, 1757).

56 같은 책, 7:361-62 (to Theophilus Lessey, January 1787).

속죄

조지 크로프트 셀과 콜린 윌리엄스의 주장대로, 웨슬리에게 구원론적
으로 결정적 시기인 1738년 전에는 웨슬리의 글에서 그리스도의 십자
가는 "가장 중요한 핵심"이 아니었다는 주장을 입증할 중요한 증거가 있
다.[57] 같은 해에 웨슬리가 윌리엄 로와 주고받은 편지는, 웨슬리가 그 전
까지는 신앙의 올바른 대상으로서 그리스도의 구원 사역을 믿는 신앙
을 갖지 못해 칭의 신앙의 본질을 잘못 알고 있었음을 보여준다. 이것
이 1738년을 웨슬리 자신의 칭의의 종착점이 되게 만들었을 것이다. 웨
슬리는 로에게 항의하는 편지를 써, 자신의 멘토였던 그가 자신을 지극
히 중요한 그리스도를 믿는 신앙으로 이끌어주지 못한 것을 비난했다.

> 가장 중요한 질문은 당신이 내게 그리스도의 피를 믿는 살아 있는 신앙을
> 추구하라고 가르치는 책을 소개한 적이 있는가 하는 것입니다. 내가 평생
> 어떻게 설교해왔는지, 토마스 아 켐피스의 번역을 수정하고 서문을 번역할
> 자격이 내게 있었는지, 내가 현재 살아 있는 신앙을 가지고 있는지, 아니면
> 과거에 얼마나 그 신앙을 가지고 있었는지, 내가 십자가의 교리를 살아 있는
> 신앙에서 분리시키려 했는지 아닌지, 당신의 상태나 정서는 어떤지, 피터
> 뵐러가 나와 두 사람에게 말한 것이 사실인지 등의 내용은 그 질문만큼
> 중요하지는 않습니다.[58]

---

57   George Croft Cell, *The Rediscovery of John Wesley* (New York: Henry Holt
and Co., 1934), 300; Colin Williams, *John Wesley's Theology Today* (Nashville:
Abingdon Press, 1960), 75 참조.

58   Baker, *Letters*, 25:546 (to Rev. William Law, May 20, 1738).

이어서 웨슬리는 로가 자신에게 "그리스도의 피를 믿는 살아 있는 신앙을 추구하는 것"[59]이 은혜 안에서 가장 중요한 진전임을 가르치는 책을 소개하지 않은 것을 질타했다. 특히 로가 추천한 중세의 책인 『독일신학』(Theologia Germanica)에 관해 "나는 『독일신학』이 그리스도를 우리의 모범으로 가르친 것은 기억하지만, 우리의 대속주로 가르친 것은 전혀 기억하지 못합니다"[60]라고 질책했다.

칭의 신앙을 이해함에 있어 속죄 교리는 매우 중요하기에 웨슬리는 오랜 시간이 지난 1778년 메리 비숍에게 쓴 편지에서 "기독교 체계에서 속죄 교리보다 더 중요한 것은 아무것도 없습니다. 속죄 교리는 마땅히 이신론과 기독교를 구별 짓는 분기점입니다"[61]라고 썼다. 비록 속죄에 관해 특별히 논문을 쓰지는 않았지만, 웨슬리의 글에 나오는 수많은 언급을 종합해보면, 그가 윌리엄 로에게 항의한 사실이 암시하듯, 이 교리가 그에게 지극히 중요했음이 드러난다.

속죄 교리를 설명할 때, 특히 속죄가 이신칭의에 관한 핵심 문제가 될 때 웨슬리는 신중한 방법으로 성경적 용어를 사용했다. 예를 들어, 설교 "타락한 인류를 향한 하나님의 사랑"에 나오는 다음의 인용구에서처럼, 그의 논의 전체에는 언제나 성경적 언어가 스며들어 있었다.

만약 한 사람이 순종하지 아니함으로 많은 사람이 죄인이 되지(롬 5:19) 않았다면 … 그리스도께서 "죽기까지 복종하시고 십자가에 죽으실"(빌 2:8) 필요가 없었을 것입니다. … 우리는 "하나님께서 그리스도 안에 계시사 세상을 자

기와 화목하게 하셨다"(고후 5:19)거나, 하나님께서 "죄를 알지도 못하신 이
를 우리를 대신하여 죄로 삼으신 것은 우리로 하여금 그 안에서 하나님의 의
가 되게 하려 하심이라"(고후 5:21)고 말하지 못했을 것입니다.[62]

웨슬리는 성경 외에도 『공동기도서』(The Book of Common Prayers)에 나타
나 있는 영국 국교회 공식 교리를 환기시킨다. 설교 "타락한 인류를 향
한 하나님의 사랑"(1782)에서는, 만약 사람이 타락하지 않았다면 그리스
도께서 죽지 않으셨을 것이라고 주장한다. "그렇다면 우리는 그를 '나무
에 달려 그 몸으로 우리 죄를 담당하신 분'(벧전 2:24), 자신을 단번에 드
리심으로 온 세상의 죄를 위해 온전한 봉헌과 희생과 배상이 되신 분으
로 사랑할 수는 없었을 것입니다."[63] 이 설명을 영국 국교회의 『공동기도
서』를 토대로 웨슬리 자신이 만든 『주일예배서』(Sunday Service)의 다음 설
명과 자세히 비교해보자.

전능하신 하나님, 하늘에 계신 우리 아버지께서는 그 사랑과 자비로 독생자
예수 그리스도를 주셔서 우리의 구원을 위해 십자가에서 죽음을 당하게
하셨습니다. 그리스도는 자신을 단번에 드리심으로 십자가에서 온 세상의
죄를 위해 전적이고 완전하며 충분한 희생과 봉헌과 배상이 되셨습니다."[64]

"전적이고 완전하며 충분한 희생과 봉헌과 배상"이라는 정확한 문
구는 웨슬리에게 하나의 공식 같은 것으로서 "그리스도의 오신 목적"과

---

62   Outler, Sermons, 2:425, "타락한 인류를 향한 하나님의 사랑."
63   같은 책, 2:427.
64   John Wesley, Sunday Service, 135-36.

"영적 예배" 같이 다른 곳에서도 발견된다.[65] 이러한 말의 의미는 무엇인 가? 그것은 웨슬리의 속죄관에 대해 무엇을 말해주는가?

첫째, "전적인", "완전한" 등의 용어는 그리스도의 희생이 부분적인 것이 아니라 철저한 것이며, 또 다른 어떤 사역을 요구하는 불완전한 것 이 아니라 더 이상의 추가나 반복을 필요로 하지 않는 완전한 것임을 나 타낸다. 그리스도의 희생은 인류의 죄를 위해 드린 단 한 번의 유일하 고도 유효한 희생이다. 다른 희생은 없고, 있을 수도 없다. 웨슬리는 로 마 가톨릭이 미사를 희생제사로 보는 견해를 비판하고, 옛 언약과 새 언 약의 희생제사를 비교하면서 "그리스도는 대제사장처럼 날마다 희생을 드릴 필요가 없으셨습니다. 그는 당신 자신을 희생제물로 단번에 바치 셨습니다"[66]라고 주장했다. 그 외에도 웨슬리는 요한복음 19:30의 "다 이루었다"라는 말씀을 설명하면서, 인간의 구원을 위해 지불된 속전이 그리스도의 고난임을 밝힌다.[67] 달리 말하면, 이제는 더 이상 지불해야 할 값이 남아 있지 않다.

둘째, 웨슬리의 다른 글에서도 발견되는 "충분한 희생과 봉헌"이라 는 문구는, 그리스도의 사역의 충분성을 다시 한번 강조할 뿐 아니라, 속죄가 위대하고 더없이 귀중한 가치 있는 것이 드려진 희생과 봉헌임 을 나타낸다. "하나님이 죄를 알지도 못하신 이를 우리를 대신해 죄로 삼으신 것은 우리로 하여금 그 안에서 하나님의 의가 되게 하려 하심이 라"(고후 5:21)는 말씀처럼, 하나님과 인간의 화해는 엄청난 값을 지불함 으로 얻어진 것이다. 그렇다면 죄 용서 또는 칭의는 비록 하나님의 은혜

65   Outler, *Sermons*, 2:480, "그리스도의 오신 목적", 그리고 3:93, "영적 예배" 참조.
66   Jackson, *Works*, 10:120, "Roman Catechism and Reply."
67   웨슬리, 『신약성서주해』, 요 19:30.

와 사랑으로 이루어진 것이지만 결코 값싸거나 쉽게 이루어진 것이 아
니다. 이 화해는 그야말로 하나님의 독생자의 생명으로 값을 치르지 않
고는 결코 이루어질 수 없는 것이다.

셋째, 웨슬리에게 그리스도의 삶과 죽음은 "온 세상의 죄를 위한"(요일
2:2) 배상이었다. 사실 웨슬리가 사용하던 성경 및 그가 쓴 여러 글에서
이 구절의 배상에 사용된 정확한 용어는 "화목제물"(propitiation)이다. 웨
슬리는 설교 "은총의 수단"(1746)에서 이 용어를 다음과 같이 사용한다.

> 우리는 그것이 무엇이든 수단 자체는 단 하나의 죄도 속할 수 없고, 오직
> 그리스도의 피만이 어떤 죄인이라도 하나님과 화해할 수 있게 하며, 우리
> 죄를 위한 어떤 다른 화목제물이나 죄와 더러움을 씻는 어떤 다른 원천이
> 있을 수 없음을 주장합니다.[68]

웨슬리는 로마서 3:25에 대한 주석에서 그리스도의 사역을 "하나님
의 진노를 진정시키는 '화목제물'"[69]로 설명하고, "어떤 사람이 가르치는
것처럼 만약 하나님께서 진노하시지 않았다면, 화목제물은 전혀 필요
가 없습니다. 그렇다면 그리스도는 헛되이 죽으신 것입니다"[70]라고 주
장한다.

현대의 많은 성서신학자는 그리스어 원어 '힐라스모스'(hilasmos)를
"배상"(satisfaction) 또는 "화목제물"(propitiation)이 아니라 "보상"(expiation)
으로 번역한다. 예를 들어, 영어 RSV 성경에서 요한1서 2:2은 "그는 우

---

68   Outler, *Sermons*, 1:382, "은총의 수단."
69   웨슬리, 『신약성서주해』, 롬 3:25.
70   같은 곳. Jackson, *Works*, 10:425, "힐 씨의 '걸러내야 할 사상'에 대한 반론"도
      보라.

리 죄를 위한 보상이니, 우리만 위할 뿐 아니요 온 세상의 죄를 위하심이라"고 되어 있다. 그러나 웨슬리는 보상보다 화목제물이라는 말을 선호했다. 그는 설교 "우리 자신의 구원을 성취함에 있어서"에서 예수 그리스도께서 자신을 "온 세상의 죄를 위한 화목제물"[71]로 주셨다고 밝힌다. 다른 곳, 예를 들어 "불법의 신비" 같은 설교에서도 웨슬리는 정확히 같은 용어를 사용한다.[72]

현대의 많은 주석가가 화목제물이라는 말을 거부하는 이유 중 하나는, 그 용어가 분노하시는 하나님에 대한 사상, 즉 화해와 칭의가 일어나기 위해서는 먼저 지존자의 징벌하시는 의가 충족되어야 함을 주장하기 때문이다. 다음 주장에서 알 수 있듯이, 웨슬리 시대에는 윌리엄 로가 동일한 이유로 화목제물 개념을 거부했다.

하나님과 우리 사이를 방해하는 것은 하나님의 진노가 아니라, 우리의 타락한 본성의 어둠 속에서 일깨워진 그 무엇이다. 하나님께서는 하나님 자신이 아니라 사람 속에서 생겨난 이 진노를 소멸하기 위해 자신의 독생자를 사람이 되게 하셨다. 하나님께서는 천지를 창조하시기 전 오직 자신을 사랑하셨을 때처럼 자신 안에 어떤 진노도 가지고 계시지 않다.[73]

그러나 하나님의 모든 진노를 부정하는 신학적 판단은 이 주제에 대

---

71 Outler, *Sermons*, 3:200, "우리 자신의 구원을 성취함에 있어서." 영어 NRSV 성경은 요일 2:2을 "그는 우리 죄를 위한 속죄의 제물이니"로 번역함으로 '힐라스모스'의 효력을 더 정확히 반영한 듯 보인다.

72 같은 책, 2:452, "불법의 신비."

73 William Law, *The Works of the Reverend William Law, M.A.*, 9 vols. (London: J. Richardson, 1762), 5:156.

한 웨슬리의 생각과 반대되는데, 웨슬리가 1778년에 메리 비숍에게 보낸 편지가 이를 잘 보여준다.

> 확실한 것은 만약 하나님께서 진노하신 적이 없다면 화해도 있을 수 없다는 것입니다. 로 씨는 이런 주장으로 속죄라는 진리를 철저히 파괴함으로써 이신론자들을 회심시키기 위한 얄팍한 수단을 찾고 있습니다. 나는 비록 로 씨가 오해한 것처럼 하나님을 "노여움으로 가득한 존재"로 칭해 잘못된 사상을 전달하지는 않지만, 그럼에도 하나님께서 모든 인간에 대해 진노하신다는 사실과 그 아들의 죽으심에 의해서만 그들과 화해하신다는 사실을 확고히 믿습니다. 내가 아는 것은, 하나님의 사랑하시는 아들을 믿게 되기까지 하나님께서 내게 진노하셨다는 사실입니다.[74]

사실 웨슬리는 좀 더 이른 시기인 1753년에 로벗슨 박사에게 보낸 편지에서 이미 하나님의 진노를 해결한다는 개념의 포기를 소키누스주의(Socianianism)의 발생과 연결했다. "만약 하나님께서 진노하신 적이 없다면, 진노가 누그러진 적도 있을 수 없습니다. 그렇게 되면 그리스도에 의한 우리의 구원 전체가 단지 하나의 비유라고 한 소키누스(Socinus)의 말을 받아들이는 데도 아무 문제가 없을 것입니다."[75]

그러나 염두에 둘 것은, 웨슬리는 사람들이 자주 실수하는 것같이 하나님의 진노를 인간의 분노와 혼동하지 않았다는 점이다. 예를 들어,

---

74 Telford, *Letters*, 6:298 (to Mary Bishop, February 7, 1778).

75 Baker, *Letters*, 26:521-22 (to Dr. John Robertson, September 24, 1753). 웨슬리가 하나님의 진노를 공의와 연결한 내용을 위해서는 Telford, *Letters*, 3:346 (to William Law, January 6, 1756)를 보라.

인간의 분노는 자주 야만적이고 적극적이며 보복적이어서 거룩함과 반
대되는 증오의 감정에 사로잡힌다. 그러나 하나님의 진노하심은 그렇
지 않다. 하나님의 진노는 단호하고 애정이 깃든 마음으로 죄에 대해 반
대하는 것, 즉 하나님 나라를 반대하는 모든 것에 대한 거룩한 적의로
이해하는 것이 가장 적절하다. 따라서 웨슬리는 그의 독자들에게 하나
님의 "진노"를 인간의 분노와 혼동하지 말아야 하며, 더 중요한 것은 하
나님의 진노를 언제나 하나님의 "가장 소중하고 지배적인 속성"인 사랑
과 분리해 상상하지 말아야 한다고 주의를 주었다.[76] 하나님의 징벌하
시는 분노는 그의 공의로우심의 한 직능으로 하나님의 사랑에서 비롯
된 것이며, 그 관점에서만 바르게 이해될 수 있다.

> 진노는 인간적 감정이 아닌가? 이 인간적 감정이 어떻게 하나님께 있을 수
> 있는가? 우리는 이 질문에 대해 또 하나의 질문으로 답할 수 있다. 즉 사랑은
> 인간적 감정이 아닌가 하는 질문이다. 어떻게 이 인간적 감정이 하나님께
> 있을 수 있는가? 이 질문에 직접적으로 답한다면, 인간의 분노와 사랑은
> 인간적 감정이다. 그러나 하나님께 있는 진노나 사랑은, 그것이 하나님 안에
> 있는 이상 인간적인 감정이 아니다. 영감 받은 성경의 저자들이 진노와 사랑
> 모두를 하나님의 것으로 설명한 때는 오직 유비적인 의미에서 그렇게 한
> 것이다.[77]

웨슬리가 하나님의 사랑과 진노 사이에 확립한 관계는 다음과 같이

---

76   웨슬리, 『신약성서주해』, 요일 4:8.
77   같은 책, 롬 5:9.

이해할 수도 있다. 즉 하나님의 진노라는 요소를 배제하면 하나님의 사랑 자체도 바르게 이해할 수 없다는 것이다. 이러한 이해는 웨슬리가 가진 하나님의 사랑 개념을 감상주의와 방종에 빠지지 않게 만든다. 간단히 말해, 속죄를 위해 치른 희생의 값만큼 그 희생을 통해 드러난 하나님의 사랑도 값비싼 것이다.

하나님의 진노와 화목제물, 그 아들에 의해 가능케 된 화해에 대한 강조는 대체로 웨슬리의 속죄관을 "형벌대속설"의 범주로 보게 한다. 즉 예수 그리스도는 우리를 대신해 고난받으셨고, 진정으로 죄인으로서 형벌받으셨다는 것이다. 웨슬리의 설교 "믿음에 의한 칭의"(1746)의 다음 문구가 이를 잘 표현한다.

하나님께서는 죄인에게 그가 받아 마땅한 고난을 주지 않으십니다. 자신의 사랑하시는 아들이 죄인을 대신해 고난받으셨기 때문입니다. 하나님께서는 우리가 "그 사랑하시는 자를 통해 용납"되고, "그의 피를 통해 하나님과 화해"된 순간부터 마치 우리가 한 번도 죄를 지은 적이 없었던 것처럼 우리를 영원히 사랑하고 복 주며 돌보십니다.[78]

웨슬리는 그 후 1750년대에 제임스 허비에게 보낸 편지에서도 그리

---

78 Outler, *Sermons*, 1:190, "믿음에 의한 칭의." 또 웨슬리는 같은 설교에서 "하나님의 사랑하시는 아들과 그가 우리를 위해 행하시고 고난 받으신 것으로 인해, 하나님께서는 (그 자신이 우리에게 능력을 주셔서 가능하게 하시는) 믿음이라는 단 한 가지 조건에 의해 우리 죄로 인한 형벌을 면하게 하시고, 우리를 하나님의 사랑으로 돌이키시며 우리의 죽은 영혼을 영원한 생명의 징조인 영적 생명으로 회복시키십니다"라고 적었다. Outler, *Sermons*, 1:186, "믿음에 의한 칭의" 참조.

스도를 "우리를 대신해 형벌의 고난을 받으신 분"[79]으로 주장할 뿐 아니
라, 논문 "신중하게 숙고한 예정"에서는 우리가 용서받고 용납된 것은
우리의 행함이 아니라 "전적으로 그리고 오직 그리스도 때문이며, 그가
우리를 위해 행하시고 고난받으신 것 때문"[80]임을 지적했다. 1776년에
는 알렉산더 녹스에게 "담대히 믿으십시오. 그리스도를 붙드십시오. 당
신의 모든 죄가 예수님께로 옮겨졌고, 그가 채찍에 맞으심으로 당신이
나음을 입었음을 아십시오"[81]라고 권면했다.

웨슬리의 대속 교리는 형벌대속을 강조한 점에서 11세기에 처음 등
장한 캔터베리의 안셀무스(Anselm)의 만족설과 유사하다. 예를 들어, 웨
슬리는 설교 "산상수훈(1)"에서 다음과 같이 말한다.

그가 어떻게 자신의 빚을 갚을 수 있습니까? 지금부터 하나님의 모든 명령에
가장 완벽히 순종하더라도, 그것으로는 단 하나의 죄, 과거에 지은 단 하나의
불순종의 죄도 바로잡을 수 없습니다. 그는 현재부터 영원까지 그가 행할 수
있는 모든 것을 하나님께 빚지고 있기 때문입니다.[82]

웨슬리는 "메소디스트의 원리"에서도 안셀무스와 유사하게, 우리의
칭의에 반드시 있어야 할 세 가지 요소는 하나님의 위대한 자비와 은
혜, 그리스도의 공로를 믿는 우리의 신앙, 그리고 "자신의 몸을 바치고

---

79   Telford, *Letters*, 3:373 (to James Hervey, October 15, 1756).

80   Jackson, *Works*, 10:205, "신중하게 숙고한 예정."

81   Telford, *Letters*, 6:220 (to Alexander Knox, May 28, 1776). Wesley's letter to
      Rev. Plenderlieth, 5:90와 『신약성서주해』에서 딛 3:14 설명도 보라.

82   Outler, *Sermons*, 1:478, "산상수훈(1)."

피를 뿌리신 그리스도에 의한 하나님의 공의의 만족"[83]이라고 적었다.
또 1756년에 윌리엄 로에게 보낸 편지에서 다음과 같이 질문한다. "사
람은 하나님께 스스로는 갚을 능력이 없는 큰 빚을 진 존재가 아닙니
까? 또 하나님은 그가 갚을 수 없음에도 빚을 갚으라고 요구할 권리를
가지신 분이 아닙니까?"[84] 이러한 용어로 인해 린드스트롬은 "웨슬리의
속죄관을 지배하는 개념은 전통적인 만족설로 보인다. … 법 질서와 사
법 체계가 지배적 원리로 나타난다"고 결론짓는다. 존 데쉬너 역시 "웨
슬리가 대속을 논의할 때는 승리가 아니라 형벌만족설이 강조된다"[85]라
고 주장한다.

비록 이 판단이 정확하더라도, 웨슬리의 이해 속에 아벨라르두스
(Abelard)의 도덕 감화설이나 초기 기독교에서 유행하던 속전이론같이
다른 속죄론의 관점이 나타나지 않는다고 결론짓는 것은 잘못이다. 웨
슬리는 도덕 감화설과 관련해 하나님께서 희생적 사랑을 나타내신 것이
신자에게 끼치는 "주관적 영향"을 다음과 같이 강조했다.

우리는 아담이 범죄하지 않았다면 우리에게 가능했을 수준보다 더 높은 수준
의 거룩함과 영광에 도달할 수 있게 되었습니다. 만약 아담이 범죄하지 않았

---

83   Davies, *Societies*, 51, "메소디스트의 원리." 웨슬리는 구원의 길에서 도덕법이 가진
     중요한 역할과 관련해, '만족'이 하나님의 율법에 대한 것이라는 주장에 반대했다.
     그는 "율법을 손해를 입었다 배상을 받은 인격적인 존재처럼 설명하는 방식은
     옹호하기 힘들다"고 주장한다. Jackson, *Works*, 10:318, "칭의에 관한 논문에
     붙이는 서문" 참조.

84   Telford, *Letters*, 3:352 (to William Law, January 6, 1756). 로는 웨슬리에 반대해
     "참된 기독교 사상을 갖기 위해 우리는 우리의 복된 주님을 우리 대신 고난받으신
     분이 아니라, 우리의 이름으로 활동하는 우리의 대표자로 여겨야 하며, 그와 함께할
     때 우리가 하나님께 용납받는다고 생각해야 합니다"라고 주장했다. Law, *Works*,
     4:124.

85   Lindström, *Wesley and Sanctification*, 61.

다면 하나님의 아들은 죽지 않으셨을 것입니다. 그렇다면 하나님께서 사람에게 보이셨으며 모든 시대에 하나님의 자녀들에게 가장 큰 기쁨과 사랑과 감사를 일으킨 놀라운 사랑의 실증이 존재할 수 없었을 것입니다.[86]

속전이론에 관해서는, 웨슬리는 "메소디스트의 원리"에서 "그리스도께서는 진정으로 그리스도를 믿는 모든 사람의 의가 되십니다. 그리스도는 그들을 위해 자신의 죽음으로 속전을 지불하셨습니다"[87]라고 주장한다. 같은 글에서 웨슬리는 다음과 같이 설명한다.

우리의 칭의는 값없이, 오직 하나님의 자비로 주어진 것입니다. 온 세상으로도 우리의 속전의 일부조차 지불할 수 없기에, 하나님께서는 어떤 자격도 갖추지 못한 우리를 위해 그리스도의 몸과 피를 예비하셔서 우리의 속전으로 지불하기를 기뻐하셨습니다.[88]

그럼에도 웨슬리가 어떤 방법으로든 계속 되돌아가는 속죄론은 도덕 감화설이나 속전이론이 아니라 형벌만족설이라는 점에서 린드스트롬과 데쉬너의 판단은 정확하다.[89]

---

86 John Deschner, *Wesley's Christology* (Dallas: Southern Methodist University Press, 1960), 121. 데쉬너가, 웨슬리는 그리스도의 지옥강하설을 부인했고, "그와 관련된 언급을 자신의 25개 신조에서 생략했다"(50-51)고 바르게 지적한 사실도 주목할 필요가 있다.

87 Outler, *Sermons*, 2:411-12, "인류의 타락에 대하여."

88 Davies, *Societies*, 51, "메소디스트의 원리."

89 여러 메소디스트 학자는 웨슬리의 속죄관이 그로티우스적(Grotian)이라고 주장한다. 즉, 만족이 하나님의 내적 원리(사랑과 공의 등)가 아니라 우주 통치에서 인과관계의 관리와 관련된다는 것이다. 웨슬리의 속죄관이 그로티우스적이 아니

칭의

웨슬리는 스스로 인정한 대로 1738년 이전에는 칭의 신앙의 성격을 알
지 못했기에 칭의가 무엇인지도 알지 못했다. 칭의의 본질에 대한 이
해에 일대변혁이 찾아온 것은 1738년인데, 이는 앞서 인용한 1765년도
에 존 뉴턴에게 보낸 편지에서 잘 나타난다. "칭의에 관한 나의 생각은
지난 27년 동안 동일하고, 칼뱅이 가르친 것과도 같습니다. 이 점에서
나와 칼뱅은 머리카락 하나만큼의 차이도 없습니다."[90] 웨슬리는 1738
년 이전에는 칭의를 자주 성화와 혼동했다. 다시 말해, 그는 종종 경건
과 자비의 일을 통해 이루어지는 거룩한 삶을 칭의의 열매가 아니라 기
초로 여겼다. 웨슬리가 그러한 사고방식을 갖게 된 것은 자신이 소속된
영국 국교회의 이해와 실천 때문이었다. 예를 들어, 웨슬리는 1730년
에 어머니에게 편지를 보내 자신이 제레미 테일러(Jeremy Taylor) 감독의
『거룩한 죽음』(The Rules and Exercises of Holy Dying, 크리스천다이제스트 역간)을 좋
아한 이유에 관해, "지금까지 만나본 어떤 것보다 죄 용서를 가장 명확
하게 설명했기 때문입니다. 즉 '복음으로 인한 죄 용서는 바로 성화'라
는 것입니다"[91]라고 적었다. 웨슬리는 1789년에 윌리엄 그린에게 보낸

라는 반론에 대해서는 William Cannon, *The Theology of John Wesley* (Nashville: Abingdon Press, 1946), 209를 보라.

90 Telford, *Letters*, 4:298 (to John Newton, May 14, 1765).

91 Baker, *Letters*, 25:245 (to Mrs. Susanna Wesley, February 28, 1729/30). 또 1741
년에 웨슬리는 불(Bull) 감독의 견해에 대해 일지에 다음과 같이 기록했다. "그의
입장은 '오직 신앙만이 아니라 모든 선행도 칭의의 선행 조건으로서 필요하다'
는 것이다." 그 외에도 불 감독은 하나가 아닌 두 가지의 칭의를 구분했다. 물론
웨슬리가 이 감독의 견해에서 중시한 것은 단지 후자의 요소와 관련해서다. Ward

편지에서 성화를 칭의 전에 위치시킨 결과, 거룩한 삶을 사람이 의롭게
되는 기초로 가르친 것이 영국 성직자들의 관습이었다고 말한다.[92] 웨
슬리 자신도 같은 오류를 범한 적이 있었다는 사실은 "이성적이며 종교
적인 사람들에게 보내는 추가적 호소"에 여러 차례 나오는 자전적 이야
기에서 드러난다.

> 나는 1725년에 부제 안수를 받고, 다음 해에 사제 안수를 받았습니다. 그러나
> 내가 위에서 말한 위대한 진리를 확신하게 된 것은 오랜 시간이 지난 후였습
> 니다. 그때까지 나는 칭의의 본질과 조건에 대해 전적으로 무지했습니다. 때
> 로 나는 칭의를 성화와 혼동했습니다(조지아에 있을 때 특히 그랬습니다).[93]

성화가 칭의보다 먼저일 수 없는 이유는, 앞서 언급한 대로 죄인은
선을 행할 능력이 없으며, 그 능력은 칭의의 열매이기 때문이다. 이 주
제는 1738년부터 죽을 때까지 웨슬리의 글에서 어떤 형태로든 나타난
다. 예를 들어, 웨슬리는 복음적 회심을 경험한 그날 한 친구에게 보낸
편지에 다음과 같이 기록했다. "내 모든 행위와 의, 기도는 그 자체로

& Heitzenrater, *Journal and Diaries*, 19:202-03 (June 24, 1741); Telford, *Letters*,
5:264 (to Several Preachers and Friends, July 10, 1771) 참조.

92 Telford, *Letters*, 8:178-79 (to William Green, October 25, 1789). 최소한 1740
년대 중반에 이르러서는 웨슬리는 현재적 칭의와 마지막 날에 있을 칭의라는 두
칭의를 주장했지만, 현재의 문맥에서 그의 관심은 오직 현재적 칭의에 있었다.
Cragg, *Appeals*, 105 참조.

93 Jackson, *Works*, 8:111, "이성적이며 종교적인 사람들에게 보내는 추가적 호소."

속죄를 필요로 합니다."[94] 몇 년이 지난 1742년에는 논문 "메소디스트
의 원리"에서 "나는 칭의 전에 행한 모든 선행은 그 자체가 죄의 성질을
가지고 있으며, 따라서 사람이 의롭다 함을 받기 전에는 하나님께서 기
뻐하시고 용납하실 만한 어떤 선도 행할 능력이 없음을 믿게 되었습니
다"[95]라고 말했다.

　웨슬리의 생각은 1745년의 연회에 이르기까지 점점 더 정교해졌다.
그는 연회 전에 이미 칭의 이전의 행위를 더 깊이 이해하게 되었다. 그
결과 웨슬리와 연회는 사도행전 10장의 "하나님을 경외한 사람"인 고넬
료의 행위를 "화려한 죄"(splendid sins, 죄인이 스스로의 노력으로 의롭게 되기
위해 추구하는 선한 행위로, 그리스도의 복음을 반대하게 되므로 죄가 된다—역주)로
여기지 않으면서도, 이러한 행위는 "하나님께서 뜻하시고 명령하신 대
로 행한 것이 아니다"[96]라고 주장할 수 있었다. 이 같은 모호성은 웨슬리
가 다음 해에 작성한 설교 "믿음에 의한 칭의"에서도 나타나는데, 이 설
교에서 웨슬리는 칭의 이전의 행위를 다음과 같이 말한다.

　이 행위는 어떤 의미에서 "선행"이라 할 수 있습니다. 그것은 "사람에게 좋고
　유익하기 때문"입니다. 그러나 엄밀히 말하면 그 행위는 그 자체로 선하거나
　하나님이 보시기에 선하다고 할 수는 없습니다. (영국 국교회의 표현을

94　Baker, Letters, 25:550 (to the Rev. John Gambold?, May 24, 1738).

95　Davies, Societies, 50-51, "메소디스트의 원리." 같은 논문에서 웨슬리는 "우리가 이미 행
　　한 것이든, 앞으로 행할 것이든, 또 행할 수 있는 것이든, 칭의 얻는 일에 너무나 무력
　　한 우리는 모든 공로, 즉 믿음, 소망, 사랑의 공로, 그 외의 모든 덕과 선행의 공로를 부
　　인해야 합니다. 우리는 칭의를 얻기 위해 오직 하나님의 자비와 그리스도의 공로만을
　　의지해야 합니다"라고 주장한다. Davies, Societies, 52, "메소디스트의 원리" 참조.

96　Jackson, Works, 8:283, "연회록."

사용하면) 모든 참된 "선행"은 "칭의 후에 뒤따르는 것"입니다.[97]

위 인용구에서 "어떤 의미에서"와 "엄밀히 말하면" 사이의 구분은 웨슬리로 하여금 두 가지 사실을 모순없이 동시에 주장할 수 있게 만든다. 한편으로 죄인은 선을 행할 능력이 없다. 그들에게는 칭의와 성화를 가져오는 하나님의 은혜가 이러한 행위를 발생시키는 원천이 아니기 때문이다. 1773년 노년의 웨슬리는 자신의 이전 입장과의 기본적인 연속선상에서 "나는 여전히 칭의 이전에는 어떤 선행도 행할 수 없다고 믿습니다"[98]라고 역설한다. 이렇게 선행과 그렇지 않은 행위를 구분한 것은, 엄밀히 말해 칭의 전과 후의 차이를 두드러지게 함으로써 칭의의 결정적 중요성을 강조하기 위해 구원론적 구분선을 그은 것이다. 웨슬리는 "죄 용서가 구원의 시작이라면, 부활은 그 완성입니다"[99]라고 주장한다. 이를 달리 표현하면, 칭의는 단지 점증적으로 정도만 더해가는 변화가 아니라, 결정적이고 질적인 변화를 가져오는 구원론적 변화로 둘러싸여 있다는 것이다. 즉 선한 행위와 그렇지 않은 행위 사이의 결정적 차이를 가져오는 것이 칭의다.

그럼에도 반드시 염두에 둘 것은, 다른 한편으로 웨슬리는 1738년

---

97 Outler, *Sermons*, 1:192, "믿음에 의한 칭의." 웨슬리가 하나님께 용납받는 선행이 되기 위해서는 그것이 거룩한 성품에서 나와야 한다고 주장한 설교, "열심에 대하여"(3:320)와 "사랑에 대하여"(3:305)도 보라.

98 Jackson, *Works*, 10:432, "힐 씨의 '걸러내야 할 사상'에 대한 반론." Davies, *Societies*, 50-51, "메소디스트의 원리"와 Cragg, *Appeals*, 106도 보라.

99 웨슬리, 『신약성서주해』, 골 1:14. 웨슬리가 1765년에 존 녹스에게 보낸 편지도 보라. 그 편지에서 웨슬리는 "당신은 마음의 종교가 무엇을 의미하는지와 칭의가 그 상태에 들어가는 문이라는 사실을 알고 있습니다"라고 지적한다. Telford, *Letters*, 4:302 (to John Knox, May 30, 1765).

이후 칭의 전에 이루어지는 경건의 일(은혜의 방편)과 자비의 일(자선 행위)을 더 중시하게 되었고, 따라서 웨슬리는 그러한 행위를 완전히 무시하지 않았다는 점이다. 이는 앞 장에서 지적한 것처럼, 그러한 행위들에는 하나님의 선행은총이 빛을 발하고 있기 때문이다. 웨슬리 신학의 정확한 그림을 그리기 위해서는 칭의 이전 행위의 성격에 관해 이러한 양면적 평가를 반드시 고려해야 한다.

칭의란 무엇인가

이러한 배경을 염두에 둔다면, 웨슬리가 설교 "믿음에 의한 칭의"(1746)에서 칭의의 본질을 정의하기 위해 많은 노력을 기울인 것은 놀라운 일이 아니다. 그는 분명 이 중요한 가르침에 대해 어떤 오해의 여지도 없기를 바랐다. 그래서 그는 나중 특히 1770년대 초에 두 가지 칭의의 개념을 연구하게 되지만, 당시에는 로마서 4:5을 설교 본문으로 삼아 바울이 말한 칭의란 "단 한 가지지 다른 것이 아닙니다. 그것은 우리가 지은 죄가 현재적으로 용서받는 것이고, 이로 인해 우리가 처음 하나님께 용납되는 것입니다"[100]라고 주장한다. 웨슬리는 신앙의 성격을 부정의 방식으로 정의함으로써 바른 이해를 방해하는 많은 장애물과 혼동을 제거한 것처럼, 이 설교에서는 무엇이 칭의가 아닌지를 지적함으로써 칭의의 성격을 설명한다.

첫째, 칭의란 "실제로 올바르고 의롭게 되는 것"이 아니다. "그것은

---

100   Ward & Heitzenrater, *Journal and Diaries*, 19:128 (December 13, 1739). Telford, *Letters*, 2:191 (to Thomas Church, February 2, 1745)와 Jackson, *Works*, 8:294, "연회록", 101, Outler, *Sermons*, 1:187, "믿음에 의한 칭의"도 보라.

성화입니다. 성화는 칭의의 직접적 열매지만, 하나님께서 주시는 구별된 은혜입니다."[101] 웨슬리는 설교 "신생"에서 칭의와 성화 사이의 실천적이고 신학적인 구분을 유지하면서, 하나님께서 "우리를 위해" 행하시는 사역(칭의)과 "우리 안에서" 행하시는 사역(성화)을 다음과 같이 설명했다.

> 기독교 전체의 근본이라 할 수 있는 교리는 확실히 칭의와 중생의 교리 두 가지입니다. 칭의는 하나님께서 "우리를 위해" 행하시는 위대한 사역으로서 우리 죄를 용서하시는 것에 관한 교리입니다. 중생은 하나님께서 "우리 안에서" 행하시는 위대한 사역으로서 우리의 타락한 본성이 새로워지게 하시는 것에 관한 교리입니다.[102]

다른 곳에서 웨슬리는 칭의가 관계적 변화를 가져온다면, 성화는 실제적 변화를 일으킨다고 가르친다. "칭의는 하나님과의 외적인 관계를 변화시켜 하나님의 원수였던 우리를 하나님의 자녀가 되게 합니다. 성화는 우리의 깊은 내면의 영혼을 변화시켜 죄인이었던 우리를 성도가 되게 합니다."[103] 칭의는 죄책을 없애고, 성화는 죄의 권세를 제거한다.

둘째, 칭의란 "우리가 하나님의 율법을 어겼지만 … 하나님께서 의롭다 하심을 받은 자들에게 그들이 받아 마땅한 형벌을 내리지 않으신

---

101 Outler, *Sermons*, 1:187, "믿음에 의한 칭의."
102 같은 책, 2:187, "신생."
103 같은 책, 1:431-32, "하나님께로부터 난 자의 특권."

다"[104]는 의미에서 "우리로 율법의 정죄를 받지 않게 해주시는 것"[105]이
아니다. 이 난해한 설명으로 웨슬리가 지적하려는 것은, 칭의를 단지 형
벌의 면제로만 여긴 나머지, 실제적인 범죄 행위 자체를 더 이상 심각한
죄로 여기지 않는 태도다. 만약 칭의를 그렇게 이해한다면 그 결과는 믿
음으로 도덕법을 무효화하는 율법무용론이 될 것이다. 모든 형벌이 제
거되었다는 사고방식은, 어떤 식으로든 하나님께서 의롭다 하시는 은
혜를 죄에 대한 허가, 또는 심지어 죄 가운데서도 평안한 마음을 가지는
것에 대한 허용으로 오해할 수 있기 때문이다.

셋째, 칭의란 하나님께서 칭의된 사람에 관해 속아 주시는 것, 즉 "하
나님께서 그들을 실제 상태대로 생각하지 않고 사실과 달리 판단하시거
나 … 그들이 불의한데도 불구하고 의롭다고 믿으시는 것"[106]이 아니다.
하나님은 칭의된 자를 실제 상태와 반대로 판단하시거나 그리스도로 혼
동하지 않으신다. 칭의란 그리스도의 의가 죄인을 덮어주시므로 사람
이 계속 범죄해도 아무 문제가 되지 않는 그런 것이 아니다.

모든 지혜를 가진 하나님의 판단은 언제나 진리에 따른 것입니다. 다른 누군
가가 순결하기에 자신이 순결하다고 생각하는 것, 또는 의롭거나 거룩하다
고 판단을 내리는 것은 오류가 없으신 하나님의 지혜와 결코 양립할 수 없습
니다. 하나님께서 그런 식으로 나를 다윗이나 아브라함으로 혼동하지 않으

104 같은 책, 1:188. "믿음에 의한 칭의."
105 같은 곳. 웨슬리는 또한 칭의가 "우리에게서 정죄, 특히 사탄의 정죄 문제를
해결해주는 것"이 아니라고 주장한다. 이런 생각은 성경에서 입증될 수 없기
때문이다. Outler, *Sermons*, 1:187-88, "믿음에 의한 칭의" 참조.
106 같은 곳.

시듯, 그리스도로도 혼동하지 않으십니다.[107]

웨슬리에게 칭의란 아주 단순하게 죄 용서, 즉 과거에 지은 죄의 용서를 의미한다. 그는 "칭의란 성부 하나님께서 하시는 일입니다. 하나님께서는 자신의 아들이 그 피로 드린 화목제물로 인해 '우리가 과거에 지은 죄를 용서하심으로 자신의 의로우심을 나타내셨습니다'(롬 3:25)"[108]라고 주장했다. 이 칭의의 정의에서는 특히 세 가지 요소가 중요하다. 첫째, 칭의는 "하나님의 아들이 그 피로 드린 화목제물" 즉 그리스도의 속죄 사역에 그 토대를 두고 있다. 웨슬리는 논문 "메소디스트의 원리"(1742)에서 그리스도의 희생을 다른 요소와 조화롭게 설명했다.

나는 칭의에 다음 세 가지가 같이 있어야 한다고 믿습니다. 하나님 편에서는 하나님의 위대하신 자비와 은혜가 있어야 합니다. 그리스도 편에서는 그 몸을 드리고 피를 쏟으심으로서 하나님의 공의를 만족시켜야 합니다. 우리 편에서는 예수 그리스도의 공로를 믿는 참되고 살아 있는 신앙이 있어야 합니다.[109]

---

107 같은 곳. 웨슬리는 롬 4:5을 설명하면서 하나님께서는 죄인을 의롭다 하심에도 여전히 "하나님의 모든 속성에 대해 의롭고 진실하실 수 있다"고 지적한다. 달리 말해, 그리스도께서 하나님의 공의를 만족시키셨기에, 죄 용서와 내적 성화의 위대한 사역이 시작될 수 있다. 웨슬리, 『신약성서주해』 롬 4:5을 참조하고, 이를 Philip Schaff, ed., *The Creeds of Christendom*, 3 vols. (Grand Rapids: Baker Book House, 1983), 2:94에 나오는 트리엔트 종교회의의 칭의에 관한 신조와 비교해 보라.

108 같은 책, 1:189. "화목제물"이라는 용어에 대한 훌륭한 설명을 위해서는 Leon Morris, *The Apostolic Preaching of the Cross* (Grand Rapids: Wm. B. Eerdmans, 1955), 125 이하를 참조하라.

109 Davies, *Societies*, 51, "메소디스트의 원리."

이 말은 칭의가 하나님과의 직접적 관계가 아니라 그리스도께서 중
재하시는 관계라는 것, 즉 성부 하나님과의 화해를 위해서는 중보자 예
수 그리스도를 반드시 믿어야 한다는 의미다. 달리 말하면, (중세의 일부
신비주의자들이 잘못 주장한 것처럼) 우리가 직접 성부 하나님과 접촉하는 것
이 아니다. 죄인은 반드시 예수 그리스도의 인격과 사역을 믿는 믿음을
통해 하나님께 나아가야 한다. 이는 매우 중요한 진리다. 그러나 앞서
인용한, 윌리엄 로에게 보낸 1737년 5월 20일자 편지에서도 알 수 있듯
이, 웨슬리는 조지아에 있는 동안 이를 미처 깨닫지 못했다.[110]

둘째, 칭의는 죄 용서를 가져오므로, 그와 동시에 죄책의 권세로부
터의 해방을 가져온다. 이로 인해 칭의 받은 자는 하나님의 은혜와 선
하심을 풍성하게 누린다. 다시 말해, 칭의는 죄인을 하나님과의 바른 관
계 속으로 회복시키므로, 이 관계는 더 이상 소외와 공포가 특징이 되
는 그런 관계가 아니다.[111] 하나님의 사랑을 아는 영적인 감각이 되살아
나고 영혼의 참된 치료가 이루어지기 시작하는 것은 은총의 이 단계에
서부터다. 예를 들어, 웨슬리는 설교 "믿음으로 말미암는 구원"에서 다
음과 같이 말한다.

이 구원은 믿음을 통해 현세에서 얻는 구원입니다. 즉 죄에서의 구원이자 죄
의 결과에서의 구원으로, 우리는 이 둘 모두를 "칭의"라고 합니다. 이 구원은
… 그리스도의 대속의 은혜가 그를 믿는 죄인의 영혼에 적용되어 그가 죄책

---

110 Baker, *Letters*, 25:546 (to Rev. William Law, May 20, 1738).

111 그러나 그리스도 안에서 어린아이 같은 신자에게는 칭의가 때로 의심이나 두려움과 뒤
섞여 있을 수 있다. 웨슬리의 『신약성서주해』에서 요일 2:13-14에 대한 설명을 보라.

과 형벌에서 구원 얻는 것을 의미합니다.[112]

비록 웨슬리는 칭의 신앙에도 정도의 차이가 있음을 암시하지만, 이는 매우 조심스럽게 이해되어야 한다. 첫째, 다음 장에서 더 자세히 살펴보겠지만, 웨슬리는 칭의가 이루어질 때 시간적으로 동시에 이루어지는 것이 초기적 성화 또는 신생이라고 가르쳤다. 그렇다면 칭의 받은 사람은 누구도 (죄책과 죄의 권세에서 구원하는) 믿음과 소망과 사랑이라는 하나님의 자녀의 특권에서 제외되지 않는다. 사실 웨슬리가 "처치 씨의 주장에 대한 답변"에서 칭의 신앙에도 정도의 차이가 있다고 했을 때, 그것은 칭의와 함께 이루어지는 신생과 칭의 받은 상태에서 주어지는 완전성화 간의 차이를 말하는 것이지, 신생보다 낮은 상태를 포함하는 것은 아니다.[113]

둘째, 칭의가 신생 및 그 특징과 별개로, 또는 신생보다 낮은 수준으로 이루어질 수 있다고 주장하는 것 역시 사람이 칭의를 받고도 죄의 지배 아래 머물러 있을 수 있다는 것이 되는데, 웨슬리의 판단으로는 절대 그럴 수 없다. 웨슬리는 "칭의된 사람은 '더 이상 하나님과 원수가 아니며'(롬 5:10), '그의 진노를 두려워하지도 않고'(롬 5:9), 평안과 소망과 사랑 및 죄를 이기는 권세를 가지고 있다"[114]고 선언한다. 이를 분명히 하기 위해 웨슬리는 "이것들은 칭의 신앙의 열매다. 이 열매가 없다면 칭의의 신앙 자체가 없는 것이다"[115]라고 덧붙인다. 확실히 웨슬리는

112 Outler, *Sermons*, 1:124, "믿음으로 말미암는 구원."
113 Davies, *Societies*, 111, "처치 씨의 주장에 대한 답변."
114 웨슬리, 『신약성서주해』, 롬 5:1.
115 같은 곳. 다른 곳에서 웨슬리는 "누군가 복음을 믿는다면서 복음을 따라 살지

1745년 연회록이 잘 보여주는 대로 칭의를 평가절하하는 문제를 깊이 우려해[116] "칭의 개념 전체를 우습게 여기고 파괴하는 곳"에서는 기독교 교회가 결코 존재할 수 없다고 단언할 뿐 아니라,[117] 노년에도 계속해서 참으로 통탄할 일은 "많은 사람이 자신이 칭의되었다고 생각하지만 그렇지 않다"[118]는 사실이라고 지적했다.

셋째, 웨슬리는 칭의에서 용서받는 죄의 범위를 과거에 지은 죄로 국한했다. "그리스도께서는 우리가 과거에 하나님의 율법을 어긴 바로 그것 때문에 받은 저주와 형벌에서 우리 모든 믿는 자를 구원하셨습니다."[119] 여기서 웨슬리가 염려한 것은, 칭의가 미래의 모든 죄까지 용서한다고 생각할 때 생기는 불행한 결과, 즉 칭의에 대한 율법무용론적 해석이다. 율법무용론적으로 해석한 칭의란, 죄책에서 해방을 얻는 것이라기보다 앞으로 지을 죄에 대해 미리 보험을 드는 것과 같은 것이다. 이러한 잘못된 결과를 피하기 위해 웨슬리는 용서는 오직 과거에 지은 죄에만 해당된다고 주장했다. 따라서 만약 누군가가 칭의 후에 또다시

않는다면, 그는 죄인일 뿐 칭의 받지 않은 것이 확실하다. 이 점에 대해 복음은 분명하다"고 말한다. 웨슬리, 『신약성서주해』, 갈 2:18.

116   Jackson, *Works*, 8:284, "연회록."

117   Telford, *Letters*, 3:356-57 (to William Law, January 6, 1756). 그럼에도 웨슬리는 믿음으로 구원받는다는 분명한 개념을 갖는 것이 칭의를 위한 필수조건은 아니라고 주장한다. 반드시 있어야 할 것은 사람이 "그리스도의 공로를 의지하는 것"이다. 이것이 교회가 일어서거나 넘어지는 것을 결정짓는 신앙의 내용이다. 그레고리 클래퍼(Gregory Clapper)의 표현을 빌면, 웨슬리는 경건주의자들같이 '바른 교리'(orthodox)만이 아닌 '바른 마음'(orthokardia)도 강조했다. Ward & Heitzenrater, *Journal and Diaries*, 22:114-15; Jackson, *Works*, 10:391; Gregory S. Clapper, "Orthokardia: The Practical Theology of John Wesley's Heart Religion," *Quarterly Review* 10 (Spring 1990): 49-66 참조.

118   같은 책, 5:102 (to Lawrence Coughlan, August 27, 1768).

119   Jackson, *Works*, 10:278, "율법무용론자와 그 친구의 두 번째 대화."

의도적으로 죄를 저지른다면, 그는 반드시 자신의 죄를 자백하고 새롭게 하나님의 은혜를 구해야 한다.

은혜, 행위, 의의 전가

웨슬리에 의하면, 칭의 전 죄인은 어떤 의도 가지지 못하고, 도덕법의 행위로 하나님 앞에서 스스로를 의롭게 만들 능력도 없기에, 칭의를 위해서는 하나님의 은혜로 그리스도의 의가 그들에게 주어져야 한다. 예를 들어, 웨슬리는 설교 "우리의 의가 되신 주"(1765)에서 그리스도께서 인간으로서 가지셨던 의는 능동적인 의와 수동적인 의 두 가지인데, 이 둘은 그리스도를 믿는 순간 신자에게 전가되며 "그 즉시 그리스도의 의는 신자의 것이 된다"[120]고 단언했다. 웨슬리에게 신앙과 그리스도의 의는 분리될 수 없는 것으로, 그리스도의 의를 신앙의 내용으로 삼지 않는 참된 신앙이란 존재할 수 없다.[121] 그는 "내가 가진 희망은 오직 … 내가 그리스도를 발견하고 또 '그의 안에서 발견되려 함이니, 이는 나 자신의 의가 아니라 그리스도를 믿음으로 말미암음'입니다"(빌 3:9)[122]라고 적었다.

웨슬리가 그리스도의 의의 전가 교리를 가르친 것은 분명한 사실이

---

120 Outler, *Sermons*, 1:454, "우리의 의가 되신 주." 그러나 그리스도가 가지신 인간으로서의 내적인 의가 신자에게 전가되는가 하는 점은 불분명하다. 즉 웨슬리는 때로 포괄적인 의미로 "그리스도의 인간적 의"라는 문구를 사용했고, 이 용법은 그리스도의 내적, 외적(능동적 및 수동적) 의로움 모두를 포함하는 것으로 보임에도 웨슬리가 내적인 의가 전가된다고 분명히 말한 곳은 한 곳도 없다.

121 같은 곳.

122 Ward & Heitzenrater, *Journal and Diaries*, 18:215 (February 1, 1738).

다. 그러나 1756년 제임스 허비에게 보낸 편지에서 "'그리스도의 의의
전가'라는 문구를 지나치게 옹호하려 하지 마십시오. 그 표현은 성경적
이지도 않고, 반드시 필요하지도 않습니다. … 오히려 그 표현은 헤아릴
수 없이 많은 해를 끼쳐왔습니다"[123]라고 주의를 준 사실에서 알 수 있듯
이, 그는 이 가르침과 그 왜곡 가능성에 대해 상당히 불편한 마음을 가
지고 있었다. 앞서 1744년의 연회는 "어떤 의미에서 그리스도의 의가
모든 신자에게 전가되는가?"라는 질문에 "우리는 하나님께서 그리스도
의 의를 누군가에게 전가하신다는 주장이 성경의 분명한 지지를 받는
다고 생각하지 않는다. 성경에서 발견할 수 있는 것은 우리의 의로움을
위해 '신앙이 주어진다'는 가르침이다"[124]라고 선언했다. 여기서 웨슬리
가 염려한 것은 전가의 교리에서 파생될 가능성이 있는 율법무용론적
영향이다. 예를 들어, 웨슬리는 "그리스도의 의의 전가에 관한 생각"에
서 "나는 그리스도의 의의 전가라는 문구의 사용을 매우 조심합니다. …
오늘날에는 율법무용론자들이 이 표현을 아주 잘못된 혐오스러운 주장
을 정당화하기 위해 사용하기 때문입니다"[125]라고 말한다. 당연히 웨슬
리는 자신의 글에서 정확히 어떤 의미로 그리스도의 의가 신자에게 전
가되는지 설명하기 위해 주의를 기울였다. 간단히 말해, 웨슬리에게 있

---

123 Telford, *Letters*, 3:384 (to James Hervey, October 15, 1756).

124 Jackson, *Works*, 8:277, "연회록." 웨슬리는 1757년 사무엘 펄리에게 보낸
편지에서도 같은 주제를 다음과 같이 강조했다. "확실히 성경에는 '그리스도의
의가 우리에게 전가되었다'는 식의 주장이 전혀 나오지 않습니다. 그러나
전가라는 말의 의미가 오직 '그리스도께서 우리를 위해 행하시고 고난받으심으로'
또는 '우리가 그리스도의 공로를 통해 하나님께 용납되었다'는 것이라면, 우리는
반대하지 않습니다." Telford, *Letters*, 3:230 (to Samuel Furly, October 14, 1757);
Jackson, *Works*, 10:314-15, "그리스도의 의의 전가에 관한 생각" 참조.

125 같은 책, 10:315, "그리스도의 의의 전가에 관한 생각."

어 그리스도의 의가 신자에게 전가되었다는 말의 의미는, 자선이나 자비의 행위같이 그들이 행한 무엇 때문이 아니라, 오직 그리스도께서 자신의 삶과 죽음으로 그들을 위해 성취하신 것 때문에 그들이 하나님께 용납되었다는 의미다.[126] 즉 웨슬리의 전가 교리는 신앙의 결정적 중요성, 그리스도의 대속의 유효성, 칭의가 하나님의 은혜라는 사실을 강조하는 또 하나의 방법이다. "우리가 의롭다 함을 받은 것은 하나님의 은혜로 예수 그리스도의 구속을 통해 값없이 이루어졌기 때문입니다."[127] 그렇다면 전가란, 불행하게도 정통에서 벗어난 다수의 18세기 칼뱅주의자들이 가졌던 개념처럼, 우리의 지속적인 불의를 덮는 구실이 될 수 없다. 전가는 그런 것이 아니라 죄인을 용서하시는 하나님의 완전한 은혜와 전적인 호의를 증거하는 것이다.

다른 면에서 보면, 웨슬리의 전가 교리 및 전가와 칭의의 관계는, 그리스도의 의만이 "죄인으로 하여금 하나님 앞에서 칭의를 얻게 하는 완전하고도 유일한 공로적 원인"[128]이 됨을 말하는 것이다. 웨슬리의 표현을 사용하면, "우리의 칭의를 위해 지불된 값(일반적으로 칭의의 '공로적 원인'으로 불리는 것)은 그리스도의 피와 의로움"[129]이다. 여기서 웨슬리는 그리스도의 사역을 칭의의 형식적 원인이 아닌 공로적 원인으로 설명한다. 이 문제에 대해 알버트 아우틀러는, 그리스도의 사역을 칭의의 형식적 원인으로 가르치는 교리는 "칭의가 예정 및 불가항력적 은혜와 연결

126　Outler, *Sermons*, 1:455, "우리의 의가 되신 주."

127　같은 곳.

128　같은 책, 1:460. 웨슬리는 로마 교회, 윌리엄 로, 수많은 퀘이커교도와 재세례파 교도, 영국 국교회 신자가 이 교리를 바르게 알고 있다고 생각하지 않았다는 점을 주목하라.

129　같은 책, 2:157-58, "성경적 구원의 길."

되어 있다는 관점"을 함축한다고 주장한다.[130] 웨슬리는 이러한 개혁주
의적 주장에 반대하여 그리스도의 사역이 칭의의 공로적 원인임을 강
조했는데, 공로적 원인의 개념은, 아우틀러가 지적한 대로 복음적이면
서도 "선행은총과 자유의지 및 보편적 구속(universal redemption, 그리스도
의 대속은 모든 사람을 위한 것이더라도 오직 그리스도를 믿는 자에게 적용된다는 교
리로, 모든 사람이 구원받는다고 주장하는 비성경적인 보편적 구원 교리와 다르다—역
주)"[131]을 함께 말할 수 있는 여지를 허락한다. 그리스도의 사역을 칭의
의 형식적 원인으로 보는 교리는 왜 모든 사람이 구원받을 수 없는지를
설명하는 반면, 그리스도의 사역을 칭의의 공로적 원인으로 보는 교리
는 왜 구원받을 가능성에서 제외된 사람이 없는지를 설명한다. 전자는
신적 결정론(구원은 전적으로 하나님의 결정에 의한 것이므로 인간의 태도나 결단
이 구원에 아무런 영향을 끼칠 수 없다는 주장—역주)을 암시한다. 반면 후자는
하나님께서 오직 은혜로만 역사하시기에 인간의 반응 자체가 불가능해
지는 결정적인 구원론적 순간이 있다고 가르치면서도, 그 순간을 제외
하면 하나님의 은혜가 인간의 반응을 일으킴으로써 은혜에 의해 신인
협력이 이루어짐을 시사한다.[132]

웨슬리 신학과 개혁주의 신학은 다른 차이점도 있다. 웨슬리가 자

---

130 같은 책, 1:445, "우리의 의가 되신 주."

131 같은 곳. 그리스도의 사역을 칭의의 공로적 원인으로 설명하는 추가적 언급은
Outler, *Sermons*, 1:445, "우리의 의가 되신 주"와 2:342, "조지 휘트필드의 서거에
대하여"를 보라.

132 그리스도를 칭의의 공로적 원인으로 언급하는 다른 곳으로는 웨슬리, 『신약성서
주해』, 롬 5:21과 Jackson, *Works*, 10:390, 428, Thomas C. Oden and Leicester
R. Longden, eds., *The Wesleyan Theological Heritage: Essays of Albert C. Outler*
(Grand Rapids: Zondervan, 1991)에 실린 Albert C. Outler, "The Place of Wesley
in the Christian Tradition," 89를 참조하라.

신의 글에서 전가라는 용어를 사용할 때는, 전가가 오직 칭의, 죄 용서, 하나님께 용납되는 것과 관련된다. 다시 말해, 그는 전가를 성화와 연결하지 않았다. 전가의 교리가 성화의 교리에 연결되는 것을 막은 것은, 특히 1765년 이후 생겨난 웨슬리의 관심과 우려를 잘 표현한다. 즉 사람들이 전가의 교리를 부적절하게 이해할 때 그리스도의 의를 죄인의 불의를 덮는 구실로 쉽게 전락시킬 수 있다는 것이다.

> 지금까지 우리가 염려한 것은 이것입니다. 누구도 "그리스도의 의" 또는 "그리스도의 의가 내게 전가되었다"라는 말을 자신의 불의를 덮는 덮개로 사용하지 말아야 한다는 것입니다. … 그런 자에게는 그리스도를 "죄 짓게 만드는 자"로 만들지 말라고 경고하십시오. 그리스도 안에서 이미 거룩해졌다는 허울좋은 망상으로 하나님의 준엄한 명령을 쓸모없는 것으로 만드는 일에 대항해 "거룩함을 따르라. 이것이 없이는 아무도 주를 보지 못하리라"(히 12:14)고 경고하십시오. 그들이 불의에 계속 머물러 있다면, 그리스도의 의가 그들에게 아무런 유익이 되지 못할 것이라고 경고하십시오![133]

웨슬리는 율법무용론에 대한 이러한 염려로 인해 때로 "그리스도의 의가 신자에게 전가되었다"고 말하는 데서 그치지 않고, 그 말을 사용한 후에는 즉시 "하나님은 그리스도의 의를 전가시키신 모든 사람에게 실제적인 의를 불어넣으십니다"[134]라고 덧붙였다. 이러한 맥락에서, 전가

---

133 Outler, *Sermons*, 1:462, "우리의 의가 되신 주."
134 같은 책, 1:458. 웨슬리가 전가에 대해 설명하는 방법은 두 가지다. 한편으로, 신자에게 전가되는 것은 그리스도의 의라고 주장한다. 다른 한편으로, 신자의 측면에서 보면, 의를 위해 전가되는 것은 믿음이라고 가르친다. 예를 들어, 웨슬리는 설

된 의(칭의)가 죄인이 하나님께 용납받는 기초라면, 신자 속에 이루어진 의(성화)는 그 용납의 열매다.

'오직 믿음'(Sola Fide)에 관한 질문

(1) 웨슬리는 '오직 믿음' 교리를 버렸는가

하랄드 린드스트롬은, 웨슬리의 칭의 교리는 근본적으로 개혁주의적인데 그 이유는 "칭의에서 율법이 아무 역할을 하지 못하기 때문"[135]이라고 주장한다. 웨슬리의 구원론은, 인간의 창조에서부터 만물의 완성에 이르기까지 구원 과정의 모든 단계에서 도덕법의 역할이 얼마나 중요한지를 가르치지만, 칭의라는 결정적 순간에는 율법의 소리가 들리지 않아야 한다고 가르친다는 점에서 린드스트롬의 주장은 옳다. 칭의는 참으로 "율법 정지"(law pause)의 순간이다. 웨슬리는 "우리는 사람이 율법의 행위, 즉 도덕법에 대한 순종이 아니라 믿음으로 칭의를 얻는다고 결론을 내립니다. 도덕법에 대한 순종은 믿음 전에는 불가능하고 오직 믿음

교 "믿음에 의한 칭의"에서 "그가 믿는 순간, 의를 위해 믿음이 전가된다"고 말한다. 그리고 다른 설교 "우리의 의가 되신 주"에서는 "의를 위해 모든 신자에게 믿음, 즉 그리스도의 의를 믿는 믿음이 전가된다"고 가르친다. 그러나 믿음을 강조하는 이 두 번째 용법 역시 첫 번째 용법과 동일하게 웨슬리의 구원 교리의 중심적 개념, 즉 사람은 율법의 행위가 아닌 믿음으로 의롭게 된다는 사실을 강조하는 것이다. 여기서 신앙은 신자 자신을 뛰어넘어 그야말로 그리스도의 의만 바라보게 하는 신앙이다. "믿음에 의한 칭의", Outler, *Sermons*, 1:196; "우리의 의가 되신 주", 같은 책, 1:458 참조.

135 Lindström, *Wesley and Sanctification*, 87. 웨슬리의 구원의 길에 존재하는 다양한 '율법 중지'의 순간은 Kenneth J. Collins, "John Wesley's Theology of Law" (Ph. D. Dissertation, Drew University, 1984), 117-60을 보라.

을 가진 후라야 가능합니다"[136]라고 기록했다. 달리 말해, 율법은 학생을
그리스도께로 인도하는 몽학 선생, 즉 학교 선생님이다. 율법의 정죄하
는 권세는 성령의 사역을 통해 활동함으로써 두려움에 빠진 신자를 복
음의 위로로 몰아간다. 복음의 위로 속에서 신자는, 과거에는 강압적인
요구라고 생각했던 율법이 하나님께서 은혜로 이루게 하실 소중한 약
속임을 알게 된다. 웨슬리는 설교 "믿음으로 얻는 의"(1746)에서 이러한
은총이 절대적으로 필요함을 다음과 같이 강조했다.

> 엄밀히 말해 은혜 언약의 요구사항은, 우리가 칭의를 위해 반드시 무엇을
> 해야 한다는 것이 아니라, 오직 하나님의 아들과 그가 이루신 화해로 인해
> "일을 아니할지라도 경건하지 아니한 자를 의롭다 하시며"(롬 4:5), '의롭
> 다 하시기 위해 믿음을 전가하시는'(롬 4:3; 엡 2:8) 하나님을 믿는 믿음뿐
> 입니다.[137]

웨슬리는 설교 "믿음에 의한 칭의"에서 루터의 교리와 매우 유사하
게 믿음만이 칭의의 조건임을 강조한다. "믿음은 칭의를 위해 필수불가
결하고 유일한 조건입니다."[138] 달리 말해, 신앙은 그것 없이는 어느 누
구도 의롭다 함을 받을 수 없는 유일한 것이다. 웨슬리 자신의 표현을
사용하면, 신앙은 "죄 용서를 받기 위해 직접적이고 필수적이며 절대적
으로 필요한 유일한 것"[139]이다. 신앙 없이는 칭의가 일어나지 않는다.

---

136 Outler, *Sermons*, 1:194, "믿음에 의한 칭의."
137 같은 책, 1:207, "믿음으로 얻는 의."
138 같은 책, 1:196, "믿음에 의한 칭의."
139 같은 곳.

더 나아가 신앙은 칭의의 필요조건일 뿐 아니라 충분조건이기도 하다. 1765년에 웨슬리는 "칭의를 위해서는 신앙만으로 충분합니다. 믿음을 가진 사람은 누구나 다른 것을 가졌든 가지지 못했든 의롭다 함을 받습니다"[140]라고 지적한다. 이러한 가르침이 앞서 2장에서 설명한 "신앙 이전에 회개가 절대적으로 필요하다"는 웨슬리의 초기 주장과 모순되는가? 그렇지 않다. "신앙 이전에 회개가 절대적으로 필요하다"는 표현은 구원의 과정에서 칭의 이전 단계에 해당된다면, "믿음을 가진 사람은 누구나 다른 것을 가졌든 가지지 못했든"이라는 설명은 칭의 자체에 적용되는 표현이기 때문이다. 이 차이는 중요하다.

현대의 일부 학자들은, 웨슬리가 나중에는 칭의 이전의 경건과 자비의 일 및 은혜의 방편이 갖는 중요성과 가치를 더 강조했다는 점을 들어, 초기에 강조한 오직 믿음을 부인한 것으로 추정한다. 웨슬리는 실제로 1740년대 초에 한동안 칭의 이전의 행위를 매우 중요하게 평가하기도 했다. 그러나 이것은 위에서 밝힌 대로, 1738년의 주장을 전혀 훼손하지 않는다. 노년에도 웨슬리는 오직 믿음만이 의롭게 한다는 사실을 반복해서 강조했다. 예를 들어, 웨슬리는 자신의 구원론의 요약이라 할 수 있는 설교 "성경적 구원의 길"(1765)에서 칭의의 유일한 조건이 신앙임을 재차 확언한다.[141] 1년 후 웨슬리는 자신이 "아스파시오 재옹호에 대한 논박"(Remarks on a Defence of Aspasio Vindicated)에서 주장한 내용 전

---

140 같은 책, 2:162, "성경적 구원의 길."

141 같은 곳. 자신의 구원론의 요약과도 같은 이 설교에서 웨슬리는 신앙이 칭의뿐 아니라 성결의 조건이기도 함을 주장한다. "우리가 신앙으로 의롭다 함을 받는 것과 정확히 동일하게 우리는 신앙으로 성결하게 됩니다. 칭의에서와 마찬가지로 신앙은 성결의 유일한 조건입니다." Outler, Sermons, 2:163, "성경적 구원의 길."

체를 재검토한 후 다음과 같이 말한다.

> 나는 하나님께서 오직 한 분이심을 믿는 것처럼, 오직 믿음에 의해서만 칭의
> 가 이루어짐을 믿습니다. 28년 전 나는 옥스퍼드 대학교에서 전한 한 설교에
> 서 이 사실을 선포했습니다. 그리고 18년 전 이 주제에 관해 작성한 설교에서
> 도 이 사실을 선포했습니다. 1738년부터 지금까지 내 생각은 머리털 하나만
> 큼도 바뀌지 않았습니다.[142]

웨슬리는 노년에도 설교 "복음의 보편적 전파"(1783)에서 "우리는 오
직 믿음만으로 의롭다 함을 받습니다"[143]라고 지적한다. 그리고 그다음
해에 작성한 설교 "믿음의 분요에 대하여"에서도 다시 한번 "사람이 그
리스도 예수 안에서, 그리스도 예수를 통해 '새롭게 창조되는 것'은 오
직 믿음에 의해서입니다"[144]라고 말한다. 이는 웨슬리가 1738년의 설교
"믿음으로 말미암는 구원"에서 말한 것과 동일한 교리다.[145] 그 일관성
은 놀라울 정도다.

웨슬리가 초기에는 '오직 믿음'의 투사였지만 노년에는 "주로" 또는
"대개" 믿음에 의해 의롭게 된다고 입장을 바꾸었다는 주장은 잘못이
다. 이러한 오류는 역사적 사실을 왜곡함으로써 노년의 웨슬리를 초기

---

142 Jackson, *Works*, 10:349, "아스파시오 재옹호에 대한 논박."

143 Outler, *Sermons*, 2:491, "복음의 보편적 전파."

144 같은 책, 3:119, "믿음의 분요에 대하여."

145 같은 책, 1:118, "믿음으로 말미암는 구원." 웨슬리의 글에서 '오직 믿음'에 관한
주장을 더 살펴보려면 웨슬리, 『신약성서주해』, 갈 5:6과 Ward & Heitzenrater,
Journal and Diaries, 19:281, Curnock, *Journal*, 7:357, Telford, *Letters*, 3:321,
Cragg, *Appeals*, 417, 454를 보라.

웨슬리와 충돌하게 만들고, 신앙지상주의를 염려한 지도자를 '오직 믿음'의 투사와 갈등하게 만드는 것이다. 분명 웨슬리가 이후에 강조한 것은 적절히 이해한 '오직 믿음' 개념을 반박한 것이 아니라 실상은 보완한 것이다.

(2) '오직 믿음' 이해의 핵심인 순간적 요소

웨슬리의 구원 이해에는 비록 (인간이 모든 은혜의 방편을 활용하고 사랑과 자비의 일을 행하는 가운데 하나님의 은혜에 협력하는 형태로) 과정적 요소가 분명히 나타나지만, 그렇다고 이 강조점이 웨슬리의 구원론의 전부라고 결론 내리는 것은 잘못이다. 사실 웨슬리는 평생에 걸쳐 구원을 과정으로 이해한 것 이상으로, 구원 과정에 순간적 요소가 있음을 반복적으로 주장했다. 예를 들어, 1738년에 웨슬리는 칭의가 순간적인지 아닌지를 확인하기 위해 성경을 검토했다. 그 결과, 차후에 "메소디스트의 원리"에서 말한 것처럼 "나는 이 부분에 관해 성경, 특히 사도행전을 살펴보았습니다. 그러나 너무나 놀랍게도 나는 거기서 '순간적'이 아닌 회심을 전혀 찾아볼 수 없었습니다"[146]라고 결론 내렸다.

웨슬리는 구원의 과정에서 칭의 그 자체는 순간적일 뿐 아니라, 그것이 그리스도인 대부분의 경험이라고 주장했다. 예를 들어, 웨슬리는

---

146 Davies, *Societies*, 57-58, "메소디스트의 원리." Ward & Heitzenrater, *Journal and Diaries*, 18:234-35 (April 22, 1738)도 보라. 문맥을 보면 웨슬리가 회심을 칭의와 동일시함을 알 수 있다. 더 나아가 웨슬리의 글 전체는 "회심"이라는 용어를 거의 사용하지 않았다는 웨슬리 자신이나 현대 학자들의 주장이 정확하지 않음을 보여준다. 웨슬리가 이 용어를 사용한 곳으로는 Telford, *Letters*, 2:202, 3:266, 4:40-41, 7:68와 Ward & Heitzenrater, *Journal and Diaries*, 18:16, 271, 19:158, 21:381, Curnock, *Journal*, 5:29, 110, 6:239, 310, 7:371, Jackson, *Works*, 9:92를 보라.

"존 스미스"에게 보낸 편지에서 "나는 일반적으로 칭의 신앙이 한순간에 주어진다고 믿습니다"[147]라고 말한다. 몇 달 후인 1745년 12월에 또다시 보낸 편지에서는 순간적 칭의의 개념을 더 상세히 설명한다. "순간적이고 점진적인 은총의 역사에 대해 내가 여전히 주장하는 것은 이것입니다. 나는 순간적으로 마음이 두려움과 슬픔 및 고통으로 가득했다가 그 다음 순간 믿음으로 화평과 기쁨이 가득하게 된 수백 명의 사람을 알고 있습니다."[148] 웨슬리는 1762년에 워버튼 박사에게 보낸 편지에서도 "나는 한순간에 두려움과 공포 및 절망의 영에서 사랑과 기쁨, 찬양의 영으로 변화된 아주 많은 사람을 보아왔습니다"[149]라는 유사한 내용을 주장했다. 여기서 그가 의미한 내용은 매우 분명하다.

더 중요한 점은, 노년의 웨슬리는 구원의 길에서 점진적 요소와 순간적 요소 사이에 균형을 맞추려 신중하게 노력하면서도, 동시에 후자를 강조하는 경향을 보였다는 사실이다. 그는 1784년 아서 킨에게 보낸 편지에서 "은혜의 점진적 역사는 언제나 칭의와 성결이라는 순간적 역사보다 선행합니다. 그러나 칭의와 성결의 역사 그 자체는 의심할 바 없

147　Baker, *Letters*, 26:157 (to "John Smith," September 28, 1745). 또 웨슬리는 메리 쿡(Mary Cooke)에게 보낸 편지에서 "많은 사람이 구원하시는 은혜의 압도적인 힘을 경험하는 동안 하나님께서 그들에게 폭포수처럼 갑자기 찾아오시는 것을 보았습니다" 라고 말한다. 계속해서 웨슬리는 쿡 양의 경험을 언급하는데, 그녀의 경험 역시 근거가 확실했음에도 대다수 다른 사람의 경험과는 달랐다. Telford, *Letters*, 7:298.

148　같은 책, 26:180 (to "John Smith," December 30, 1745).

149　Telford, *Letters*, 4:342 (to Dr. Warburton, November 26, 1762). 강조는 내가 덧붙인 것이다. 그 외에도 웨슬리는 설교 "신생"에서 말한 것처럼, 칭의는 중생과 동시에 일어나고 중생 자체도 순간적이기에, 칭의 역시 순간적으로 일어나는 것이 틀림없다고 주장한다. Outler, *Sermons*, 2:187, 198 참조.

이 순간적입니다"[150]라고 썼다. 다음 해에는 조지 기본에게 보낸 편지에서 동일 주제를 좀 더 강한 어조로 반복했다. "당신의 말은 정확히 옳습니다. 하나님의 사역은 의심할 바 없이 칭의뿐 아니라 성결에서도 순간적입니다. 그리고 그렇게 말하는 것은 은혜의 역사가 점진적이기도 하다는 사실에 대한 반대가 결코 아닙니다."[151]

웨슬리가 칭의의 순간적 요소를 강조한 데는 분명 몇 가지 이유가 있다. 첫째, 그는 지금 이 순간 구원받을 가능성에 집중하는 것이, 자기 죄를 자각한 사람을 신앙의 결단으로 이끌 수 있다고 믿었다. 거기까지 나아가기 위해 철저히 노력하지 않으면, 확실히 죄인은 교묘하고도 치명적인 핑계를 만들어 하나님의 풍성한 은혜를 거절하게 될 것이다. 웨슬리는 1772년 동생 찰스에게 보낸 편지에서 다음과 같이 설명한다.

내가 오랜 경험을 통해 알게 된 것은, 사람들에게 설교할 때, 죽는 순간에는 모든 죄에서 구원을 얻을 것이라거나 죽기 1년 전이든 1주 전이든 지금 당장이 아니라 언젠가 그렇게 될 것이라고 말하는 것은 결과가 모두 똑같다는 점이야. 만약 우리가 청중이 우리 말을 듣는 바로 이 순간 은혜 받을 것을 기대하게 만들지 못하면, 우리 말은 칭의나 성결에 아무런 도움을 주지 못해.[152]

둘째, '순간'이라는 시간적 요소는, 칭의 이전에 있었던 신인협력이 칭의의 순간 또는 적어도 짧은 시간 동안 멈춘다는 사실을 보여준다.

150　같은 책, 7:222 (to Arthur Keene, June 21, 1784).
151　같은 책, 7:267 (to George Gibbon, April 9, 1785).
152　같은 책, 5:316 (to Charles Wesley, April 26, 1772).

의롭게 하는 것은 인간의 행위가 아닌 믿음이기 때문이다. 달리 말해, 사람이 죄 용서를 받는 것은 하나님의 전적인 은혜이자 선물이지 인간의 행위로 인한 것이 아니다. 정확히 말하면 이 중요한 진리를 바르게 지켜내는 것이 은총의 순간성이라는 요소다. 여기서 유추해, 웨슬리가 말하는 시간적 요소 및 그것이 은혜와 믿음, 행위에서 갖는 의미를 이번에는 성결과 연관 지어 생각해 보자. 웨슬리는 설교 "성경적 구원의 길"(1765)에서 다음과 같이 설명한다.

> 여러분이 지금까지 믿음으로 성결의 은혜를 구해왔는지 아니면 행위를 통해 서였는지 알고 싶다면 이렇게 점검해보십시오. 만약 행위를 통해서라면, 여러분은 성결해지기 전에 먼저 무언가를 하고자 할 것입니다. '먼저 내가 이런저런 사람이 되거나, 이런저런 일을 해야 한다'라고 생각할 것입니다. 그렇다면 여러분은 지금까지 행위로 성결의 은혜를 구한 것입니다. 만약 믿음으로 구한다면, 여러분은 있는 모습 그대로 그 은혜를 기대해도 좋습니다. 그리고 만약 여러분이 그런 기대를 가지고 있다면, 지금 당장 받기를 기대하십시오.[153]

이와 마찬가지로 만약 하나님의 은혜를 열망하는 사람이 칭의 이전에 "먼저 무언가를 하고자" 했다면 그는 분명 "지금까지 행위로" 칭의를 얻으려 한 것이다. 시간적 요소는 많은 측면에서 매우 중요한데, 무엇보다 칭의가 인간의 능력이나 통제의 범위를 뛰어넘는 것임을 가리킨다.

웨슬리에게서 칭의의 순간적 요소는 믿음과 하나님의 은혜뿐 아니라 하나님의 주권을 강조하는 것인데, 웨슬리 자신이 인정한 것처럼 바

153 Outler, *Sermons*, 2:169, "성경적 구원의 길."

로 이 점에서 칭의 신앙과 은혜에 대한 웨슬리의 이해는 칼뱅과 매우 유사하다. 1745년에 웨슬리는 "신앙과 구원의 창조자는 오직 하나님이십니다. 우리 안에서 우리로 소원을 두고 행하게 하시는 분은 하나님이십니다. 하나님만이 모든 좋은 은사를 주시는 분이며, 모든 선행을 만들어 내시는 분입니다"[154]라고 적었다. 1752년에는 칼뱅주의자들이 빠진 율법무용론의 위험을 잘 알고 있음에도 불구하고 하나님의 주권적 행하심과 은혜를 더 강조할 필요가 있다고 여긴 이유를 다음과 같이 설명한다.

> 만약 여러분이 "우리는 구원에 대해 모든 영광을 오직 하나님께만 돌립니다"라고 말한다면, 나는 우리도 그렇다고 대답합니다. 만약 여러분이 "그러나 우리는 사람의 활동 없이 오직 하나님만이 모든 일을 하신다고 주장합니다"라고 덧붙인다면, 어떤 의미에서는 우리도 이를 인정합니다. 우리는 칭의를 주시고, 성결하게 하시며, 영화를 주시는 것, 즉 구원 전체를 포괄하는 이 세 가지 은혜가 오직 하나님만이 행하시는 사역임을 인정합니다.[155]

사실 웨슬리가 칭의를 전후의 과정에서 분리해 그 자체의 "순간"에 특별히 초점을 맞출 때는, 심지어 불가항력적 은총이라는 개념마저도 기꺼이 받아들일 용의가 있었다.

> 불가항력적 은혜에 관해 말하자면, 나는 믿음을 주시며 그 믿음을 통해 우리

154 Cragg, *Appeals*, 107-8. 또 같은 해의 연회록에는 "어떤 점에서 우리는 칼뱅주의와 매우 유사한가? … 모든 선을 하나님의 값없이 주시는 은혜로 돌리는 점에서다"라고 기록되어 있다. Jackson, *Works*, 8:285, "연회록" 참조.

155 Jackson, *Works*, 10:230, "신중하게 숙고한 예정."

영혼에 구원을 주시는 하나님의 은혜는 그것이 주어지는 순간에는 불가항력적이라고 믿습니다. 그리고 대부분의 신자는 하나님께서 자신에게 불가항력적으로 죄를 깨닫게 하신 순간을 기억하며, 하나님께서 또 다른 여러 순간에 자신의 영혼에 불가항력적으로 역사하심을 발견한다고 믿습니다. 그러나 나는 그 순간들 전후에는 하나님의 은혜가 저항받을 수 있고, 실제로도 저항 받아왔다고 믿습니다.[156]

그러므로 사람이 하나님의 은총에 저항할 가능성을 말할 수 있는 적절한 맥락은, 웨슬리 자신의 표현대로 "그 순간들 전후에 임하는 하나님의 은혜"[157]에 한해서다. 그럼에도 웨슬리는 자신의 관점이 조지 휘트필드와의 대화에서 화해를 위해 칼뱅주의를 지나치게 수용한 것이라는 오해를 받지 않기 위해 "그러나 일반적으로 은혜는 불가항력적으로 역사하지 않습니다. 우리는 은혜에 순응할 수도 있고, 그렇지 않을 수도 있습니다"[158]라고 덧붙인다.

그렇다면 웨슬리의 구원 교리는 하나가 아닌 두 가지 요소를 긴장 속에서 포괄하고 있다. 그것은 과정적 요소와 순간적 요소다. 한편으로 구원의 과정적 요소는 웨슬리의 "가톨릭적" 강조점으로서 인간이 하나님과 협력해야 함을 가리킨다. 그렇게 해야 하는 이유는, 하나님께서 은혜로 하나님께 응답할 능력을 인간에게 부여하셨으며, 사람은 그 능력을 통해 구원의 결정적인 선물인 칭의와 초기적 성화 및 완전성화를 받기 위한 준비를 갖추기 때문이다. 다른 한편으로 구원의 순간적 요소는

156 Ward & Heitzenrater, *Journal and Diaries*, 19:332 (August 24, 1743).
157 같은 곳.
158 같은 곳.

웨슬리의 개신교적 또는 "복음주의적" 강조점으로서 인간의 협력이 아
니라 하나님의 주권적 활동 및 전적 선물로서의 은혜를 가리킨다. 다시
말해, 구원의 과정적 요소란 지속적인 성장과 발전을 말하는 것인데, 이
는 모든 생명력 넘치는 영적인 삶에 정상적으로 있어야 하는 것이다. 반
면 구원의 순간적 요소는 과정이 아니라 은혜의 실현이나 성취라는 결
정적 요소를 나타낸다. 예를 들어, 사람이 뉴욕에서 캘리포니아로 여행
을 떠난다(과정)고 할 때 그 여행에는 종착지(실현)가 있다. 그러나 이
는 웨슬리의 구원론에 대한 완벽한 비유가 될 수 없다. 웨슬리에게는 하
나의 과정이 실현되면, 아직 이루어지지 않은 구원론적 목표로 나아가
는 또 다른 과정이 뒤따르기 때문이다.[159]

　이러한 맥락에서, 웨슬리의 구원론적 긴장에서 과정적 요소를 배타
적으로 강조하거나 순간적 요소를 경시하는 것은 웨슬리 신학을 매우
인간중심적으로 이해하는 결과를 초래하는데, 이러한 이해에서는 하나
님의 은혜의 광채보다 인간의 노력이 더 중요한 것이 되고 만다. 마치
사람이 하나님과 동등한 파트너라도 되는 것처럼, 구원의 길 전체를 특
징짓거나, 구원의 길에서 가장 핵심적인 요소를 하나님과 인간의 협력
이라고 주장하는 것은 잘못이다. 구원의 길의 핵심적 "순간들"에서는 하
나님만 홀로 역사하시고 인간은 전적으로 무능하기 때문이다.[160] 다시
말해, 웨슬리의 구원의 길에서 과정을 지나치게 강조한 나머지 은혜의
실현을 무시하는 태도의 위험성은, 구원을 점증적 과정으로만 보게 되
어 구원 과정의 한 시점에서 이루어지는 "결정적 구원의 순간"과 그 후

159　Clarence Bence, *John Wesley's Teleological Hermeneutic* (Ann Arbor, Mich.: University Microfilms International, 1982) 참조.

160　Maddox, *Responsible Grace*, 151-52 참조.

의 한 시점에서 이루어질 또 다른 결정적 순간의 차이를 구별할 수 없게 된다는 데 있다. 이러한 과정에는 신자의 마음 속에서 어떤 결정적인 변화도 일어나지 않는다. 참된 질적 변화는 없고 오직 정도의 차이만 있을 뿐이다. 주로 교육이나 심리 이론에서 가져온 이러한 이해 구조가 구원론적인 맥락에서 부상하게 되면, 구원론은 과도하게 인간중심적인 것이 되고 만다. 그러나 은혜 안에서의 성장은 적어도 일정 부분에서 다른 종류의 인간 발달과 다르다. 즉 때로는 인간의 통제 아래 있지 않고 오직 하나님의 은혜가 전적으로 결정짓는 성장이 있다.

다른 한편으로, 구원에서 순간적 요소만을 배타적으로 강조하고 과정을 무시하는 것 역시 오류를 낳는다. 그런 태도는 사람이 하나님의 은혜를 가장 풍성하게 누리기 위해 적어도 어떤 의미에서(무지와 두려움의 극복 등) 사람이 어떻게 준비되어야 하는지를 바르게 깨닫지 못하게 만든다. 이는 비록 사람이 스스로를 의롭게 하지는 못하더라도(은혜의 실현과 신앙만이 의롭게 한다는 사실, 하나님의 주권과 인간의 무력함을 강조), 의롭다함을 받는지 못 받는지의 문제에서 사람에게도 어느 정도의 책임이 있음(구원의 과정과 신인협력, 은총의 수단 사용을 강조함)을 의미한다.

웨슬리는 특히 1770년대에 칼뱅주의 메소디스트들을 혼란에 빠뜨릴 정도로 구원의 과정적 요소를 공공연히 강조했지만, 이것은 단지 하나의 강조점, 즉 더 큰 전체 교리의 일부임을 염두에 두어야 한다. 2장에서 이미 살펴본 것처럼, 웨슬리는 자신의 신학에서 결코 부인한 적이 없는 다른 신학적 표현을 가지고 있다. 이 사실과 함께 1780년대 웨슬리의 글이 일관되게 '오직 믿음'을 주장하고, 단지 능력만이 아닌 하나님의 호의로서의 은혜를 강조한 사실을 고려하면, 웨슬리 신학에서 은혜와 '오직 믿음'에 의한 칭의는 단 한순간도 배제된 적이 없는 요소임이 드러난

다. 다시 말해, 웨슬리에게는 오직 믿음만이 의롭게 하는 것이지, 행위
나 도덕법에 대한 순종, 사람의 신실함, 은혜의 방편의 사용, 선한 의도
등을 갖는 것이 사람을 의롭게 하는 것이 아님이 반복적으로 나타난다.
결과적으로 앞서 인용한 것처럼, 1765년에 웨슬리가 존 뉴턴에게 칭의
에 대한 자신의 생각은 1738년 이후로 전혀 바뀌지 않았다고 말한 것은
정확한 것이다. 웨슬리는 노년에도 자신은 '오직 믿음'에 의한 칭의 교리
를 가르쳐왔다고 말했는데, 이는 신뢰할 만한 주장이다.

4 장

은혜에 의해
믿음으로 얻는 중생

존 웨슬리의 신학적 천재성은 그가 16세기 종교개혁자들처럼 칭의와 죄 용서라는 주제에 주의를 기울이면서도, 더 광범위한 "가톨릭"(로마 가톨릭, 동방 정교회) 전통이 중요하게 여겼던 신생과 성결같은 주제에도 관심을 가졌다는 데 있다. 확실히 웨슬리는 마카리우스나 시리아의 에프렘 같은 동방 신학자들의 통찰력을 활용했을 뿐 아니라, 그 전에도 이미 카스타니자 스쿠폴리, 드 렌티, 그레고리 로페즈, 윌리엄 로의 글에 나타나는 (구원은 하나님의 생명에 동참하는 삶을 일으킨다는) 참여라는 주제를 중시했다.[1] 이렇게 개신교와 가톨릭의 통찰을 모두 활용해 용서와 갱신이라는 양면적 강조점을 가진 것이 웨슬리의 구원론의 가장 두드러지는 신학적 지문(fingerprints)이다. 이 특징은 그의 은총 이해뿐 아니라 신앙 이해에서도 나타난다. 따라서 웨슬리가 중생이나 신생의 주제에서 은혜와 신앙을 설명하는 방식은 칭의에서 그 요소들을 설명하는 방식과 조금 다르다는 사실에 주목할 필요가 있다. 웨슬리의 정교한 구원 교리를 바르게 해석해내려면 이러한 차이에 주의함으로써 그것이 가진

---

1   Thomas C. Oden and Leicester R. Longden, eds., *The Wesleyan Theological Heritage: Essays of Albert C. Outler* (Grand Rapids: Zondervan, 1991)에 실린 Albert C. Outler, "The Place of Wesley in the Christian Tradition," 93. 성결의 주제와 관련해 웨슬리가 서방 신학자들을 더 호의적으로 평가한 사실을 살펴보려면 Ward & Heitzenrater, *Journal and Diaries,* 19:294와 Telford, Letters, 4:293; 8:218, 171을 보라.

중요한 의미를 파악하는 것이 필수적이다.

하나님의 능력으로서 은혜

앞 장에서 우리는 웨슬리가 하나님의 은혜를 기본적으로 하나님의 "호
의"나 "용납"으로 설명한 것을 살펴보았다. 예를 들어, 그는 설교 "믿음
으로 말미암는 구원"(1738)에서 하나님의 "기뻐하시는 뜻"과 "오직 은혜"
에 대해 설명한다.[2] 이 초기 설교에서 은혜는 하나님의 관대하심과 전적
으로 선하심을 강조한다. 달리 말해, 하나님은 우리가 행한 무엇에 빚진
분이 아니시다. 우리가 모든 것을 빚진 하나님께 순종하는 것은 당연한
것이지, 우리가 무언가를 했으니 하나님도 우리에게 "별도로" 무언가를
하셔야 한다며 책임을 지울 수 없다. 웨슬리 자신의 표현을 사용하면 "하
나님께서 사람에게 주신 모든 복은 오직 은혜와 관대하심과 호의로서,
전혀 받을 자격이 없는 자에게 값없이 주시는 은혜"[3]다. 인류를 향한 하
나님의 은혜는 값진데도 불구하고 값없이 주어진다.

웨슬리의 올더스게이트 체험 직후인 1738년에 매우 분명히 나타나
는, 하나님의 호의로서의 은혜에 대한 특별한 강조는, 그의 글에서 똑같
이 중요한 또 하나의 은혜에 대한 강조와 짝을 이룬다. 예를 들어, 웨슬
리는 설교 "우리 자신의 영의 증거"(1746)에서 하나가 아닌 두 가지 은총
에 관한 이해를 말하면서 둘 사이를 다음과 같이 구분한다.

---

2   Outler, *Sermons*, 1:126, "믿음으로 말미암는 구원."
3   같은 책, 1:117.

"하나님의 은혜"라는 말은 때로 값없이 주시는 사랑으로 이해할 수 있습니다. 아무 공로 없는 자에게 베푸시는 자비에 의해, 죄인인 내가 예수 그리스도의 공로를 통해 하나님과 화해되었다는 것입니다. 그러나 이곳에서 하나님의 은혜는 "우리 안에서 하나님의 기뻐하시는 뜻을 소원하고 행하게 하시는"(빌 2:13) 성령 하나님의 능력을 의미합니다. 하나님의 은혜(하나님의 용서하시는 사랑이라는 전자의 의미)가 우리의 영혼에 분명히 나타나자마자, 그 순간부터 또 다른 하나님의 은혜(하나님의 성령의 능력이라는 후자의 의미)가 역사하기 시작합니다. 이로 인해 우리는 사람으로서는 할 수 없는 일을 하나님을 통해 할 수 있게 됩니다(마 19:26).[4]

끔찍한 죄의 지배에서 자유를 주시는 하나님의 능력이라는 은혜의 요소는 웨슬리의 다른 많은 글에도 나타난다. 그중에서도 설교 "선한 청지기"(1768)에서 웨슬리는 이 은혜가 하나님의 능력 부으심을 수반한다는 사실을 중점적으로 설명했다. 그 은혜는 "홀로 우리 안에서 하나님께서 받으실 만한 모든 일을 행하시는 성령의 능력"[5]이다. 1754년에 작성한 사도행전 26:29("바울이 이르되 말이 적으나 많으나 당신뿐만 아니라 오늘 내 말을 듣는 모든 사람도 다 이렇게 결박된 것 외에는 나와 같이 되기를 하나님께 원하나이다 하니라")에 대한 설명 역시 이 은혜에 관한 것이다. 여기서 웨슬리는 그리스도인이 되는 것을 "전적으로 자신의 힘에 의한 것"으로 생각한 아그립바의 잘못을 지적하면서, 사람이 거룩해지는 것은 단지 인간의 노

---

4   같은 책, 1:309, "우리 자신의 영의 증거."
5   같은 책, 2:286, "선한 청지기." 바로 전 해인 1767년에 웨슬리는 "믿음으로 우리는 그리스도 안에서 하나님의 능력을 받는데, 이 능력이 우리의 마음을 순결하게 하고 손을 깨끗하게 합니다"라고 적었다. Outler, *Sermons*, 1:349, "신자의 회개" 참조.

력만으로 될 수 없음을 강조한다.[6] 그리고 그 잘못된 생각을 교정하기 위해, 그처럼 의미심장하고 깊이 있는 변화는 반드시 "하나님의 사역이자 선물로 주어지는 것"[7]이라고 지적한다. 웨슬리는 1759년에 존 다운스에게 보낸 편지에서 "'우리 안에서 하나님의 기뻐하시는 뜻을 소원하고 행하게 하시는'(빌 2:13) 하나님의 능력을 의미하는 은혜는 … '우리의 오감이 사물을 지각할 수 있는 것같이 … 마음으로 자각'할 수 있습니다"[8]라고 말한다. 린드스트롬은 이와 유사한 관점에서 "여기서 하나님의 은혜란 인간의 영혼에 참된 내적 변화를 일으키는 은혜의 주입을 말한다. 웨슬리의 은혜 개념을 형성한 것은 위로가 아니라 능력에 관한 사상이다"[9]라고 설명한다.

그렇다면 중생의 맥락에서 은혜란 모든 믿는 자가 누리는 하나님의 구원의 능력으로, 성령께서 그리스도께 순종할 능력을 부어주시는 것이다. 웨슬리는 메소디스트들에게 "'아! 나는 아무것도 할 수 없습니다'라는 말로 자신의 고의적 불순종을 변명한 뒤, 하나님의 은혜는 한 번도

---

6   웨슬리, 『신약성서주해』, 행 26:29.

7   같은 곳. Outler, *Sermons*, 2:286, "선한 청지기"도 보라. 이 점에서는 선행은총 역시 무력하다는 사실에 주의하라. 즉 그것이 하나님께서 영혼에 이루고자 하시는 위대한 사역을 수행할 수는 없다. "모든 사람에게 일반적으로 주어지는 선행은총은 우리를 그리스도께로 이끌어갈 수는 있지만, 칭의에까지 나아가게 할 정도로 충분한 은혜는 아닙니다." 웨슬리는 현대의 일부 학자가 추측하듯 선행은총 개념을 광의의 의미로 사용하지 않고, 언제나 특정한 종류의 은혜라는 의미로 사용했음을 기억해야 한다. Davies, *Societies*, 64, "메소디스트의 원리" 참조.

8   Telford, *Letters*, 4:332 (to John Downes, November 17, 1759). 그러나 웨슬리는 이 편지에서 은혜는 우리가 그것을 자각하지 못하는 가운데 주어질 수도 있다는 사실 역시 지적한다.

9   Lindström, *Wesley and Sanctification*, 123.

가리키지 않은 채 거기서 멈추도록 가르치는"[10] 비관주의와 거짓 겸손을 주의하라고 경고했다. 결과적으로, 능력 부음의 은혜, 하나님의 능력으로서의 은혜는, 신생에 대한 웨슬리의 비교적 높은 기준을 형성할 뿐 아니라 하나님의 주도적인 은혜에 반응해야 할 인간의 책임과 협력의 요소를 강조한다. 간단히 말해, 신생이 전하는 메시지는 인간의 무력함이 아니라 하나님의 능력 부으심이다.

그리스도인의 삶의 토대

웨슬리는 워링턴 아카데미의 존 테일러 박사에게 보낸 편지에서 비국교도 목사의 광교회파적(latitudinarian) 사상에 반대해, 만약 칭의와 중생의 교리를 제거하면 기독교는 이교와 조금도 다르지 않다고 주장했다.[11] 웨슬리에게 신생의 교리는 매우 중요했기에, 1년 후 그는 설교 "신생"에서 "만약 기독교 전체의 근본이라 부를 수 있는 교리가 있다면 그것은 칭의와 중생의 교리 두 가지입니다"[12]라고 말한다. 10년 후의 설교 "조지 휘트필드의 서거에 대하여"(1770)에서도 그는 매우 일관성 있게 칭의와 신생이 기독교의 근본 교리임을 재차 확언했다. 이 설교에서 그는 자신을 따르는 사람들에게 "옛부터 전해져 온, 훌륭하지만 인기 없는 이 교리들을 고수하십시오"[13]라고 권고한다.

---

10   Outler, *Sermons*, 3:208, "우리 자신의 구원을 성취함에 있어서."

11   Ward & Heitzenrater, *Journal and Diaries*, 21:205 (July 3, 1759).

12   Outler, *Sermons*, 2:187, "신생."

13   같은 책, 2:343, "조지 휘트필드의 서거에 대하여."

웨슬리가 기독교의 근본 교리를 논의하는 가운데 칭의와 중생을 연결한 것은 결코 우발적인 것이 아니다. 웨슬리는 "시간적으로는 칭의와 중생 중 어느 하나가 다른 것을 앞서지 않습니다. 우리가 그리스도 안에 있는 구속을 통해 하나님의 은혜로 칭의되는 바로 그 순간 우리는 또한 '성령으로 거듭납니다'"[14]라고 말한다. 이는 물론 어떤 사람이 칭의되면 그는 반드시 하나님에게서 난다는 것을 의미한다. 마찬가지로 어떤 사람이 하나님에게서 나면 그는 또한 반드시 칭의되었다는 것이기도 하다. 칭의와 중생의 은혜는 각각 따로 존재할 수 없다.

일부 학자들은 칭의와 중생의 연결에 반대해, 웨슬리는 사람이 의롭다 함을 받았어도 하나님에게서 나지 않거나 신생의 증거를 가지지 않을 수도 있다고 가르침으로써 칭의와 중생을 분리했다고 주장한다. 예를 들어 스콧 키스커(Scott Kisker)는 광의적 칭의와 협의적 칭의를 구분해, 광의적 칭의는 중생과 확신을 포함하지만 협의적 칭의는 그것을 포함하지 않는다고 주장한다. 그는 웨슬리의 글에서 결코 명확하게 나타나지 않는 이런 구분을 함으로써, "종의 신앙"을 가진 사람은 적절한 의미에서는 "하나님의 자녀"로 불리지 못하더라도 실제로는 칭의를 받은 것이라고 주장했다. 여러 면에서 흥미로운 이 관점은 웨슬리의 구원 교리에서 종의 신앙이 구원론적으로 어떤 위치에 해당하는가 하는 어려운 문제를 해결하고자 시도하지만, 여러 난점을 벗어나지 못한다.

첫째, 웨슬리는 그의 글에서 계속적으로 칭의와 중생을 연결한다. 즉 그는 앞서 언급한 설교 "신생" 외에도, 1745년의 연회록에서 내적

---

14 같은 책, 2:187, "신생."

인 성화(신생)는 "칭의되는 바로 그 순간"에 시작된다고 기록했다.[15] 오
랜 시간이 지난 1762년에는 칭의와 신생을 단절시킨 토마스 막스필드
(Thomas Maxfield)를 다음과 같이 비난했다. "나는 당신이, 칭의 받은 사
람은 '그리스도 안에' 있지 않고, '하나님에게서 나지' 않았으며, '새로운
피조물'이 아니고, '새 마음'을 갖지 않았으며, '성화' 되지 않았고, '성령
의 전'이 아니라고 말하면서, 직접적으로나 간접적으로 칭의를 평가절
하하는 것을 싫어합니다."[16]

둘째, 키스커는 종의 신앙을 가진 사람도 하나님께 어느 정도는 용
납되었다고 한 웨슬리의 설명을 그것과 전혀 다른 문제인 칭의에 대한
설명과 혼동하고 있다.[17] 예를 들어, 존 웨슬리와 찰스 웨슬리는 일찍이
자신들을 따르는 사람들에게 "자기 죄가 용서받았다는 사실을 알지 못
하는 사람은 하나님의 진노와 저주 아래 있습니다"[18]라고 말한 적이 있
다. 그러나 그 후로 그들은 하나님을 두려워하면서도 여전히 죄로 인한
고통과 죄의 자각 속에 있는 사람들로 하여금 용기를 잃게 만듦으로 이

---

15 Jackson, *Works*, 8:285, "연회록."

16 Ward & Heitzenrater, *Journal and Diaries*, 21:395 (October 29, 1762). 여기서 웨
슬리의 관심은 물론 율법무용론에 관한 것이다. 웨슬리는 "율법무용론자와 그 친
구의 대화"에서 적어도 두 번 이상 이 문제를 다룬다. Jackson, *Works*, 10:273-74,
279 참조.

17 웨슬리의 구원론에서 실제적 구분은 협의적 의미와 일반적인 의미의 칭의 사이가
아니라, 하나님께 "용납받는 것"(acceptance)과 "칭의 받는 것"(justification) 사이
에 존재한다. 따라서 키스커의 해석이 가진 문제는, "용납받음"을 목회적 맥락에
서 해석하지 않는 것이다. 목회적 관점은 반드시 필요하다(용납이라는 단어가 적
용되어야 할 사람은 칭의와 중생으로 나아가는 중에 있기에 절대로 용기를 잃게
만들어서는 안 된다). 목회적 맥락에서의 해석은 "용납받음"을 웨슬리 신학의 칭
의와 중생 및 그 외의 규범적 교리와의 관계성 속에서 이해한다. 이 차이는 미묘하
지만, 결코 덜 중요하지 않다.

18 Robert Southey, *The Life of John Wesley*, 2 vols. (New York: W. B. Gilley, 1820),
1:258.

미 절망하고 있는데도 불구하고 더 깊은 절망으로 몰고가서는 안 된다
는 점을 목회적 측면에서 이해하기 시작했다. 그들에게 필요한 것은 은
혜의 방편을 마음껏 활용하는 가운데 하나님의 자녀가 누리는 자유 속
으로 들어가라고 재촉하는 것이다. 달리 말해, 웨슬리는 이러한 죄인이
말하자면 "과정 중에" 있다는 사실을 깨달은 것이다. 그들은 아직 의롭
다 함을 받지는 못했지만, 고통 속에서 죄를 깨닫게 하시는 하나님의 은
혜에 응답하고 있다. 만약 이 은혜에 계속 반응한다면 그들은, 웨슬리
가 말한 대로 구원의 현관에서 문을 지나 내부로 들어가게 될 것이다.[19]

셋째, 가장 중요한 사실은, 칭의와 신생의 분리는 거의 예외없이
웨슬리가 평생 반대한 율법무용론으로 나아가게 된다는 점이다. 오직
죄인만이 의롭다 함을 받을 수 있음이 사실이더라도, 이미 의롭다 함
을 받은 사람은, 종의 신앙을 가졌으나 아직 의롭다 함을 받지 못한 사
람들 대부분처럼 죄의 권세 아래 계속 머물러 있을 수 없다. 칭의와 중
생의 연결을 단절하는 키스커의 해석은 사람이 계속 죄를 짓고 살아도
"칭의 받을 수 있다"는 주장으로 자연스럽게 귀결된다. 키스커는 다음
과 같이 말한다.

죄인이 이미 칭의를 받았다고 해보자. 그렇더라도 그가 성령의 직접적
증거에 의해서든, 신생의 열매라는 증거에 의해서든 그 사실을 반드시 아는
것은 아니다. … 이 경우 죄인은 여전히 죄에 대한 자각과 하나님께 대한
두려움 아래 있게 된다.[20]

---

19 Telford, *Letters*, 2:268 (June 17, 1746).

20 Scott Kisker, "Justified But Unregenerate? The Relationship of Assurance
to Justification and Regeneration in the Thought of John Wesley," *Wesleyan*

　　그러나 키스커가 암시한 것처럼 만약 죄인이 "계속해서 죄에 대한 자각 아래" 있다면, 그가 어느 정도 (죄를 깨닫게 하는) 은혜를 받았고 (또한 하나님의 은혜에 반응하고 있다는 점에서) 어느 정도 하나님께 용납받았음이 사실이더라도, 칭의된 것으로까지 여길 수는 없다. 앞 장에서 살펴본 대로, 웨슬리에게 죄 용서란 과거에 지은 죄에 대한 용서이지, 지금도 계속해서 범하고 있는 죄에 대한 용서가 아니다. 그렇다면 칭의를 신생 및 그 표징에서 분리하는 것은 웨슬리 신학의 중심주제인 성결을 쉽게 약화시킬 수 있다. 반대로 신생과 칭의의 연결은 다음 두 가지 사이에 적절한 균형을 유지하게 한다. 첫째, 칭의 받는 사람은 오직 죄인뿐이다. 둘째, 만약 사람이 계속 죄를 짓고 산다면 칭의 받은 상태를 유지할 수 없다. 웨슬리는 이 두 가지를 아무 모순 없이 함께 가르친다.

　　웨슬리는 칭의와 중생을 시간적으로는 아니지만 논리적으로는 구분한다. 즉 그는 설교 "신생"에서 "생각의 순서로 보면 칭의가 신생보다 먼저입니다. 우리는 먼저 하나님께서 진노를 거두신 후에 성령께서 우리 마음에서 역사하시는 것으로 이해합니다"[21]라고 적었다. 또 웨슬리는 "칭의가 단지 관계적 변화라면, 신생은 실제적 변화입니다. 하나님께서는 칭의에서는 우리를 '위해' 무언가를 행하시지만, 중생에서는 우리 '안에서' 일하십니다"[22]라고 설명함으로써 칭의와 중생이 서로 다른 교리임을 부각시켰다. 칭의는 하나님과의 관계를 변화시켜 죄인을 하나

　　Theological Journal 28 (Spring-Fall 1993): 55.

21　Outler, *Sermons*, 2:187, "신생."

22　같은 책, 1:431-32, "하나님에게서 난 자의 특권." 그렇다면 칭의와 중생은 본 장에서 앞서 자세히 설명한 두 가지 은총 개념과 일맥상통한다. 칭의가 하나님의 호의로서의 은혜라면, 신생은 하나님의 능력 부여로서의 은혜를 의미한다.

님의 사랑으로 회복시킨다. 중생은 사람의 내적 본성을 변화시켜 그들을 적어도 부분적으로라도 하나님의 형상으로 회복시킨다. 칭의를 통해 이루어지는 하나님과의 호의적 관계는, 만약 사람의 마음이 먼저 깨끗하게 되지 않는다면 유지될 수 없다. 예를 들어, 웨슬리는 "정죄 받은 악인을 위한 권면"(A Word to a Condemned Malefactor)에서 "만약 여러분이 과거에 지은 모든 죄를 용서받았는데도 마음이 깨끗해지지 않고 새롭게 지음 받지 않는다면, 즉시 또 죄를 짓게 될 것입니다"[23]라고 말한다.

반드시 있어야 할 변화

웨슬리는 칭의와 중생 교리를 연결한 것처럼, 중생과 원죄 교리를 연결시켰다. 즉 칭의와 신생이 그리스도인의 삶의 토대가 되는 것처럼, 원죄 교리는 신생의 근거가 된다. 예를 들어, 웨슬리는 설교 "신생"(1760)에서 "우리의 본성 전체가 타락했다는 사실이 신생의 근거입니다. 우리가 '다시 태어나기' 위한 전제는 우리가 '죄 중에 태어났다'는 것입니다"[24]라고 주장한다. 웨슬리는 그보다 몇 년 전에 신생과 원죄 교리의 연결을 가르칠 때는 중생이라는 단어를 사용했는데, 이는 그가 이 문맥에서 "신생"이나 "중생"을 같은 의미로 사용했음을 가리킨다. 웨슬리는 "우리의 본성이 타락했음이 중생의 절대적 필요성을 입증하듯, 중생의 필요

---

23   Jackson, *Works*, 11:180, "정죄 받은 악인을 위한 권면." 웨슬리가 중생과 성결을
      포함해 "복음 전체"를 설교하는 것의 중요성을 강조한 "복음적 목사란 누구인가?"
      도 보라. Jackson, *Works*, 10:455.

24   Outler, *Sermons*, 2:190, "신생."

성은 우리 본성이 타락했음을 증명합니다"[25]라고 주장한다. 원죄와 중생의 구체적인 연결은 왜 웨슬리가 원죄 교리를 명확히 설명하기 위해 대단한 노력을 기울였으며, 또 원죄를 주제로 자신의 신학 논문 중 제일 긴 논문을 썼는지를 분명히 보여준다. 그 이유는 만약 원죄라는 문제가 경시되거나 부인되면, 신생이라는 해결책 역시 경시될 수밖에 없다는 데 있다.

웨슬리가 구원과 성결을 목적으로 신생의 필연성을 강조하기 위해 선호한 방법은 요한복음 3:3의 "진실로 진실로 네게 이르노니 사람이 거듭나지 아니하면 하나님 나라를 볼 수 없느니라"라는 말씀을 언급하거나 설명하는 것이었다. 예를 들어, 노년의 웨슬리는 1784년 경건한 가정에서 잘 자란 다재다능한 조카 사무엘 웨슬리에게 보낸 편지에서 이렇게 주의를 주었다. "나는 네가 거듭나지 않은 것은 아닌지 염려된다. 우리가 하나님의 아들이 하신 말씀이 사실이라고 믿더라도 '거듭나지 않으면', 즉 세상적이고 육적인 마음이 그리스도 예수 안에 있는 그 마음으로 바뀌는 내적인 변화가 없다면 '하늘나라를 볼 수 없단다'(요 3:3)"[26]라고 주의를 주었다. 다른 사람들은 그리스도인을 양육하는 데 필요한 다양한 요소나 어느 정도의 덕을 신생으로 여겼을지 모르지만, 존 웨슬리는 그렇지 않았다.

웨슬리는 평생 성결뿐 아니라 행복을 위해서도 신생의 필요를 강

---

25 Jackson, *Works*, 9:438, "원죄에 관한 교리."

26 Telford, *Letters*, 7:30 (to Dr. Lowth, August 10, 1780). 웨슬리는 이 편지를 보내게 된 상황에 다소 힘들어했는데, 조카 사무엘이 비록 이후에는 마음을 바꿨지만 당시에는 로마 가톨릭교회에 새로 입교했기 때문이었다. 웨슬리가 요 3:3을 사용한 다른 곳을 보려면 Jackson, *Works*, 9:452, 459; 11:268과 Outler, *Sermons*, 3:391, Telford, *Letters*, 7:231, 웨슬리, 『신약성서주해』, 218를 참조하라.

조했다. 그는 교만과 자기 고집 및 우상숭배 같은 일반적인 불행의 원천이 마음을 지배하는 한 행복은 불가능하다고 주장한다. 그러나 "우리가 거듭나 우리의 본성의 경향이 변화될 때"[27] 이러한 악한 성품이 더는 우리를 다스리지 못한다고 지적한다. 이 말 속에는 친숙한 문구가 조금 다르게 표현되어 있다. 즉 우리는 불행하게 태어났기에 반드시 거듭나야 한다.

중생은 단계가 있는가

웨슬리의 설교와 『신약성서주해』 등 기본적인 "교리의 표준"과 주된 신학 논문을 검토하면, 신생에 대한 명확하고 훌륭한 정의가 드러난다. 이 맥락에서 중생은 칭의 및 죄 용서와 연결되어 있을 뿐 아니라, 자신이 하나님의 자녀라는 어느 정도의 확신과도 관련이 있다. 웨슬리는 이 칭의와 중생, 어느 정도의 확신의 신학적 복합체를, 참되고 바르며 성경적인 기독교라고 말한다.[28] 그럼에도 중생에 대한 이러한 이해 못지않게 중요한 사실은, 이것이 웨슬리의 중생 이해의 전부가 아니라는 것이다.

---

27 Outler, *Sermons*, 2:196, "신생." 웨슬리는 신생을 떠나서는 마음 속에서의 죄의 권세 또는 통치를 강조한다는 사실에 주목하라. 그러나 중생이라는 이 영광스러운 변화가 있어도, 완전성화의 은혜를 받기 전에는 악한 성품이 마음에 남아 있다. 그럼에도 중요한 것은 악한 성품이 더 이상 다스리지 못한다는 사실이다. 이 중요한 구별에 관해서는 웨슬리의 설교, "신자 안에 있는 죄"와 "신자의 회개"를 보라. Outler, *Sermons*, 1:314-353.

28 이 책 5장의 "부연: 웨슬리의 구원 교리의 핵심으로서 진정한 기독교라는 주제"를 보라.

웨슬리의 편지와 일지 및 신학 논문을 검토해 보면, 그가 "신생"이나 "중생"이라는 용어를 획일적으로 사용하지 않고, 중생에도 서로 다른 단계가 있음을 강조했다는 사실이 분명해진다. 예를 들어, 웨슬리는 "메소디스트의 원리"(1742)에서 적절한 의미의 중생을 광의적 의미의 중생과 구별했다.

> 사람이 믿음으로 그리스도께 온 순간 그는 칭의를 받고 거듭납니다. 즉 불완전한 의미에서 거듭납니다. (만약 더 높은 단계가 없다면 중생에는 두 단계가 있기에) 그는 죄의 모든 동요와 활동을 이길 능력을 가지고 있으나, 그것에서 완전한 자유를 얻지는 못합니다.[29]

위 단락의 문맥에는 여러 중요한 요소가 들어 있다. 첫째, 여기서 웨슬리는 다시 한번 "신생"과 "중생"을 같은 의미로 사용한다. 한 곳에서 그는 신생을 말한 후에 다음으로 중생을 말하는데, 한 용어가 자연스럽게 다른 용어로 이어진다. 둘째, 웨슬리에게 광의적 또는 온전한 의미의 중생은 죄의 모든 동요와 활동에서의 "완전한 자유"다. 이 단계의 자유는 여러 면에서 매우 소중한 것으로, 웨슬리는 이를 다른 곳에서 완전성화나 더 광범위한 구원의 과정으로 언급한다. 완전성화는 마음이 죄의 권세로부터 구원받을 뿐 아니라 마음에서 죄의 존재가 제거되는 것이다.[30] 그러나 적절한 의미로서 중생은 죄의 존재가 아닌 죄의 권세에서

---

29 Davies, *Societies*, 64, "메소디스트의 원리."

30 설교 "신자 안에 있는 죄"에서 웨슬리는 "하나님에게서 난 자는 죄에서 구원받지만, 완전하게 받는 것은 아닙니다. 즉 죄는 다스리지는 못하더라도 여전히 남아 있습니다"라고 확언한다. Outler, *Sermons*, 1:327 참조.

만의 자유를 가져온다. 웨슬리가 자신의 글에서 분명히 기록한 대로 이 단계의 중생도 위대하고 영광스러운 자유며, 그가 평생 반복적으로 "참되고 적절한 기독교 신앙"으로 말한 특징을 갖는다. 그럼에도 불구하고 죄로 향하는 성향, 하나님에게서 벗어나려는 경향은 신자의 마음, 하나님에게서 난 사람의 마음 속에도 남아 있다.

웨슬리가 "신생"이라는 용어를 광의적 의미로 사용한 또 한 곳은 "그리스도인의 완전에 관한 평이한 해설"인데, 여기서 그는 성령의 이중적 역할을 하나님의 자녀가 되었음과 그 후에는 완전성화되었음을 증거하는 것 두 가지로 설명한다.

> 이것이 잘 알려진 성경구절인 "성령이 친히 우리의 영과 더불어 우리가 하나님의 자녀인 것을 증언하시나니"(롬 8:16)가 의미하는 것 아닙니까? 성령께서는 이를 낮은 의미에서 하나님의 자녀에게만 증거하십니까? 아닙니다. 더 높은 의미에서 하나님의 자녀에게도 증거하십니다.[31]

높은 의미의 신생을 완전성화로 봄으로써 신생을 높고 낮은 두 가지의 의미로 나눈 이해는 "그리스도인의 완전에 관한 평이한 해설"에서의 유사한 설명에서도 나타난다. 웨슬리는 이 글에서 성령께서는 "칭의와 신생처럼 분명하게" 완전성화를 증거하신다고 말한다.[32] 따라서 성령의 증거의 두 가지 주된 초점은 하나님의 자녀 됨(칭의와 신생)과 사랑에서 온전하게 됨에 관한 것이기에, 웨슬리의 글 여러 곳에서 완전성화는 가

---

31 Jackson, *Works*, 11:421, "그리스도인의 완전에 관한 평이한 해설."
32 같은 책, 11:402.

장 높은 의미로서의 하나님의 자녀의 특징이라 할 수 있다.

웨슬리는 칭의와 연결된 중생(칭의와 동시에 이루어지는 중생)을 가장 광의적 의미의 중생과 구별했을 뿐 아니라, 가장 적절한 표현으로 "예비적(preliminary) 중생" 또는 어떤 학자가 더 나은 표현이 없어 "초보적(rudimentary) 중생"으로 부르는 상태와도 구별했다.[33] 구원론적으로 말하면, 웨슬리는 어떤 때는 칭의와 신생을 기준점 삼아 그리스도인의 완전을 설명하기도 하고, 다른 때는 칭의와 신생을 기준점 삼아 신생이 필요한 근거로서 원죄와 선행은총을 설명하기도 한다. 달리 말해, 웨슬리는 광의적 의미의 중생에 관해서는 "위"를 쳐다본다. 예비적 의미의 중생에 관해서는 "아래"를 쳐다본다. 이 두 가지 관심은 모두, 칭의와 연결된 적절한 의미의 중생이 그 전후 상태와 맺고 있는 관계를 두드러지게 한다.

웨슬리가 예비적 중생의 단계들을 살펴보기 위해 칭의와 연결된 신생을 기준점 삼아 "아래"를 바라본 사례는 1739년 6월 25일자 일지에 분명하게 나타난다.

> 나는 이즐링턴에서 (최근까지 재세례파였던) 존 스미스와 다른 네 사람에게 세례를 주었다. 내가 최근에 세례 준 사람 중 한 명만이 세례 당시 높은 의미로 거듭난 상태였다. 그녀는 마음에 부어주신 하나님의 사랑으로 철저한 내적 변화를 받았다. 다른 사람들은 낮은 의미로서 거듭난 사람이었다. 그들은 죄 용서만 받은 상태였다.[34]

---

33   Randy L. Maddox, "Continuing the Conversation," *Methodist History* 30, no. 4 (July 1992): 235-41 참조.

34   Ward & Heitzenrater, *Journal and Diaries*, 19:32 (January 25, 1739).

이 대목은 이해하기 쉽지 않다. 이 문맥에서 높은 의미로 거듭났다는 것은 이전에 말한 것처럼 완전성화를 의미하거나 더 광범위한 구원의 과정을 말하는 것이 아니라, 단순히 칭의와 연결된 중생을 말하는 것이다. 또한 이 문맥에서 낮은 의미의 중생은 예를 들어 설교 "신생의 표적"에서 묘사된 것보다 낮은 단계로 보인다. 웨슬리는 이 문맥에서 낮은 의미의 중생이 단지 죄 용서의 자유만을 가져온다고 말하는데, 이는 죄의 권세에서의 자유는 가져오지는 않는다는 의미다. 따라서 중생을 이렇게 보는 것은 웨슬리 신학 전반과 잘 조화되지 않는 율법무용론적 의미를 내포한다. 즉 앞서 언급한 대로 만약 누군가가 신생에 일반적으로 동반되는 본성의 변화도 없이 죄 용서를 받는다면, 예외 없이 일어나는 문제는, 그가 여전히 죄의 지배 아래 있을 가능성이 있다는 점이다. 이와 유사하게 첫 번째 메소디스트 연회에서 이 문제에 관해 질문이 제기되었을 때 연회가 내린 판결에서도, 비록 현실로 나타나지 않았을지 모르지만, 율법무용론의 망령이 그 모습을 드러냈다.

질문 5 모든 신자는 하나님에게서 난 자이자 성령의 전이 아닙니까?
대답   낮은 의미에서는 그렇습니다. 그러나 적절한 의미에서 하나님에
       게서 난 자는 범죄할 수 없습니다(요일 3:9).[35]

여기서 문제는 만약 누군가가 하나님에게서 나고서도 그것을 입증하는 신생의 표적, 특히 죄의 권세에서의 자유가 없다면, 어떻게 그가

---

35 Albert C. Outler, ed., *John Wesley* (New York: Oxford University Press, 1964), 140-41.

여전히 하나님의 자녀라고 할 수 있는가 하는 것이다. 웨슬리 자신이 주
요 논문에서 명확히 지적한 것처럼, 만약 그 본성이 변화 받지 못한다면
신자는 계속 죄에 빠져들 것이다.[36] 지속적으로 죄를 범한 결과로서 죄
책감과 수치심이라는 개들은 계속 양심을 공격해 평안과 확신을 잃게
만들 것이다. 그러나 웨슬리는 이런 낮은 의미에서 거듭난 신자도 어느
정도의 빛과 은혜를 가지고 있음을 주장하고자 했다. 확실히 그들은 각
성되었기에 자신이 거룩하신 하나님의 사랑을 모욕하고 있음을 안다.
그런데도 로마서 7장에 묘사된 죄인처럼 선을 행하기 원하면서도 행할
능력이 없다. 죄의 족쇄를 풀지 못한다.

　더 중요한 사실은, 내가 예비적 중생이라는 용어로 묘사한 상태에
관한 웨슬리의 설명은 주로 1730년대 후반부터 1740년대 중반까지의
초기 웨슬리에 해당되며, 후기 웨슬리는 그런 용어를 거의 사용하지 않
는다는 점이다. 웨슬리가 1760년대에 이르러 그런 용어를 사용하지 않
게 된 이유는, 그 사이에 '죄의 책임'과 '죄의 권세' 및 '죄의 존재'를 세밀
하게 구분함으로써 죄에 관한 자신의 교리를 더 발전시켰기 때문이다.
이 구분은 "신자 안에 있는 죄"와 "신자의 회개" 같은 설교에서 잘 나타
난다.[37] 이 두 설교는 모두 예비적 중생이 아니라 그리스도인의 삶에 대
한 웨슬리의 높은 기준을 드러낸다. 그렇다면 웨슬리는, 한편으로는 어
떤 은혜의 단계에 있는 신자든 낙심하게 만들지 않으면서도, 다른 한편
으로는 신생의 높은 기준을 계속 유지했다. 이 점에서 우리는 본 장의

36　Jackson, *Works*, 11:180, "정죄 받은 악인을 위한 권면" 참조.

37　Outler, *Sermons*, 1:328, "신자 안에 있는 죄", 1:336, 337, "신자의 회개." 더 나아가 『신
　　약성서주해』에서 마 11:11을 설명하면서 웨슬리는 "중생한 그리스도인은 비록 하늘
　　나라에서 가장 작은 자더라도 율법의 의만 가진 자보다 훨씬 위대하다"고 지적한다.

남은 부분에서 "신생"이나 "중생"이라는 용어를 예비적 또는 초보적 의미가 아니라 완숙기의 웨슬리가 가장 자주 사용한 의미, 즉 칭의와 연결되어 있으면서 죄의 권세로부터의 자유를 가져오는 은혜라는 의미로 사용할 것이다.

광범위한 변화

웨슬리는 "이성적이며 종교적인 사람들에게 보내는 추가적 호소"(1745)에서 신생을 "광범위한 내적 변화"[38]로 묘사한다. 몇 년 후 요한복음 3:3을 주해할 때는 이와 유사하게 신생을 "마음과 삶의 전적인 변화"[39]로 설명한다. 그러나 신생에 동반되는 변화의 중요성 및 그 변화의 총체성에 대한 강조는 웨슬리의 설교 "신생"(1760)에서 가장 분명하게 나타난다.

> 여기서 신생의 본질이 분명하게 드러납니다. 신생이란 하나님께서 한 영혼을
> 죄의 죽음에서 의의 생명으로 일으키실 때, 생명을 주시는 그 영혼 속에
> 일으키시는 위대한 변화입니다. 즉 전능하신 하나님의 성령께서 영혼 전체에
> 일으키시는 변화로, 이로써 영혼은 "그리스도 예수 안에서 새롭게 지음을
> 받습니다."[40]

---

38 Cragg, *Appeals*, 107.

39 웨슬리, 『신약성서주해』, 요 3:3.

40 Outler, *Sermons*, 2:193-94, "신생." 웨슬리는 글로스터의 주교에게 보낸 편지에서도 같은 용어를 사용해 신생을 설명한다. Telford, *Letters*, 4:382-83 (November 26, 1762).

　　이 인용구에서는 신생이 구원의 과정 전체를 포함한다는 의미가 분명히 나타나지만, 그럼에도 신생을 그러한 변화와만 관련짓는 것은 잘못이다. 달리 말해, 신생에 의한 광범위한 변화를 성화의 과정과만 연결 지어 이해하면 안 된다. 그러면 구원론적으로 또 다시 "위"만 바라보는 것이 된다. 신생의 철저한 변화는 반드시 구원론적으로 "아래"에 있는 것, 즉 신생의 근거가 되는 원죄 교리를 고려해 이해해야 한다. 이 접근법을 취하면 신생에 관해 매우 다른 이해가 생겨난다. 예를 들어, 웨슬리가 논문 "원죄에 관한 교리"에서 원죄의 심각성과 엄청난 영향력에 맞서 신생이 가져오는 철저한 변화를 어떻게 설명하는지 살펴보자.

> 여기서 중생의 성격과 필요를 살펴봅시다. (1) 중생의 성격: 중생은 부분적이 아닌 전적인 변화입니다. 여러분의 본성은 그 전체가 타락했습니다. 따라서 전체가 갱신되어야 합니다. … 이 변화는 인간의 노력이 아니라 오직 전능하신 하나님의 성령에 의해서만 가능합니다.[41]

　　이 문맥에서 신생에 의한 변화가 전적이라는 말은, 성화 과정의 총체성을 말하는 것이 아니라, 성화의 시작으로서 신생이 전반적이고 철저한 변화라는 것이다. 예를 들어, 아이가 태어나는 것은 그 후에 있을 성장 및 성숙과는 별개로, 그 자체가 하나의 완전한 변화다. 마찬가지로 영적인 면에서 신생 역시 그 자체로 하나의 완전한 변화이면서도, 동시에 은혜 안에서 더욱 성장할 여지를 지닌다. 아이가 세상에 태어나면 그 부모는 아이가 반쯤 태어났다거나 거의 태어났다고 말하지 않는다.

41　Jackson, *Works*, 9:459, "원죄에 관한 교리."

그들은 아이가 완전히, 전적으로 태어났기에 이미 태어난 것보다 "더"
태어날 수 없음을 안다. 영적 출생도 이와 같다. 영적 출생은 그 자체로
이미 완전하고 철저하다. 그럼에도 은혜 안에서 더욱 성장할 가능성이
있는 것이다. 사실 웨슬리는 이 비유를 통해 자연적 출생과 영적 출생의
유사성을 설명했을 뿐 아니라,[42] 중생에 의한 변화가 매우 철저한 것이
라는 자신의 가르침을 더 명확히 한 것이다. 그러나 웨슬리는 이 신생의
비유를 사람들이 생각하는 것처럼 자연적 출생을 설명하는 것에서 시작
하지 않고 먼저 영적 출생을 설명하는 것에서 시작한다. 그 후 영적 출
생이 얼마나 철저한 변화인지를 강조하기 위해, 자연적 출생이란 비유
로 그 유사성을 설명한 것이다! 웨슬리는 "사람이 중생하는 것은 사람이
태어나는 것과 같습니다. 중생은 일부가 아니라 그 사람 전체가 중생하
는 것이므로, 그 사람 전체가 온전히 태어나는 것입니다"[43]라고 말한다.
그렇다면 신생은 부분적이 아닌 완전하고 전반적이며 총체적인 변화로
서, 한 영혼 전체가 사망에서 생명으로 옮겨가는 것이다.

결정적 변화

웨슬리는 신생에 관해 쓴 글들에서 이 구원론적 사건은 인간의 의지나
계획에 의해 일어날 수 있는 자연적 변화가 아니라 초자연적 변화임을

---

42 Outler, *Sermons*, 2:198-199, "신생."

43 Ward & Heitzenrater, *Journal and Diaries*, 21:436 (October 25, 1763). 웨슬리가
신생은 부분적 변화가 아니며 그럴 수도 없음을 다시 한 번 강조하는 설교 "하나님
없는 삶에 대하여"도 살펴보라. Outler, *Sermons*, 4:173-74 참조.

강조한다. 그래서 그는 1762년 글로스터의 주교에게 보낸 편지에서 "성
화"는 인간이 아닌 "성령께서 하시는 일"[44]임을 단언한다. 다른 글에서도
인간의 모든 노력이나 덕을, 중생에서 성령의 능력으로 이루어지는 광
범위한 변화와 구분하기 위해 대단한 노력을 기울였다. 예를 들어, 그는
설교 "단순한 눈에 대하여"(1789)에서 다음과 같이 주장한다.

> 그들이 아무리 박식하고, 교양 있고, 예의 바르며, 자비롭더라도, 그 눈이 오
> 직 하나님께 고정되어 있지 않으면 성경적 기독교에 대해 아무것도 알 수 없
> 습니다. 그들은 그리스도인의 성결이 무엇을 의미하는지에 대해서도, 성결
> 에 들어가는 입구가 "신생"이라는 사실이나 또는 신생이 동반하는 모든 상황
> 에 대해서도 알지 못합니다.[45]

웨슬리는 다소 신랄한 표현을 사용해 "그들이 이런 변화에 대해 아
는 것은 들짐승보다 나을 것이 없습니다"[46]라고 덧붙인다.

다른 측면에서, 웨슬리에게 원죄와 신생 교리의 연결은, 앞서 언급한
대로 구원을 위해 중생이 반드시 필요하다는 사실을 지적할 뿐 아니라,
이 중요한 교리를 도덕적인 것과 혼동함으로써 교육에 의한 덕의 함양
이나 은혜의 방편 사용만이 하나님의 이 영광스러운 사역에 필요한 전
부라고 여기는 오해를 피하게 해준다. 웨슬리는 다음과 같이 설명한다.

---

44   Telford, *Letters*, 4:380 (to Dr. Warburton, November 26, 1762).

45   Outler, *Sermons*, 4:124, "단순한 눈에 대하여." 이 설교를 일반적인 도덕성과 신생 사
     이를 구분하는 설교 "신생"과 비교해 보라. Outler, *Sermons*, 2:194-95, "신생" 참조.

46   같은 책, 4:125.

하루에 두 번씩 교회에 가고, 매주 성찬에 참여하며, 개인기도를 많이 하고, 많은 설교, 좋은 설교, 탁월한 설교, 역사상 가장 훌륭하고 탁월한 설교를 많이 듣고, 좋은 책을 많이 읽더라도 여전히 여러분은 거듭나야 합니다. 그중 어떤 것도 신생을 대신할 수 없습니다. 하늘 아래 어떤 것도 신생을 대신할 수 없습니다. 만약 여러분이 아직 하나님의 내적인 역사를 경험하지 못했다면, "주님께서 베푸신 모든 복에 이 일을 더해주시옵소서. 제가 거듭나게 해주시옵소서"라는 기도를 계속해서 드리십시오.[47]

웨슬리는 매우 단호하게 하나님의 초자연적 역사인 신생과 흔히 알고 있는 잘못된 신생 개념을 구분했다. 예를 들어, 그는 설교 "신생"에서 다음과 같이 주장한다.

수많은 사람이 "멸망으로 인도하지 않는 넓은 길"을 발견했다고 진정으로 믿고 있습니다. 그들은 말합니다. "그렇게 악의가 없고 덕스러운 여인이 어떻게 위험하단 말인가? 그렇게 정직하고 엄격히 도덕을 지키는 사람이 어떻게 천국을 잃어버릴 걱정을 하겠는가?" 특히 교회에 빠지지 않고 출석하며 성례전에도 참여하는 사람이 그런 식으로 생각합니다. 그중 어떤 사람은 큰 확신을 가지고 "내가 이웃보다 못하는 것이 무엇입니까?"라고 물을 것입니다. 제 대답은 이것입니다. "물론입니다. 당신은 악한 이웃들, 죄로 죽어 있는 당신의 이웃 못지않을 것입니다. 여러분 모두는 똑같이 구덩이, 곧 지옥 가장 깊은 곳에 빠질 것이기 때문입니다. 모두 똑같이 불못, '유황불 붙는 못'(계 19:20)에 들어갈 것입니다. 여러분은 그제서야 영광에 이르기 위해서는 반

드시 거룩해야 하며(히 12:14), 따라서 신생 역시 필요함을 알게 될 것입니
다. 어느 누구도 거듭나지 않고는 거룩해질 수 없기 때문입니다. 하나님께
서 이 모든 일이 일어나기 전에 여러분으로 하여금 이 사실을 깨닫게 해주
시기를 바랍니다."[48]

그렇다면 신생은 단지 점증적 변화의 시작이거나, 단지 정도의 차이
의 문제가 아니라, 사람의 힘만으로는 불가능한 특정한 종류의 삶을 일
으키는 질적 변화의 문제다. 웨슬리는 이 초자연적 변화를 매우 강조했
기에 자신의 글 전체에서 영적 삶의 시작은 거듭나는 순간부터임을 반
복적으로 주장한다.[49] 예를 들어, 1745년 연회록에서 웨슬리와 그를 따
르는 설교자들은 "언제 내적 성화가 시작되는가?"라는 질문에 "우리가
칭의되는 순간이다. 칭의 때 모든 덕의 씨앗이 영혼에 뿌려진다. 이 순
간부터 신자는 점차 죄에 대해서는 죽고 은혜 안에서 자라간다"[50]라고
답한다. 또 웨슬리는 "신생과 연결되어 있기에 '생명을 주는 칭의'가 영

---

48   같은 책, 2:195.

49   Telford, *Letters*, 4:332 (to John Downes, November 17, 1759). 이 편지를 설교
      "우리 자신의 구원을 성취함에 있어서"와 비교해 보라. 이 설교에서 웨슬리는 "구
      원은 일반적으로 (그리고 매우 적절하게) '선행은총'으로 불리는 은혜와 함께 시작
      됩니다"라고 주장한다. 그러나 이 주장이 그가 더 일찍 주장한 신생에 대한 설명과
      모순되는 것은 아니다. 웨슬리가 신생을 말할 때는 언제나 성결을 포함하는 적절
      한 의미의 구원을 말했다면, 선행은총을 말할 때는 죄인도 거룩함으로 나아가는 길
      에서 제외되지 않았다는 점에서, 단지 구원으로 나아가기 위한 하나의 "단계"(준비
      단계—역주)에 있음을 강조한다. 요약하면, 웨슬리가 설교 "우리 자신의 구원을 성
      취함에 있어서"에서 말한 것은, 단지 선행은총만 받은 사람도 사실상 거룩하기에
      적절히 말해 구원받았다고 주장하려는 것이 결코 아니다. Outler, *Sermons*, 3:203, "
      우리 자신의 구원을 성취함에 있어서" 참조.

50   Jackson, *Works*, 8:285, "연회록."

적 생명의 시작이며, 이 영적 생명이 거룩한 삶을 통해 우리를 영생과 영광으로 인도합니다"[51]라고 주장한다. 그 외에도 웨슬리는 설교 "하나님의 포도원"(1787)에서 동일한 주제를 발전시켜 "신생은 성화가 시작되는 첫 번째 순간입니다. 이때부터 거룩함은 온전함에 이르기까지 점점 더 증가합니다"[52]라고 설명한다. 이러한 증거를 통해 알 수 있는 것은, 인간의 마음에 성령께서 현존하심으로써 가능한 거룩함은 선행은 총이나 죄를 깨닫게 하는 은혜를 받을 때가 아니라 오직 칭의와 중생의 은혜를 받을 때 시작된다는 것이다. 그렇다면 신자는 사람을 거룩하게 만드시는 성화의 은혜를 받기 전에는 (이미 선행은총을 받았고, 죄를 깨달았으며, 도덕적이고 덕스러울 수도 있기에) 많은 은혜를 받았으나 아직 거룩하지는 않다.

핵심으로서 순간적 요소

웨슬리는 3장에서 언급한 대로 "칭의 이전에는 적절한 의미에서의 어떤 선행도 불가능하다"[53]고 말함으로 중생 전 역시 선행이 불가능함을 주장했는데, 이는 구원론에서 신생이 가지는 결정적 중요성을 강조한 것이다. 신생의 중요성을 강조하기 위해 웨슬리가 선호한 방법은, 신생을 더 광범위한 성화의 과정에서 구분해 신생의 순간적 요소를 명확히 드

---

51 Outler, *Sermons*, 2:411, "인류의 타락에 대하여." 흥미롭게도 웨슬리는 설교 "하나님 없는 삶에 대하여"에서 중생 때 신자의 영적 감각이 살아나 하나님의 사랑을 인식한다고 가르친다. 그는 이 주장을 뒷받침하기 위해 "맛본다" "느낀다" 등의 감각적 용어를 사용한다. Outler, *Sermons*, 4:173, "하나님 없는 삶에 대하여" 참조.

52 같은 책, 3:507, "하나님의 포도원."

53 Cragg, *Appeals*, 449.

러내는 것이었다. 예를 들어, 웨슬리는 논문 "원죄에 관한 교리"(1756)에
서 다음과 같이 적었다.

> 중생은 "거룩한 습관을 갖는 것"이 아니며, 그런 것과 전혀 다른 성질의
> 것입니다. 중생이 자연적이 아닌 초자연적 변화로 점차 "습관을 갖는 것"과
> 다른 것은, 마치 아이가 세상에 태어나는 것이 그 후에 성장해 성인이 되는
> 것과 전혀 다른 것과 같습니다. 신생은 여러분이 생각하는 것처럼 성화의
> 과정이나 전체가 아니라, 성화의 시작입니다.[54]

웨슬리는 중생을 계속적인 성화의 과정과 혼동하지 말아야 함을 주
장한다. "중생은 성화의 일부이지 전체가 아닙니다. 중생은 성화의 입
구이고 현관입니다."[55] 1787년에는 신생을 점진적 성화의 과정과 혼동
했다는 이유로 자신의 과거 멘토인 윌리엄 로를 매우 단호한 어조로 비
난했다. "요즘 매우 저명한 어떤 작가가 중생에 관한 이상한 논문에서,
중생을 총체적이고 점진적인 성화의 과정으로 상상하면서 모든 주장을
개진했습니다. 그러나 그렇지 않습니다. 중생은 단지 성화로 들어가는
문턱, 그 입구일 뿐입니다."[56]

지금까지 분명해진 것은, 웨슬리는 신생과 성화의 과정을 구별했
기에, 그 당연한 결과로 신생 자체를 결정적이고 순간적인 사건으로 여
겼다는 사실이다. 이 점은 그의 글 전체에서 발견할 수 있다. 웨슬리는

---

54   Jackson, *Works*, 9:310, "원죄에 관한 교리."
55   Outler, *Sermons*, 2:198, "신생."
56   같은 책, 3:507, "하나님의 포도원." 같은 설교에서 웨슬리는 중생의 순간적 요소를
     강조하면서, 사람은 "한순간에 태어난다"고 주장한다.

1759년에 존 다운스에게 보낸 편지에서 지금까지 살펴본 대로 신생의 초자연적 특징을 강조했을 뿐 아니라, 신생이 순간적 요소를 포함하고 있음을 지적한다.

> 우리는 중생(쉬운 영어로는 신생)이 1700여 년 전과 마찬가지로 지금도 기적적이고 초자연적인 역사라고 믿습니다. 또 자연적인 생명처럼 우리가 거듭날 때 시작되는 영적인 생명 역시 반드시 그 처음 순간이 있다고 믿습니다.[57]

웨슬리는 다음 해에 설교 "신생"에서 중생의 순간적 성격을 성화의 과정과 대조하면서, 전자가 후자를 결정짓는 요소라고 지적한다. 그리고 자연적 출생과 영적 출생 사이의 시간적 유사성을 설명하기 위해 아이가 어머니에게서 태어나는 것은 "한순간이거나 적어도 아주 짧은 시간"[58]이라고 설명한다. 그러나 출생 이후에는 계속 성장해 성숙함에 이른다. 웨슬리는 같은 방식으로 "영적인 아이도 만약 한순간에 태어나는 것이 아니라면, 매우 짧은 시간에 하나님에게서 나게 됩니다. 그러나 이후 그가 그리스도의 장성한 분량에 이르기까지 성장하는 것은 더딘 과

---

57   Telford, *Letters*, 4:332 (to John Downes, November 17, 1759). 웨슬리는 "만약 신생이 일어나기만 한다면 우리는 그것이 점진적인지 순간적인지 따지지 않겠다"고 말하기도 했는데, 이 말이 신생이 순간적인 것이라는 자신의 기본 입장을 손상시키지는 않는다. 그보다는 오히려 웨슬리가 중시한 주제로서 실제적 변화가 얼마나 중요한지를 강조한다.

58   Outler, *Sermons*, 2:198, "신생." 린드스트롬은 "구원의 과정에 대한 웨슬리의 사상을 특징짓는 것은 무엇보다 점진과 순간의 결합"이라고 말한다. Lindström, *Wesley and Sanctification*, 121 참조.

정을 거쳐 이루어집니다"[59]라고 주장한다.

그렇다면 신생과 성화의 관계는 자연적 출생과 성숙의 관계와 유사하다. 웨슬리는 신생의 고비라는 순간적 요소와 성화의 과정이라는 점진적 요소 모두에 주의를 기울이고, 두 요소 모두가 사실임을 인정한다. 그러므로 둘 중 어느 것도 경시되어서는 안 된다. 중년의 때뿐 아니라 노년에도 웨슬리는 이 순간적 요소를 힘써 강조했다. 한 가지 사례로, 설교 "성경적 구원의 길"(1765)에 나오는 다음의 주장은, 웨슬리가 신생의 순간적 성격과 그 중요성을 결코 부인한 적이 없음을 잘 보여준다. "우리가 칭의되는 바로 그 순간 성화는 시작됩니다. 그 순간에 우리는 '거듭나고' '위로부터 나며' '성령으로 나는 것입니다.'"[60]

웨슬리의 더 큰 생각을 풀어내는 열쇠는 바로 이 점, 곧 그가 중생이라는 순간적 요소를 내면적 기독교와 동일시한 데서 발견된다. 웨슬리는 순간적 은혜의 개입을 통해 이루어지는 내면의 변화를 하나님의 활동으로 보았다. 그는 1775년에 메리 보즌켓에게 보낸 중요한 편지에서 "내적인 성결이 이루어지는 것은 대개 순간적입니다. … 그러나 외적인 성결은 대부분 점진적입니다"[61]라고 주장한다. 전자가 은혜와 거룩함을 선물로 주시는 하나님의 활동을 가리킨다면, 후자는 이러한 선물을 받도록 준비시키는 경건과 자비의 일, 인간의 활동을 가리킨다. 달리 말해, 사람의 마음과 성품을 거룩하게 만드는 내적인 성결은 오직 하나님의 활동으로 이루어진다. 모든 거룩함의 원천과 원인은 신자가 아니라 성령이시기 때문이다. 분명히 신자는 구원의 과정에 참여하지만,

---

59 같은 곳.

60 같은 책, 2:158, "성경적 구원의 길."

61 Telford, *Letters*, 6:189-90 (to Mary Bosanquet, November 15, 1775).

하나님의 거룩한 사랑을 일으킴으로가 아니라 그 사랑을 받음으로 참
여하는 것이다.

그렇다면 웨슬리의 사상에 대한 최근의 여러 해석이 가진 문제는
"시점", "순간" 등의 용어를 단지 시간적 의미로만 생각하는 데 있는 바,
사실 웨슬리는 이러한 용어를 시간적 의미보다 구원론적 의미로 사용
한다. 다시 말해, 웨슬리가 이 용어를 통해 강조한 것은 시간 속에서 이
루어지는 인간의 반응이 아니라, 하나님께서 주도하시는 은혜와 그 효
력이다. 웨슬리가 구원의 길에서 순간적 요소를 말한 이유는, 죄를 용
서하고 거룩하게 하시는 것은 모두 하나님께서 하시는 일이지 인간이
할 수 있는 것이 아니라는 매우 중요한 진리를 강조하기 위해서다. 달
리 말해, 시간적 요소는 구원에서의 역할을 가리킨다. 여기서 유추해 설
교 "성경적 구원의 길"에 사용된 용어를 살펴보면, 웨슬리가 완전성화
를 설명할 때 시간적 요소가 믿음과 행위의 관계를 나타낸다고 논증한
사실을 알 수 있다.

> 여러분이 지금까지 믿음으로 성결의 은혜를 구해왔는지 아니면 행위를 통해
> 서였는지 알고 싶다면 이렇게 점검해보십시오. 만약 행위를 통해서라면, 여
> 러분은 성결해지기 전에 먼저 무언가를 하고자 할 것입니다. '먼저 내가 이
> 런저런 사람이 되거나, 이런저런 일을 해야 한다'라고 생각할 것입니다. 그
> 렇다면 여러분은 지금까지 행위로 성결의 은혜를 구한 것입니다. 만약 믿음
> 으로 구한다면, 여러분은 있는 모습 그대로 그 은혜를 기대해도 좋습니다.
> 그리고 만약 여러분이 그런 기대를 가지고 있다면, 지금 당장 받기를 기대
> 하십시오.[62]

---

62   Outler, *Sermons*, 2:169, "성경적 구원의 길."

따라서 웨슬리의 구원 교리에서 구원의 법정적 요소(칭의 또는 죄 용서)는 순간적이지만, 구원의 치유적 요소(성화)는 과정적이라고 해석하는 것은 잘못이다. 웨슬리의 구원 교리는 이러한 구분보다 훨씬 정교하다. 넓은 문맥에서 성화는 과정과 순간의 특징을 모두 지닌다. 칭의처럼 신생(초기적 성화) 역시 웨슬리가 표현한 대로 "그 처음 순간"[63]이 있음이 분명하다. 더 나아가 공로 없는 자에게 주시는 하나님의 사랑이라는 은혜 개념을 그것이 속한 더 큰 그림 속에 되돌려놓는 것이 바로 중생의 순간적 요소를 초기적 성화로 소개하는 것이다. 즉 중생은 하나님께서 거룩하게 하시는 능력을 주심을 나타내면서도, 하나님의 은혜가 오직 선물이라는 사실 역시 강조한다는 점에서는 칭의와 같다. 다시 말해, 중생은 칭의처럼 은혜로 인해 믿음을 통해 얻는 것이다. 결국 우리는 우리 자신을 낳을 수 없다.[64]

자유를 가져오는 변화

웨슬리는 하나님의 자녀 됨에 뒤따르는 도덕적·영적 변화와 자유를 고찰할 때 사려 깊음이나 의로움, 절제, 용기 같은 기본적인 덕을 묘사하지 않는다. 그가 말하는 것은 믿음과 소망과 사랑이라는 신학적인 덕이다. 이는 하나님과의 관계 변화가 다른 모든 진정한 도덕적·영적 진전을 이루는 기초가 됨을 가리키는 것이다.

---

63 Telford, *Letters*, 4:332 (to John Downes, November 17, 1759).
64 Outler, *Sermons*, 2:163, "성경적 구원의 길."

믿음

웨슬리는 신생을 정확히 설명하기 위해 이 특별한 은혜의 세 가지 특징을 믿음과 소망과 사랑으로 묘사한다. 첫 번째 특징인 믿음에 관해 웨슬리는 믿음이 영적 진리에 대한 동의만이 아니라 예수 그리스도를 통해 하나님의 자비를 신뢰하는 것이라는 익숙한 주제를 반복한다. 그러나 지금까지의 설명 위에 새롭게 덧붙인 강조점은, 사람을 거듭나게 하는 믿음과 분리될 수 없는 믿음의 열매는 죄의 권세로부터의 자유라는 것이다. 그것은 "모든 종류의 외적인 죄와, 모든 악한 말과 행동 … 내적인 죄를 이기는 권세이다. 이는 믿음이 온갖 악한 욕망과 기질에서 '마음을 깨끗게' 하기 때문이다."[65] 웨슬리의 일지에 근거해 우리가 내릴 수 있는 결론은, 이 사실을 가장 먼저 웨슬리에게 가르친 사람은 피터 뵐러로, 그는 구원의 신앙과 분리할 수 없는 두 가지 열매를 "용서받았음을 아는 데서 오는 죄에 대한 승리와 지속적인 평강"[66]이라고 주장했다. 웨슬리는 그 당시에는 이 가르침을 "새로운 복음"[67]이라고 말했다.

그러나 죄와 은혜라는 중요한 주제에 대해 웨슬리의 가르침을 잘못

---

65 같은 책, 1:419, "신생의 표적."

66 Ward & Heitzenrater, *Journal and Diaries*, 18:247-48 (May 24, 1738). 하이첸레이터는 1745년 연회 이전까지는 웨슬리가 죄책에서의 구원과 죄의 권세에서의 구원을 구분하지 않았다고 말한다. 또 웨슬리가 자신의 일지에서 1738년 5월 이전에는 죄의 권세에서의 자유를 갖지 못했다고 밝힌 점도 주목할 필요가 있다. Randy L. Maddox, ed. *Aldersgate Reconsidered* (Nashville: Kingswood Books, 1990)에 실린 Richard P. Heitzenrater, "Great Expectations: Aldersgate and the Evidences of Genuine Christianity," 86; Baker, *Letters*, 25:575 (to Rev. Samuel Wesley, Jr., October 30, 1738) 참조.

67 같은 곳.

해석하지 않으려면, 그가 죄를 정확히 어떻게 정의했는지 살펴보아야
한다. 웨슬리는 1772년에 베니스 여사에게 보낸 편지에서 과거 자신이
내린 죄의 정의를 확장해 다음과 같이 규정했다.

> 엄격히 말해 죄란 알려진 하나님의 율법을 고의로 위반하는 것입니다. 따라
> 서 사랑의 율법을 고의로 깨뜨리는 것은 모두 죄입니다. 그리고 그 외의 것
> 은 적절히 말하면 죄가 아닙니다. 죄를 더 넓게 정의하면 칼뱅주의로 나아갈
> 뿐입니다. 아담의 율법에는 저촉되지 않을 수 없더라도, 사랑의 율법에는 어
> 긋나지 않는 수없이 많은 방황하는 생각과 건망증으로 인한 착오가 있을 수
> 있습니다. 그러나 칼뱅주의자들은 그 둘 사이를 구분하지 못하고 모두 죄라
> 고 생각합니다.[68]

이러한 죄의 정의에는 특별히 관심을 끄는 두 가지 요소가 있다. 첫
째, 웨슬리는 죄를 율법에 대한 고의적 위반으로 정의한다. 즉 죄가 발
생하기 위해서는 반드시 의지가 동반되어 그것에 동의해야만 한다는
것이다. 그러므로 부지중에 저지른 모든 실수나 오류는, 비록 하나님의
율법에 어긋난 것일 수 있더라도, 고의적 의도가 없었다면 적절히 말해
죄가 아니다.

둘째, 웨슬리는 죄를 하나님께서 계시하고 기록하신 율법이라는 측
면에서 정의한다. 3장에서 살펴본 바와 같이, 웨슬리의 구원 교리에는
비록 칭의에서는 "율법 중지"의 순간이 있지만, 중생에서는 도덕법이 즉

---

68   Telford, Letters, 5:322 (to Mrs. Bennis, June 7, 1772). Outler, Sermons, 1:436
     에서 1748년에 쓴 웨슬리의 설교 "하나님께로부터 난 자의 특권"과 Telford,
     Letters, 4:155, 5:322의 추가 설명도 보라.

시 그림 속으로 되돌아온다. 따라서 웨슬리에게서 도덕법은 칼뱅이 가르친 율법의 제3의 용도와 유사하게 그리스도인의 삶을 평가하는 기준이 된다. 도덕법에 대한 순종은 결코 하나님께 용납받는 기초는 아니지만, 중생하게 하는 신앙이 맺는 지속적인 열매다. 도덕법은 "최고이자 불변하는 이성이고, 변경할 수 없는 올바름의 기준이며, 과거에 지음 받았거나 현재 이루어지는 모든 일의 영원한 적합성"[69]이라는 웨슬리의 주장은, 도덕법이 그리스도인의 삶에서 갖는 규범적 역할을 잘 드러낸다. 이는 웨슬리가 "이성적이며 종교적인 사람들에게 보내는 진지한 호소"에서 다음과 같이 도덕법을 이성 및 종교와 연결한 것에서도 잘 드러난다. "우리가 설교하는 기독교는 바로 이것입니다. 기독교는 영원한 이성과 사물의 근본적인 본성에 분명한 근거를 두고 있고, 모든 면에서 그것과 조화를 이룹니다. 기독교는 하나님과 사람의 본성, 그리고 그 상호관계성의 토대 위에 세워져 있습니다."[70] 여기서 도덕법이 중요한 역할을 갖는다는 것은, 웨슬리가 하나님과 이웃 사랑을 관계적인 사랑으로 이해하지 못했다는 것이 아니라, 도덕법이 바로 그 올바른 사랑의 관계가 어떤 것인지를 계시하는 하나님의 말씀임을 가리킨다는 것이다.[71]

---

69 Outler, Sermons, 2:10, "율법의 기원, 본성, 속성 및 용법."

70 Cragg, Appeals, 55.

71 콜린 윌리엄스(Colin Williams)는 죄를 알려진 하나님의 법에 대한 고의적 위반으로 정의하는 것에 "큰 위험성"이 있다고 본다. 그리고 죄를 "그리스도로부터의 의식적인 분리"라는 관계적 용어로 설명하는 것을 선호한다. 또 웨슬리의 그리스도인의 완전 교리에 대한 윌리엄스의 평가에는 기준이나 표준으로서 도덕법이 빠져 있다. 그러나 웨슬리는 그리스도인의 삶의 모든 단계에서 율법의 계속적인 중요성을 강조했다. 율법은 그리스도께로 인도하고, 그리스도는 또 다시 율법으로 인도하신다. 둘 중에 어떤 방향의 움직임도 부인할 수 없다. "믿음으로 세워지는 율법(1), (2)" Outler, Sermons, 2:20-43 참조. Colin W. Williams, John Wesley's Theology Today (Nashville: Abingdon Press, 1960), 178-81도 보라.

웨슬리의 동료 중 일부는 웨슬리가 가르친 하나님 자녀의 위대한 자유, 특히 죄의 권세로부터의 자유에 대해 난색을 표하면서 그 자유에 여러 가지 제한을 두고자 했다. 그중 첫 번째는, 하나님에게서 난 그리스도인 신자는 죄를 짓지 않는 사람이 아니라 "습관적으로" 죄를 짓지 않는 사람이라는 것이다. 그러나 웨슬리는 "습관적으로"라는 말을 덧붙이는 것에 반대했는데, 그런 말은 빠져나갈 길을 미리 만들어놓는 것이라고 보았기 때문이다. 그는 설교 "신생의 표적"(1748)에서 자신을 비방하는 사람들에게 다소 격앙된 어조로 다음과 같이 질문한다. "어떤 사람들은 '그렇습니다. 하나님에게서 난 사람마다 죄를 짓지 않지만, 그 말은 습관적으로 짓지 않는다는 의미입니다'라고 말합니다. 습관적으로라니요? 성경 어디에 그 말이 있습니까? 저는 보지 못했습니다. 성경에는 그런 말이 없습니다. 하나님께서는 분명 '죄를 짓지 아니하나니'(요일 3:9)라고 말씀하십니다. '습관적으로'라는 말을 갖다 붙인 것은 당신들입니다!"[72] 웨슬리는 몇 년 후인 1756년에, 늘 술 취해 있지는 않기에 영혼에 문제가 없다고 주장하는 술주정꾼을 예로 들어 자신을 비난하는 사람들에게 응답했다. 윌리엄 도드에게 보낸 편지에서 그는 다음과 같이 말한다.

나는 내 이웃에게 "윌리엄, 당신은 **죄를 지었기 때문에** 마귀의 자녀입니다. 당신은 어제 술 취했습니다"라고 말합니다. 그런데 그는 "아닙니다. 나는 **죄 속에서 살거나 죄를 계속 짓지** 않습니다. 나는 계속 취해 있는 것이 아니라

---

72   Outler, *Sermons*, 1:420, "신생의 표적."

가끔씩 즉 2주나 한 달에 한 번 정도밖에 안 취합니다"라고 말합니다(도드씨가 말한 것은 문자 그대로 사실입니다). 그렇다면 나는 그가 천국으로 가고 있다고 해야 할까요, 지옥으로 가고 있다고 해야 할까요? 나는 그가 멸망으로 가는 넓은 길에 있다고 생각합니다. 만약 그에게 그렇지 않다고 말한다면, 나는 그의 멸망에 대해 책임이 있을 것입니다.[73]

웨슬리는 문맥에서 "습관적으로"나 "계속해서"라는 말을 제거함으로써 하나님의 자녀가 하나님의 사랑 안에 거하고 계속 믿음을 유지할 때 죄를 짓지 않는다(요일 3:9)는 복음의 소중한 약속을 지켜낼 수 있다고 믿었다. 달리 말해, 웨슬리에게서 중생의 신앙과 고의적 죄는 서로 배타적이기에 하나가 나타나면 다른 하나는 물러난다. 실제로 웨슬리는 설교 "하나님께로부터 난 자의 특권"(1748)에서 구원의 길과 반대라 할 수 있는, 신앙을 잃어버리고 죄에 빠지는 느리고 알아차리기 힘든 과정을 상세히 설명한다.[74] 그러나 이 모든 사실에도 웨슬리가 강조한 것은, 인간의 죄와 연약성이 아니라 하나님의 은혜가 충분하다는 사실이다. 따라서 믿음과 죄의 관계에 대한 웨슬리의 주된 강조점은 인간 본성에 대한 비관론이 아니라 하나님의 은총에 대한 낙관론에 있다.

그렇다면 웨슬리의 죄 교리는, 하나님께로부터 난 사람은 다시는 죄를 지을 수 없음을 의미하는가? 신생 후에 고의로 죄를 범한 행적은, 그가 진정으로 하나님께로부터 나지 않았음을 가리키는가? 이러한 질문에 대해 웨슬리는 다음과 같이 답한다.

---

73   Telford, *Letters*, 3:169 (to William Dodd, March 12, 1756).
74   Outler, *Sermons*, 1:439 이하, "하나님께로부터 난 자의 특권."

진정으로 "하나님께로부터 났음"을 부인할 수 없는 사람일지라도, 그 역시 죄를 지을 수 있을 뿐 아니라 추악한 외적인 죄를 지었다는 사실을 부인할 수 없음은 분명합니다. 그는 하나님께서 금하셨음을 알고도 말과 행동으로, 분명하게 알려진 하나님의 율법을 범했습니다. … 오랫동안 관찰한 결과 내 대답은 이것입니다. "하나님에게서 난 자가 자신을 지킨다면"(요일 5:21, 이는 하나님의 은혜로 할 수 있는 것입니다) "악한 자가 그를 만지지도 못한다"(요일 5:18)는 것입니다. 그러나 그가 자신을 지키지 않고 계속 믿음 안에 거하지 않는다면, 그는 다른 사람과 다를 바 없이 죄를 짓게 됩니다.[75]

신생이 죄의 권세로부터의 자유를 가져온다는 웨슬리의 가르침에 대한 두 번째 제한은 좀 더 현대에 존 콥(John Cobb)의 책에서 나타난다.[76] 이 과정신학자는 웨슬리가 설교 "신자의 회개"에서 죄는 우리의 말뿐 아니라 행동에도 붙어 있음을 주장했다고 말한다.[77] 더 중요한 것은, 콥은 죄가 이런 방식으로 붙어 있기에 중생한 신자도 여전히 죄의 권세나 지배 아래 있다고 주장한다는 것이다. 미국 감리교에서 점점 인기를 얻고 있는 이러한 해석[78]은 여러 가지 이유로 받아들이기 힘들다.

첫째, 웨슬리는 "신자의 회개"와 짝을 이루는 설교로, 그보다 몇 년 전인 1763년에 작성한 "신자 안에 있는 죄"에서, 콥이나 다른 사람들의

---

75 같은 책, Sermons, 1:436, 438.

76 John B. Cobb, Jr., Grace and Responsibility: A Wesleyan Theology for Today (Nashville: Abingdon Press, 1995) 참조.

77 Outler, Sermons, 1:341, "신자의 회개."

78 예를 들어, 매덕스는 신자가 죄를 짓는다면 구원이나 거룩함에서 끊어진다고 주장한 점에서 웨슬리가 도나투스주의(Donatism)와 매우 가깝다고 비난한다. Maddox, *Responsible Grace*, 164 참조.

주장과 달리 죄의 책임과 죄의 권세 및 죄의 존재를 구별해, 하나님의 자녀는 죄의 권세로부터 자유를 얻는다고 주장한다. "죄의 책임과 죄의 권세는 서로 다르며, 죄의 존재 또한 다른 것입니다. 우리는 신자가 죄의 책임과 죄의 권세에서 구원받는다는 것을 인정합니다. 그러나 죄의 존재에서 구원받는다는 주장에는 반대합니다."[79]

둘째, 웨슬리의 글에는 신생의 증거로 죄의 권세로부터의 자유를 언급한 곳이 매우 많기에 콥의 견해는 받아들이기 힘들다. 예를 들어, 노년의 웨슬리는 "근본에 대한 강타: 그리스도께서 그 친구들의 집에서 살해당하시다"(1762)에서 이 특정한 문제를 좀 더 자세히 다룬다. 웨슬리는 용어 선택에 신중을 기하면서 다음과 같이 설명한다.

그리스도께서 자신의 나라를 파괴하시도록 하는 것이 무엇입니까? ⋯ 그리스도께서 성결을 반대하시도록 하는 것 아닙니까? 그 백성이 계속해서 죄 가운데서 살아도 그리스도는 구원하신다고 말하는 것 아닙니까? 그런데 그것과 똑같은 주장이 그리스도는 죄의 책임에서는 구원하시지만 죄의 권세에서는 구원하시지 않는다는 주장입니다. 여러분은 그리스도의 의로우심을 사람의 불의를 덮는 구실로 삼으려 합니까?[80]

웨슬리는 힘주어 다음과 같이 분명히 단언한다. "나는 여러분에게 확언합니다. 여러분이 만약 계속 죄 가운데서 살아간다면 그리스도는

---

79   Outler, *Sermons*, 1:328, "신자 안에 있는 죄." 히 7:25에 대한 웨슬리의 주해도 보라. 웨슬리는 "죄책 책임과 죄의 권세와 죄의 뿌리"라는 약간 다른 표현을 사용한다. 웨슬리, 『신약성서주해』, 히 7:25 참조.

80   Jackson, *Works*, 10:368, "근본에 대한 강타."

여러분에게 아무런 유익이 되지 않을 것입니다. 그리스도께서 여러분이 짓는 죄에서 여러분을 구하시지 않는다면, 그리스도는 여러분의 구원자가 아니십니다."[81]

더 많은 증거는 제쳐두고 지금까지의 증거만으로 판단해도, 웨슬리는 우리의 말과 행동에 붙어 있는 죄라는 말로, 죄가 여전히 신자의 마음에 남아 있기에 우리가 의도하지 않아도 부지중에 우리의 말과 행동에 영향을 끼친다는 사실을 의미했을 것이라는 해석이 이치에 맞아 보인다. 결과적으로, 웨슬리가 설교 "신자의 회개"에서 죄는 그 존재가 제거되기까지 우리가 행하는 자비와 경건의 일에 여전히 들러붙어 있다고 한 말의 의미는 이것이다. 즉 우리의 가장 고결한 행위조차도 부분적으로는 하나님의 자녀 속에 여전히 남아 있는 육적 본성에 의해 행해지고 있으며, 우리가 희미한 정도밖에 느끼지 못하는 이기심이 여전히 우리의 말과 행동을 형성하고 있다는 것이다. 우리의 말과 행동에 들러붙은 내적인 죄가, 알려진 하나님의 율법의 고의적 위반 즉 적절한 의미의 자범죄로 나아가지 않게 막아주는 것은, 역설적으로 우리가 (스스로 선을 행하고 있다고 생각하면서) 자신을 참되게 자각하지 못하고 자신의 의도조차 제대로 파악하지 못하기 때문이라고 할 수 있다.[82]

신생이 죄의 권세로부터의 자유를 가져온다는 웨슬리의 가르침에 대한 세 번째 제한은, 하나님의 자녀는 외적인 죄를 범하는 일에서만 구

---

81 같은 책, 10:367. 웨슬리의 글에서 하나님의 자녀는 죄의 권세에서 자유를 얻는다고 언급한 다른 곳을 살펴보려면 Telford, *Letters*, 3:169, 171, 217를 참조하라.

82 말쟁이들이 다른 사람의 잘못을 계속해서 말할 때 자신은 정말 선을 행하고 있다는 헛된 믿음을 갖는다는 것은 흥미로운 일이다. 그들은 자신이 말이 사실일 뿐 아니라, 해결책을 찾거나 공동체를 더 나아지게 하기 위해 문제를 말할 필요가 있다고 생각하면서 스스로를 합리화한다.

원받았지, 내적인 죄에서는 아니라는 주장의 형태로 나타난다. 이 주장
은 상당한 증거를 거스르는 것이다. 예를 들어, 1738년 "반회 모임의 규
칙"(Rules of the Band Societies)에서 이 특별 그룹의 회원이 되려는 각 사
람에게 주어진 질문은 다음과 같다. "내적이거나 외적인 죄가 더 이상
당신을 다스리지 못하고 있습니까?"[83] 몇 년 후 1744년 연회에서 모든
참석자는 칭의와 중생 신앙의 즉각적 열매는 "사랑과 희락과 화평, 모
든 외적 죄를 이길 힘과 내적 죄를 억제할 힘"[84]이라는 점을 확인했다.
1748년에 작성한 설교 "신생의 표적"에서 웨슬리는 중생 신앙의 즉각적
이고 지속적인 열매는 "모든 종류의 외적 죄와 … 내적 죄를 이길 힘"[85]
이라고 매우 분명히 말한다.

　이런 증거가 있음에도 다른 주장이 제기되는 이유는 무엇인가? 일
부 학자들은 웨슬리가 1756년에 윌리엄 도드에게 한 다음의 말을 그 주
장의 근거로 삼는다. "나는 그리스도 안에서 어린아이는 자기 자신을
지키는 동안에도 죄를 짓는다고 믿습니다. 여기서 내가 의미하는 죄는
외적 죄입니다. 그리고 '짓는다'는 말은 분명 문자적인 의미 그대로입니
다."[86] 그래서 웨슬리가 이후 자신의 주장을 철회해 신자의 자유를 오직
외적인 죄에서의 자유로 한정했다고 주장한다. 그러나 이 주장의 주된
문제점은, 웨슬리가 언급하지 않은 사실에 근거해 주장을 펼침으로 윌

83　Davies, *Societies*, 77, "반회 모임의 규칙"과 Ward & Heitzenrater, *Journal and Diaries*, 19:136 (January 25, 1740)를 보라.

84　Jackson, *Works*, 8:276, "연회록."

85　Outler, *Sermons*, 1:419, "신생의 표적."

86　Telford, *Letters*, 3:169 (to William Dodd, March 12, 1756). 웨슬리가 이후에 하나님 자녀의 자유를 외적인 죄에서의 자유로 제한했다는 해석은 Maddox, Responsible Grace, 164를 보라.

리엄 도드에 대한 그의 응답을 잘못 해석한 데 있다. 웨슬리가 이 편지에서 외적인 죄에 초점을 둔 것은, 그가 이전 강조점을 부인했음을 뜻하지 않는다. 사실 7년 후 1763년에 노년의 웨슬리는 설교 "신자 안에 있는 죄"에서 하나님의 자녀는 외적인 죄를 짓지 않는다고 지적한 후,[87] 이어서 그가 초기에 강조했던 내용을 상기시킬 만큼 "그는 칭의된[그리고 하나님께로부터 난] 바로 그 순간부터 외적인 죄와 내적인 죄 모두를 이길 권세를 가지고 있습니다"[88]라고 말한다.

웨슬리에게 중생은 단지 외적인 죄의 권세에서의 자유를 가져올 뿐이라고 주장하는 것은, 마치 "신자"가 내적인 죄에 굴복해 그 지배를 받더라도 여전히 거룩할 수 있다는 주장만큼이나 모순된 것이다. 반복해서 강조해야 할 요점은, 하나님의 자녀의 마음에는 실제로 내적인 죄가 남아 있지만, 그것이 그들을 다스리지 못한다는 사실이다. 웨슬리는, 신자는 "그것에 굴복하지 않으면서도 내면에 분노와 심지어 격분하려는 강한 습성까지도 가지고 있을 수 있습니다. … 이런 경우 죄는 수없이 많은 다른 경우에서처럼 죄의 책임이나 죄의 권세가 없는 죄입니다"[89]라고 말한다. 이를 달리 표현하여 "사람이 비록 죄를 감지하더라도 그것에 굴복하지 않는 한, 하나님의 은혜 안에 있을 수 있습니다. 하나님의 은

87　Outler, *Sermons*, 1:320, "신자 안에 있는 죄."

88　같은 책, 1:321. 괄호 내용은 내가 덧붙인 것이다.

89　같은 책, 1:330-31. 매덕스는 "죄의 형벌, 죄라는 질병, 죄의 존재"라는 말로 웨슬리의 "죄의 책임, 죄의 권세, 죄의 존재"라는 말을 대치한다. 그러나 이러한 용어는 죄의 지배에서의 구원이라는 웨슬리의 기본적인 이해를 담지 못한다. 매덕스의 견해에 의하면 사람은 죄의 권세에서 자유롭게 되지 못한다. 즉, 사람은 "죄라는 질병에서 점진적으로 구원받지만" 여전히 죄의 지배 아래 있다. 그렇게 되면 점증적으로만 진전되는 구원론에서 하나님의 자녀가 갖는 분명한 특징은 상실되고 만다. Outler, *Sermons*, 1:327, "신자 안에 있는 죄"; Maddox, *Responsible Grace*, 143 참조.

혜를 상실하는 것은 죄를 가지고 있기 때문이 아니라 그 죄에 굴복하기 때문입니다"[90]라고도 말한다.

다른 관점에서 보면, 웨슬리가 죄의 책임과 죄의 권세로 구분한 죄는, 외적인 죄와 내적인 죄를 포함해 행위로서의 죄 개념과 일맥상통하는 데 비해, 죄의 존재라는 항목으로 구분한 죄는 성향으로서의 죄 개념과 일치한다. 죄의 책임과 죄의 권세를 말할 때 웨슬리의 강조점은 죄가 행위라는 사실에 있지, 신자가 실제로 죄를 저지른다는 데 있지 않다. 웨슬리는 하나님의 자녀는 죄를 짓지 않을 만큼은 죄에서 자유하다고 말한다. 반면 죄의 존재를 말할 때 웨슬리의 강조점은 단지 죄가 존재한다는 사실 자체에 있다. 즉 죄를 지을 수 있는 성향이나 죄로 향하는 경향이 남아 있더라도, 신자는 하나님의 은혜를 통해 그러한 성향이 지배하는 것을 허락하지 않을 수 있다는 것이다. 그렇다면 여기서 죄는 신자에게 남아 있을 뿐 다스리지 못한다.

죄를 이렇게 행동과 존재 양면으로 이해할 때, 계속적으로 진행되는 성화와 구원의 과정은, "다시 타락하기 쉬운 마음"을 제거해 거룩한 사랑이 악한 성품이나 기질을 대체하게 한다. 신자가 성결과 행복이라는 위대한 은혜로 나아가기 위해서는 마음 속 "쓴 뿌리"를 제거하는 것(마음의 할례, 신 10:16; 30:6)이 필요하다. 긍정적으로 표현하면, 이는 어떤 경쟁 상대도 없이 오직 하나님의 사랑만이 우리 마음에 확고하게 되는 것을 말한다.

그렇다면 죄와 은혜에 대한 웨슬리의 가르침은 신자가 하나님의 은혜를 의지하게 된 그 순간만이 아니라, 하나님께서 그 후로도 계속 신자

---

90 같은 책, 1:332, "신자 안에 있는 죄."

의 삶을 붙드시는 은혜를 주심을 함께 강조한다. 따라서 그리스도인은 죄의 권세에서 자유롭게 될 수 있을 뿐 아니라, 자유롭게 되어야만 한다. 그럼에도 그리스도인은 신앙을 잃어버림으로써 다시 타락하고, 이전 상태로 돌아가려는 성향에 굴복하며, 다른 사람과 똑같이 범죄할 수도 있다. 웨슬리는 이 모든 사상을 함께 주장한다.

소망

하나님에게서 난 사람이 갖는 두 번째 성경적 특징은 소망이다. 이 특징은 기본적으로 확신의 교리와 같은 범주로 볼 수 있기에, 다음 장에서 확신의 교리를 다룰 때 성령의 증거와 우리 영의 증거라는 관점에서 자세히 다룰 것이다. 여기서는 웨슬리가 이성적 신앙 개념과 살아 있는 신앙 개념을 구분한 것과 마찬가지로, 죽은 소망과 살아 있는 소망을 구분했다는 사실을 언급하는 선에서 그칠 것이다. 웨슬리에게 있어 그리스도인의 소망은 단지 교리적 가르침이 아니다. 그보다 더 중요한 것은, 그리스도인의 소망 자체가 살아 역사하는 은혜라는 점이다.

사랑

(1) 도덕법

신생의 마지막이자 가장 중요한 특징은 사랑이다.[91] 즉 "우리에게 주신 성령으로 말미암아 하나님의 사랑이 우리 마음에 부은 바 됨"(롬 5:5)이

---

91   같은 책, 1:425, "신생의 표적."

다. 하나님의 사랑이 부어짐으로써 우리가 맺는 즉각적인 열매, 즉 그 사랑에서 한순간도 분리될 수 없는 것은 이웃 사랑이다. 이웃 사랑은 그 대상에서 우리의 원수나 "우리를 악의로 대하고 핍박하는 사람"[92]도 배제하지 않는다. 웨슬리는 사람들이 사랑을 공허하고 무익한 감상적 사랑으로 오해하는 것을 막기 위해 하나님의 명령, 즉 "과거에 지음 받았거나 새롭게 지음 받는 모든 사물의 영원한 적합성"[93]을 표현하는 도덕법의 관점에서 사랑을 설명하기 위해 매우 노력했다. 웨슬리는 요한1서 5:3("하나님을 사랑하는 것은 이것이니 우리가 그의 계명들을 지키는 것이라 그의 계명들은 무거운 것이 아니로다")을 주해하면서 다음과 같이 설명한다.

> 이 본문의 단순하고 명확한 뜻은, 우리가 하나님의 다른 명령을 지키는 것이 "하나님을 사랑하라"(신 6:5)는 위대한 지상명령을 지키고 있다는 표징과 증명이라는 것입니다. 참된 사랑이 한번 우리 마음에 부어지면 우리는 일하지 않을 수 없게 됩니다. 온 마음을 다해 하나님을 사랑하는 사람이 온 힘을 다해 하나님을 섬기지 않을 수는 없기 때문입니다.[94]

하나님의 사랑이 부어짐으로써 우리가 맺는 두 번째 즉각적 열매는, 모든 면에서 하나님의 뜻에 순종하고 복종하는 것이다. 웨슬리는 이 열매를 하나님의 모든 명령을 "모든 성품과 행실을 통해 내적으로는 물론 외적으로도 순종하는, 마음과 삶의 순종"[95]으로 설명했다. 신자는 새 언

---

92   같은 책, 1:426.
93   같은 책, 2:10, "율법의 기원, 본성, 속성 및 용법."
94   같은 책, 1:427, "신생의 표적."
95   같은 곳.

약 아래서 성령의 조명하시는 능력에 의해 하나님의 율법의 "높이와 깊이와 길이와 넓이"[96]를 이해하기 시작한다. 웨슬리에 의하면 하나님의 명령에 대한 순종은 중생의 원인이 아니라 즉각적 결과지만, 그럼에도 이러한 순종이 없다면 하나님 자녀의 신앙은 바르게 유지될 수 없다. 이 점에서 우리는 다시 한번 웨슬리가 '사람이 어떻게 하나님의 자녀가 될 수 있는가' 하는 것과 '신자가 어떻게 그 복된 은혜의 상태에 계속 머물 수 있는가' 하는 것을 구분했음을 보게 된다.

(2) 성품의 변화

아이가 태어나면 그 아이는 부모와 특별한 관계 속에 있게 된다. 시간이 흘러 그가 성숙해지면 성격과 습관을 포함해 그 정체성은 부분적으로 부모와의 관계에서 결정된다. 단순히 말하면, 엄마나 아빠같이 중요한 사람과 맺는 관계가 사람의 성품을 변화시킨다.

이와 유사하게 사람이 어떤 자연적인 방법이 아니라 하나님께서 양자 삼아주심으로 하나님의 자녀가 되면, 그는 생명을 주시고, 정결하게 하시며, 치유하시는 하나님의 능력에 자신의 존재를 열어놓게 된다. 웨슬리는 "나는 기독교를 … 인간 존재를 지속적으로 다스리는 영혼의 기질이자, 우리의 마음이 하나님의 형상으로 새롭게 되는 것, 하나님을 닮은 모습을 회복하는 것, 마음과 삶이 점점 가장 거룩하신 우리 구원자의 모습을 닮아가는 것으로 이해합니다"[97]라고 적었다. 그러므로 성

96　같은 책, 2:8, "율법의 기원, 본성, 속성 및 용법."

97　Baker, *Letters*, 25:369 (to Richard Morgan, Sr. January 15, 1734). 웨슬리는 시리아의 에프렘이 거룩하신 하나님께 나아갈 때 겸손이 얼마나 중요한지를 자신에게 가르쳐주었다고 말한다. 그러면서 "다윗 이후로는 어떤 사람도 그같이

령의 거듭나게 하시는 능력에 의해 은혜의 선물로 주어진 사랑은 우리를 지속적으로 다스리는 영혼의 기질이 되어 다음 두 가지 핵심적 결과를 낳는다.

첫째, 사랑은 우리의 존재를 하나님과 영원으로 향하게 한다.[98] 웨슬리는 "내가 원하는 것은 내 관심과 사랑을 이 세상에서 옮겨 더 나은 세상에 고정시키는 것입니다"[99]라고 적는다. 달리 말해, 이제부터는 전능자께서 우리의 사랑의 대상이 되시고, 영원자께서 우리의 사랑의 초점이 되신다. 웨슬리는 요한1서 4:19의 "우리가 사랑함은 그가 먼저 우리를 사랑하셨음이라"라는 말씀을 주해하면서 이것이 "기독교의 대의이자 진정한 원형"[100]임을 강조한다.

이 관계를 조금 다르게 이해하면, 원죄가 우리를 죄와 반역으로 향하게 한 것과 정반대로, 신생은 우리를 순종과 거룩함으로 향하게 한다. 웨슬리는 "여러분의 질병이 무엇인지 먼저 깨달으십시오! 그 후에 치료약이 무엇인지 깨달으십시오! 여러분은 죄 가운데 태어났습니다. 따라서 거듭나야 합니다. … 여러분은 본성이 완전히 타락했습니다. 따라서 은혜로 완전히 새로워져야 합니다"[101]라고 말한다. 그렇다면 웨슬리에게 신생은, 앞서 언급한 대로 거룩함의 시작일 뿐 아니라, 우리를 유혹

애통하며 회개하는 마음을 묘사하지는 못했습니다"라고 말한다. Ward & Heitzenrater, *Journal and Diaries*, 20:162 (March 4, 1747) 참조.

98 Gregory S. Clapper, *John Wesley on Religious Affections: His Views on Experience and Emotion and their Role in the Christian Life and Theology* (Metuchen, N. J.: Scarecrow Press, 1989), 78.

99 Baker, *Letters*, 25:329 (to Mrs. Susanna Wesley, February 28, 1732).

100 웨슬리, 『신약성서주해』, 요일 3:19.

101 Outler, *Sermons*, 2:185, "원죄."

하고 약화시켜 문제를 일으키는 죄의 권세에 대해 하나님께서 결정적·
주도적으로 역사하심을 말하는 것이다. 타고난 죄가 남아 있는 한 하나
님께로 새로운 방향 전환을 했다고 아무 경쟁자가 없는 것은 아니지만,
구원의 과정에서 결정적 사건은 이미 발생했다. 신자는 전에는 결코 그
렇게 불러본 적이 없지만 이제 하나님을 "아바 아버지"(롬 8:15)로 부를
수 있게 되었다.

둘째, 사랑의 대상이 더 이상 자기 자신이나 세상의 헛된 것이 아니
라 거룩하신 하나님으로 바뀌었기에, 신자는 그 마음에 사랑과 거룩함
이 심겨져 자기 존재의 가장 깊은 곳에서 의미심장한 변화가 일어났음
을 주관적으로도 감지한다. 웨슬리는 "이 넓고 이기적이지 않은 사랑이
온유함, 부드러움, 유쾌함, 예의 바름, 상냥함 등 모든 올바른 성품을 낳
습니다"[102]라고 말한다. 이 점에서 웨슬리는 초기적 성화의 결과, 즉 사
랑의 하나님의 자녀 됨의 결과로 생겨난 태도와 가치판단의 변화에 놀
랄 만큼 예민함을 가지고 있었다. 사랑과 다양한 성품이나 기질 사이의
관계[103]는 웨슬리의 설교 "열심에 대하여"에서 가장 잘 표현되어 있다.

---

102 Telford, *Letters*, 2:377 (to Dr. Conyers Middleton, January 1749).

103 매덕스는 살전 2:17에 대한 주해를 사례로 들어, 웨슬리가 기질이나 성품을 감정
과 구분했다고 함으로 그레고리 클래퍼(Gregory Clapper)를 바르게 비판했다. 그
럼에도 웨슬리는 이러한 용어의 사용에서 늘 일관적이지는 않았다. 웨슬리의 글
에는 클래퍼의 주장대로 성품과 감정을 같은 의미로 사용한 곳이 여럿 있다. 그
외의 경우에는 웨슬리는 그 둘을 구분한다. 웨슬리가 1749년에 코니어스 미들턴
(Conyers Middleton)에게 보낸 편지와 1770년에 조셉 벤슨(Joseph Benson)에게
보낸 편지를 그의 설교 "열심에 대하여"와 비교해 보라. Telford, *Letters*, 2:377,
5:203; Outler, *Sermons*, 3:313-14. Jackson, *Works*, 10:222와 Clapper, *Relgious
Affections*, 53, Maddox, *Responsible Grace*, 69, 각주 32도 보라.

기독교 신자에게 사랑은 그 가장 깊은 영혼 속 왕좌에 좌정합니다. 즉 하나님과 이웃을 향한 사랑이 그 마음 전체에 가득하여 어떤 경쟁자도 없이 다스립니다. 그 보좌에서 가까운 원에는 오래 참음, 친절, 온유, 선함, 충성, 절제 및 "그리스도 예수의 마음"(빌 2:5)에 해당되는 다른 모든 거룩한 성품이 있습니다. [104]

이 말의 의미는, 구원이 영혼의 숨겨진 내면에서 시작된다는 것이다. (웨슬리가 살던 "계몽된" 시대는 그 가치를 인정하지 않았으나) 마음 속의 내면적 삶과 은혜와 성품은 모든 것의 원천이다. 게다가 웨슬리가 마음의 종교의 형태를 연구하고, 신생의 결과로서 성령께서 영혼 속에서 역사하신 결과를 느낄 수 있음을 논의할 때는, 오늘날의 '감정'이라는 단어처럼 금방 생겼다 없어지는 주관적 상태를 생각한 것이 아니다. 웨슬리는 예리한 통찰력으로 이 느낌을 성령께서 영혼에 이루시는 실제적이고 지속적인 사역을 인식하는 영적 감각으로 보았다. 웨슬리는 "처치 씨의 주장에 대한 답변"에서 다음과 같이 설명한다.

당신은 "내면의 느낌"을 완전히 부인하십니까? 그렇다면 하나님 사랑과 이웃 사랑 모두를 부인하는 것입니다. 만약 하나님 사랑과 이웃 사랑이 내적으로 느껴지지 않는다면, 우리는 아무것도 느낄 수 없을 것입니다. 또 그것은 성령 안에서 누리는 모든 기쁨을 부인하는 것입니다. 만약 우리가 느낄 수 없는 기쁨이라면 그것은 기쁨이 아니기 때문입니다. 그것은 하나님께서 주시는 평

---

104 Outler, *Sermons*, 3:313-14, "열심에 대하여."

안도 부인합니다. 영혼의 가장 깊은 곳에서 느낄 수 없는 평안이라면, 그것은
단지 망상이며 공허한 이름이기 때문입니다. 그렇다면 당신은 하나님의 내
적인 나라 전체는 물론 예수 그리스도의 복음 전체를 부인하는 것입니다.[105]

우리가 느낄 수 있는 미묘하면서도 심오한 변화는 바로 이 수준의
변화인데, 이 변화가 점차 외부로 뻗어나가 이웃과 사회를 품을 것이다.
그렇더라도 하나님의 처음 사역은 내면의 변화다.

세례와 신생

웨슬리는 1738년 5월 24일자 일지에 "나는 내가 열 살 정도까지 세례
때 받은 '성령의 씻음'을 잃어버리게 할 만한 죄를 짓지 않았다고 생각한
다"[106]고 적었다. 가능한 추측으로, 만약 "성령의 씻음"이라는 표현이 중
생의 은혜와 연결된 것이라면, 이는 웨슬리가 복음적 회심 후에도 여전
히 신생을 성례전적 관점에서 이해했음을 보여주는 것이다. 그러나 다
른 곳에서 그는 세례가 신생은 아니라고 분명하게 못 박았다.[107] 어떻게
이처럼 명백히 모순되는 두 진술이 조화를 이룰 수 있는가?

웨슬리는 세례와 신생을 전혀 다른 것으로 보았다. 이 둘은 같은 것
으로 여겨서도 안 되고 동의어로 사용해서도 안 된다. 세례는 성례의

105 Davies, *Societies*, 116, "처지 씨의 주장에 대한 답변." Cragg, *Appeals*, 108와
     Clapper, *Religious Affections*, 162도 보라.
106 Ward & Heitzenrater, *Journals and Diaries*, 18:242-43 (May 24, 1738).
107 Outler, *Sermons*, 2:196, "신생."

징표로서 외적인 것이다. 반면 신생은 세례가 의미하는 실체로서 내적인 것이다. 웨슬리는 "세례는 징표로서 중생과 별개입니다. 영국 국교회에 의하면 세례가 신생이 아니라는 것은 분명합니다"[108]라고 말한다. 따라서 웨슬리는 이 둘을 혼동해 세례를 내적인 일 또는 신생을 외적인 일이라고 말하는 것에 분명히 반대했다. 그는 1739년의 일지에 다음과 같이 적었다.

> 그들은 신생을 세례같이 외적인 것으로 말하고, 신생에서의 변화를 외적으로 악했던 것에서 외적으로 선해지는 변화 또는 악한 삶에서 도덕적인 삶으로 바뀌는 변화처럼 외적인 일로 말한다. 그러나 나는 신생이, 내적 악함에서 내적 선함으로 변화되고, 우리의 가장 내적인 본성이 우리가 태어날 때부터 가진 마귀의 형상에서 하나님의 형상으로 완전히 변화되는 내적인 일이라고 믿는다.[109]

웨슬리는 1758년 레이머스톤의 교구 목사 포터 씨에게 보낸 편지에서 그가 세례와 신생을 혼동한 것을 좀 더 강한 어조로 꾸짖었다.

> 당신은 "우리의 거룩한 교회는 우리가 … 세례를 통해 중생해 하나님의 자녀가 된다고 가르칩니다. … 이것이 신생의 첫 부분입니다"라고 말합니다. 무엇이 신생의 첫 부분입니까? 세례입니까? 세례는 내적이고 영적인 사역에 관

---

108   같은 곳. 이 주제로 원자료를 분석한 적절한 연구는 Gayle Carlton Felton, *This Gift of Water: The Practice and Theology of Baptism Among Methodists in America* (Nashville: Abingdon Press, 1992), 26-48를 보라.

109   Ward & Heitzenrater, *Journal and Diaries*, 19:97 (September 13, 1739).

한 표징일 뿐이지, 결코 그 사역의 일부가 아닙니다. 그 일부가 되는 것은 불가능합니다. 외적 표징이 내적 은혜의 일부가 아닌 것은, 몸이 영혼의 일부가 아닌 것과 마찬가지입니다.[110]

엄격히 말해, 성인 세례든 유아세례든 세례를 신생으로 볼 수는 없다. 웨슬리에게 그 둘은 본질적으로 다른 것이다. 그럼에도 즉시 덧붙여 말할 수 있는 것은, 그 두 가지는 서로 연결되어 있기에 함께 동반될 수 있다는 것이다. 그러나 둘이 동반될 수 있다는 것과 둘이 같다는 것은 전혀 다르다. 비록 사람들이 늘 적절하게 이해한 것은 아니지만, 이 주제에 관한 웨슬리의 설명은 신중하고도 정확하다.

웨슬리는 실제로 세례를 신생과 연결했는데, 이 연결이 강하게 나타나는 곳은 유아세례에서다. 충성스러운 영국 국교도로서 웨슬리는 분명 이 주제에 관해 결코 영국 국교회의 가르침을 부인한 적이 없다. 세례에서 언제나 신생이 이루어지는 것은 아니라고 주장할 때도, 그는 즉시 "내가 지금 말하는 것은 유아에 관한 것이 아닙니다. 우리 영국 국교회는 유아 때 세례받은 사람은 누구나 세례와 동시에 거듭났다고 가정하는데, 그것은 확실합니다"[111]라고 덧붙였다. 달리 말해, 비록 유아세례가 신생과 같지는 않더라도 신생과 관련된 것은 분명하다. 웨슬리에게서 중생에 대한 "성례전적" 관점이 가장 강한 어조로 나타나는 곳이 바로 이 부분이다. 그러나 웨슬리의 세례관이 유아세례를 높이 평가했

110　Telford, *Letters*, 4:38 (to Mr. Potter, November 4, 1758). 더 나아가 웨슬리는 1785년에 작성한 설교 "교회에 대하여"에서 내적이고 외적인 사역을 동일하게 구분한다. Outler, *Sermons*, 3:49, "교회에 대하여"; Cragg, *Appeals*, 107 참조.

111　Outler, *Sermons*, 2:197, "신생."

더라도, 그의 성례론만이 아니라 구원론과도 연결 지어 이해할 때 좀 더 복잡한 그림이 드러난다.

첫째, 유아세례에는 회개와 신앙이 빠져 있다는 중대한 문제를 먼저 제기함으로써 유아세례를 인정하기 주저한 사람은 웨슬리 자신이었다. 예를 들어, 웨슬리는 1745년에 쓴 논문 "이성적이며 종교적인 사람들에게 보내는 추가적 호소"에서 "우리 영국 국교회는 유아가 세례 시 **믿거나 회개하지**[이 강조는 웨슬리 자신의 것임] 못하더라도 칭의를 받는다고 가정합니다. 그러나 유아세례를 받은 그들이 성숙해지면 **회개와 신앙** 모두를 분명하게 요구합니다"[112]라고 말한다.

둘째, 웨슬리가 유아세례를 적절하고 가치 있다고 믿었더라도, 구원에서 유아세례의 중요성은 그의 선행은총 개념으로 인해 다소 약화된다. 달리 말해, 성부 하나님께서는 예수 그리스도의 대속을 통해, 원죄로 인한 형벌인 영원한 죽음을 그리스도인과 비그리스도인, 유아와 성인, 즉 모든 인류에게서 제거하신다. 따라서 어느 누구도 단지 아담의 죄 때문에 영원한 형벌을 받지는 않는다. 웨슬리는 1776년에 존 메이슨에게 쓴 편지에서 다음과 같이 설명한다. "그러므로 어떤 유아도 '아담이 지은 죄의 책임 때문에 지옥에 가지' 않았고, 앞으로도 가지 않을 것

---

112 Cragg, *Appeals*, 111, 135를 보라. 중생과 유아세례의 연결을 포함해 가톨릭적이고 영국 국교회인 유산을 물려받은 웨슬리는 성직제도를 옹호하고, 매우 역설적으로 불가항력적 은총까지 주장하게 되었다. 헨리 나이트는 이러한 난국을 피하기 위해 불가항력적 은총과 은총에 저항할 수 없는 상태 사이를 구분하기도 하지만, 이 구분은 인위적인 것이다. 나이트는 "유아가 언제나 거듭나는 이유는 세례 시에 그들에게 주어지는 은혜가 불가항력적이어서가 아니라, 그들은 성인과 달리 은혜에 저항할 수 없기 때문이다"라고 설명한다. Henry H. Knight, *The Presence of God in the Christian Life: John Wesley and the Means of Grace* (Metuchen, N.J.: Scarecrow Press, 1992), 180 참조.

입니다. 아담이 지은 죄의 책임은 그리스도의 의로 인해 그들이 세상에 보냄을 받자마자 제거될 것입니다."[113]

그러나 성인 세례는 어떠한가? 세례라는 표징에는 언제나 그 실체인 신생이 동반되는가? 웨슬리는 설교 "신생"에서 그렇지 않다고 분명하게 확언한다.

지금까지 살펴본 것을 통해 우리가 알 수 있는 두 번째 사실은, 신생은 세례와 다르기에 세례에 언제나 신생이 뒤따르지는 않는다는 것입니다. 신생과 세례가 항상 일치하지는 않습니다. 사람이 "물로 났어도" 여전히 "성령으로는 나지 않았을" 가능성이 있습니다. 내적인 은혜가 없는 곳에서도 외적인 징표는 있을 수 있습니다.[114]

웨슬리는 "메소디스트의 원리에 대한 추가 설명"(1746)에서 세례를 현재 하나님의 자녀라는 사실과 연결하지 않고, 자신이 속한 영국 국교회 같은 대부분의 국가 교회에서 일반적으로 볼 수 있는 명목상의 기독교인과 연결한다.

(1) 영국 국민을 대체로 기독교인이라고 부른다는 사실을 아무도 부인하지

---

113 Telford, *Letters*, 6:239-40 (to John Mason, November 21, 1776).

114 Outler, *Sermons*, 2:197, "신생." 웨슬리는 1739년 1월 25일자 일지에 "내가 아는 최근에 세례받은 성인 중 오직 한 사람만 세례 당시에 온전한 의미에서 거듭난 사람이었다"라고 적었다. Ward & Heitzenrater, *Journal and Diaries*, 19:32 참조. 그럼에도 웨슬리는 성례를 바르게 받으면 "언제나 내적 은혜가 동반된다"는 사실 역시 인정한다. Ward & Heitzenrater, *Journal and Diaries*, 21:240 (February 5, 1760) 참조.

않습니다. 그러나 그 전부가 기독교인이라 불리더라도, 스스로 자신을 그렇게 생각하고 다른 사람들도 그렇게 인정하는 경우는 소수에 불과합니다. 나는 기독교인이라는 이름 때문에 실제로 기독교인이 된다거나, 기독교인으로 불리므로 기독교인이라고 말할 사람은 없을 것이라 생각합니다. (2) 일반적으로 말하면 영국 국민이 세례받았다는 것은 인정되어야 합니다. 그러나 그들이 과거에 세례를 받았기에 현재 그리스도인이라고 추측하는 것은 잘못입니다.[115]

그 외에도 웨슬리는 자신의 글에서, 유아 때나 그 후에 세례를 받았어도 신생의 표적 없이 오히려 죄에 깊이 빠져 사는 수많은 사람을 잘 알고 있다고 지적한다. "세례받은 밥버러지와 술주정뱅이, 거짓말쟁이와 욕쟁이, 험담꾼, 색골, 도둑, 착취자가 얼마나 많습니까?"[116] 그리고 그는 질문한다. "여러분은 이런 사람이 현재 하나님의 자녀라고 생각하십니까?"[117] 이런 질문은 웨슬리가, 그들이 유아세례를 받았기에 지금도 하나님의 자녀이고 하늘 나라의 상속자라고 생각하면서 공공연하게 노골적으로 범죄하는 사람을 위로하기를 거절했음을 보여준다. 웨슬리는 "여러분은 마음으로 '나는 옛날에 세례를 받았으니 지금 하나님의 자녀다'라고 말하지 마십시오. 절대로 그렇지 않습니다"[118]라고 말하고, "여러분은 세례받을 때 거듭났다고 믿는, 부러진 갈대로 만든 지팡이를 의

---

115 Davies, Societies, 225, "메소디스트의 원리에 대한 추가 설명."

116 Outler, Sermons, 1:429, "신생의 표적."

117 같은 곳. 윌리엄 그린에게 보낸 편지에서 웨슬리는 "영국 국민의 십분의 구는 말(horse)보다 나은 신앙을 갖지 못했고, 신앙을 경멸하면서 멸망 가운데 있습니다"라고 주장한다. Telford, Letters, 8:179 (to William Green, October 25, 1789) 참조.

118 같은 책, 1:428-29.

지하지 마십시오"[119]라고 강조한다. 웨슬리는 "이성적이며 종교적인 사람들에게 보내는 추가적 호소"에서 세례 없이는 신생이 있을 수 없다는 잘못되고 많은 해를 끼치는 주장에 강하게 반대했다.

> 나는 죄인에게 "당신은 반드시 거듭나야 합니다"라고 말합니다. 그런데 여러분은 "아닙니다. 그는 세례를 통해 한 번 거듭났기에 또 다시 거듭날 수는 없습니다"라고 말합니다. 이 무슨 말장난입니까? 그가 그때 하나님의 자녀였다는 것이 무슨 소용 있습니까? 그는 지금은 분명 "마귀의 자식" 입니다! 그 아비가 하는 일을 그가 하고 있기 때문입니다(요 8:41, 44; 요일 3:8). 그러니 더 이상 말장난하지 마십시오. 그는 마음 전체가 변화를 받아야 합니다.[120]

이러한 죄인에게 세례를 통하지 않고는 신생이 있을 수 없다든지, 그들이 죄에 굴복했기에 더 이상 새롭게 되거나 씻음 받을 수 없다고 말하는 것은 아주 잔인한 것이다. 웨슬리는 그렇게 하는 것은 "그들을 저주 아래 가두고 지옥에 내어주어 아무 도움도 받지 못하고 아무 소망도 갖지 못하게 만드는 것입니다"[121]라고 말한다.

이처럼 웨슬리가 중생을 "성례전적"으로 이해하는 관점은 신생과 유아세례를 연결한 데서 나타나는데, 이는 영국 국교회 배경을 통해 그

---

119 같은 책, 1:430. 여기서 웨슬리는 "부러진 갈대로 만든 지팡이를 더 이상 의지하지 말라"는 매우 강한 표현을 사용한다. 그럼에도 그의 요점은 실제적이고 지극히 중요한 내적 변화를 강조하는 데 있다. 이 변화가 없는 사람은 하나님 나라에 적합하지 못하다.

120 Cragg, *Appeals*, 107.

121 같은 곳.

에게 전수된 로마 가톨릭주의적 유산이라 할 수 있다. 다른 한편 그의 "복
음주의적" 관점은, 신생과 세례를 구분하고, 성인의 경우에는 신생과 세
례를 연결 짓지 않았으며, 하나님께로부터 난 사람은 믿음과 소망과 사
랑 같은 신생의 특징을 나타낸다고 주장한 데서 드러난다. 주목할 만한
점은, 18세기의 대부흥이 진전될수록 활짝 꽃피었던 것은 웨슬리의 복
음적 강조점이었다는 사실과, 이 복음적 강조점은 "죄에 대해 죽고 의
를 향해 새롭게 태어난 것"[122]이 세례의 의미임을 강조하는 중기 설교에
서 가장 뚜렷이 나타난다는 사실이다. 그러므로 신생에서 매우 인격적
이고 실제적인 변화가 일어난다는 사실은 웨슬리가 언제나 변함없이 관
심을 쏟은 주제였다. 이 점은 누구도 부인할 수 없다.

　　요약하면, 신생은 외적 변화가 아닌 내적 변화다.[123] 또한 자연적 변
화가 아닌 영적 변화다. 성화의 전체가 아니라 단지 그 시작이다. 결과
적으로 신생은 신자의 변화, 즉 그들 속에 거룩한 성품과 기질이 심겨
져 그들이 사랑의 하나님을 인식하게 되는 변화를 가져온다. 그렇다면
신생이란 (교육, 인간의 능력과 덕 같은) 자연적 원천보다 비교할 수 없이 뛰
어난 것으로, 깨우치시고 능력을 주시며 거룩하게 하시는 하나님의 은
혜 그 자체다. 지극히 중요한 이 은총이 주어졌다는 성경적 징표는 죄
의 권세에서 건져내는 믿음, 성령께서 우리 영과 더불어 우리가 참으로
하나님의 자녀임을 증거하심으로 유지되는 소망, 그리고 믿음과 소망

---

122 Outler, *Sermons*, 2:196-97, "신생."

123 웨슬리는 기독교는 단지 외적인 것이 아니라 "내적인 것"이라고 주장했다. 또 "메시
아의 나라는 영적인 나라지 현세적 나라가 아닙니다"라고 외쳤다. 그 외에도 그는
눅 17:21을 주해하면서 "하나님의 나라는 너희 안에 있느니라"는 말씀은, 내적인 의
미 즉 하나님의 나라가 "모든 참된 신자의 영혼 속에 있다"는 의미로 해석되어야 한
다고 말한다. Cragg, *Appeals*, 252; 웨슬리, 『신약성서주해』, 188, 266, 357, 401 참조.

의 목적으로서 신자를 성령의 기쁨으로 가득 채워 이타적으로 이웃을 보듬게 하는 하나님께 대한 사랑이다. 따라서 우리가 행복하게 그리스도인의 삶을 살아가는 데 없어서는 안 될 필수조건이 바로 신생이다.[124]

---

124 웨슬리는 로스 박사에게 보낸 편지에서 "나는 교육을 절대 경시하지 않습니다. ⋯ 그러나 복음 사역자들에게, 경건에 비하면 교육이라는 것이 무엇과 같습니까? 신앙 없는 사람에게 교육은 '돼지 코에 금고리'(잠 11:22)와 같습니다"라고 지적한다. Telford, *Letters*, 7:31 (to Dr. Lowth, August 10, 1780) 참조.

5 장

그리스도인의
확신

18세기 동안 메소디즘이 더 넓은 기독교 공동체에 기여한 중요한 요소는 확신의 교리다. 그 시대 사람인 존 웨슬리는 "이성적이며 종교적인 사람들에게 보내는 진지한 호소"(1743)와 "이성적이며 종교적인 사람들에게 보내는 추가적 호소"(1745)에서 기독교 신앙이 얼마나 합리적인지를 설명하기 위해 진지하게 노력했을 뿐 아니라, 설교와 편지를 통해서도 성령께서 신자에게 그들이 살아 계신 하나님의 자녀가 되었음을 증거하신다고 열정적으로 가르쳤다. 18세기에 웨슬리를 비난한 사람들은 이 두 번째 강조점 때문에 그에게 "열광주의자"나 광신자라는 딱지를 붙이곤 했다. 그러나 그런 비난도 이 메소디스트 지도자가 모든 시대의 하나님을 갈망하는 영혼에게 큰 위로를 준 확신의 교리를 선포하지 못하게 막을 수는 없었다. 여러 면에서 매우 정교한 웨슬리의 확신의 교리는 그의 공적 가르침과 개인적 신앙 여정을 함께 살펴볼 때 가장 잘 이해할 수 있다.

교리적 고찰

웨슬리는 1738년 일지에 자신의 복음적 회심 체험인 올더스게이트 체험을 자세히 설명하면서 "그리스도께서 내 죄, 심지어 나 같은 사람의

죄까지도 가져가시고 나를 죄와 사망의 법에서 구원하셨다는 확신이 주
어졌다"[1]고 기록했다. 여기서 확신은 두 가지 초점을 가지고 있다. 즉 그
확신은 죄 용서에 대한 자각일 뿐 아니라, 죄와 사망의 법에서 자유케
되고 하나님의 자녀가 되었다는 확신이기도 하다. 달리 말해, 확신이란
칭의와 신생, 즉 죄책에서의 자유와 죄의 권세에서의 자유를 모두 포함
한다. 지금까지 웨슬리의 확신의 교리에 대한 논의는 칭의와 신생 모두
를 강조하는 방향으로 이루어져왔다. 확신의 교리는 이 두 가지 모두에
대한 이해를 반드시 필요로 한다.

확신의 주된 내용이 두 가지인 것처럼, 평화와 기쁨과 행복을 깨닫
게 하는 요인 역시 우리 자신의 영의 증거와 성령의 증거 두 가지다(롬
8:16). 알버트 아우틀러는 전자를 "확신의 은혜의 주관적 측면"[2]으로, 후
자를 "그리스도인의 확신의 객관적 토대"[3]로 설명한다. 웨슬리는 확신
을 하나님의 자녀가 갖는 가장 중요한 특권의 일부로 여겼기에, 이 주제
에 깊은 관심을 가지고 최소한 세 편의 설교를 통해 직접적으로 이 주제
를 다루었다. 그리고 "확신의 교리는 하나님께서 메소디스트들을 통해
모든 사람에게 증거하신 매우 중요한 진리이므로 … 이 교리를 분명히
이해하고 설명하고 옹호하는 것"[4]이 메소디스트의 중요한 사명이라고
지적한다. 웨슬리는 설교 "성령의 증거(1)"(1746)에서 우리 영의 증거라

---

1   Ward & Heitzenrater, *Journal and Diaries*, 18:250 (May 24, 1738). 여기서 사용된
     표현은 루터의 '나를 위하여'(pro me)라는 표현과 매우 유사함을 주목하라. 이
     표현은 독일 종교개혁자의 신앙 및 칭의 설명에서 나타난다. Paul Althaus, *The
     Theology of Martin Luther* (Philadelphia: Fortress Press, 1966), 224-50 참조.

2   Outler, *Sermons*, 1:299, "우리 자신의 영의 증거."

3   같은 곳.

4   같은 책, 1:285, "성령의 증거(2)."

는 첫 번째 증거를, 이 증거가 확증되기 위해서는 여러 증거를 취합해 추론해야 한다는 점에서 간접적 증거로 보았다. 웨슬리가 말하는 우리 영의 증거에는 앞 장에서 다룬 믿음, 소망, 사랑 같은 신생의 표적이 모두 포함된다. 그 외에도 웨슬리는 하나님의 명령에 대한 순종이, 비록 하나님의 사랑을 받는 원인은 아니더라도, 이미 하나님의 사랑을 받는 상태에 있다는 표징임을 지적한다. 이러한 합리적 증거는 다른 증거와 함께 어우러져 그러한 증거를 가진 사람이 하나님의 자녀라는 결론을 내릴 수 있게 한다. 웨슬리는 그것을 어떻게 추론할 수 있는지 보여주기 위해 자신의 설교에서 다음과 같은 삼단논법을 자주 사용했다.

> 모든 사람은 성경적 표징을 자신에게 적용해 보면 자신이 하나님의 자녀인지 아닌지 알 수 있습니다. 먼저, 누군가 "하나님의 영으로 인도함 받아" 거룩한 성품과 삶에 들어가게 되었다면 "그들은 하나님의 자녀"입니다(롬 8:14). 성경 말씀은 이 사실을 분명히 확증하고 있습니다. 다음으로, 따라서 만약 자신이 "성령의 인도하심을 받고" 있다면, 그 사람은 "그래서 나는 하나님의 자녀다"라고 쉽게 결론 내릴 수 있습니다.[5]

웨슬리는 설교 "성령의 증거(2)"(1767)에서도 같은 주제를 다룬다. "하나님의 말씀은 성령의 열매를 가진 사람은 누구나 하나님의 자녀라고 말합니다. 따라서 체험이나 내적 자의식이 스스로에게 성령의 열매를 가지고 있다고 말한다면, 그는 그것을 근거로 '나는 하나님의 자녀다'

---

5   같은 책, 1:271-72, "성령의 증거(1)."

라고 합리적으로 결론 내릴 수 있습니다."[6]

우리 자신의 영의 증거와 관련해 웨슬리가 가장 자주 언급하는 증거는 양심의 증거다. 웨슬리는 이 기능이 단지 의식하는 것 이상의 훨씬 더 많은 것을 포함한다고 가르친다. 양심의 증거는 과거를 기억하게 할 뿐 아니라 판단을 내리기 때문이다. "양심의 주된 일은 변명이나 고발, 허락이나 금지, 무죄판결이나 정죄 등입니다."[7] 모든 사람에게 이 능력이 있어 옳고 그름을 판단한다는 점에서 보면 양심은 자연적인 능력으로 보인다. 그러나 웨슬리는, 양심은 모든 사람에게 양심을 주신 하나님에게서 기원한 것이므로, 자연이 아닌 하나님의 은혜가 양심의 근원임을 주장한다. 다음의 언급은 웨슬리가 양심을 선행은총의 중요한 요소로 보았음을 잘 보여준다.

어떤 점에서 양심은 "자연적"인 것이라 할 수 있습니다. 양심은 예외 없이 모든 사람에게 있기 때문입니다. 그러나 적절히 말하면 양심은 자연적인 것이 아니라, 인간의 모든 자연적 능력을 뛰어넘는 하나님의 초자연적 선물입니다. 그렇습니다. 양심은 자연적인 것이 아니라, "참 빛 곧 세상에 와서 각 사람에게 비추는 빛"(요 1:9)으로서 하나님의 소산입니다.[8]

---

6   같은 책, 1:288, "성령의 증거(2)."
7   같은 책, 1:301-2, "우리 자신의 영의 증거."
8   같은 책, 3:482, "양심에 대하여." 양심이 자연적인 것이 아니라는 웨슬리의 사상은 양심이라는 말의 어원에 의해서도 뒷받침된다. "양심"(conscience)이라는 말은 라틴어 "함께"(con)라는 말과 "안다"(scire)라는 말의 복합어다. 기본적으로 "다른 것과 함께 안다"는 뜻을 가지는데, 이는 그 다른 한 편이 하나님의 성령이라고 본 웨슬리의 주장에 타당성을 더해준다. *Oxford English Dictionary*, Compact Edition, 2 vols. (Oxford, England: Oxford University Press, 1971), 1:845 참조.

웨슬리에게 도덕적·영적 삶에서 양심의 판단을 위한 규칙이나 표준이 되는 것은, 비그리스도인의 경우는 "그들의 마음에 새겨진 율법"(롬 2:14-15)[9]이라면, 그리스도인의 경우는 "신구약 성경에 기록된 하나님의 말씀"[10]이다. 웨슬리는 도덕적인 판단을 내리는 권위와 관련해, 매우 개신교적인 방식으로 이성에는 중요하지만 부차적인 역할만 부여했다. 가장 중요한 위치는 성경이 차지한다. 웨슬리는 "성경만이 그리스도인의 발에 등이 되고 그 길에 빛이 됩니다(시 119:105). 그리스도인은 오직 성경만을 옳고 그름의 기준, 모든 선과 악의 기준으로 삼습니다"[11]라고 말한다.

양심의 기능이 적절히 발휘되고 또한 다음과 같은 여러 상황이 조화를 이루면 선한 양심이 된다. 첫째, 그리스도인에게 가장 중요한 표준인 하나님의 말씀에 대한 바른 이해가 있어야 한다. "성경이 무엇을 말씀하는지 그 의미를 알지 못하면 우리는 말씀에 따라 살 수 없기 때문"[12]이다. 둘째, 우리 자신에 대한 올바른 지식, 즉 우리의 마음과 삶에 대한 바른 지식이 있어야 한다. 선한 양심은 반드시 자기 기만이 사라지고 자신의 도덕적·영적 상태를 정확히 알 때 가능하다. 셋째, 우리의 삶과 성경의 규칙이 본질적으로 일치해야 한다. 웨슬리에게 "선한 양심"이

---

9   같은 책, 1:302, "우리 자신의 영의 증거."

10   같은 곳.

11   같은 책, 1:303.

12   같은 책, 1:303-4. 클래퍼는, 웨슬리에게서 "사람의 양심을 신뢰할 수 있는 때는 오직 양심이 하나님의 말씀과 성령에 의해 조명받을 때에 한해서다. 다시 말해, 우리는 궁극적 진리로서 도움을 줄 수 있는 그런 확실한 '깊이의 차원'을 자연적 인간 중에서는 누구에게서도 발견할 수 없다"고 지적한다. Clapper, *Religious Affections*, 50-51 참조.

란, 신자의 삶이 성경적 표준과 일치함을 끊임없이 인식하는 상태다.[13]

웨슬리의 확신 교리에서 우리 자신의 영의 증거는 매우 중요하지만 그것이 전부는 아니다. 그는 "'우리의 영', 우리 이성이나 이해의 증거는 추론에 의한 증거입니다"[14]라고 역설한다. 따라서 만약 확신의 기초가 이것뿐이라면, 사람은 자기 행위나 추론에 의존해 자신이 그리스도인인지 아닌지를 판단하려 하기에 형식주의나 율법주의에 빠질 위험이 있다. 웨슬리는 확신의 교리를 이러한 위험에 내버려두지 않고, 이 모든 추론적 증거를 초월하는 다른 증거가 있다고 주장한다. 그러면서 비록 많은 사람이 알지 못했지만, 성령의 증거는 모든 신자의 특권이라고 말한다.

성령의 증거는 우리 영의 증거와 달리 즉각적이고 직접적이다. 즉각적이라는 이유는, 성령의 증거는 논리적 사고 과정이나 추론의 결과가 아니기 때문이다. 직접적이라는 이유는, 하나님의 자녀가 된 사실을 증거하시는 분이 성령 자신이기 때문이다. 예를 들어, 하나님의 계명에 순종하는 것은 그 사람의 거룩함을 보여주는 간접적인 증거가 될 수 있다. 그러나 모든 거룩함의 원천이신 성령 자신이 증거하신다면, 이 증거는 가장 일차적인 증거가 된다. 더 나아가 성령의 증거가 사실상 성령의 열매를 일으키는 원인이라는 사실을 알게 되면, 성령의 직접적인 증거와 추론에 의한 증거인 성령의 열매를 구별할 수 있게 된다. 다음의 언급에 웨슬리가 설명한 두 증거 사이의 관계가 잘 나타난다.

---

13   같은 책, 1:304.
14   같은 책, 1:272, "성령의 증거(1)."

지금 우리가 살펴보는 이 증거는 하나님의 영이 우리 영에게, 그리고 우리 영
과 더불어 증거하시는 것입니다. 증거하시는 분은 성령이십니다. 그가 우리
에게 증거하시는 내용은 우리가 "하나님의 자녀"(롬 8:16)라는 사실입니다.
성령의 증거의 즉각적 결과는 "사랑과 희락과 화평과 오래 참음, 자비, 양선"
같은 "성령의 열매"입니다(갈 5:22-23). 만약 이러한 열매가 없다면, 성령의
증거는 계속 유지되지 못할 것입니다.[15]

여기서 웨슬리는 두 증거 사이에 변증법적 관계가 있음을 지적한
다. 성령의 증거의 결과는 성령의 열매다. 그러나 후자가 없다면 전자
의 증거는 지속되지 않는다. 성령의 증거 없이는 성령의 열매가 맺힐 수
없는 것과 똑같이, 성령의 열매 없이는 성령의 참된 증거가 있을 수 없
다. 그렇다면 웨슬리의 확신의 교리에서 두 증거는 모두 없어서는 안 될
요소다. 두 증거 중 어느 것도 단독으로 존재하지 않는다.

성령께서 증거하시는 내용은 두 가지인데, 확신의 교리가 말하는 주
된 내용과 일맥상통한다.

성령의 증거는 영혼에 주어지는 내적 인상으로, 성령께서는 이를 통해
직접적으로 "내 영에게 내가 하나님의 자녀라는 사실을 증거하시고",
예수 그리스도께서 나를 사랑하셔서 나를 위해 자신을 주셨으며, 내 죄는
깨끗이 씻겼고, 심지어 나 같은 사람도 하나님과 화해되었다는 사실을
증거하십니다.[16]

---

15 같은 책, 1:286, "성령의 증거(2)."
16 같은 책, 1:274, "성령의 증거(1)."

그러나 우리 영의 증거 역시 똑같은 두 가지 내용을 증거한다면, 성
령의 증거는 왜 추가적으로 필요한가? 수많은 반대를 받으면서도 웨슬
리가 성령의 증거를 그렇게 강조한 이유는 무엇인가? 첫째, 우리는 심
각한 유혹으로 맹공격을 받거나 무거운 마음을 갖게 되면 우리 영의 간
접 증거를 의심할 수 있다. 그러나 그럴 때조차도 성령의 직접 증거는
분명하게 빛난다.[17] 달리 말해, 성령의 직접 증거는 인간의 변덕스러운
감정이나 잘못된 추론에 영향받지 않는다. 이 점에서 성령의 직접 증거
는 매우 큰 가치를 지닌다. 둘째, 웨슬리는 그 누구든 성령의 직접 증거
가 존재한다는 것을 부인하는 사람은 믿음으로 칭의를 얻는다는 사실
역시 부인하는 것이라고 주장한다.[18] 그는 설교 "성령의 증거(2)"(1767)
에서 다음과 같이 설명한다.

> 성령의 직접 증거가 존재한다는 사실을 부인하는 사람은 사실상 누구나
> 믿음으로 의롭다 함을 받는다는 사실을 부인하는 것이 됩니다. 그가 성령의
> 직접 증거를 부인하는 이유는, 그것을 체험하지 못했거나, 아직 의롭다 함을
> 받지 못했거나, "자기 옛 죄가 깨끗하게 된 것"을 … 잊어버렸기 때문입니다
> (벤후 1:9).[19]

달리 말해, 성령의 증거가 없으면 사람은 확신을 위해 증거나 추론,

17　같은 곳. 1:294, "성령의 증거(2)." 어떻게 유혹이 간접적 증거를 모호하게 할 수
　　있는가 하는 주제에 대하여는 웨슬리의 설교 "여러 가지 시험을 통한 괴로움"을
　　보라. Outler, *Sermons*, 2:222-35.
18　같은 책, 1:292, "성령의 증거(2)."
19　같은 곳.

스스로의 행위 같은 것을 의존할 수밖에 없는데, 성령의 증거 외의 것은 사람의 자기 합리화로 인해 언제나 왜곡될 가능성과 위험성이 있다. 이러한 오류를 피하고, 오직 믿음으로 구원을 얻는다는 은혜의 교리를 지키기 위해서라도 성령의 증거는 반드시 필요하다. 그 외에도 웨슬리는 하나님의 말씀(롬 8:16)과 그리스도인의 경험 모두가 성령의 직접 증거를 확증한다고 믿었기에 그 증거를 강조했다.

웨슬리는 그리스도인의 확신을 설명할 때 두 가지 극단을 피하기 위해 노력했다. 한 극단은 신자가 오직 성령의 증거만 의지한 나머지 성령의 열매와 이성적 증거를 무시할 때 생길 수 있는 것으로서 "열광주의"나 광신주의의 위험이다. 이 위험을 피할 수 있는 방법은 신생의 표적, 성령의 열매, 하나님의 계명에 대한 순종, 신자의 삶의 기준과 원리로서 성경 말씀 등 간접적 증거를 형성하는 요소에 깊은 주의를 기울이는 것이다. 웨슬리는 이 첫 번째 그룹인 열광주의자들에게 "성령의 열매와 분리된 성령의 증거라는 망상에 빠지지 않도록 주의하십시오"[20]라고 경고한다.

또 하나의 극단으로서 웨슬리는 성령의 직접 증거를 부인하는 태도를 잘 알고 있었는데, 이는 부분적으로 당시의 문명시대에 첫 번째 그룹인 열광주의자나 광신주의자들의 전례와 과도함에 대한 반작용으로 생겨난 것이다. 이 견해는 성령의 열매와 그 외의 간접 증거만 강조하면서 그것이 확신을 구성하는 요소 전체라고 생각했고, 다른 생각은 모두 "열광주의"의 일종으로 여겼다. 이미 언급한 대로 이러한 태도의 위험성은 형식주의, 율법주의, 자기 합리화의 망령에 빠지기 쉽다는 것이

---

20 같은 책, 1:297.

다. 그리스도인의 삶을 떠받치는 평화와 확신을 만드는 데는 우리 자신의 증거가 아닌 다른 증거가 반드시 있어야 한다. 그래서 웨슬리는 이 두 번째 그룹의 이성주의자들에게 "성령의 증거도 없이 성령의 열매가 있다는 망상에 빠지지 않게 주의하십시오. 내세에서 누릴 사랑과 희락과 화평을 미리 맛보게 하시는 은혜는 실제로 있습니다(히 6:4-5). 그것들은 망상이 아니라, 참으로 하나님께서 주시는 것입니다"[21]라고 경고했다.

역사적 고찰

웨슬리의 사상에 일어난 다양한 변화를 언급하지 않고 그의 교리만 자세히 다루는 것은 확신이라는 주제를 다루는 방법으로는 불충분하다. 사실 확신에 관한 웨슬리의 가르침은 그의 구원의 교리 중 다른 어떤 개별 주제보다 더 많은 수정 과정을 거쳤고, 또 내용상으로도 더 많은 미세한 차이를 그 구조적 특징으로 가지고 있다. 따라서 우리는 이 주제가 역사적으로 미묘한 변천 과정을 거쳤으며 알아차리기 힘든 미세한 차이를 가졌음에 유의할 때 웨슬리 신학을 좀 더 정교하게 이해할 수 있게 될 것이다. 논의를 용이하게 하기 위해 시간적 순서에 따라 1738-1747년, 1748-1770년, 1771-1791년의 세 주요 시기로 나누어 자료를 살펴볼 것이다.

---

21   같은 책, 1:298.

1738-1747년

오늘날 웨슬리 연구에서, 존 웨슬리가 영국 모라비아교도들의 강한 영향 아래 있을 때 칭의와 중생의 신앙을 의심이나 두려움을 갖는 것조차도 불가능할 정도의 온전한 확신으로 보았다는 사실은 잘 알려져 있다.[22] 그러나 웨슬리는 1740년 여름이 되기까지는 신앙과 확신에도 정도의 차이가 있고, 하나님의 자녀가 갖는 칭의 신앙에도 의심과 두려움이 섞여 있을 수 있음을 깨닫기 시작했다.[23] 지금까지 언급한 문제와 구별되는 두 번째 문제는, 웨슬리가 신앙을 새롭게 이해해 좀 더 세분화한 것이, 그가 명목상의 기독교를 반대하기 위해 강조하던 참된 기독교의 기준을 낮추거나 포기한 것인가 하는 것이다. 웨슬리 연구에서는 지금까지 첫 번째 문제가 더 큰 관심을 받아왔지만, 두 번째 문제 역시 첫 번째 문제만큼이나 중요하고 연구할 가치가 있다.

한편에서 생각해 보면, 웨슬리가 참된 기독교의 기준을 낮추거나 포기했는가 하는 질문의 첫 대답은 그렇다고 인정하는 것이 될 수밖에 없다. 웨슬리는 분명 이전의 두 가지 오류를 두 가지 면에서 수정했기 때문이다. 첫째, 리처드 하이첸레이터에 따르면, 초기 웨슬리에게 강한 영향을 미친 영국 모라비아교도들은 "회심과 그리스도인의 완전이 본질상 같은 것이라고 보는"[24] 구원론을 개진했다. 그러나 웨슬리는 이후로

---

22 Randy L. Maddox, ed. *Aldersgate Reconsidered* (Nashville: Kingswood Books, 1990)에 실린 Richard Heitzenrater, "Great Expectations: Aldersgate and the Evidences of Genuine Christianity," 88-91.

23 같은 책, 89.

24 같은 책, 68-69.

죄에서의 자유를 죄책에서의 자유와 죄의 권세에서의 자유, 죄의 존재
에서의 자유로 더욱 세분화했고, 이로 인해 모라비아파의 가르침을 부
인하게 되었다.[25] 간단히 말해, 웨슬리에게 구원과 초기적 성화는 이전
에 언급한 대로 죄책에서의 자유(칭의)와 죄의 권세에서의 자유(중생)
모두를 가져오지만, 그가 과거에 잘못 생각한 것처럼 죄의 존재에서의
자유(완전성화)를 가져오지는 않는다. 즉 하나님의 자녀에게도 육적 본
성과 타고난 죄성이 남아 있다. 그러나 이 모든 사실에도 다시 한번 기
억해야 할 것은, 웨슬리는 하나님의 자녀가 되는 것과 진정한 그리스도
인이 되는 것이 무엇을 의미하는지에 대한 기준을 **신생의 표적 아래로
낮춘 적이 결코 없다**는 점이다.

참된 기독교의 기준과 관련해 웨슬리가 이전의 오류를 수정한 것 중
두 번째는, 충만한 확신을 더 이상 칭의 신앙과 연결하지 않게 되었다는
점이다. 옥외설교를 시작한 지 1년 이상 지난 후, 웨슬리는 칭의 신앙을
더 이상 충만한 확신이 아니라 어느 **정도의 확신**으로 보게 되었다. 그
러나 때로 의심과 두려움이 뒤섞이는 이 정도의 확신이, 웨슬리가 "참된
그리스도인의 신앙"으로서 구원에 필요하다고 보았던 올바른 확신이라
할 수 있는가? 이 질문에서 문제는 더 복잡해진다. 예를 들어, 1744년
첫 번째 메소디스트 연회에서는 모든 사람이 "참된 그리스도인은 누구
나 하나님의 사랑을 확신하는 신앙을 가진다"[26]고 확정했다. 그러나 다
음 해 1745년 연회에서 같은 질문이 제기되었을 때 그 대답은 전과 달랐
다. 연회록은 다음과 같이 기록한다.

---

25   Outler, *Sermons*, 1:314 이하, "신자 안에 있는 죄."
26   Jackson, *Works*, 8:276, "연회록."

질문 1 하나님의 용서하시는 사랑을 아는 것이 우리가 그의 은혜를 받는 데
　　　　 절대적으로 필요한가, 아니면 어떤 예외가 있을 수도 있는가?
대답　　 우리는 예외가 있을 수 없다고 감히 말할 수 없다.

질문 2 내적이고 외적인 성결이 구원에 반드시 필요한가?
대답　　 우리 생각은 그렇다는 데 가깝다.[27]

　확신에 관해 1747년 연회록은 비슷한 맥락에서 칭의 신앙이라도 성
령의 증거가 반드시 동반되지는 않는 예외적인 경우가 있을 수 있다고
기록했다. 그러나 동시에 "몇몇 특별한 경우에 기초해 교리를 일반화하
는 것은 위험하다"[28]는 주의를 덧붙인다. 또 연회는 아직 확신을 갖지 못
한 신자가 "확신이 없는 상태로 죽는다면" 어떻게 될 것인지 질문했다.
그리고는 "그것은 불가능한 가정이다. 그들이 그 상태에서 죽을 수는 없
기 때문이다. 그들의 상태는 더 진전하든 아니면 퇴보하든 둘 중 하나
다. 그들이 계속 간구하면 반드시 성령 안에서 의와 평강과 희락을 발견
할 것이다"[29]라고 답했다. 이 연회는 1745년 연회처럼 예외적인 경우를
인정했지만, 그럼에도 입장을 좀 더 분명히 해 "그러나 만약 [성령께서]
그들 속에 그리스도를 계시하시지 않았다면, 그들은 아직 기독교 신자
가 아니다"[30]라고 확언했다.
　사실 웨슬리는 1747년에도 여전히 자기 죄를 용서받았다는 확신을

27　같은 책, 8:282, "연회록."
28　같은 책, 8:293, "연회록."
29　같은 곳.
30　같은 곳. 괄호 내용은 내가 덧붙인 것이다.

참 그리스도인의 신앙의 결정적 요소로 생각했다.[31] 예를 들어, 그 해의
연회는 "사도들은 오순절 날이 되기까지 참된 그리스도인의 신앙을 가
지지 못했다"고 주장한다. 오순절 이전에는 그들이 확신을 갖지 못했기
때문이다.[32] 웨슬리는 그로부터 한 달 뒤에 동생 찰스에게 보낸 흥미로
운 편지에서 "(1) 매우 분명한 확신이라는 것이 있다. (2) 그것은 참된
그리스도인이 일반적으로 누리는 특권이다. (3) 이러한 신앙이 마음을
정결하게 하고 세상을 이기는 참된 그리스도인의 신앙이다"[33]라는 말로
확신의 교리를 설명한다. 달리 말해, 웨슬리가 칭의와 중생을 어느 정도
의 확신과 연결한 것에서 예외를 인정했다는 주장은 정확하다. 그러나
모든 경우에 성령의 증거를 결여한 신앙을 참되고 바른 기독교 신앙으
로 인정했다는 주장은 잘못이다.

　　웨슬리는 확신을 논의할 때 서로 구별되는 두 용어를 사용한다. 첫
째로, 참되고 진정한 올바른 기독교 신앙(웨슬리는 평생 이 용어를 사용했다)
은 확신을 포함한다고 주장한다. 참되고 진정한 기독교를 정의할 때 웨
슬리는 언제나 확신이라는 요소를 포함시킨다. 둘째는, 기독교에 "진정
한", "참된", "올바른"이라는 용어를 붙이지 않는 경우인데, 이 신앙에는
확신이 포함되지 않는다. 이 두 번째 신앙은 주로 종의 신앙에 해당되는
데, 주의 깊게 관찰해보면 첫 번째 신앙, 즉 하나님의 자녀의 신앙에 비
해 두 가지 중요한 차이점이 있다.

31　흥미롭게도 1747년의 연회는 칭의의 신앙을 확신으로 보았다. "칭의의 신앙은, 그
　　리스도께서 나를 사랑하셔서 나를 위해 자신을 주셨다고 믿는 거룩한 확신인가?
　　우리는 그렇다고 믿는다" (같은 책, 8:291).

32　같은 곳.

33　Baker, *Letters*, 25:254-55 (to Mrs. Mary Pendarves, November 3, 1730).

첫째, 종의 신앙에 대한 설명은, 사람이 어느 정도 신앙이 있어도 성령의 증거를 받지 못할 수 있고, 그 상태에서도 여전히 하나님께 용납받을 수 있음을 보여준다. 그러나 여기서 말하는 용납을 칭의와 혼동하면 안 된다. 종의 신앙을 칭의의 신앙, 중생의 신앙과 같은 것으로 보아서는 안 되는 이유는 무엇인가? 웨슬리는 두 설교에서 이 질문에 답하는데, 첫 번째 설교 "종의 영과 양자의 영"(1746)에서는 다음과 같이 설명한다.

> 하나님을 두려워하는 종의 영은 하나님을 사랑하는 양자의 영과 매우 다릅니다. 종으로서 두려움만 가진 사람은 하나님의 자녀라 할 수 없습니다. [따라서 칭의된 것도 아니다. 중생은 언제나 칭의와 동시에 이루어지기 때문이다.] 그러나 그중 상당수는 하나님의 종이라 할 수 있는데, 그들은 "하나님 나라에서 멀지 않습니다"(막 12:34).[34]

둘째, 웨슬리는 이 설교에서 말한 종의 영의 특징을 이후에는 종의 신앙이라는 말로 설명했다. 예를 들어, 종의 영 아래 있는 사람은 슬픔과 양심의 가책을 느낀다고 말한다. 그들은 죽음과 마귀와 인간을 두려워한다. 죄의 속박을 끊어버리기를 간절히 바라면서도 그렇게 하지 못한다. 그들의 절망적인 울부짖음은 "오호라! 나는 곤고한 사람이로다. 이 사망의 몸에서 누가 나를 건져내랴"(롬 7:24)라는 바울의 표현에 잘 나타나 있다.[35] 앞 장에서 언급한 것처럼, 웨슬리는 이 설교에서 "'율법 아

---

34   Outler, *Sermons*, 1:250, "종의 영과 양자의 영." 괄호 내용은 내가 덧붙인 것이다.
35   같은 책, 1:258.

래' 있는 사람의 이 모든 고군분투"를 종의 영, 그리고 로마서 7장의 영적·심리적 상태와 강하게 연결한다.[36] 그러나 더 중요한 점은, 웨슬리에게는 이러한 특징이 참된 그리스도인의 특징일 수 없다는 데 있다. 웨슬리는 참된 그리스도인을 적어도 그리스도를 믿기에 "죄가 더는 다스릴 수 없는 사람"[37]으로 정의하기 때문이다.

노년의 웨슬리는 설교 "믿음에 대하여"(1788)에서 다시 한번 종의 신앙을 "무서워하는 종의 영"(롬 8:15), 즉 하나님 자녀의 자유와 권세와 은혜를 누리지 못하는 영과 연결한다. 웨슬리는 "그가 모든 가능한 방법을 통해 계속하여 '믿음에서 믿음으로,' 즉 종의 신앙에서 자녀의 신앙으로, 두려움의 종의 영에서 사랑의 자녀의 영으로 나아가도록 권면하십시오."[38]라고 조언한다. 이 경우에서 알 수 있듯이, 종의 신앙은 하나님 자녀의 신앙과 같은 것이 아니다.

1748-1770년

웨슬리는 1755년, 리처드 톰슨과 서신을 주고받으면서 두 가지 핵심 사항에 관하여 확신의 교리를 더 명료하게 했다. 한편으로 그는 마귀의 자

---

36   같은 곳. 하나님의 종은 영적으로 각성되었지만 하나님의 사랑을 보지 못하고 그의 진노만 본다는 사실에 주목하라. 따라서 이 각성을 중생(그리고 회심)과 혼동하지 않는 것이 중요하다.

37   Baker, *Letters*, 25:575 (to Rev. Samuel Wesley, Jr., October 30, 1738). 설교 "신자 안에 있는 죄"에서 볼 수 있듯, 웨슬리는 죄책에서의 자유(칭의), 죄의 권세에서의 자유(중생), 죄의 존재에서의 자유(완전성화)를 구분하면서도, 언제나 그리스도 안에서 어린아이조차도 죄의 권세에서의 자유를 가지고 있다고 주장했다. Outler, *Sermons*, 1:314 이하 참조.

38   Outler, *Sermons*, 4:35-36, "믿음의 발견에 대하여."

녀와 하나님의 자녀 사이의 중간 상태가 있고, 자신의 죄가 용서받았음을 확신하지 못하는 사람도 어느 정도 신앙을 가지고 있기에 성찬에 참여할 수 있다고 주장한다.[39] 다른 한편으로 그는 여전히 기독교 신앙에서 확신의 중요성을 강조해 "그러나 나는 여전히 마음을 정결하게 하는 올바른 기독교 신앙이란 그러한 확신을 의미한다고 믿습니다"[40]라고 주장했다. 같은 편지에서 웨슬리는 "처음 몇 세기 동안 기독교 교회 전체는 이런 확신을 가지고 있었습니다"[41]라고 말한다. 그리고 다시 한번 "만약 이 지식이 완전히 파괴되거나 부인되면, 나는 내가 기독교 신앙을 가지고 있다고 말할 수 없습니다"[42]라고 역설한다.

웨슬리가 다음 해에 리처드 톰슨에게 보낸 편지는 이 주제를 더 분명하게 설명하면서도, 한 가지 중요한 예외를 보여준다. 그는 1756년 2월 18일에 톰슨 씨에게 보낸 편지에서, 마치 1747년 연회를 연상시키듯, 사람이 칭의의 상태에 있으면서도 확신을 갖지 못할 수 있음을 인정했다. 톰슨 씨가 편지로 "자기 죄가 용서받았다는 분명한 확신을 가지지 못한 사람도 칭의의 상태에 있을 수 있습니까?"라고 질문한 데 대

---

39 Baker, *Letters*, 26:575 (to Richard Tompson, July 25, 1755). 그러나 웨슬리는 몇 년 후 1759년에는 "하나님께서 당신을 '거의' 그리스도인이 아니라 '온전한' 그리스도인으로 만드시기 위해 여전히 당신과 씨름하고 계시지 않습니까? 당신은 양자 택일해야 합니다. 전부든 아무것도 아니든, 성도가 되든 마귀가 되든, 죄에서 탁월하든 거룩함에서 탁월하든!"이라고 쓰면서 전부가 아니면 아무것도 아니라는 표현으로 되돌아 간다. Telford, *Letters*, 4:52 (to Miss___, February 21, 1759) 참조.

40 같은 곳. 1751년에 웨슬리는 한 편지에서 12세 이후부터 30세가 훨씬 지나기까지 자신의 영적인 상태를 "율법 아래" 있던 것으로 묘사한다. Cragg, *Appeals*, 394 참조.

41 같은 곳.

42 같은 곳. 웨슬리는 행 10:4에 대한 주해에서 하나님을 경외한 고넬료는 "불신자로서 (베드로의 방문 전에는) 그리스도를 믿는 신앙을 갖지 못했다"고 주장한다. 웨슬리, 『신약성서주해』, 롬 8:9 참조.

해, 웨슬리는 "나는 그런 경우가 있다고 생각합니다"[43]라고 답했다. 그
러나 웨슬리가 이런 예외가 생기는 이유를 설명한 것은 그보다 훨씬 나
중이었다. 그는 1768년에 러더포스 박사에게 보낸 편지에서 다음과 같
이 설명한다.

> 나는 [칭의를 어느 정도의 확신으로 보는] 이 일반적인 원칙에 예외가 없다고
> 주장하지는 않습니다. 어떤 사람은 하나님의 은혜 안에 있으면서도 여전히
> 종일 슬퍼할 수 있습니다. 나는 이러한 현상이 일어나는 것은 주로 육체의
> 무질서나 복음의 약속에 대한 무지 때문이라고 믿습니다.[44]

같은 해에 웨슬리는 제임스 모건에게 쓴 편지에서 하나님의 은혜 안
에 있는 사람은 자기 죄가 용서받았고 하나님의 자녀가 되었다는 확신
을 가진다는 일반적 원칙에 예외가 있을 수 있음을 다시 한번 지적한다.

> 일반적 원칙은, 하나님의 은혜 안에 있는 사람은 자신이 그러하다는 사실
> 을 안다는 것입니다. 그러나 예외가 있을 수 있습니다. 어떤 사람은 하나
> 님을 경외하고 사랑하면서도 여전히 하나님의 은혜를 분명히 자각하지 못
> 할 수 있습니다. 그들은 자신의 죄가 용서받았다고 감히 말하지 못할 수 있

---

43   Telford, *Letters*, 3:163, (to Richard Tompson, February 18, 1756). 중요한 예외를
     인정하더라도 웨슬리가 참된 기독교와 확신을 강하게 연결한 사실을 무효화하지
     못한다. 한 달 뒤 1756년 3월, 웨슬리는 리처드 톰슨에게 보낸 편지에서 "나는 모든
     기독교 신자는 자신이 하나님과 화해되었다는 거룩한 확신을 가진다고 믿습니다"
     라고 말한다. Telford, *Letters*, 3:174 (to Richard Tompson, March 16, 1756).

44   같은 책, 5:358 (to Dr. Rutherforth, March 28, 1768). 괄호 내용은 내가 덧붙인
     것이다.

습니다.[45]

　여기서 사람들이 자주 혼동하는 두 가지 문제를 구분할 필요가 있다. 한편으로 노년의 웨슬리는 여전히 종의 신앙을 가지고 하나님께 어느 정도 용납받는 것과 자기 죄가 용서받았음을 믿는 확신을 동일시하거나 혼동하지 않았다. "종의 영" 아래에 있는 사람은 적절히 말해 칭의 신앙을 가지고 있지 않기 때문이다. 다른 한편으로 웨슬리는 일부 예외적인 경우 칭의되고 중생하여 하나님의 자녀가 된 사람도 무지나 육체의 무질서로 인해 자신의 죄가 용서받았다는 확신을 갖지 못하는 경우가 있을 수 있다고 말한다.[46] 이는 웨슬리가 사실상 종의 신앙을 획일적으로 정의하지 않고, 최소한 두 가지 다른 방식으로 정의한 것을 의미한다. 첫째는, 웨슬리의 글에서 반복적으로 나타나는 좁은 의미의 정의로, 여기에는 칭의와 중생 및 확신이 포함되지 않는다. 이미 살펴본 대로 이 정의는 종의 영과 일치한다. 둘째는, 웨슬리의 글에서 드물게 나타나는 넓은 의미의 정의로, 위에서 언급한 예외적인 경우에 해당된다. 이 정의는 칭의와 중생은 포함하지만 확신은 포함하지 않는다. 흥미롭게도 이 두 번째 정의에서, 종의 신앙은 칭의와 중생을 포함한다는 점에서 분명히 그리스도인의 구원의 신앙이지만, 웨슬리는 이 신앙이 확신을 결여하고 있기에 이 신앙을 올바른 기독교 신앙이라고 말하지 않는다. 이

45　같은 책, 5:103 (to James Morgan, September 3, 1768).

46　더 나아가 웨슬리는 1768년 3월 28일 러더포스 박사에게 보낸 편지에서 "오랫동안 나는 하나님께 용납된 사실을 아는 것이 칭의에 필수적이라고 생각하지 않았습니다"라고 적었다. Telford, *Letters*, 5:359 참조. Lycurgus M. Starkey, Jr., *The Work of the Holy Spirit: A Study in Wesleyan Theology* (Nashville: Abingdon Press, 1962), 68-69도 보라.

구분은 아주 미묘하지만 매우 중요하다. 이 장의 나머지 부분에서 별다른 언급 없이 "종의 신앙"이라는 말을 사용할 때는 좁은 의미로 사용할 것인데, 이 좁은 의미는 웨슬리 구원론의 정수를 담고 있다. 지금까지 웨슬리가 확신과 관련해 내린 구분을 세 가지로 정리하면 다음과 같다.

하나님 자녀의 신앙 (참 기독교)	종의 신앙 (좁은 의미)
A. 양자의 영 B. 성령의 증거 C. 칭의 및 중생 D. 성화의 은혜 → 성령의 증거	A. 종의 영 B. 성령의 증거 결여 C. 칭의 및 중생 결여 D. 죄 → 성령의 증거 결여(대다수)
종의 신앙: 예외적인 경우 (넓은 의미)	
A. 종의 영 아래 있지 않음 B. 성령의 증거 결여 C. 칭의되고 하나님에게서 남 D. 연약성 → 성령의 증거 결여(예외적이고 소수)	

하나님의 종의 신앙을 일반적인 경우와 예외적 경우로 구분한 것이 유용하고 정확하다는 점은 각 경우와 관계된 인원수를 살펴봄으로써도 입증된다. 예를 들어, 율법적 상태에서 하나님을 두려워해 의를 행하는 하나님의 종은 소수가 아닌 다수다. 사실 웨슬리는 "종의 신앙"이라는 표현을 매우 광범위하게 적용해 율법적 상태에서 죄에 대한 자각 아래 있는 사람을 가리켰다. 예를 들어, 1746년의 연회록은 "누가 이면적(내면적) 유대인입니까?"(롬 2:29)라고 질문한 후 "하나님의 종으로서 두려움 때문에 성심을 다해 하나님께 순종하는 사람입니다. 그러나 이면적 그리스도인은 하나님의 자녀로서 사랑 때문에 성심을 다해 하나님

께 순종하는 사람입니다"[47]라고 대답했다. 또 사도행전 10:35("각 나라 중 하나님을 경외하며 의를 행하는 사람은 다 받으시는 줄 깨달았도다") 주해에서 "모든 나라에서 하나님을 두려워하고 의를 행하는 사람은 … 하나님께 용납받는다. 그는 비록 그리스도를 알지 못하더라도 그리스도를 통해 … 기록된 하나님의 말씀과 규례를 알든 알지 못하든 하나님의 은혜 속에 있다"[48]고 언급한 데서 알 수 있듯, 웨슬리는 많은 경우 하나님을 두려워해 의를 행하는 하나님의 종을 좀 더 광범위하게 정의했다.

다른 한편, "예외적 경우"는 다수가 아니라 소수다. 위에서 언급한 "일반적 교리를 소수의 예외에 기초해 세우는 것은 위험합니다"[49]라고 한 웨슬리의 표현을 상기해보라. 또 "자기 죄를 용서받았다는 분명한 확신이 없는 사람이 칭의의 상태에 있을 수 있습니까?"라는 질문에 웨슬리가 "나는 그런 경우가 있을 수 있다고 믿습니다"[50]라고 대답한 것을 기억해보라. 그 차이는 중요하다.

1771-1791년

웨슬리는 1771년이 되기까지 모든 의심과 두려움을 내쫓는 충만한 확신을 의심과 두려움이 뒤섞인 초기적 확신과 구분했다.[51] 그는 종의 신

---

47 Jackson, *Works*, 8:287-88, "연회록." 『신약성서주해』에서 행 10:35을 주해하면서 웨슬리는, 종의 신앙이 타종교 전통을 포함한다고 암시했다! 그렇다면 웨슬리가 사용한 "종의 신앙"은 매우 넓은 범위를 포함한다.

48 같은 곳.

49 같은 책, 8:293.

50 Telford, *Letters*, 3:163 (Richard Tompson, February 18, 1756).

51 웨슬리의 충만한 확신의 교리에 관한 두 가지 중요한 자료를 살펴보려면 Outler,

앙에 관해서나, 종의 신앙을 가진 사람이 하나님께 받은 빛과 은혜로 인해 어느 정도까지 하나님께 용납되는지에 관해서도 좀 더 잘 이해하게 되었고, 예외적인 경우 사람이 칭의 받았음에도 불구하고 인간의 연약성으로 인해 확신을 갖지 못할 수 있음도 알게 되었다. 그럼에도 웨슬리가 삶의 마지막 시기에 발전시킨 주제는, 확신을 진정한 그리스도인의 신앙과 강하게 동일시하는 것이었다.[52] 따라서 웨슬리가 1740년대에 견지하던 확신에 대한 견해를 수정한(웨슬리는 분명 그렇게 했다) 후로는 더 이상 참된 그리스도인의 신앙에 확신이 꼭 필요하다고 생각하지 않게 되었다고 잘못 주장하는 사람들은, 사실상 다음의 인용구를 설명할 길이 없다. 설교 "삼위일체에 대하여"에 나오는 웨슬리의 주장을 살펴보자.

> 그러나 나는 (요한의 말씀처럼) "하나님의 아들을 믿는 자가 자기 안에 증거를 가지기"(요일 5:10) 전에, 또 "성령이 친히 우리 영으로 더불어 우리가 하나님의 자녀인 것을 증거하시기"(롬 8:16) 전에, 달리 말해 성부 하나님께서 성자 하나님의 공로를 통해 그를 용납하셨다는 사실을 성령 하나님께서 증거하시기 전에, 사람이 무슨 수로 기독교 신자가 될 수 있는지 알지 못합니다.[53]

Sermons, 3:549, "값없이 주시는 은총"과 4:36, "믿음의 발견에 대하여"를 참조하라.

52   웨슬리는 1774년에 조셉 벤슨에게 보낸 편지에서 "많은 사람이 죄를 정복하지 못하고, 하나님의 내적인 나라를 전혀 알지 못하고, 성령의 열매가 전혀 없으면서도 자신을 신자라고 합니다"라고 하면서 "죄짓는 기독교"를 비판했다. Telford, *Letters*, 6:65 (to Joseph Benson, January 8, 1774).

53   Outler, *Sermons*, 2:385, "삼위일체에 대하여."

마찬가지로, 웨슬리는 1787년 1월에도 "그리스도께서 나를 위해 자신을 주셨음을 믿는 것이 그리스도인의 신앙입니다"[54]라고 주장하고, 1년 후에는 또 다시 종의 신앙과 자녀의 신앙을 분명히 구분했을 뿐 아니라, 확신은 올바른 그리스도인의 신앙을 구성하는 필수요소라고 주장했다. 히브리서 11:6("믿음이 없이는 하나님을 기쁘시게 하지 못하나니 하나님께 나아가는 자는 반드시 그가 계신 것과 또한 그가 자기를 찾는 자들에게 상 주시는 이심을 믿어야 할지니라")을 본문으로 하는 설교 "믿음에 대하여(1)"에서 그는 다음과 같이 설명한다.

> 자녀의 신앙을 적절히, 직접적으로 말하면 거룩한 확신입니다. 모든 하나님의 자녀는 이 확신에 의해 "내가 사는 것은 나를 사랑하사 나를 위해 자기 몸을 버리신 하나님의 아들을 믿는 믿음 안에서 사는 것"(갈 2:20)이라고 고백할 수 있게 됩니다. 이 신앙을 가진 사람마다 "성령이 친히 우리 영으로 더불어 우리가 하나님의 자녀인 것을 증거"(롬 8:16)하십니다.[55]

더 중요한 사실은, 학자들이 자주 인용하는 내용으로서 웨슬리가 1788년 멜빌 혼에게 보낸 편지를 보면, 그는 이 동일시함과 강조에서 조금도 후퇴하지 않았다는 점이다. 웨슬리는 이 편지에서 하나님의 종은 확신을 결여했다는 이유로 정죄를 받지는 않는다고 했는데, 이는 지금까지 잘 알려져온 내용이다. 그러나 웨슬리는 거기서 더 나아가 "지금까지 언제나 해온 것처럼 우리는 확신을 하나님의 자녀의 일반적 특

---

54 Telford, *Letters*, 7:361-62 (to Theophilus Lessey, January, 1787).
55 Outler, *Sermons*, 3:497-98, "믿음에 대하여(1), 히 11:6."

권으로 설교합니다"[56]라고 역설했는데, 이 뒷부분을 학자들은 자주 놓쳐버린다.

이 주제에 대한 더 깊은 논의는 "예외적인 경우"를 어떻게 볼 것인지와 관련된다. 가능한 한 가지 방법은, 예외적인 경우를 좁은 의미의 종의 신앙과 동일시하는 것이다. 두 경우 모두 확신을 결여하기 때문이다. 그러나 이것은 사실상 칭의되고 거듭난 사람을 그렇지 못한 사람과 동일시하는 것이 된다. 따라서 이 방법은 웨슬리가 평생 이따금씩 수정은 했지만 언제나 변함없이 주장해온 참된 기독교의 기준을 낮추어버릴 뿐 아니라,[57] 하나님의 자녀와 하나님의 종 사이의 질적인 차이를 설명하지 못하게 되는 잘못된 결과를 가져온다. 그런 주장은 1780년대의 원숙한 웨슬리가 참된 기독교를 어떻게 정의했는지를 의도적으로 무시할 때만 가능하다.

가능한 두 번째 방법은, 우리가 이미 해온 것처럼 수적으로 매우 드문 "예외적 경우"를 하나님의 자녀와 연결하는 것이다. 두 그룹 모두가 칭의되고, 하나님에게서 났으며, 죄책과 죄의 권세로부터 자유하게 되

---

56 Robert Southey, *The Life of Wesley; and Rise and Progress of Methodism* (London: Longman, Brown, Green, and Longmans, 1846), 1:258. 웨슬리가 확신을 하나님 자녀의 일반적 특권으로 주장한 것은, 신자가 신생 후에 의심과 두려움이 뒤섞인 확신조차 갖지 못하는 경우는 매우 드물다는 점을 시사한 것이다.

57 영국 모라비아교도들의 영향으로 구원을 그리스도인의 완전과 동일시한 후로 "거의 그리스도인과 온전한 그리스도인"에 대한 웨슬리의 이해가 큰 변화를 겪었다는 것은 부인할 수 없다. 그러나 웨슬리가 참되고 올바르며 진정한 기독교를 신생의 표적보다 못한 상태로 정의했다는 주장은 부인해야 한다. 이 중요한 주제를 더 살펴보려면 Kenneth J. Collins, "Real Christianity as Integrating Theme in Wesley's Soteriology: The Critique of a Modern Myth," *The Asbury Theological Journal* 51, no. 2 (Fall 1996): 15-45를 보라.

었기 때문이다. 이 방법은 여러 면에서 웨슬리의 생각을 반영해 그리스
도인의 삶에 대한 웨슬리의 높은 기준을 유지하고, 첫 번째 방법으로는
불가능했던 1725년 이후부터 죽을 때까지 웨슬리가 한결같이 강조한
참된 기독교라는 주제를 계속 견지하는 다행스런 결과를 가져온다. 참
된 기독교라는 주제는 웨슬리의 기본적인 신학적 입장을 나타낼 뿐 아
니라, 그가 후손에게 남긴 풍부한 유산 중에서도 매우 중요한 것이다.

부연: 웨슬리 구원론의 핵심 주제—"참된 기독교"

여러 미국 감리교 학자의 책을 보면, 후기 웨슬리는 무엇이 "참된 기독
교"인지에 대해 이전에 가졌던 견해를 수정하거나 심지어 부인했다고
주장한다. 예를 들어, 알버트 아우틀러는 웨슬리의 올더스게이트 체험
125주기에 "웨슬리가 올더스게이트 체험으로 '진정한 그리스도인'이 된
것은 아니다"[58]라고 함으로써, 비록 이 문제에 대해 완전히 결론이 난 것
은 아니더라도, 대체로 학계가 인정하지 않는 주장을 펼쳤다. 좀 더 재
밌는 변화로 시어도어 제닝스는, 웨슬리가 종으로서 하나님을 섬겼는
지 자녀로서 섬겼는지의 문제는 그를 이해하는 데 어떤 차이도 가져오
지 않는다는 주장을 통해, 웨슬리가 말한 참된 기독교가 무엇인지에 대
한 논의 자체를 불필요하게 만들어버렸다.[59] 랜디 매덕스는, 올더스게
이트에 대한 지금까지의 "지배적"이고 규범적인 해석, 즉 1738년의 체

---

58   Albert C. Outler, "Beyond Pietism: Aldersgate in Context," *Motive* (May 1963), 12.
59   Theodore W. Jennings, "John Wesley Against Aldersgate," *Quarterly Review* 8, no. 3 (Fall 1988), 16.

험으로 웨슬리가 "신앙 이전의 도덕주의자에서 참된 기독교 신자"로 회심했다는 해석은 잘못된 것이라며 거듭 비판했다.[60] 최근에는 존 콥이 충분한 근거도 없이 웨슬리는 올더스게이트 이전에도 진정한 그리스도인이었다고 주장했다.[61]

이런 현대적 재평가가 중요한 근거로 삼는 것은, 웨슬리가 1766년에 동생 찰스에게 보낸 "우울한" 내용의 편지다. 거기서 웨슬리는 "나는 하나님을 사랑하지 않고, 한 번도 사랑한 적이 없다. 그렇기에 기독교적인 의미 그대로의 믿음을 전혀 가지고 있지 않다. 따라서 나는 단지 정직한 이교도나 성전을 찾는 순례객(행 8:27)처럼 단지 '하나님을 두려워하는 한 사람'일 뿐이다"[62]라고 말한다. 올더스게이트에 대한 재평가의 또 다른 근거는, 웨슬리가 1774년에 자신의 일지를 수정한 내용이다. 거기서 그는 (1) 그리스도인의 확신에 대해 좀 더 "세밀하게" 발전된 견해를 나타내고, (2) 하나님의 "종의 신앙"과 "자녀의 신앙"을 중요하게 구분하면서, 자신이 초기에 사용한 '거의 그리스도인'이라는 표현을 수정한다.

비록 이러한 수정이 웨슬리의 구원론에 중요한 변화를 가져온 것은 분명하지만, 최근의 연구는 그 정도에서 그치지 않고 웨슬리가 종국에는 '거의 그리스도인'과 '온전한 그리스도인'의 구분을 없애버렸다는 주

---

60 Randy Maddox, ed., *Aldersgate Reconsidered* (Nashville: Kingswood Books, 1990), 13.

61 John B. Cobb, Jr., *Grace and Responsibility: A Wesleyan Theology for Today* (Nashville: Abindgon Press, 1995), 64.

62 Telford, *Letters*, 5:16 (Charles Wesley, June 27, 1766). 이 인용구에서 웨슬리는 이 시기에도 여전히 그리스도인의 신앙을 하나님을 두려워하는 사람의 신앙과 구분하고 있음을 주목하라.

장으로까지 나아간다. 비록 잘못된 것임에도 오늘날 일부 감리교 학자들이 일반적으로 받아들이는 견해는, 웨슬리가 노년에 확신과 종의 신앙 개념을 발전시키면서 참된 기독교라는 용어를 완전히 버렸거나 확신이라는 말의 의미를 축소해 종의 신앙까지 포함하는 의미로 사용했다는 주장이다. 그러나 곧 살펴보겠지만 훨씬 많은 증거가 이러한 주장과 전혀 다른 결론을 제시한다.

웨슬리가 1766년에 쓴 편지 전체와 그가 이후에 수정한 일지 내용은 내가 전에 쓴 논문에서 이미 다루었기에[63] 여기서는 최근의 연구가 대체로 간과하는 참된 기독교라는 주제에 초점을 맞추고자 한다. 참된 기독교라는 주제를 바르게 이해하는 것은 그 자체로도 가치가 있지만, 웨슬리의 구원론 특히 그리스도인의 확신 및 종의 신앙에 대한 그의 생각을 바르게 해석하는 일에도 매우 중요하다.

나는 역사적인 정확성을 기하기 위해 1725년부터 1791년까지의 기간을 세 주요 시기로 구분해 참된 기독교라는 신학적 주제를 살펴볼 것이다. 이러한 노력의 결과로 우리는 웨슬리 신학 전체에서 나타나는 내면적 기독교의 특징과 영성의 중요성, 그리고 올바른 기독교 신앙에 대한 높은 평가를 다시금 새롭게 이해하게 될 것이다.

---

63 Kenneth J. Collins, "The Continuing Significance of Aldersgate", *Quarterly Review* 8 (Winter 1988): 90-99를 보라. 이 논문은 Theodore W. Jennings, Jr., "John Wesley Against Aldersgate", *Quarterly Review* 8 (Fall 1988), 3-22에 대한 응답이다. 이 논문에 대한 제닝스의 답변은 뒷부분인 100-105페이지에 나온다. Collins, "Other Thoughts on Aldersgate: Has the Conversionist Paradigm Collapsed?" *Methodist History* 30, no. 1 (October 1991): 10-25도 보라.

1725-1747년, "참된 기독교" 주제에서의 중요한 변화

웨슬리는 젊었을 때조차도 영국 국교회같이 거대한 국가 교회가 그들 나름의 신앙으로 수적 우월성을 점했을 뿐 그들 대부분이 명목상 기독교로 존재했음을 알고 있었다. 18세기 사람들에게 영국 국민으로 태어나는 것은 곧 기독교인이 되는 것과 같은 것이었다. 그러나 웨슬리는 일찍이 기독교의 목표나 목적이 성결에 있음을 분명히 발견한 1725년 이후로 영국 사람의 일반적인 생각에 반대했다. 예를 들어, 웨슬리는 어머니 수잔나에게 보낸 편지에서 존 그리피스에 대해 말하면서 "그가 온전한 그리스도인이 되도록 내가 도울 수 있게 해달라고 요청한 적이 있는데, 저는 그가 이미 반 이상 설득당한 것을 알 수 있었습니다"[64]라고 적고 있다. 이 젊은 아들은 몇 년 후인 1734년에 아버지 사무엘에게 보낸 중요한 편지에서, 신앙의 골칫거리는 "선량한 무리, 자칭 미지근한 그리스도인, 종교에 큰 관심은 가지고 있으나 그 본질에는 무지한 사람"[65] 이라고 불평했다.

　　웨슬리는 조지아에 있는 동안 (특히 호킨스 여사에게, 호의적인 방식으로) 거의 그리스도인과 온전한 그리스도인을 구분했을 뿐 아니라,[66] 복음을

64　Baker, *Letters*, 25:209 (to Mrs. Susanna Wesley, January 24, 1726/27).

65　같은 책, 25:400 (to Rev. Samuel Wesley, Jr., December 10, 1734). 웨슬리는 비록 영국 국교회의 충직한 아들이었지만, 국가교회가 자주 종교와 정치를 연결한 나머지 종교에 해를 끼치는 것에 비판적이었다. 또 웨슬리는 자신의 글 여러 곳에서 이런 불행한 현상의 기폭제가 된 콘스탄틴 황제를 비판했다. Jackson, *Works*, 6:261; 7:26, 164, 276 참조.

66　성찬을 받고자 하는 바람을 표현한 호킨스 여사에 관해 웨슬리는 다음과 같이 기록했다. "나는 거의 그리스도인이 아니라 온전한 그리스도인이 되고자 하는 그분의 신실한 소원을 더 이상 의심하지 않는다." Ward and Heitzenrater, *Journal and Diaries*, 18:339 (January 12, 1736) 참조.

매우 풍부하고도 온전하게 선포함으로써 그의 설교를 들었던 한 사람은 "만약 이것이 기독교라면, 그리스도인은 알렉산드로스 대왕보다 더 큰 용기를 갖고 살 수 있음이 분명하다"[67]고 기록하기도 했다. 웨슬리가 은 혜로운 구원의 하나님을 만난 1738년에 "오, 기독교란 얼마나 높고 거룩한 것인가! 그런데 현재의 기독교는 그것으로부터 얼마나 먼가!"[68]라고 외친 것은 놀랄 일이 아니다. 그러나 웨슬리가 참된 기독교 신앙에 필수적이라고 여긴 것이 무엇인지 처음으로 분명히 드러나는 곳은, 그가 1738년 10월 30일에 형 사무엘에게 보낸 편지다.

> 그리스도인이라는 말로 내가 의미하는 것은, 그리스도를 믿기에 죄가 더는 그를 지배하지 못하는 사람입니다. 이 분명한 의미로 평가해보면, 나는 지난 5월 24일까지는 그리스도인이 아니었습니다. 그때까지 나는 비록 죄와 끊임없이 싸웠지만 죄의 지배를 받고 있었습니다. 그러나 그 후로는 지금까지 죄가 더 이상 나를 지배하지 못합니다. 이것은 그리스도 안에서 하나님께서 값없이 주신 은혜입니다.[69]

---

67 같은 책, 18:499-500 (April 17, 1737). 특히 이러한 반응을 일으킨 것은, "하나님께로부터 난 자마다 세상을 이기느니라 세상을 이기는 승리는 이것이니 우리의 믿음이니라"(요일 5:4)는 웨슬리의 성경적 선포였다.

68 Telford, *Letters*, 1:251 (to Samuel Wesley, Jr., July 7, 1738).

69 같은 책, 1:264 (to Samuel Wesley, Jr., October 30, 1738). 적어도 이 편지에서 나타나는 올더스게이트의 중요성은 확신이라는 문제보다 죄의 권세에서의 자유에 있었다(이 시기에 웨슬리는 "나는 내 마음에 부어진 하나님의 사랑으로서 성령의 인치심과 … 성령의 증거를 가지고 있지 않다. 나는 인내로 그것을 기다린다"고 주장했다). 웨슬리는 "나는 지금 하나님께서 값없이 주시는 자비로 신앙, 즉 구원과 죄를 이기는 승리를 가져오며 예수 그리스도를 통해 하나님 안에서 평화와 신뢰를 가져오는 어느 정도의 신앙을 누리고 있다"고 외친다.

확실히 웨슬리는 젊은 시절부터 참된 그리스도인이 되는 일에 매우 깊은 관심을 가졌기에, 1739년에는 과거를 돌아보면서 자신이 조지아에 가서 힘든 선교사역을 한 것과 그 후 헤른후트의 모라비아교도들을 방문한 것 모두가 "그리스도인이 되려는 소원"[70] 때문이었다고 말한다

지금까지의 자료를 보면 참된 기독교에 대한 웨슬리의 초기 정의는 분명 18세기 영국에서 전형적이었던 명목상의 기독교를 뛰어넘어 칭의와 신생 같은 필수적인 요소를 포함했다. 그러나 참된 기독교에 대한 그의 정의는 기준이 너무 높았다. 예를 들어, 웨슬리는 1739년 1월 4일 일지에 다음과 같이 기록했다.

나는 지난 20년 동안 끊임없이 모든 은혜의 방편을 사용해왔지만 그리스도인이 아니다. 나는 다른 모든 신앙은 가지고 있지만 "마음을 정결케 하는 신앙"을 가지지 못했다. 진실로 진실로 네게 말하지만 나는 "거듭나야" 한다. 만약 내가, 그리고 네가 거듭나지 않는다면, 우리는 "하나님 나라를 볼 수 없다."[71]

이때 웨슬리는 분명 악한 성품과 감정이 완전히 사라져 그것으로부터 자유를 얻는, 온전히 성화된 사람의 특징을 신생의 특징으로 혼동하고 있었다. 이러한 혼동이 더 일찍부터 있어왔음을 보여주는 증거는, 젊은 선교사로서 웨슬리가 조지아에서 돌아온 후 모라비아교도들에게서 배운 것을 되새기는 가운데 표현한 소원에서 발견된다. "나는 신앙을 가

70 같은 책, 1:285 (to James Hervey, March 20, 1739).
71 Ward & Heitzenrater, *Journal and Diaries*, 19:31 (January 4, 1739).

진 사람이라면 스스로 그것을 자각하지 않을 수 없는 그런 신앙을 원한
다. … 그런 신앙을 가진 사람은 누구든 '죄에서 자유하게'(롬 6:22) 되고,
그 안에서 '죄의 몸은 완전히 파괴'(롬 6:6) 된다."[72]

참된 기독교에 대한 동일한 혼동이 몇 년 후 1741년에 작성한 설교
"거의 그리스도인"에서도 나타난다. 이 설교에서 묘사된 온전한 그리스
도인의 특징은 하나님의 자녀보다는 사랑 안에서 온전하게 된 사람의
특징이라고 보는 것이 더 적절하다.

> 이 신앙을 가진 사람은 누구나 그 속에 거하시는 하나님의 능력으로 "마음
> 이 깨끗하게 되어" 교만과 분노, 정욕, "모든 불의", 육체와 영혼의 모든 더
> 러움에서 깨끗하게 됩니다. … 이 신앙, 즉 "사랑으로써 역사하는 믿음"(갈
> 5:6)을 가진 사람은 누구나 거의 그리스도인이 아니라 온전한 그리스도인
> 입니다.[73]

웨슬리가 이 설교에서 "온전한 그리스도인"에 대해 설명한 많은 부
분이 나중에 수정되지만, 1740년대에 쓴 웨슬리의 글에서 참된 기독교
라는 주제가 끊임없이 등장하는 점에서 알 수 있듯이, 이 시기의 웨슬리
에게 참된 기독교는 매우 중요한 주제였다. 예를 들어, 웨슬리는 1746
년에 "메소디스트의 원리에 대한 추가 설명"에서 영국 국민은 다 유아
세례를 받았기에 모두가 그리스도인이라는 주장에 반대한다. 웨슬리는
다소 신랄한 어조로 자신의 생각을 말한다. "노골적인 술주정뱅이나 습

---

72 같은 책, 18:216 (February 1, 1738).
73 Outler, *Sermons*, 1:139, "거의 그리스도인."

관적으로 저속한 말을 하는 사람을 성경적인 그리스도인이라고 할 수
없는 것처럼, 그들도 성경적인 그리스도인이 아닙니다."[74] 다음 해에도
웨슬리는 같은 주제를 반복하면서 "그리스도인이라는 이름을 가진 많
은 사람이 외적인 행위나 예배형식 같은 종교의 일부를 마치 전부인 양
오해합니다"[75]라는 말로 비성경적 기독교를 경계했다.

　이 초기에 웨슬리가 명목상의 그리스도인을 진정한 그리스도인에
게서 구별해내는 기준을 세우려 노력한 것은 옳았다. 그러한 기준은 18
세기 부흥운동을 성공으로 이끄는 일에 매우 중요하게 작용했다. 그러
나 문제는 기준을 너무 높이 두었다는 데 있다.

1748-1770년, "참된 기독교" 주제의 발전

존 웨슬리가 깊이 몰입한 참된 기독교라는 주제는, 역사적으로 독일
경건주의자인 요한 아른트(Johann Arndt)와 슈페너(Philipp Jakob Spener),
그리고 프랑케(August Hermann Francke)의 글을 떠올리게 한다. 예를 들
어, 아른트는 웨슬리보다 한 세기 전에 자신의 책 『진정한 기독교』(True
Christianity, 은성 역간)에서 개인의 신앙은 개혁되어야 하고, 진부한 지성주
의는 거부되어야 하며, 교리적 편협성은 비난받아야 하고, 성화의 중요
성이 강조되어야 함을 역설했는데, 웨슬리는 1749년에 아른트의 이 책
을 자신의 "기독교총서"(A Christian Library) 시리즈의 첫 권으로 출판했다.[76]

74　Davies, *Societies*, 225, "메소디스트의 원리에 대한 추가 설명." 이 시기의 진정한
　　기독교에 대한 다른 언급을 살펴보려면 Ward & Heitzenrater, Journal and Diaries,
　　19:198, 318와 Telford, Letters, 2:267, Davies, Societies, 228를 참조하라.

75　Baker, *Letters*, 26:229 (to John Smith, March 25, 1747).

76　Johann Arndt, *True Christianity*, trans. Peter Erb (New York: Paulist Press, 1979).

아른트의 책 시작 부분을 통해 경건주의자들이 그리스도인의 삶의 실천을 얼마나 강조했는지 주목해보자.

> 친애하는 그리스도인 독자들께, 거룩한 복음이 우리 시대에 심각하고 부끄럽게 왜곡되고 있다는 사실은, 불경건한 사람들의 회개 없는 삶을 통해 충분히 입증되고 있습니다. 그들은 입으로만 그리스도와 그의 말씀을 찬양할 뿐, 삶으로는 마치 기독교 세계가 아닌 이교 세계에 사는 사람들인양 비기독교적인 삶을 살고 있습니다.[77]

웨슬리 역시 유사한 방식으로 명목상의 그리스도인 또는 "말뿐인 그리스도인"에게 경고한 사실은 1755년의 일지에 나오는 다음의 내용이 잘 보여준다.

> 우리는 양식과 신앙이 있는 사람으로 알려진 한 사람과 함께 저녁 시간을 보냈다. 이 무슨 타락의 증거인가! 감히 말하지만 이 사람은 모든 교양교육을 받았다는 장점이 있음에도 불구하고 마치 세 살짜리 아이가 대수학을 알 리 만무한 것만큼 사랑의 종교인 성경적 기독교를 전혀 알지 못하고 있다.[78]

초기 독일 경건주의자들이 존 웨슬리의 사상에 미친 영향을 더 자세히 살펴보려면 Kenneth J. Collins, "The Influence of Early German Pietism on John Wesley," *The Covenant Quarterly*, 48, no. 4 (November 1990): 23-42를 참조하라.

77   같은 책, 21.

78   Curnock, Journal, 4:124 (July 17, 1755).

이 시기의 웨슬리는 유럽의 경건주의처럼 참된 기독교를 내면적 종
교, 즉 중생한 신자가 가지는 마음의 기질이나 성품과 연결했다.[79] 예를
들어, 웨슬리는 설교 "산상수훈(6)"에서 그리스도께서는 "우리에게 참
된 기독교를 이루는 영혼의 기질, 즉 "거룩함이 없이는 아무도 주를 보
지 못하리라"(히 12:14)고 하신 그 거룩함에 포함된 내적인 성품이 어떤
것인지 가르쳐주셨습니다"[80]라고 강조했다. 참된 기독교와 신자의 내면
의 연결은 누가복음 17:21("하나님 나라는 너희 안에 있느니라")에 대한 설명
에서 더욱 강조되어 있다. 이 설명에서 웨슬리는 하나님 나라가 현존하
는 곳은 "모든 참된 신자의 영혼"[81]일뿐 아니라, "그 나라는 영적인 나라

---

79 웨슬리의 중생의 교리에 대한 일부 현대적 해석이 가진 문제점은, 중생을 최소한
신생과 연결해야 마땅함에도, 은총의 단계에 대한 메소디스트 지도자의 설명을 오
해한 결과, 신생이 아니라 선행은총과 연결하는 데 있다. 그러면 중생의 개념이 지
나치게 넓어져 심지어 회개하지 않은 죄인에게도 역사하는 은총의 초기적 회복의
활동 및 다양한 기능의 회복까지 중생에 포함시키게 된다. 예를 들어, 이런 주장을
하는 대표적인 학자로 랜디 매덕스는 "웨슬리는 신생 전에도 매우 중요한 중생의
단계로 선행은총이 보편적이고 초기적으로 중생시키는 효과를 가지고 있음을 강
조했다"고 말했다. 그러나 웨슬리는, 비록 중생의 여러 단계를 가정한 것은 사실이
지만, 사람들이 때로 오해하듯 중생의 가장 낮은 단계를 선행은총과 연결한 것이
아니라, 신생 및 죄를 이기는 권세와 연결했다. 신생 및 죄를 이기는 권세 같은 특
징은 아직 각성되지 않은 죄인의 특징으로 볼 수 없다. Maddox, *Responsible Grace*,
159 참조. 중생의 단계에 대한 웨슬리의 설명을 살펴보려면 Davies, Societies, 64
와 Jackson, *Works*, 11:421, Ward & Heitzenrater, *Journal and Diaries*, 19:32, Albert
C. Outler, ed., *John Wesley, The Library of Protestant Thought* (New York: Oxford
University Press, 1964), 140를 참조하라.

80 Outler, *Sermons*, 1:572-73, "산상수훈(6)." 웨슬리의 내적 종교에 대한 이해 및
내적 종교와 진정한 기독교 사이의 연결에 대해서는, 그 연결을 실제적으로 부인한
제닝스의 "John Wesley Against Aldersgate"라는 글과 비교해 보라. Jennings,
"Against Aldersgate," 3-22 참조.

81 웨슬리, 『신약성서주해』, 눅 17:21. 웨슬리의 롬 14:17 주해도 참조하라. 거기서
웨슬리는 "참된 종교는 외적 규율 준수에 있지 않고, 마음에 새겨진 하나님의
형상으로서 의로움 속에 존재한다"고 말한다.

로 내적인 것"[82]이라고 말한다. 이 외에도 웨슬리는 마태복음 13:28("주인이 이르되 '원수가 이렇게 하였구나', '종들이 말하되 그러면 우리가 가서 이것을 뽑기를 원하시나이까') 주해에서 또 다시 내면적 종교와 참된 기독교를 연결하는데, 이번에는 좀 더 분명하게 "외적인" 그리스도인과 노골적 죄인을 구분한다. "교회 안에서 가라지는, 적절히 말하면 경건의 모양은 있으나 경건의 능력은 없는 외면적 그리스도인을 말한다. 노골적 죄인은 경건의 모양과 능력을 모두 갖추지 못했기에, 적절히 말하면 엉겅퀴나 가시떨기처럼 가라지로 불릴 자격도 없다."[83] 노골적인 죄인이 경건의 모양과 능력 모두를 갖지 못했다면, 외면적 그리스도인은 경건의 모양은 있으나 능력이 없다. 그러나 참된 그리스도인은 경건의 모양과 능력 모두를 가진 사람이다.

1748-1770년 사이에 나타난 두 번째 강조점은, 웨슬리가 "거의 그리스도인", "온전한 그리스도인"이라는 용어를 좀 더 확장된 의미로 사용하게 되었다는 점이다. 웨슬리의 글에서 그러한 수사가 완전히 없어졌다고 오해하는 사람들이 있지만, 그렇지 않다. 단지 수정되었을 뿐이다. 예를 들어, 웨슬리는 1760년에 존 트렘바스에게 "반드시 그 능력을 회복해 온전한 그리스도인이 되어야 합니다. 그렇지 않으면 당신은 곧

---

82   같은 곳. 내면적 종교의 결정적 중요성을 마음의 기질과 성품 면에서 탁월하게 다룬 연구로는 Gregory S. Clapper, *John Wesley on Religious Affections: His Views on Experience and Emotion and their Role in the Christian Life and Theology* (Metuchen, NJ: Scarecrow Press, 1989)와 "Orthokardia: The Practical Theology of John Wesley's Heart Religion," *Quarterly Review* 10 (Spring 1990), 49-66를 보라.

83   같은 책, 마 13:28.

경건의 모양과 능력 모두, 내적인 경건과 외적인 경건 모두를 잃게 될
것입니다"[84]라고 충고한다. 이 외에도 1762년의 일지에서는 "'거의 그
리스도인이 아니라 온전한 그리스도인이 되기를' 바라고 소원하며 진
지하게 결심한 서른에서 마흔 명 정도의 회원"[85]을 뉴타운에 남겨두고
떠났다고 기록했다. 몇 년 후 웨슬리는 메들리에 머무는 동안 "자기를
부인하고 자기 십자가를 지고 '온전한 그리스도인'이 되기로 결심한 한
전통적인 메소디스트"[86]와 재회해 다시 대화를 나눔으로 큰 위안을 받
았다.

이 중간기 동안 웨슬리가 참된 기독교에 관해 발전시킨 세 번째 강
조점은, 그리스도인은 "자기 스스로를 지키는 동안에는 … 죄를 범하지
않는다"[87]는 주장으로, 이는 그의 영국 국교회 동료들을 매우 놀라게 했
다. 웨슬리는 사실 1748년의 설교 "신생의 표적"과 "하나님께로부터 난
자의 특권"에서 그리스도인이 "자기 스스로를 지키는 동안에는 … 죄를
범하지 않는다"는 신생의 기준을 낮추는 데 반대했다. 예를 들어, 웨슬

---

84 Telford, *Letters*, 4:103 (to John Trembath, August 17, 1760). 웨슬리에게서
    칭의와 중생이 어떻게 회심과 연결되는지에 대한 연구로는 Bernard G. Holland,
    "The Conversions of John and Charles Wesley and Their Place in Methodist
    Tradition," *The Proceedings of the Wesley Historical Society* 38 (1971): 45-53, 65-71
    를 참조하라.

85 Ward & Heitzenrater, *Journal and Diaries*, 21:361 (April 21, 1762).

86 같은 책, 21:481 (July 21, 1764). 이 내용을 웨슬리가 1767년 3월 26일에「로이드 이
    브닝 포스트」(Lloyd's Evening Post)지의 편집자에게 보낸 편지와 비교해 보라. 이
    편지에서 웨슬리는 "참된 메소디스트"가 되는 것이 진정한 그리스도인이 되는 것
    이라고 설명함으로 그 둘을 연결한다. "이것이 우리 모임의 원리이자 실천입니다.
    이것이 참된 메소디스트(즉 내가 방금 설명한 참된 그리스도인)의 표징입니다."
    Ward & Heitzenrater, *Journal and Diaries*, 22:72 (March 4, 1767).

87 Telford, *Letters*, 3:172 (to William Dodd, March 12, 1756).

리는 전자의 설교에서 "우리를 중생하게 하는 신앙의 즉각적이고 지속적인 열매는 … 죄를 이기는 권세, 즉 모든 종류의 외적 죄를 이기는 권세입니다"[88]라고 주장했다. 후자의 설교에서는 "'하나님께로부터 난 사람은 누구나' 기도와 감사로 믿음과 사랑에 거하는 동안에는 죄를 '범하지 않을' 뿐 아니라 '범할 수 없습니다'(요일 3:9). … 그는 어떤 하나님의 계명도 고의로 깨뜨릴 수 없습니다"[89]라고 선언한다.

1760대에 웨슬리는 참된 기독교에 대한 이러한 기준을 유지하면서 (연합 신도회의 일반 규칙대로) 모든 죄를 삼가고, 기회가 될 때마다 은혜의 방편을 활용하며, 모든 선을 행하는 사람도 "여전히 이교도에 불과할 수 있다"[90]고 주장했다. 또 1768년에 로렌스 코울란에게 보낸 편지에서는 "많은 사람이 자신이 칭의를 받았다고 생각하지만, 사실상 그렇지 않습니다"[91]라고 주장함으로써 이 주제의 심각성을 깨닫고 주의를 기울여야 함을 지적했다.

웨슬리가 이 시기에 관심을 기울인 다른 요소에는, 자신의 옥스퍼드 시절에 대해 언급한 두 가지가 포함된다. 예를 들어, 그는 옥스퍼드 메소디스트들이 함께 모인 목적이 "서로를 격려해 참되고 성경적인 기독교로 나아가게 하려는 것"[92]이었다고 말할 뿐 아니라, 1769년에 쓴 편지

---

88   Outler, *Sermons*, 1:419, "신생의 표적."

89   같은 책, 1:436, "하나님께로부터 난 자의 특권."

90   Jackson, *Works*, 10:365, "근본에 대한 강타." 물론 이 말은 참된 기독교의 기준이 단지 연합 신도회의 규칙을 준수하는 것보다 더 높다는 사실을 의미한다. Davies, Societies, 69-73 참조.

91   Telford, *Letters*, 5:102 (to Lawrence Coughlan, August 27, 1768).

92   같은 책, 4:120 (to Mr. J. H. alias Stephen Church, December 12, 1760). 더 나아가 웨슬리는 "메소디스트라 불리는 사람들에 대한 평이한 해설"에서 메소디스트는 오직 하나 "온전하고, 성경적이며, 이성적인 그리스도인이 되는 것"을 목적 삼는다

에서는 "내가 옥스퍼드에 있을 때 두려워한 것은 오직 하나, 거의 그리스도인으로 남게 되는 것뿐이었습니다"[93]라고 밝힌다. 더 나아가 명목상의 기독교와 참된 기독교의 구분은 점차 정형화되기 시작해, 웨슬리는 이제 반쪽 그리스도인, 반쪽 메소디스트라는 표현을 사용하게 되었다! 웨슬리가 1764년에 레이디 막스웰에게 보낸 편지에서 한 말을 살펴보자. "나는 당신이 이름을 붙인다면 반쪽 메소디스트라고 부를 수밖에 없는 그들에게 신경 쓰지 않기 바랍니다. 한 손으로는 그리스도를 붙잡고 다른 한 손으로는 세상을 붙들려고 애쓰는 그들에게 신경쓰지 마십시오. 나는 당신이 온전한 그리스도인이 되기를 바랍니다."[94]

1771-1791년, 찬연히 빛난 "참된 기독교" 주제

존 웨슬리가 시몬스 호를 타고 조지아로 항해할 때, 맹렬한 대서양의 폭풍으로 젊고 패기 있는 선교사가 죽음의 공포에 내몰렸던 이야기는 메소디스트 역사가들과 신학자들에게 잘 알려져 있다. 그러나 잘 알려지지 않은 점은, 노년의 웨슬리가 죽음 앞에서도 두려워하지 않는 사람을 진정한 그리스도인으로 가르쳤다는 사실이다. 예를 들어, 웨슬리는 1772년 12월 27일 일지를 다음과 같이 시작한다.

> 나는 경제적으로는 부유하면서도 "종의 영"으로 인해 죽음의 공포로 완전히 불행해진 한 사람과 같이 식사했다. 그에게 이런 상태가 찾아온 것은 어떤

고 주장한다. Telford, *Letters*, 5:153-54 (to Mary Bishop, November 5, 1769) 참조.

93 같은 책, 5:137 (to Joseph Benson, May 27, 1769).

94 같은 책, 4:263-64 (to Lady Maxwell, September 22, 1764).

외적인 수단에 의해서가 아니라 하나님의 성령의 직접적인 만지심에 의한 것이었다. 그가 성령의 역사를 뿌리치지만 않는다면 "양자의 영"을 받는 좋은 일이 있을 것이다.[95]

웨슬리는 1773년 6월 8일 커민스 양에게 보낸 편지에서 이를 더욱 강조해 참된 기독교를 죽음의 위협에도 두려워하지 않는 것과 분명하게 연결했다. "서두르십시오! 바로 지금 그리스도인, 참된 성경적 그리스도인이 되십시오! 당신은 '아닙니다. 나는 이미 그리스도인입니다'라고 말할지 모릅니다. 그러나 내겐 두려움이 없습니다(내가 얼마나 자유롭게 말하는지 보십시오). 그리스도인은 죽기를 두려워하지 않습니다. 당신도 그렇습니까? 당신은 세상을 떠나 그리스도와 함께하기를 소원하십니까?"(빌 1:23)[96]

이처럼 1770년대에 노년의 웨슬리가 참된 그리스도인은 죽기를 두려워하지 않는다고 확언했다면, 조지아에 있을 때 그를 두려워하게 만든 것은 무엇이었는가? 대서양의 끔찍한 폭풍우를 떠올려보라!

이 마지막 시기에 웨슬리가 참된 기독교의 특징으로 설명한 또 하나의 요소는 "그리스도의 마음을 품고 그리스도께서 행하셨던 대로 행하

---

95 Ward & Heitzenrater, *Journal and Diaries*, 22:357 (December 27, 1773).

96 Telford, *Letters*, 6:30-31 (to Miss Cummins, June 8, 1773). 강조는 내가 덧붙인 것이다. 이 시기의 특징으로서 웨슬리는 커민스 양에게도 그녀가 "죄를 이기는 권세"를 가졌는지 물었다. 그가 거의 그리스도인과 온전한 그리스도인을 계속 구분한 예를 살펴보려면 1772년 3월 17일 일지를 보라. "명목상" 신자라는 용어의 사용에 관해서는 1772년 8월 12일자 일지의 시작 부분을 보라. 웨슬리가 1777년에 페이션스 엘리슨에게 보낸 편지도 보라. 여기서 그는 거의 그리스도인과 온전한 그리스도인의 구분을 외적 그리스도인 및 내적 그리스도인과 연결한다. Ward & Heitzenrater, *Journal and Diaries*, 22:311, 22: 345; Telford, *Letters*, 6:274 참조.

는 것"[97]이다. 달리 말해, 참된 그리스도인은 하나님의 풍성한 은혜로 그 내면적이고 외면적인 삶이 모두 변화된 사람이다. 웨슬리는 "새로운 감각과 생각과 열정과 성품을 가지지 못한 사람은 결코 그리스도인이 아니다"[98]라고 충고한다. 1773년에 아일랜드에 있을 때 웨슬리는 2만 명의 가톨릭교도와 5백 명의 개신교인이 살던 골웨이(Galway) 시민들에 관해 다음과 같이 자문한 적이 있다. "그러나 그중 누가 그리스도인가? 그리스도의 마음을 가지고 그가 행하신 대로 행하는 자가 아닌가?"[99] 이 질문과 대답은 참된 그리스도인에 대한 웨슬리의 높은 기준을 보여주기에 충분하다. 1776년에 웨슬리는 자기 나라 국민에 대해 "일반적인 영국 기독교인은 이슬람교도나 다른 이교도들만큼이나 기독교의 구원[그리고 그로 인한 내적 변화]을 알지 못한다"[100]며 안타까움을 표현했다. 그로부터 2년이 지난 후 메리 비숍에게 보낸 편지에서는 복음의 중심에 있는 것이 무엇인지 다음과 같이 분명하게 설명했다.

---

97   Outler, Sermons, 2:467, "불법의 신비."

98   같은 책, 4:175, "하나님 없는 삶에 대하여."

99   Ward & Heitzenrater, *Journal and Diaries*, 22:367 (May 13, 1773). 같은 해에 웨슬리는 헨리 8세, 올리버 크롬웰, 심지어 교황 섹스투스 퀸투스의 기독교를 문제 삼는 것 이상은 하지 못했다. Ward & Heitzenrater, *Journal and Diaries*, 22:384 (July 13, 1773) 참조. 웨슬리가 진정한 기독교를 그리스도의 마음을 갖는 것과 연결한 다른 곳을 살펴보려면, Outler, *Sermons*, 2:467, "불법의 신비"를 참조하라.

100 Telford, *Letters*, 6:201. 괄호 내용은 내가 덧붙인 것이다. 이상하게도 이 시기에 어떤 사람들은 내적인 변화에 반대하고 모든 강조점을 사회적 변혁에만 두었다. 웨슬리는 기독교가 이렇게 황폐하게 된 것에 대해 다음과 같이 응답했다. "'사회적 삶을 규제하는 것이 종교의 단 하나의 목적'이라는 것은 매우 이상한 주장입니다. 나는 그런 상상조차 해본 적이 없습니다. 그러나 이신론자들은 그런 주장에 동의할 것입니다." Telford, *Letters*, 6:205 (to Mary Bishop, February 4, 1776) 참조.

판단력도 없고 은혜도 모르는, 방자하고 스스로 부족한 줄 모르는 짐승들이 그리스도와 그의 보혈 및 이신칭의를 외치도록 내버려두고, 그들의 설교를 들은 사람들이 "얼마나 훌륭한 복음 설교인가!"라며 외치도록 내버려두십시오. 확실히 메소디스트들은 그리스도를 이같이 배우지 않았습니다(엡 4:20). 우리는 죄에서 구원하지 못하는 어떤 복음도 알지 못합니다.[101]

더 나아가 1780년대에 웨슬리는 명목상의 그리스도인과 진정한 그리스도인의 구분을 계속 강조하면서, 설교 "신생"에서 우리에게 익숙해진 표현을 사용해 명목상의 그리스도인은 "경건의 모양은 있으나 경건의 능력은 가지지 못한 자"[102](딤후 3:5)라고 지적했다. 웨슬리 자신이 언제 참된 그리스도인이 되기로 결심했는지를 알 수 있는 열쇠는, 그의 후기 설교 "세상과 분리된다는 것은 무엇을 의미하나"(1784)에서 발견된다. 이 설교에서 그는 또 다시 "하나님께서 내게 명목상의 그리스도인이 아니라 참된 그리스도인이 되고자 하는 확고한 결심을 주시기를 기뻐하셨을 때 약 스물다섯 살이었던 내 지인들은 나만큼이나 하나님에 대해 무지했습니다"[103]라는 말을 통해 1725년의 중요성을 설명했다.

---

101 같은 책, 6:326-27 (to Mary Bishop, October 18, 1778).

102 Outler, *Sermons*, 2:501, "새로운 창조"; 3:152, "세상과 분리된다는 것은 무엇을 의미하나"를 보라. 웨슬리가 이 시기에 "거의 그리스도인"이라는 표현을 사용한 예를 살펴보려면, Telford, *Letters*, 7:267, 8:127와 Curnock, *Journal*, 8:48를 보라. "명목상의 그리스도인"이란 표현의 예는 Outler, *Sermons*, 2:501과 3:452-53를 보라. "성경적" 그리스도인이라는 표현의 예는 Telford, *Letters*, 8:112와 Jackson, *Works*, 7:287-88를 보라.

103 같은 책, 3:152, "세상과 분리된다는 것은 무엇을 의미하나." 몇 년 전인 1780년에 웨슬리는 참된 기독교와 행복을 강하게 연결했다. 예를 들어, 그는 설교 "영적 예배"에서 "오직 그리스도인만이 행복하다. 오직 진정한 내면적 그리스도인만이 그러하다"고 선언한다. Outler, *Sermons*, 3:99-100, "영적 예배" 참조.

웨슬리는 더 이른 시기에 옥스퍼드 메소디스트들에 대해 회상한 것
과 마찬가지로, 1786년에 헨리 브룩에게 보낸 편지에서도 옥스퍼드 메
소디스트들의 계획은 오직 "성경적 그리스도인"이 되는 것이었다고 공
언했다.[104] 웨슬리는 다음 해에 행한 설교 "옛날에 대하여"에서도 옥스
퍼드 홀리클럽의 목적은 오직 서로를 도와 "참된 그리스도인"이 되게 하
는 것이었다고 밝혔다.[105] 그러나 웨슬리의 노년의 이 시기에 나타난 가
장 현저한 특징은, 참되고 성경적인 기독교를 신생 및 믿음, 소망, 사랑
같은 신생의 표적과 강하게 동일시한 데 있었다. 예를 들어, 웨슬리는
설교 "보이는 것으로 행하는 것과 믿음으로 행하는 것"(1788)에서 다음
과 같이 기록했다.

"이는 우리가 믿음으로 행하고 보는 것으로 행하지 아니함이로라"(고후 5:7).
이 말씀은 참된 그리스도인에 대한 설명으로 얼마나 간단한지요! 그러면서도
얼마나 부족함이 없는지요! 이 말씀은 하나님께로부터 나서 죽어 아브라함의
품에 안기기까지 참된 그리스도인의 총체적인 경험을 모두 포함하고 있고,
또 잘 요약하고 있습니다. 여기서 "우리"는 누구를 말합니까? 모든 진정한
그리스도인 신자입니다. "유대교" 신자가 아닌 "그리스도인" 신자입니다.
하나님의 종이 아닌 하나님의 자녀입니다.[106]

---

104 Telford, *Letters*, 7:331 (to Henry Brooke, June 14, 1786).

105 Outler, *Sermons*, 3:452-453, "옛날에 대하여." 웨슬리의 "최근에 있었던 현상에 관
    한 생각"도 보라. 이 글에서 웨슬리는 옥스퍼드 메소디스트들의 목표는 "성경적
    그리스도인"이 되는 것이었음을 밝힌다. Davies, *Societies*, 535, "최근에 있었던 현
    상에 관한 생각" 참조.

106 같은 책, 4:49, "보이는 것으로 행하는 것과 믿음으로 행하는 것." 이 노년의 시기에
    웨슬리가 종의 신앙을 기독교 신앙이 아닌 유대교 신앙(또는 율법적 신앙)과 연결
    한 사실을 주목하라.

일년 후인 1789년에 웨슬리가 진정한 기독교를 중생, 즉 하나님의 자녀 됨과 강하게 동일시한 사실 역시 놓쳐서는 안 된다. 그는 설교 "단순한 눈에 대하여"에서 "그리스도인, 즉 참되고 내면적이며 성경적인 그리스도인이 되는 것은 얼마나 위대한 일입니까! 하나님의 뜻에 그 마음과 삶으로 복종하는 그리스도인! 누가 이러한 일에 적합합니까? 오직 하나님께로부터 난 사람뿐입니다"[107]라고 선포한다.

지금까지의 증거는 웨슬리가, 1740년 이후 자신이 이전에 가졌던 확신에 대한 견해를 수정한 후나, 1766년에 동생 찰스에게 "우울한" 편지를 보낸 후에도, 1774년 일지에서 이전의 주장을 "수정"한 뒤에도, 외형으로만 순종하는 명목상의 그리스도인이 아니라 하나님의 은혜로 성결과 능력 속에서 변화 받은 참된 그리스도인이 되는 것의 중요성을 변함없이 강조했음을 보여준다.

---

107 같은 책, 4:121-22, "단순한 눈에 대하여." 웨슬리는 비록 지속적인 기쁨을 신생과 연결한 영국 모라비아교도들과 거리를 두었지만, 노년에는 분명 어느 단계에서만큼은 그러한 연결을 주장하게 되었다. 이는 1790년에 조카 사라 웨슬리에게 다음과 같이 말한 데서도 드러난다. "언제나 활기찬 것이 그리스도인의 성품이란다. … 참된 그리스도인은 그렇게 하는 것이 자신의 의무임을 아는 것이지. 어떻게 보면 그것이 항상 기뻐하는 것(살전 5:16)이란다." Telford, *Letters*, 8:234 (to Sarah Wesley, August 18, 1790).

6 장

은혜에 의해
믿음으로 얻는 성결

중생은 비록 매우 소중한 은혜의 역사지만, 더 광범위한 성화의 과정에서는 시작에 불과하다. 중생이나 초기의 성화는 그리스도인의 삶의 궁극적 목표로서 우리가 창조 시 가졌던 하나님의 형상을 온전히 회복하는 데 다가서는 중요한 사건이지만, 이 다가섬이 결코 최종적인 것은 아니다. 중생은 더 광범위한 성화의 과정의 중요한 일부분을 형성하는데, 성화는 하나님께 대한 사랑을 풍성하고도 힘 있게 인간의 마음에 불어넣음으로써 불신앙과 교만, 자기 고집과 세상에 대한 사랑 같은 악한 성품을 제거하고 신실함과 겸손, 온유와 오래 참음 같은 거룩한 성품을 함양한다. 이렇게 하나님의 영광이 그 속에서 빛나도록 인간의 마음을 씻고 정화하는 과정은 구원의 본질 그 자체다.

은혜

이 책 전체에서 잘 드러나는 것처럼, 웨슬리는 은혜의 역사를 "영원 속에 거하시는 높고 거룩하신 하나님의 불멸의 묘사"[1]로서 도덕법과 밀접하게 연결한다. 하나님께서 은혜로 그 자녀가 나아가게 하시는 하나님

---

1   Outler, *Sermons*, 2:9, "율법의 기원, 본성, 속성 및 용법."

의 형상이 어떤 것인지는 도덕법, 특히 산상수훈에 잘 나타나 있다. 예를 들어, 웨슬리는 『신약성서주해』에서 "그러므로 하늘에 계신 너희 아버지의 온전하심과 같이 너희도 온전하라"는 마태복음 5:48 말씀을 주해하면서 다음과 같이 적는다.

> 하나님의 모든 명령을 요약한 후 하나의 약속을 통해 그 모든 것이 이루어질 것임을 보증하는 이 말씀은 얼마나 지혜롭고 또 은혜로운가! 이 얼마나 적절한 복음의 약속인가! 그것은 바로 하나님께서 그의 모든 율법을 우리의 마음에 두시고 우리의 마음에 새기신다는 약속(렘 31:33)이다! 하나님께서는 우리가 불신앙 가운데서 "이것을 행하는 것은 불가능합니다!"라고 외칠 것을 잘 알고 계셨다. 그래서 모든 것을 하실 수 있는 하나님의 능력과 진리와 신실함으로 그 말씀을 확증하셨다.[2]

믿지 않는 사람에게는 하나님의 형상이 온전히 회복된다는 것이 믿을 수 없는 일로 보일 것이다. 그러나 이는 정결케 하시며 능력을 부으시는 하나님의 은혜로 신자의 마음에 이루어질 소중한 약속이다. 웨슬리는 "우리가 주의해야 할 것은, 한 번도 하나님의 은혜를 구하지도 않으면서 자신의 고의적 불순종에 대해 '나는 아무것도 할 수 없습니다'라는 핑계를 대는 것에서 그치는 거짓 겸손입니다"[3]라고 경고한다. 하나님의 형상의 회복은 사람이 하나님의 은혜에 반응하고 협력함이 없이는 이루어지지 않는다. 이미 살펴본 대로, 양심과 어느 정도의 의지의

---

2   웨슬리, 『신약성서주해』, 마 5:48.

3   Outler, *Sermons*, 3:208, "우리 자신의 구원을 성취함에 있어서."

자유 같은 기능을 회복시킨다는 면에서 선행은총은 불가항력적으로 주어지는 것이다. 그러나 성화의 은혜는 그렇게 불가항력적으로 주어지는 것이 아니다. 웨슬리 신학이 언제나 하나님의 주도권을 더 강조하면서도 신인협력적 요소를 가지고 있다는 사실은, 이 주제에 관한 중요한 설교 "우리 자신의 구원을 성취함에 있어서"(1785)에서 분명히 드러난다. 웨슬리는 이 설교에서 신생에서 시작되는 하나님의 성화시키시는 은혜는 하나님께 반응할 수 있는 능력을 신자 속에 창조함으로써 그들이 은혜 안에서 성장하게 할 뿐 아니라, 꼭 그래야만 할 의무를 부과한다고 주장한다.

> 첫째, 하나님께서는 여러분 안에서 일하십니다. 그러므로 여러분은 일할 수 있습니다. 하나님께서 여러분 안에서 일하지 않으시면, 여러분은 일할 수 없을 것입니다. 하나님께서 일하지 않으신다면, 여러분이 자신의 구원을 위해 노력하는 것은 불가능합니다.
>
> 둘째, 하나님께서는 여러분 안에서 일하십니다. 그러므로 여러분은 일해야 합니다. 여러분은 "하나님과 함께 일하는 동역자"(고전 3:9)여야 합니다 (이 표현은 사도가 사용한 그대로입니다). 만약 여러분이 일하지 않는다면, 하나님께서도 일하기를 멈추실 것입니다.[4]

이 말이 드러내는 것은, 영적 성장과 발전에 대한 웨슬리의 이해는 하나님께서 은혜를 불어넣으심으로 인간에게 하나님의 은혜에 반응할

---

4 같은 책, 3:206, 208. Jackson, *Works*, 10:254에 실린 "신중하게 숙고한 예정"의 설명도 보라.

능력과 책임을 부과하셨음을 강조한 점에서, 하나님의 은혜의 가치를 손상시킬 것을 지나치게 두려워한 나머지 인간의 활동의 중요성을 약화시킨 다른 신학들과 분명한 차이가 있다는 사실이다. 일부 다른 신학자들과 달리 웨슬리는 영적인 조언과 지도를 할 때 명령법을 사용하는 것을 주저하지 않았다. 그의 신학적 언어는 "열심을 다하라", "애쓰라", "노력하라" 등과 같이 인간이 하나님께 반응해야 함을 강조하는 말을 포함하지만, 그럼에도 인간의 공로에 대한 흔적이 전혀 나타나지 않는다. 이는 웨슬리 자신의 표현대로, "자신의 기뻐하시는 뜻을 따라" 우리 안에서 행하시는 분이 전능하신 하나님이시기 때문이다(빌 2:13).[5]

그 외에도 웨슬리는, 만약 신자가 하나님의 계속적인 은혜에 지속적으로 반응하지 않는다면 현재적 은총의 선물이 유지될 수 없다는 사실을 깨달았다. 그는 "그러므로 이미 하나님께서 주신 은혜 안에서 향상됨 없이는 은혜를 유지할 수 없습니다"[6]라고 지적한다. 클라렌스 벤스가 바르게 지적한 것처럼, 웨슬리의 구원의 길의 특징은 숨김없이 목적론적(teleological)이다.[7] 즉 구원의 길 중 어느 지점에 있든 그 지점에서 필요한 것은, 거기서 만족해 멈추어 서는 것이 아니라 계속 "나아가는" 것이다. 은혜를 깨닫는 것은 그 자체로 가치 있는 일이지만, 은혜를 아는 것과 동시에 새로운 책임이 부과된다는 사실 역시 깨달아야 한다. 웨슬리에 의하면, 하나님께서 그 자비로 우리에게 더 많은 은혜를 부어주실수록, 우리는 그 은혜 안에서 향상되어야 할 더 큰 책임을 갖는다. 웨슬리

---

5   같은 책, 3:202, "우리 자신의 구원을 성취함에 있어서."

6   Ward & Heitzenrater, Journal and Diaries, 21:499 (January 31, 1765).

7   Clarence Bence, *John Wesley's Teleological Hermeneutic* (Ann Arbor, Mich.: University Microfilms International, 1982), 18-19 참조.

는 1765년 일지에서 "우리가 더 큰 은혜를 받을수록 더 많은 주의와 노력을 기울이는 것이 필요하다"[8]고 지적한다.

구원의 길의 이러한 목적론적 성격에 관심을 갖는 것은, 더 광범위한 웨슬리의 구원론 속에서 그리스도인의 완전 교리가 가진 가치와 기능을 이해하는 데 필요하다. 사실 그리스도인의 완전은 그리스도인의 삶의 목표이면서, 동시에 그 목표를 이루기 위한 중요한 원동력이 된다. 다시 말해, 그리스도인의 완전은 그리스도인의 삶의 목적이면서, 동시에 우리가 더 전진해야 한다고 지시하는 명령이기도 하다. 예를 들어, 웨슬리는 1765년에 존 플레처에게 보낸 편지에서 "완전을 사모하지 않는 사람과 대화한 것이 내게 유익했던 적은 거의 없습니다"[9]라고 적었다. 몇 년 후 1772년에는 프란시스 울프에게 보낸 편지에서 현재의 영적 건강을 위해서라도 그리스도인의 완전이 얼마나 소중한지를 다음과 같이 말한다. "어디에서든 신자에게 '완전을 향해 나아가라'고 강하게 권고하십시오. 그러지 않으면 그들은 이미 받은 은혜조차 지켜내지 못할 것입니다."[10] 앞으로 전진하지 않는 것은, 이미 받은 은혜를 그대로 가지고 있는 것이 아니라 사실은 퇴보하고 있는 것이다. 현재의 상태에 계속 머물러 있을 수 있는 방법은 이 세상에 없다.

---

8   같은 곳.

9   Telford, *Letters*, 5:83 (to John Fletcher, March 20, 1768).

10 같은 책, 5:346-47 (to Francis Wolfe, November 22, 1772). 웨슬리가 메리 스토크스에게 보낸 편지도 보라. 이 편지에서 그는 "당신 안에 있는 하나님의 은사를 북돋우십시오"라고 격려한다. Telford, *Letters*, 5:288 (to Mary Stokes, November 9, 1771) 참조.

회개

신자는 때로 칭의와 중생의 은혜를 받고 나면 하나님의 구원 사역이 자기 영혼에 이미 완성된 것은 아닌지 오해하기 쉽다. 이러한 태도를 가진 사람은 불신앙과 자기 고집, 하나님을 배반하려는 욕망이 다시 자기 영혼에 강하게 밀려오는 것을 느낄 때 매우 놀란다. 달리 말해, 하나님의 자녀는 비록 죄의 지배 아래 있지는 않더라도 여전히 자기 속에 죄가 있다는 것을 느낀다. 조금 다른 관점에서 보면, 신자는 자신의 남은 영적 여정 동안 은혜 안에서 지속적으로 성장할 것이기에 다시 죄를 깨닫거나 회개한다든지, 또 다른 확신을 갖게 된다든지, 아니면 영적으로 또 다른 극적인 순간을 맞이하지는 않을 것이라는 잘못된 결론을 내린다. 그러나 이러한 판단은 매우 잘못된 것이다. 웨슬리는 사람들이 자주 오해하는 것처럼 회개는 단회적인 것이 아니라 이중적인 것이라고 거듭 가르쳤다. 첫 번째 회개는 칭의 이전의 회개로서 "자신의 죄를 철저히 깨닫는 것"[11]이다. 두 번째 회개는 칭의 이후, 완전성화 이전에 이루어지는 회개로서 "그 마음과 삶이 모든 죄에서 돌이켜 모든 거룩함으로 변화되는 것"[12]이다. 웨슬리는 첫 번째 회개를 율법적 회개, 두 번째 회개를 복음적 회개로 불렀다.

　　이 두 회개를 비교하면 존 웨슬리의 구원의 교리가 가진 중요한 특징이 드러난다. 두 회개는 서로 유사하면서도 다르다. 웨슬리는 "우리가 '복음을 믿은' 후에는 또 다른 회개와 믿음이 필요합니다. 여기서 회

11　웨슬리, 『신약성서주해』, 마 3:8.
12　같은 곳.

개와 믿음은 이전의 것과 다르지만, 완전히 다르지는 않습니다"[13]라고 설명한다. 웨슬리의 회개의 교리를 바르게 이해하기 위해서는 함께 뒤섞여 있는 이 유사점과 차이점을 구분해 낼 수 있어야 한다.

먼저, 우리가 현재 다루는 복음적 회개는 율법적 회개와 유사하다. 이는 두 회개가 모두 상당한 자기 이해를 포함하기 때문이다. 각각의 회개에서 사람들은 자신의 죄를 깨달음으로써 거룩하신 하나님 앞에서 자신을 더 잘 이해하게 된다. 웨슬리는 메소디스트 설교자의 아내였던 제인 그린의 영적 체험 이야기를 전하면서 다음과 같이 기록한다. "그녀가 두 번째로 자신의 죄를 깨달은 한 시간 동안 어둡거나 무거운 마음을 가진 것은 아니었습니다. 그녀는 단지 표현하기 힘든 방식으로 자신의 어리석음과 공허함과 무가치함을 느꼈을 뿐입니다."[14] 더 나아가 "이전의 믿음과 회개가 하나님 나라에 들어가기 위해 필요했던 것같이"[15] 이 복음적 회개는 우리가 은혜 안에서 계속 서 있고 또한 더욱 성장하기 위해 필요하다.

다른 한편, 율법적 회개와 복음적 회개에는 중요한 차이점이 있는데, 이는 신자가 은혜 안에서 성장해 구원의 과정 중 한 지점에서 다른 지점으로 옮겨가면서 생기는 "구원론적 간격"에 기인한다. 웨슬리는 설교 "성경적 구원의 길"(1765)에서 다음과 같이 설명한다.

---

13   Outler, *Sermons*, 1:336, "신자의 회개."

14   Telford, *Letters*, 4:72 (to Mr. Jones, August 22, 1759). 복음적 회개에 대한 다른 현저한 두 가지 예를 살펴보려면, Ward & Heitzenrater, *Journal and Diaries*, 21:344 (November 28, 1761)와 439 (November 15, 1763)를 참조하라.

15   Outler, *Sermons*, 1:336, "신자의 회개."

칭의 이후의 회개는 칭의 이전의 회개와 아주 다릅니다. 칭의 이후의 회개는 죄책이 없고, 저주와 하나님의 진노를 느끼지 않는 가운데 이루어집니다. 이 회개는 하나님의 은혜에 대한 의심이나 "고통스러운 공포"에서 나오는 것이 아닙니다. 적절히 말하면 이 회개는 우리 영국 국교회가 가르치는 것같이 성령의 역사로, 우리 마음에 여전히 "남아 있는 죄"와 … "육적인 생각"을 깨닫게 되는 것입니다. … 이 회개는 악으로 기우는 우리의 성향 및 "타락으로 기울어지는" 우리의 마음을 자각하는 것입니다.[16]

여기서 말하는 두 회개의 차이점은 웨슬리의 죄 교리를 통해 가장 잘 드러난다. 이미 하나님께로부터 난 사람이 회개해야 하는 죄는 자범죄가 아니다. 칭의 신앙 안에 바르게 머물러 있다면 그는 더 이상 죄의 다스림 아래 있지 않기 때문이다. 그가 회개해야 하는 죄는, 칭의 받은 신자의 마음에 여전히 남아 있는 타고난 죄, 육적인 본성, 원죄이다.

웨슬리는 타고난 죄 또는 내적인 죄라는 말로 "정도의 차이를 막론하고 모든 교만, 자기 고집, 세상에 대한 사랑같이 죄 된 성품과 정욕과 감정 … 그리스도의 마음과 반대되는 모든 성품"[17]을 의미했다. 그는 타고난 죄와 자범죄의 구분에서 다음과 같은 실제적 의미를 이끌어낸다.

만약 내가 분노를 느끼더라도 거기에 잠시라도 굴복하지 않았다면 죄책은

---

16 같은 책, 2:164-65, "성경적 구원의 길."

17 같은 책, 1:320, "신자 안에 있는 죄." 웨슬리의 죄에 대한 이중적 이해란, 그가 죄를 행위뿐 아니라 상태로도 이해했음을 의미한다. 상태로서의 죄는 하나님과의 관계 왜곡으로 인한 우리 본성의 부패에서 기인하며, 이 상태의 죄에서 실제적인 죄가 흘러나온다.

전혀 없습니다. 그 일로 하나님의 저주를 받지는 않습니다. 이 경우 죄는 힘이 없습니다. 죄는 "성령을 거스르지만"(갈 5:17) 이기지는 못합니다. 그러므로 수없이 많은 경우 죄책이나 권세를 갖지 못한 죄가 있을 수 있습니다.[18]

그렇다면 구원은 단 한 번의 중요한 사건으로만 이루어지는 것도 아니고, 점진적이고 알아차리기 힘든 변화의 연속으로만 이루어지는 것도 아니다. 구원에는 은총의 첫 번째 역사도 필요하지만, 그것과 구별되는 두 번째 역사도 필요하다. 사실상 은총의 "두 번째" 역사라는 개념을 처음 주창한 사람은 웨슬리 자신이지, 미국의 성결운동이 아니다. 그의 편지에서 발췌한 다음 내용이 이 사실을 잘 보여준다.

우리는 자신이 '두 번째 축복'(the second blessing)을 받았다고 생각하는 사람들의 말을 지나치게 믿어서도, 경시해서도 안 됩니다[1757년, 토마스 올리버스에게 보낸 편지].[19]

나는 한 속회 모임에서 지난 5주 동안 여섯 사람이 죄 용서를 받았고, 한 밴드 모임에서 다섯 사람이 '두 번째 축복'을 받았다고 믿습니다[1761년, 크로스비 여사에게 보낸 편지].[20]

오래된 메소디스트 교리를 절대 부끄러워하지 마십시오. 모든 신자에게 완

---

18   같은 책, 1:331.

19   Telford, *Letters*, 3:212 (to Thomas Olivers, March 24, 1757).

20   같은 책, 4:133 (to Mrs. Crosby, February 14, 1761).

전으로 나아가라고 촉구하십시오. 어디서든 '두 번째 축복'은 단순한 신앙에 의해 한순간에 받을 수 있으며, 바로 지금 받을 수 있음을 강조하십시오[1772년, 사무엘 바슬리에게 보낸 편지].[21]

모든 믿는 사람에게 더 이상 지체 말고 서둘러 '두 번째 축복'을 받도록 권면하십시오. 그리고 뒤로 물러나지 말고 참으로 하나님을 경외하는 모든 자에게 그가 당신의 영혼을 위해 행하신 일을 선포하십시오[1772년, 제인 살켈드에게 보낸 편지].[22]

하나님께서 당신에게 적절한 의미에서 '두 번째 축복'을 주신 것이 매우 확실합니다. 그가 당신을 쓴 뿌리에서, 자범죄뿐 아니라 타고난 죄에서도 구원하셨습니다[1774년, 바톤 여사에게 보낸 편지].[23]

분명히 사람들이 '두 번째로 자신의 죄를 깨달을' 때까지, 곧 그들이 타고난 죄를 깨닫고 거기서 구원을 얻기 위해 깊이 신음할 때까지, 우리는 그들에게 현재적 성화가 이루어졌다고 말할 필요가 없습니다[1775년, 안 볼튼에게 보낸 편지].[24]

확실히 웨슬리의 신학 용어에서 "두 번째"라는 말은 매우 중요했다.

---

21 같은 책, 5:315 (to Samuel Bardsley, April 3, 1772).

22 같은 책, 5:333 (to Jane Salkeld, August 9, 1772).

23 같은 책, 6:116 (Mrs. Barton, October 8, 1774).

24 같은 책, 6:144-45 (Ann Bolton, March 15, 1775).

"우리 주님께서 우리 마음에 두 번째로 '깨끗하라' 말씀하시기 전"[25]에는 영혼의 나병이 깨끗해질 수 없기 때문이다. 웨슬리는 다른 곳에서도 두 번째 축복이라는 순간적 요소에 관한 논쟁에 답하면서 다음과 같이 말한다.

> 만약 '두 번째의 변화'(second change)가 없다면, 즉 칭의 이후에 순간적 구원이 전혀 없고 오직 하나님의 점진적 역사밖에 없다면(하나님의 점진적 사역이 있다는 사실은 아무도 부인하지 않습니다), 우리는 죽을 때까지 죄로 가득한 상태에 있을 수밖에 없으며, 그 상태로 사는 것에 만족해야 할 것입니다.[26]

타고난 죄에 대한 이러한 깨달음은 여러모로 중요한데, 이 깨달음은 도덕법의 높고 깊은 차원을 신자의 마음에 적용하시는 성령의 사역으로 일어난다. 이 사실과 관련해 우리는 다시 한번 유사점과 차이점에 주의할 필요가 있다. 먼저, 도덕법의 효력은 율법적 회개와 복음적 회개에서 유사하게 정죄로 나타난다. 도덕법은 "그 눈이 정결하시므로 악을 차마 보지 못하시는"(합 1:13) 하나님과 죄 많은 인간이 너무나 다르다는 사실을 보여준다. 반면, 도덕법을 통해 깨닫는 죄가 어떤 죄인지는 율법적 회개에서와 복음적 회개에서가 뚜렷이 다른데, 이 차이는 또 다시 말하자면 두 회개 사이에서 일어나는 은혜 안에서의 성장에 기인한 것이다. 예를 들어, 다음의 인용구를 통해 자범죄를 깨달은 후부터 완전성화 전까지 도덕법에 어떤 용법이 있는지 살펴보자.

---

25   Outler, *Sermons*, 1:346, "신자의 회개."
26   같은 곳.

모든 신자가 율법, 즉 유대인의 의식에 관한 율법이나 모세의 율법시대 전체와 아무 관계가 없다고 인정합시다. [그리스도께서는 이러한 율법을 '폐하셨습니다'(히 7:18).] 그뿐 아니라, 우리는 "그리스도 예수 안에 있는 속량으로 말미암아 하나님의 은혜로 값없이 의롭다 하심을 얻은 자"(롬 3:24) 되었으므로 칭의를 얻기 위한 수단으로서 도덕법에서도 자유롭게 되었다고 인정합시다. 그러나 그것을 인정한다고 해도 우리는 또 다른 측면에서 이 도덕법과 아무런 관계가 없는 것이 아닙니다. 율법은 아직도 말로 다할 수 없는 유용성이 있기 때문입니다. 첫째, 율법은 우리로 하여금 여전히 우리 마음과 삶에 남아 있는 죄를 깨닫게 합니다. 이를 통해 율법은 우리가 그리스도를 계속 가까이하게 함으로써 그리스도의 피가 매 순간 우리를 깨끗이 씻어주시도록 하는 일을 합니다. 둘째, 율법은 우리의 머리 되시는 주님에게서 힘을 공급받아 그의 살아 있는 지체에게 들어가게 함으로써 (골 2:19) 주님께서 우리에게 명하신 것을 행할 능력을 부어주시게 하는 일을 합니다. 셋째, 율법은 주님이 명령하는 것이 무엇이든 우리가 아직 이루지 못했더라도, 더욱 은혜 위에 은혜를 받아 그가 약속하신 것 전체가 실제로 우리의 것이 될 것이라는 소망을 확증해 줍니다.[27]

간단히 말해, 죄의 책임이 해결되는 것이 칭의라면, 죄의 권세가 해결되는 것이 중생이고, 죄의 존재가 해결되는 것은 완전성화다. 따라서 성령과 도덕법은 그 각 부분에서 각각 수행해야 할 다른 역할을 가진다.

---

27   같은 책, 2:17, "율법의 기원, 본성, 속성 및 용법." 웨슬리는 이 설교에서 신자는 "자신의 마음도, 삶의 방식도 하나님 앞에서 옳지 못하다는 사실 및 그것이 자신으로 매 순간 그리스도께로 나아가게 한다는 사실"을 깨닫기 위해서라도 여전히 율법을 필요로 한다고 지적한다.

사회적 종교

이 시점에서 주의할 필요가 있는 것은, 완전성화로의 진전이 이루어질 수 있는 곳은 개인적인 장소나 세상과 격리된 어떤 곳이 아니라, 매우 사회적인 환경이라는 점이다. 웨슬리는 기독교는 "본질적으로 사회적 종교며 … 기독교를 은둔의 종교로 만드는 것은 사실상 기독교를 파괴하는 것입니다"[28]라고 재차 강조했다. 그러나 웨슬리는 이 주장으로 흔히 현대 미국 신학처럼 개인적 종교와 사회적 종교를 구분한 것이 아니다. 그는 단지 기독교는 "사회와 관계를 맺지 않고, 다른 사람과 함께 살아가면서 소통하지 않고는 존재할 수 없다"[29]는 사실을 바르게 지적했을 뿐이다. 웨슬리는 은둔형 기독교, 완전을 추구하려면 사막으로 나가야 한다고 가르치는 종교를 비판한 것이다. 따라서 그는 개인의 신앙, 인간의 마음 가장 깊은 곳에서 시작되는 내적인 신앙의 헤아릴 수 없는 가치를 부인하거나 평가절하한 것이 아니다. 사실 웨슬리는 설교 "산상수훈(4)"에서 기독교의 사회적 특징을 설명한 후, 기독교인에게든 이교도에게든 내면적 삶의 본질적 요소가 되는 유순함과 온유함 및 오래 참음같은 거룩한 성품을 함양하는 일에 사회가 얼마나 필요한지를 다음과 같이 분명하게 설명했다.

예를 들면, 온유한 성품보다 기독교에 더 본질적인 것은 없습니다. 그런데 온유한 성품이 하나님을 전적으로 의지하고 고통과 질병 속에서도 인내하는 것

---

28 같은 책, 1:533, "산상수훈(4)."

29 같은 책, 1:533-34.

을 의미하는 것이라면, 사막이나 수도원, 완전히 고립된 장소에서도 이 성품
이 존재할 수 있을 것입니다. 그러나 온유한 성품이 … 사람을 대할 때의 유
순함과 친절함 및 오래 참음을 의미한다면, 다른 사람과의 관계가 없는 곳에
서는 세상 어디든 이 성품이 존재할 수 없습니다. 이 점에서 온유함을 은둔
을 통해 가능한 덕으로 바꾸려는 것은, 세상에서 그것을 완전히 말살하려는
것이 되고 맙니다.[30]

그렇다면 웨슬리가 말하는 사회적 종교와 대조를 이루는 것은 은둔
형 종교이지, 사람들이 자주 오해하듯 개인적 종교가 아니다. 웨슬리는
당연히 자신이 비판한, 세상을 등지고 수도원에서 생활하는 것이 사람
을 거룩하게 할 수 있는지에 대해 미심쩍게 생각했다.

웨슬리는 영적으로 서로를 돌보아주는 적절한 공동체적 환경과 합
당한 목회적 돌봄의 중요성을 확신한 것과 마찬가지로, "사도처럼 훌륭
하게 설교한 후에 영적으로 각성한 사람들을 함께 묶어주지 않는 것은
… 마치 자식을 낳아놓고 살인자에게 내주는 것과도 같음"[31]을 잘 알고
있었다. 특히 그는, 유창한 설교자였지만 자신의 설교를 통해 영적 깨달
음을 얻은 양들을 안전한 우리 안에 넣어 보호하면서 성장시키는 조직
관리의 기술이 부족했던 조지 휘트필드가 범한 것과 동일한 실수를 하
지 않기로 단호히 결심했다. 그래서 나름대로 영적으로 성장하고 성숙
할 수 있는 적합한 환경을 제공하기 위해 메소디스트들 가운데 속회, 반
회, 선발 신도회와 같은 다양한 신도회를 조직했다.

---

30 같은 책, 1:534.

31 Ward & Heitzenrater, *Journal and Diaries*, 21:424 (April 25, 1763).

웨슬리가 조직한 이러한 신도회는 회원의 영적 성장에 따라 단계별로 나뉘어 각 회원의 필요를 채워주고 영적인 발전을 이루게 하는 일에 적합하게 되어 있었다. 예를 들어, 속회 참여는 메소디스트가 되려는 모든 사람에게 필수로 요구되었는데, 회원 자격을 위한 유일한 조건은 "앞으로 다가올 진노를 피하려는 열망"이었다. 웨슬리가 모라비아교도에게서 배운 반회는 선택적으로 가입하는 모임인데, 이 모임은 영적 성장을 자극하기 위해 자신의 상태를 면밀히 점검하고 고백할 수 있는 환경을 제공했다.[32] 반회에서의 친교와 나누는 내용의 민감성으로 인해 반회의 회원은 부득이 성별과 결혼 유무 등으로 구분되었다. 웨슬리가 마지막으로 도입한 선발 신도회는 선택적인 모임일 뿐 아니라, 메소디스트 목회구조에서 최상부 조직이었다. 이 모임은 그리스도인의 완전을 간절히 구하는 사람으로만 이루어졌다. 따라서 많은 메소디스트가 은총의 두 번째 사역을 기다린 것은 이 선발 신도회라는 공동체적 환경 속에서였다. 주님께서 두 번째로 그들의 마음에 "너는 깨끗하라"고 빈번하게 말씀하실 만한 곳이 바로 이 선발 신도회였다.

회개에 합당한 행위

앞 장에서 칭의 이전의 회개에 합당한 행위를 논의할 때, 이 행위는 어떤 의미에서는 구원을 위해 필요하지만 엄밀히 말하면 선하지 않다는 점에 주목했다. 그러나 완전성화 이전의 회개에 합당한 행위는 참으로 선한

---

32 "반회 모임의 규칙"은 이러한 신도회들의 성격을 파악하기에 좋은 자료다. Davies, *Societies*, 77-79 참조.

행위다. 그 행위를 가능케 한 것이 선행은총이 아니라, 하나님의 성화시
키시는 은혜이기 때문이다. 칭의 이후의 행위가 선하다는 말은 (아래에
서 살펴보겠지만) 시간과 기회가 된다면 그 행위가 반드시 필요하다는 의
미이기도 하지만, 그보다 더 중요한 것은, 칭의와 중생 자체가 결정적으
로 중요함을 강조하는 것이기도 하다. 3장에서 밝힌 것처럼, 칭의와 중
생은 그 은혜를 받기 전과 후를 구분 짓고, 선하지 않은 행위와 선한 행
위를 구분 지으며, 선행은총과 성화시키시는 은혜를 구분 짓기 때문이
다. 따라서 칭의와 초기의 성화는 실질적 의미에서 웨슬리의 구원의 길
에서 경계선이자 분수령이다.[33] 그러나 웨슬리 신학에서 지나치게 과정
적인 면만 강조하는 해석에서는 자주 이 구분이 모호해진다.

웨슬리는 자신의 글 전체에서 완전성화 이전에 회개에 합당한 행위
가 왜 필요한가를 세 가지 방법으로 설명한다. 첫 번째 방법은, 그의 논
문 "그리스도인의 완전에 관한 평이한 해설"에서 강조한 대로, 우리가
도덕법에 순종할 필요가 있음을 드러내는 것이다. 이 논문은 메소디스
트 연회에서 오간 대화를 다음과 같이 기록하고 있다.

질문   우리는 어떤 방법으로 완전성화를 기다려야 하는가?
대답   부주의하거나 무관심하거나 나태해 아무것도 하지 않으면서가 아니
       라, 열심을 다해 모든 면에서 순종함으로 모든 계명을 열심히 지키는
       가운데, 주의 깊게 경성하고 힘써 노력함으로 자신을 부인하고 자기

<hr>

33 "믿음에 의한 칭의", Outler, *Sermons*, 1:193 참조. 이 설교에서 웨슬리는 다음과 같
    이 말한다. "하나님께서 의도하시고 명령하신 대로 행하지 않은 모든 행위는 선하
    지 않습니다. 그런데 칭의 이전에 행한 행위는 하나님께서 의도하시고 명령하신 대
    로 이루어진 것이 아닙니다. 따라서 칭의 전에 행한 어떤 행위도 선하지 않습니다."

십자가를 지는 가운데 기다려야 한다.[34]

웨슬리 시대의 정적주의자들, 특히 루터주의 전통에서 영향받은 정적주의자들은 웨슬리의 가르침에 이의를 제기하면서, 그리스도에 의해 의롭게 된 신자는 율법에서와 계명을 행할 의무에서 해방되었다고 주장했다. 자신이 더 이상 율법 아래 있지 않고 은혜 아래 있기 때문이라는 것이다. 그러나 웨슬리는 그러한 견해를 율법무용론적인 것으로 보았다. 그들은 믿음을 핑계삼아 율법을 쓸모 없는 것으로 만들고, 은혜를 빙자해 순종을 등한시했다. 웨슬리는 "여러분이 생각하는 것처럼 옛날 사람들이 지금 우리보다 하나님의 율법을 행하고 순종해야 할 더 큰 의무를 가졌던 것이 아닙니다. 그런 추측은 잘못된 것입니다"[35]라는 말로 그들에게 답했다. 웨슬리는 율법무용론의 망령을 깊이 우려해 1750년에는 두 개의 "시대에 관한 논문"을 씀으로써 이 중대한 오류에 대해 경고했다. 웨슬리는 이 작품을 쓸 때 필시 윌리엄 커드워스나 제임스 허비 같은 노골적인 율법무용론자들의 가르침을 염두에 두었을 것이다.[36]

그 외에도, 알버트 아우틀러가 바르게 주장하듯이 "믿음으로 세워지는 율법(1), (2)"는 비록 두 개로 나뉘어 있는 설교지만, 사실상 하나의 긴 논문으로 반드시 같이 읽어야 한다.[37] 이 두 설교에 대한 최선의 설명은, 두 설교가 문제 제기와 해결이라는 구조로 되어 있다는 것이다. 첫 설교는 율법을 무효화하는 다양한 방법이 가진 문제점이 무엇인지

---

34 Jackson, *Works*, 11:402, "그리스도인의 완전에 관한 평이한 해설."
35 Outler, *Sermons*, 2:27, "율법의 기원, 본성, 속성 및 용법."
36 같은 책, 2:1, 개론적 설명.
37 같은 책, 2:3.

를 보여주고, 두 번째 설교는 정반대로 기독교 신앙이 어떻게 율법을 굳게 세우는지를(롬 3:31) 보여준다.

웨슬리에게 율법에 대한 순종은 그리스도인의 실천적 삶에서 필요한데, 하나님께 용납받기 위한 조건으로 필요한 것이 아니라, 이미 용납받은 이들이 하나님의 풍성한 은혜 안에 지속적으로 거하기 위해 필요한 것이다.[38] 웨슬리가 흔히 "율법의 제3용법"으로 불리는 도덕법의 지시적 용법을 발전시킨 사실은 다음의 주장에서 분명하게 나타난다. "그리스도와 율법은 끊임없이 나를 상대방에게로 보냅니다. 율법은 나를 그리스도께로 보냅니다. 그리스도는 나를 율법에게로 보내십니다."[39]

간단히 말해, 하나님의 도덕법에 대한 순종은 그리스도인이 되게 하는 원인이 아니라, 칭의와 중생의 신앙에 반드시 따라야 할 열매다. 예를 들어, 웨슬리에게는 만약 신앙이 하나님의 도덕법에 대한 순종 및 사랑과 자비의 행위, 거룩함의 열매를 맺지 못한다면, 그것은 죽은 신앙이지 살아 있는 신앙이 아니라는 사실에 대한 분명한 증거가 된다. 하나님 및 이웃과 함께하는 세상에서 행동으로 옮겨지지 않는 그런 신앙은 사실상 헛된 것이다. 따라서 웨슬리는 1762년에 쓴 논문 "근본에 대

---

38 이 구분은 1770년 연회록 사건 이후 자신을 도덕주의 및 다른 문제로 비난한 칼뱅주의자들에 대한 웨슬리의 대답에서도 분명하게 나타난다. 그는 "논의하고 있는 문제는 하나님의 은혜를 얻는 조건이 아니라, 은혜를 지속하는 조건에 관한 것입니다"라고 답한다. Telford, *Letters*, 5:259 (to the Countess of Huntingdon, June 19, 1771) 참조.

39 Outler, *Sermons*, 2:18, "율법의 기원, 본성, 속성 및 용법." 도덕법과 그리스도인의 삶에서 갖는 도덕법의 역할에 대한 웨슬리의 이해를 본격적으로 다룬 내용을 살펴보려면 Kenneth J. Collins, "John Wesley's Theology of Law" (Ph. D. Dissertation, Drew University, 1984)를 보라. 흥미롭게도 웨슬리의 율법의 모든 용법은 신학적 용법이다. 루터와 칼뱅 신학 모두에서 발견되는 율법의 정치적 용법은, 율법의 기능에 관한 웨슬리의 설명에서 명확히 나타나지는 않는다.

한 강타"에서, 자신의 의무는 다하지 않으면서 하나님의 계명을 지키는 것을 과도한 율법주의로 매도하는 모든 율법무용론자를 다음과 같이 꾸짖는다.

> 여러분은 하나님을 사랑할 수 있고(신 30:6) 그의 계명을 지킬 수 있습니다 (신 30:14). 여러분에게 그의 "계명은 무거운 것이 아닙니다"(신 30:11, 요일 5:3). 믿는 자에게 계명이 무겁단 말입니까! 결코 그렇지 않습니다. 하나님의 계명은 여러분의 마음에 기쁨이 됩니다. 주님의 계명과 그가 정하신 모든 규례를 흠없이 지킴으로써 주님을 사랑하는 여러분의 마음을 나타내십시오(요 14:21).[40]

더 나아가 웨슬리는 1770년에 조셉 벤슨에게 보낸 편지에서 "성경에서 율법주의 같은 죄란 없습니다. 그 용어가 사실상 의미하는 내용은 율법무용론입니다"[41]라고 주장한다. 같은 편지에서 그는 속박이 무엇을 의미하는지에 대해 다음과 같이 지적한다. "나는 하나님을 사랑하고 섬길 자유 외의 다른 모든 자유를 거부합니다. 그리고 죄에 속박되는 것 외의 어떤 속박도 두려워하지 않습니다."[42]

두 번째로 웨슬리가 완전성화 이전의 회개에 합당한 행위의 필요성

---

40 Jackson, *Works*, 10:369, "근본에 대한 강타." 이러한 형태의 율법무용론은 오늘날에도 여전히 위험하다. 얼마나 많은 기독교 서적이 하나님의 율법에 순종하고 계명을 지키는 것과 그 외의 신앙적 순종을 연습하는 일의 중요성을 경시하면서, 마치 그렇게 하는 것이 건전하고 성숙한 신앙을 해치는 것처럼 말하고 있는가.

41 Telford, *Letters*, 5:211-12 (to Joseph Benson, November 30, 1770).

42 같은 곳. 율법주의 문제에 대한 웨슬리의 다른 언급을 찾아보기 위해서는 그가 메리 비숍에게 보낸 두 통의 편지를 보라. Telford, *Letters*, 5:210 (November 27, 1770); 5:222 (February 16, 1771).

을 가르친 방법은, 은혜의 방편(은총의 수단)으로 부르기도 하는 "경건의 행위"라는 측면에서 살펴보는 것이다. 웨슬리는 "여러분이 성화를 위해 필요하다고 주장하는 선행, 실천은 어떤 것입니까?"라는 질문에 다음과 같이 답한다.

> 첫째로, 공적인 기도와 가정 기도와 개인 기도, 성찬에 참여하는 일과 성경을 듣고 읽고 묵상함으로 연구하는 일, 그리고 우리의 육체적 건강이 허락하는 한 금식하고 절제하는 등 모든 경건의 행위를 하는 것입니다.[43]

위에서 열거된 은혜의 통로 중에는 개인적인 상황에서 이루어지는 것도 있지만 더 넓게 공동체적인 상황에서 이루어지는 것도 있다. 신자는 골방기도를 통해 더 깊은 경건과 성령께 대한 민감함을 길러야 할 뿐 아니라, 교회에서의 공적인 삶에 동참해 성찬에도 참여하고 설교자가 읽고 선포하는 하나님의 말씀도 들어야 한다. 이러한 외적인 말씀과 표징과 행동은 하나님께서 신자에게 성결의 은혜를 주시는 일반적인 통로로 정하신 것이다.[44] 그것은 적절히 사용하는 사람에게는 참으로 하나님의 은혜를 전달하는 수단이 된다.

웨슬리가 완전성화 이전에 행위가 필요함을 강조하기 위해 사용한 또 다른 방법은 자비의 행위와 관계된다. 예를 들어, 웨슬리는 설교 "아픈 자들을 심방하는 일에 대하여"(1786)에서 경건의 행위만이 하나님께서 성결의 은혜를 주시고자 사용하시는 유일한 수단이 아님을 밝힌다.

---

43   Outler, *Sermons*, 2:166, "성경적 구원의 길."
44   같은 책, 1:381, "은총의 수단."

그는 "참된 은혜의 방편에는 경건의 행위만이 아니라 자비의 행위도 있습니다"라고 말한다.[45] 특히 그는 자비의 행위는 다음의 모든 자선 활동을 포함한다고 말한다.

> 배고픈 사람을 먹이고, 헐벗은 사람을 입히고, 나그네를 환대하고, 감옥에 갇히거나 아프거나 여러 이유로 고통받는 사람을 찾아가고(마 25:34-36), 무지한 사람을 가르치고, 어리석은 죄인을 각성시키고, 신앙이 미지근한 자에게 도전을 주고, 흔들리는 자를 붙들어주고, 마음이 연약한 자를 위로하고, 유혹에 빠진 사람을 건져내는 등 어떤 방법으로든 영혼을 사망에서 건져내는 데 도움이 되기 위해 애쓰는 일입니다. 이러한 일이 온전한 구원을 위해 필요한 회개요, 회개에 합당한 열매입니다. 이러한 일은 하나님께서 그 자녀에게 구원의 완성을 기다리는 방법으로 지정해주신 것입니다.[46]

여기서 두 가지 사실을 살펴볼 수 있다. 첫째, 웨슬리는 경건의 행

45 　같은 책, 3:385, "아픈 자들을 심방하는 일에 대하여."

46 　같은 책, 2:166, "성경적 구원의 길." 고난이 거룩함에 유익한가 하는 문제에 대한 웨슬리의 생각은 서로 다르게 해석될 여지가 있다. 그는 한나 볼에게 보낸 편지에서 "하나님께서 그 자녀를 완전으로 이끄시는 두 가지 일반적인 방법은 행함을 통한 방법과 고난을 통한 방법입니다"라고 말한다. 그러나 그는 존 발톤에게 보낸 편지에서 "그런 고난이 어느 정도 성결을 이루는 데 필요하다고 생각하지 말아야 합니다"라고 지적한다. 히 2:10 주해에서도 "여기서 주님께서 고난을 통해 온전하게 되셨다는 말씀은, 우리가 고난을 통해 구원받거나 성화되는 것과는 관계가 없다"고 난해하게 설명한다. 웨슬리에게 계명에 순종하는 것과 경건 및 자비의 행위를 행하는 것이 은혜 안에서 성장하게 하는 유익한 방법이라고 말하는 것은 문제가 없다. 고난은 이 순종과 노력의 결과일 수 있지만, 고난 자체가 직접적인 관심의 대상으로 나타나지는 않는다. Telford, *Letters*, 6:75; 7:101; 웨슬리, 『신약성서주해』, 히 2:10. 이 주제에 대해 더 살펴보려면 Telford, *Letters*, 5:13; 8:50; 8:110과 웨슬리, 『신약성서주해』, 요 14:4; 히 6:11을 참조하라.

위와 자비의 행위를 서로 연결하면서, 전자는 하나님 사랑, 후자는 이웃 사랑과 관련된 것으로 보았다. 예를 들어, 웨슬리는 설교 "중요한 질문"에서 "하나님을 사랑하는 것이 자연스럽게 경건의 행위로 이어지는 것처럼, 이웃을 사랑하는 것이 자연스럽게 자비의 행위로 이어짐을 인정해야 합니다"[47]라고 설명한다. 사람들은 웨슬리가 하나님 사랑과 관련된 경건의 행위를 더 강조했을 것이라고 쉽게 생각하지만, 그렇지 않다는 사실은 다음의 말에서 잘 나타난다. "우리는 경건의 행위에 열심을 내야 합니다. 그러나 자비의 행위에는 더욱 그렇습니다. … 만약 둘 중 하나를 하기 위해 다른 것을 할 수 없는 상황이 발생한다면, 우리는 언제나 자비의 행위를 우선시해야 합니다."[48] 웨슬리는 야고보서 1:27("하나님 아버지 앞에서 정결하고 더러움이 없는 경건은 곧 고아와 과부를 그 환난 중에 돌보고 또 자기를 지켜 세속에 물들지 아니하는 그것이니라")을 주해하면서 다시 한번 자비의 행위의 가치를 다음과 같이 말한다.

하나님 앞에서 유일하고 참된 종교는, 도와줄 사람이 아무도 없고 희망조차 가질 수 없는 고통 가운데 있는 고아와 과부를 그들에게 가장 필요한 권면과 위로와 재정적 도움으로 돌보고, 세상이 추구하는 가치와 세상 사람들의 성품과 관습에 물들지 않도록 자신을 지키는 것입니다.[49]

---

47 같은 책, 3:191, "중요한 질문."
48 같은 책, 3:314, "열심에 대하여."
49 Wesley, *NT Notes*, 599, (약 1:27). 웨슬리는 이 문맥에서 "우리가 우리 마음을 하나님께 드리고 이웃을 우리 자신같이 사랑하기까지는" 이러한 자비의 행위를 할 수 없다고 말한다.

　　그러나 웨슬리는 이러한 판단을 내리는 중에도 자비의 사역을 가능
케 하는 원천이자 자비의 사역이 추구하는 목표이기도 한 내면적 종교
의 가치를 조금도 약화시키지 않았다. 그가 "우리는 온갖 선행에 열심
을 내야 하지만, 우리 자신 및 우리와 관계된 사람들 속에 거룩한 성품
을 함양하고 성숙시키는 일에는 더 열심을 내야 합니다"[50]라는 말을 덧
붙여 자신의 생각을 명확히 밝히기 때문이다. 웨슬리는 내적인 종교와
외적인 종교의 부조화에 대해 "사탄은 언제나 … 하나님께서 연결하신
내적 종교와 외적 종교를 분리해 둘이 조화를 이루지 못하게 하려고 노
력해왔습니다"[51]라고 말한다. 더 나아가 웨슬리는 자비의 행위를 통해
자신이 의롭다고 상상하면서 스스로의 행위에 만족한 나머지, 하나님
의 은혜로우신 활동이 인간의 어떤 선행보다 앞선다는 사실과 내면적
신앙이 얼마나 중요한지를 무시해버리는 인간의 죄성을 너무나 잘 알
고 있었다. 웨슬리는 1745년에 "존 스미스"에게 보낸 편지에서 다음과
같이 조언한다.

　　나는 신앙이 "그리스도인의 모든 실천을 낳는다"고 말하기보다는 차라리 신
　　앙이 "그리스도인의 모든 거룩함을 낳는다"고 말하겠습니다. 사람들은 "실
　　천", 곧 내가 말하는 외적 종교에 너무 쉽게 안주하는 경향이 있기 때문입니

50　Outler, *Sermons*, 3:314-15, "열심에 대하여." 웨슬리는 설교에서 "거룩함이 없이
　　는 누구도 그리스도와 하나님의 나라에 들어갈 수 없습니다(히 12:14). 거룩한 성
　　품에서 나온 것이 아니라면, 어떤 외적 행위도 하나님께 용납받지 못합니다"라
　　고 지적한다(3:320). Kenneth J. Collins, "The Soteriological Orientation of John
　　Wesley's Ministry to the Poor," *The Asbury Theological Journal* 50, no. 1 (Spring
　　1995), 75-92 참조.
51　같은 책, 1:592, "산상수훈(7)."

다. 그러나 참된 종교가 자리하는 곳은 바로 우리를 창조하신 분의 형상으로 새로워진 우리의 마음입니다.[52]

웨슬리는 1771년에 존 발톤에게 보낸 편지에서 이 주제를 반복해 "메소디스트들 가운데 가장 유행하는 잘못은 종교의 외면에 너무 치중하는 것입니다. 우리는 계속해서 하나님 나라는 우리 안에 있음을 잊고 있습니다"라고 말한다.[53] 거짓된 종교를 정확히 정의하면 "마음을 하나님께 드리지 않는 모든 종교다. 그런 종교는 … 사람에게 선을 행해 하나님의 은혜를 얻으려는 행위의 종교"[54]라 할 수 있다. 반대로, 참된 종교란 "하나님과 사람을 향한 바른 성향으로서, 이를 두 단어로 표현하면 감사하는 마음과 자애로운 마음"[55]이다.

둘째, 웨슬리는 자비의 행위를 다시 두 가지로 구분해 둘 모두의 중요성을 강조했다. 그것은 열심을 다해 죄인들의 현세적 필요를 채워주는 사역과 영적 필요를 채워주는 사역이다. 웨슬리는 "그 외에 우리가 해야 할 일은 … 자비를 베푸는 일로, 힘 닿는 대로 사람들의 육체와 영

---

52 Baker, *Letters*, 26:179 (December 30, 1745).

53 Telford, *Letters*, 5:289 (to John Valton, November 12, 1771); 3:290 (to John Baily, June 8, 1750).

54 Outler, *Sermons*, 4:66, "하나님의 일체성."

55 같은 책, 4:66-67. 죄인들의 현세적 필요를 돌볼 것을 매우 강조하면서도 그들의 내적 삶을 돌보는 것에 대해서는 간과하는 입장으로는 Theodore W. Jennings, Jr., *Good News to the Poor: John Wesley's Evangelical Economics* (Nashville: Abingdon Press, 1990)를 보라. 제닝스는 웨슬리를 구시대의 마르크스적인 방식으로 이해하는데, 그의 주장에는 여러 학문적 오류가 있다. 특히 그는 많은 반대 증거가 있음에도 웨슬리가 사유재산 제도를 반대했다고 주장한다. 웨슬리의 여러 정치 관련 논문이 사유재산 제도를 인정하고 있으며, 이러한 주장은 메소디스트 신조 (Methodist Articles of Religion) 속에도 포함되어 있다!

혼 모두에 자비의 일을 행하는 것입니다"[56]라고 조언한다. 우리는 배고 픈 사람을 먹이고, 헐벗은 사람을 입히고, 나그네를 환대할 뿐 아니라, 이미 언급한 대로 "무지한 사람을 가르치고, 어리석은 죄인을 각성시키 며 … 어떤 방법으로든 영혼을 사망에서 건져내는 일에 도움이 되기 위 해"[57] 애써야 한다.

지금까지 학자들이 거의 다루지 않았지만, 웨슬리는 자비의 일을 현 세적 자비의 사역과 영적 자비의 사역 두 가지로 구분한 데서 그치지 않 고, 자신의 글 여러 곳에서 이웃을 향한 두 가지 자비의 사역 중에서 어 떤 것이 더 소중한가 하는 중요한 가치판단을 내린다. 예를 들어, 웨슬 리는 앞에서 언급한 설교 "아픈 자들을 심방하는 일에 대하여"에서 심방 자들에게 다음을 조언한다. "우리가 아픈 사람을 돌아볼 때 대체로 그 들의 외적인 상태를 살피는 것에서 시작하는 것은 잘못된 것이 아닙니 다. 여러분은 그들에게 생활에 꼭 필요한 것이 있는지, 음식과 입을 옷 은 충분한지, 날씨가 춥다면 연료가 있는지 등을 물어볼 수 있습니다."[58]

그러나 웨슬리는 이 말을 한 후, 심방자는 더 소중한 가치를 지닌 일을 하는 데까지 나아가야 한다고 역설한다. "이 작은 사랑의 수고는 여러분이 더 중요한 일을 할 수 있도록 길을 열어줄 것입니다. 여러분 이 그들의 육체적 필요에 관심을 가질 때, 여러분은 그들의 영적 상태 에 대해서도 물을 수 있게 있게 될 것입니다."[59] 웨슬리는 이 사실을 강

56　같은 책, 1:610, "산상수훈(7)."

57　같은 책, 2:166, "성경적 구원의 길."

58　같은 책, 3:390, "아픈 자들을 심방하는 일에 대하여."

59　같은 책, 3:391. 설교에서 발견되는 이러한 권고는 웨슬리가 사역에서, 비록 아무리 중요한 일이더라도 죄인들의 현세적 필요에만 집중한 것이 아니라, 하나님과 관련

조하기 위해 같은 말을 되풀이하면서 모든 사역이 지향해야 할 목적을
분명히 명시했다.

> 여러분은 맹인에게 눈이 되어주고, 저는 사람에게 다리가 되어주고, 과부에게
> 남편이 되어주고, 고아에게 아버지가 되어주어야 합니다. 그러한 일을 하는
> 동안 그보다 더 높은 목표 곧 그들의 영혼을 죽음에서 건져내겠다는 목표를
> 계속해서 마음에 품으시기 바랍니다. 여러분이 말하고 행하는 모든 것이 그
> 위대한 목표를 이루는 데 도움이 되도록 노력하시기 바랍니다.[60]

그 외에도 웨슬리는 1760년의 일지에서 환자를 심방하는 사람들은
그들을 도울 만한 것을 가지고 직접 방문해야 한다고 주장했다. 그것은
웨슬리의 표현을 그대로 옮기자면, 그렇게 하는 것이 "우리의 마음을 부
드럽게 만들어 … 자연스럽게 서로에게 관심을 갖도록 도와줄"[61] 뿐 아
니라, "현세적인 일에서 그치지 않고 영적인 일에서도"[62] 가련한 죄인들
을 도울 기회를 열어줄 것이기 때문이라는 것이다.

되고 영원과 관련된 초월적인 일에 관심을 쏟았음을 보여준다. 이러한 특징으로 인
해 그는 적어도 이따금씩 경제윤리에서도 결정적으로 "내세"를 강조했다. 웨슬리는
설교 "더 좋은 길"에서 "이 땅의 은행에 저축한 돈은 그 가치가 줄어들 것입니다. 거
기에는 하늘의 이자가 없습니다. 그러나 여러분이 가난한 사람에게 준 돈은 하늘의
은행에 저축하는 것입니다"라고 말한다. Outler, *Sermons*, 3:276, "더 좋은 길" 참조.

60 같은 책, 3:393.

61 Ward & Heitzenrater, *Journal and Diaries*, 21:290 (November 24, 1760).

62 같은 곳. 마르크스주의에서 큰 영향을 받았으며, 가난이 구원에서 특권적 신분을
의미한다고 주장함으로 사실상 가난을 이상화한 관점을 살펴보려면, Jennings,
*Good News to the Poor*를 보라. 그러나 웨슬리는 1768년에 "가난이 문 앞에 찾아오
면, 사랑은 창문으로 날아가버려요"라는 말로 약혼을 앞둔 한 여성에게 풍자적인
조언을 했다. Telford, *Letters*, 5:109 (to Jane Hilton, October 8, 1768).

이제까지 살펴본 대로 현세적 자비의 사역과 영적 자비의 사역 중
어떤 것이 더 가치가 있는지에 대한 판단은 웨슬리의 사역의 동기와 목
표를 볼 수 있는 중요한 창이다. 이 가치판단은 사역의 동기 및 목표와
연결되기 때문이다. 사실상 웨슬리가 내린 가치판단은 그가 평생 간직
한 생각을 그대로 나타낸다. 예를 들어, 웨슬리는 좀 더 이른 시기인
1748년에 함께 사역하던 사람들에 대해 말하면서 "그는 힘 닿는 대로
최선을 다해 사람들의 육체적 필요를 돕는 선한 일을 행합니다"라고 말
한다. 그러면서도 자신의 가치판단을 숨기지 않고 "그가 그들의 영혼에
도 선한 일을 할 수 있다면 얼마나 더 기쁘겠습니까?"[63]라고 덧붙인다.
그는 그로부터 2년 후 설교 "산상수훈(13)"에서 같은 주제에 대해 다음
과 같이 말한다.

이 모든 것 위에 여러분은 선한 일에 열심을 내십니까?(딛 2:14) 여러분은 기
회 있는 대로 모든 사람에게 선한 일을 하고 계십니까?(갈 6:10) 여러분은 배
고픈 자를 먹이고, 헐벗은 자를 입히고, 고아와 과부를 그 고통 중에서 돌아

---

63 Outler, *Sermons*, 1:519, "산상수훈(3)." 이 사역의 역할과 관련해 아프고 가난한 사
람을 방문하는 임무는, 일부 실천 방법에서처럼 돕는 사람을 가난한 사람에게서
분리해 한 방향으로만 행하는 사역이 아니라, 좀 더 큰 사역의 범위 안에서 상호
필요의 관계, 상호 사랑의 관계를 형성한다. 필요와 사랑을 기반으로 하는 상호관
계는 웨슬리의 설교 "아픈 자들을 심방하는 일에 대하여"에 상세히 설명되어 있
다. 이 설교에서 웨슬리는 자신의 독자들에게 두 가지 이유를 들어 고통 중에 있
는 사람을 직접 방문하라고 조언한다. 첫째, 의사와 달리 심방자는 사람들의 영혼
에 매우 선한 일을 할 수 있다. 둘째, 다른 사람을 통해 필요한 것을 보내는 일만으
로는 돕는 사람 자신이 더 큰 은혜를 받지 못한다. 즉 하나님과 이웃을 더 깊이 사
랑하게 되는 결과를 만들어내지 못한다. 웨슬리는 "만약 여러분이 직접 그들을 도
와주었더라면 경험했을 더 큰 겸손과 인내와 다정한 마음, 고통받는 자의 마음을
더 깊이 헤아리는 마음을 갖게 될 수 없을 것입니다"라고 말한다. Outler, *Sermons*,
3:389, 393 참조.

보십니까?(약 1:27) 여러분은 병든 자를 찾아보고, 감옥에 갇힌 자를 위로하
고, 나그네를 대접합니까?(마 25:34-36) 청함을 받았을 때 말석에 앉아 "벗이
여 올라 앉으라"는 말을 듣습니까?(눅 14:10) … 죄인을 어둠에서 빛으로, 사
탄의 권세에서 하나님께로 돌아오게 하십니까?(행 26:18)[64]

웨슬리는 설교 "의에 대한 보상"(1777)에서도 같은 주제를 다룬다.

우리 주님께서는 분명 우리가 영적인 자비의 일을 행함에서도 똑같이 풍성
하기를 원하십니다. 주님께서 죽으신 것은 우리를 깨끗하게 하사 "선한 일"
을 열심히 하는 자기 백성이 되게 하기 위한 것입니다(딛 2:14). 특히 "영혼
들을 사망에서 구원"하며 "허다한 죄를 덮게" 하기 위한 것입니다(약 5:20).[65]

지금까지 살펴본 증거에 의하면, 웨슬리 신학에서 이웃의 물질적 필
요를 채워주는 일은 그 자체로 매우 가치 있고, 시간적 우선순위에서도
하나님의 자녀가 먼저 주의를 기울여야 할 일임에 틀림없다. 그러나 그
일을 행하는 것은 웨슬리의 표현대로 "더 중요한" 일을 할 수 있도록 돕
는 준비라는 측면을 고려하면, 그 일이 가치에서도 우위에 있는 것이 아
니라는 점은 명백하다.[66] 웨슬리는 설교 "아픈 자들을 심방하는 일에 대
하여"에서 또 다시 자신의 심방자들을 다음과 같이 지도한다.

만약 여러분이 피치 못할 사정으로 훌륭한 그 여성들을 본받아 진정으로 자

---

64 같은 책, 1:695, "산상수훈(13)."
65 같은 책, 3:404, "의에 대한 보상."
66 같은 곳.

신을 낮추고 아픈 사람을 위해 허드렛일을 도맡아 할 수 없다면, 자신을 그렇게까지 낮추지 않고도 그들이 필요로 하는 것을 공급할 수 있습니다. 여러분은 그들의 영적인 필요를 공급할 수 있으며, 그들이 필요로 한다면 신앙의 가장 중요한 원리를 가르쳐주고, 죄로 인해 하나님의 진노와 저주 아래 있는 그들의 위험한 상태를 알려주며, 그들에게 세상 죄를 지고 가는 하나님의 어린 양을 알려주기 위해 노력함으로써 더 탁월하게 그들을 도울 수도 있습니다.[67]

그러나 자비의 일(현세적 및 영적 자비의 일)과 경건의 일을 행하기 위해 개인적이고 내면적인 변화(내면적 종교)가 얼마나 큰 가치가 있으며 필요한지를 가장 명쾌하게 표현한 내용은, 웨슬리의 후기 설교인 "열심에 대하여"(1781)에서 발견된다. 이 설교는 자비와 경건의 일에 관한 웨슬리의 생각 및 그의 윤리의 동기와 주된 관심이 무엇이었는지를 알 수 있는 통찰을 제공한다. 이 설교에서 웨슬리는 사랑을 모든 것의 중심에 두면서, 사랑이 그리스도인의 삶에서 갖는 파급효과를 다음과 같이 설명한다.

바깥 원 안에는 사람들의 영혼과 육체에 대한 자비의 행위가 있습니다.

---

67   같은 책, 3:389, "아픈 자들을 심방하는 일에 대하여." 웨슬리는 아픈 사람을 방문하는 사역은 노인, 가난한 사람, 여성, 젊은이도 할 수 있는 일이지만, "부자"는 이 일을 위해 특별한 소명을 받았다고 주장했다. 그는 다음과 같이 말한다. "여러분은 신분으로 인해 다른 많은 사람보다 특별한 이점을 가지고 있습니다. 그들보다 높은 지위로 인해 더 많은 영향력을 가지고 있습니다. 여러분 아래에 있는 사람들은 존경심으로 당신을 우러러 볼 것입니다. 여러분이 그들을 방문해 보여주는 겸손은 그들에게 감화를 주어, 그들로 여러분에게 우호적이 되어 여러분의 말을 주의 깊게 듣고 기꺼이 받아들이게 만들 것입니다. 그들의 육체만이 아니라 영혼에도 유익을 끼치도록 여러분의 감화력을 극대화하십시오." Outler, *Sermons*, 3:393, "아픈 자들을 심방하는 일에 대하여" 참조.

우리는 이 행위를 통해 모든 거룩한 성품을 실현하고 계속해서 발전시킵니다.
따라서 일반적으로 그렇게 불리지는 않더라도, 이 모든 행위는 참으로
은혜의 방편이라 할 수 있습니다. 이 원보다 바깥에 있는 원에는 경건의
행위로 불리는 것이 있습니다. 말씀을 읽고 듣는 것, 공적 기도와 가정 기도와
개인 기도를 드리는 것, 성찬에 참여하는 것, 금식하고 금주하는 것 등의
일입니다. 마지막으로, 우리의 복되신 주님께서는 주님을 따르는 사람들을
온 땅에 흩어져 있는 교회로 함께 묶어 하나가 되게 하심으로 서로가
서로에게 사랑과 거룩한 성품, 선행을 더 효과적으로 일으키게 하셨습니다.
각 지역에서 모이는 각각의 특별한 기독교 회중마다 그 속에 보편적 교회의
작은 표상을 가지고 있습니다.[68]

여기서 우리는 웨슬리의 신학과 도덕 체계 전체를 들여다볼 수 있
다.[69] 자비의 행위는 그 자체로 아무리 고귀하고 가치 있더라도 왕좌를
차지하지는 않는다. 왕좌에는 사랑이 좌정해 다스리고, 그다음에 오는
것은 거룩한 성품이다. 웨슬리가 그다음 순서에 자비와 경건의 행위를
둔 것은, 오직 사랑과 거룩한 성품이 그러한 행위에 동기를 부여하면서
그 모든 것의 심장으로 바르게 작용해야 하기 때문이다. 웨슬리는 "거

68   같은 책, 3:313-14, "열심에 대하여."

69   웨슬리가 아빌라의 테레사가 쓴 『내면의 성』(Interior Castle, 요단출판사)을 읽었다
는 증거는 없지만, 두 영적 지도자가 그리스도인의 삶을 설명하기 위해 사용한 상
징은 놀랄 만큼 비슷하다. 두 사람 모두는 함축적인 가치판단을 내릴 뿐 아니라 사
랑이 얼마나 중요한지를 보여주는 전형적 비유를 사용한다. 예를 들어, 테레사의
일곱 번째 집과 그것이 성의 중심이라는 "지리적" 위치는, 웨슬리가 그리스도인
의 모든 삶이 흘러나오는 중심 왕좌에 사랑을 둔 것과 유사하다. Teresa of Avila,
The Interior Castle, trans. E. Allison Peers (New York: Doubleday, 1989), 206 이하
를 Outler, Sermons, 3:313-14, "열심에 대하여"와 비교해 보라.

룩한 성품에서 나온 것이 아니라면 그 어떤 외적인 행위도 하나님께 용납될 수 없습니다"[70]라고 경고한다. 또 "열심히 선행을 하는 모든 사람은 그 선행이 바른 방법으로 이루어지게 해야 합니다. 거룩한 성품을 갖지 못해도 선행이 채워준다고 상상하지 마십시오. 여러분의 선행이 거룩한 성품이라는 근원에서 나오는 것이 되도록 주의하십시오!"[71]라고 말한다. 온유함과 친절, 오래 참음과 그 외의 모든 "마음 속 성품"은 복음의 요점을 흐리는, 경건을 빙자한 사치와 향락이 아니라, "이미 받았거나 앞으로 주실 성결의 은혜를 누리는 데 절대적으로 필요한 것"[72]이다.

따라서 만약 웨슬리가 그리스도인의 완전에 이르는 방법으로 자비의 행위를 경건의 행위보다 더 강조했다면, 그 이유는 그가 부적절하게 이웃의 현실적 필요에 궁극적 가치를 부여하려 했기 때문이 아니라, 인간의 영혼에 세심한 주의를 기울일 뿐 아니라 도움받는 사람과 돕는 사역자 모두에게 사랑이라는 거룩한 성품을 함양하는 일에도 주의를 기울이게 만드는, 영적 사역과 내면적 종교의 결정적 중요성을 강조하고자 했기 때문이다. 여기서 우리는 참된 구원론적 순환을 본다. 즉 내면적 신앙은 죄인의 구원을 위한 모든 사역을 가능케 하는 원천일 뿐 아니

---

70   Outler, Sermons, 3:320, "열심에 대하여."

71   같은 책, 3:305, "사랑에 대하여."

72   같은 책, 4:223, "먼저 그의 나라를 구하라." 사랑과 거룩한 성품에서 시작하지 않고 정치적이고 경제적인 관심에서 시작하는 선행의 위험성은, 그런 방향에서 생각하는 "정의"란 대부분 분노, 계층 간의 적의, 심지어는 중산층이나 부유층에 대한 노골적인 증오로 얼룩진, 변화 받지 못한 것일 수 있기 때문이다. 달리 말하면, 그런 방식으로 이루어지는 가난한 자에 대한 관심은, 웨슬리가 통렬히 비난했던 모든 악한 성품 속에서 표현된다. 그러나 사랑과 거룩함이 올바른 출발점이다. 오직 그럴 때만 가난한 자를 위해 적절한 사역이 이루어질 수 있고, 그들이 받아 마땅한 공정한 대우를 받을 수 있다.

라 동시에 궁극적 목표이기도 하다. 영혼에 가득한 하나님을 향한 사랑보다 더 높고 고귀한 것은 없기 때문이다.

지금까지의 연구로 입증된 것은, 회개와 그에 합당한 행위가 어떤 의미에서는 완전성화를 위해 필요하다는 것이다. 다음의 도표에서 알 수 있듯이, 우리가 앞서 칭의와 관련해 구분한 것과 유사한 구분이 완전성화에서도 병행적으로 나타난다.

회개, 행위, 신앙을 구별 짓는 요소	
"신앙과 같은 의미로 필요하지는 않음" (Not in the Same Sense)	"신앙과 같은 정도로 필요하지는 않음" (Not in the Same Degree)
회개는 간접적으로 필요함	회개가 성결하게 하지는 않음
열매는 더 간접적으로 필요함	열매가 성결하게 하지는 않음
신앙은 직접적으로 필요함	신앙만이 성결하게 함

웨슬리는 설교 "성경적 구원의 길"(1765)에서 "온전한 구원을 위해서는 회개와 그 열매가 필요하다고 인정하지만, 그것은 신앙과 같은 의미로(in the same sense)나 같은 정도로(in the same degree) 필요하지는 않습니다"[73]라고 주장한다. 칭의 교리에서와 마찬가지로, "신앙과 같은 의미로 필요하지는 않음" 또는 "신앙과 같은 정도로 필요하지는 않음"이라는 구분은, 한편으로는 완전성화 이전에 회개와 그 열매가 필요함을 인정하면서도, 다른 한편으로는 복음적 회개와 그 열매 자체가 성결하게 하는 것은 아니라는 점을 설명하는 다양한 뉘앙스를 담고 있다.

---

73   Outler, *Sermons*, 2:167, "성경적 구원의 길."

첫 번째 구분인 "신앙과 같은 의미로 필요하지는 않음"과 관련해 웨슬리는, 복음적 회개와 그 열매는 완전성화에 간접적으로, 즉 시간과 기회가 허락되는 상황에서 필요한데, 이는 그것이 "믿음을 유지하고 강화하는 데"[74] 필요하기 때문이라고 주장한다. 완전성화를 위해 직접적으로 필요한 것은 신앙이다. 웨슬리는 1759년에 도로시 펄리에게 보낸 편지에서 다음과 같이 설명한다.

> 성결하게 되기를 바라는 사람은 누구나 믿음으로 성결하게 되기를 바라야 합니다. 그러나 그렇게 되기까지 그들은 오직 순종하는 사람에게만 성결하게 하는 신앙이 주어진다는 사실을 알아야 합니다. 따라서 성결의 은혜는 직접적으로는 순전히 신앙에 의존하지만, 간접적으로는 우리의 행위에도 의존합니다.[75]

이후 좀 더 자세히 다루겠지만, 웨슬리는 대부분의 기독교 신자가 애석하게도 죽음이라는 위기의 순간이 찾아오기 직전까지는 성결의 은혜를 받지 못할 것이라고 말한다. 여기서 알 수 있는 것은, 신자가 죽음의 순간이 아니라 자신에게 허락하신 삶에서 성결의 은혜를 받아 누리기 위해서는 주어진 시간 동안 반드시 회개와 열심을 다해 도덕법에 순종하는 일, 경건과 자비의 일에 최선을 다하는 자세가 필요하다는 것이다. 이러한 일은 어떤 의미에서 성결의 은혜를 받기 위해 반드시 필요하다. 그리고 많은 경우 신자들이 가장 풍성한 은혜를 받고, 성령의 정

---

74   같은 곳.

75   Telford, *Letters*, 4:71 (to Dorothy Furly, August 19, 1759).

결하게 하시는 능력을 받도록 하기 위한 준비가 된다. 또한 이러한 일을 행하는 것이 얼마나 중요한지는 웨슬리가 설명한 구원의 길의 점진적 성격과도 관련된다. 즉 구원을 위한 은혜는 선행은총에서 죄를 깨닫게 하는 은혜로, 그 후에는 칭의와 중생의 은혜로 점차 진전해 나가는데, 받은 은혜가 클수록 이미 받은 하나님의 은혜의 풍부한 가능성 속에서 진전을 이루어야 할 인간의 책임 역시 더 커진다. 요컨대 웨슬리는, 회개와 그 열매가 칭의에 반드시 필요하다고 주장할 수 있었던 것과 마찬가지로, 완전성화를 위해서도 복음적 회개와 그 열매가 반드시 필요하다는 사실을 강조할 수 있었다. 이는 복음적 회개와 그 열매 전에 주어지는 은혜가 선행은총이 아닌 칭의와 중생의 은혜이기 때문이다.

웨슬리에게 "신앙과 같은 의미로 필요하지는 않음"이라는 문구가, 시간과 기회가 될 경우 완전성화 이전에 회개하고 그에 합당한 행위를 하는 것이 필요하다고 주장할 수 있도록 길을 열어주었다면, "신앙과 같은 정도로 필요하지는 않음"이라는 문구는, 복음적 회개와 그 열매가 그 자체로 소중하더라도 그것이 성결하게 하는 것은 아니라는 사실을 명확히 한다. 웨슬리는 설교 "성경적 구원의 길"에서 이 사실을 분명히 했다.

> 회개와 그 열매가 온전한 구원을 위해 필요하다는 사실을 인정하지만, 그것이 … 신앙과 같은 정도로 필요하지는 않습니다. … 이러한 열매는 조건부로, 그것을 행할 시간과 기회가 허락되는 한에서 필요합니다. 시간과 기회가 허락되지 않는 경우 사람은 그러한 열매 없이도 성결하게 될 수 있습니다. 그러나 신앙이 없이는 성결하게 될 수 없습니다. 사람이 아무리 많은 회개와 선행을 한다 해도, 믿기 전에는 이 모든 것이 아무 소용이 없고, 성결하게 될 수 없습니다. 그러나 그러한 열매가 있든 없든, 또 적게 회개했든 많이 회개했든,

믿으면 그 순간 성결하게 됩니다.[76]

"신앙과 같은 정도로 필요하지는 않음"이라는 구분을 통해 웨슬리는 자신이 이전에 구분한 내용과 아무 모순 없이 신자는 복음적 회개의 열매가 없이도 성결하게 될 수 있다고 주장할 수 있었다. 회개와 그 열매를 위한 시간 및 기회가 허락되지 않는 경우가 있을 수 있기 때문이다. 그러나 웨슬리는 율법적 회개와 마찬가지로 복음적 회개에도 주의를 기울이면서, 사람이 "적게 회개했든 많이 회개했든" 성결의 은혜를 받을 수도 있다고 주장한다. 그렇다면 여기서 온전한 구원을 위해 복음적 회개는 여전히 필요한데, 이는 회개를 위해서는 그렇게 긴 시간이나 기회가 필요하지는 않기 때문이다. 그럼에도 복음적 회개 자체가 성결하게 하지는 못한다. 위에서 인용한 웨슬리의 말을 다시 기억해보자. "사람이 아무리 많이 회개한다 해도 … 믿기 전에는 이 모든 것이 아무 소용이 없고, 성결하게 될 수 없습니다." 웨슬리는 "신앙과 같은 정도로 필요하지는 않음"이라는 구분을 통해 성결의 은혜를 받기 위해서는 회개와 그 열매가 어떤 의미에서는 필요하지만 그 자체가 성결을 가져오는 것은 아니라고 주장할 수 있었다. 다시 말해, 우리가 믿음을 통해 받는 하나님의 은혜가 성결하게 하는 것이다. 오직 하나님만이 우리를 온

---

76 Outler, *Sermons*, 2:167, "성경적 구원의 길." 웨슬리의 구원의 교리에서 나타나는 병렬구조를 좀 더 분명히 파악하려면 이 부분을 Outler, *Sermons*, 2:162-63에 나오는 칭의에 관한 부분과 비교해 보라. 나아가 독자들은 웨슬리가 "성화"라는 용어를 "완전성화"의 의미로 사용한다는 사실에 주의해야 한다. 웨슬리는 초기적 성화와 완전성화를 구분 짓는 "완전"(entire)이라는 형용사의 중요성을 잘 알았지만, 언제나 그 사용에서 일관성이 있었던 것은 아니다. (문맥에서 성화[sanctified]가 온전히 성화 됨[entirely sanctified]을 의미할 때, 역자는 성결 또는 성결하게 됨 등으로 번역했다―역주.)

전히 거룩하게 하실 수 있다.

신앙

지금까지 우리가 살펴본, 칭의와 중생에서 회개와 그에 합당한 행위, 그리고 성결에서 회개와 그에 합당한 행위 사이의 유사점과 차이점은, 웨슬리의 신앙 이해에서도 분명히 나타난다. 예를 들어, 웨슬리는 자신의 구원론의 요약이라 할 수 있는 설교인 "성경적 구원의 길"에서 "나는 사적으로든 공적으로든 우리가 칭의될 뿐 아니라 성결하게 되는 것은 믿음에 의해서라고 한결같이 증거해왔습니다"[77]라고 말한다. 같은 설교에서 웨슬리는 더 강한 어조로 "우리는 믿음으로 칭의된 것과 마찬가지로 믿음으로 성결하게 됩니다. 칭의에서와 마찬가지로 신앙만이 성결의 유일한 조건입니다"[78]라고 지적한다. 그 외에도 웨슬리는 칭의 신앙과 성결 신앙 모두를 신적 증거와 확신으로 정의한다.

그러나 유사점은 여기서 끝난다. 칭의 신앙에서의 신적 증거와 확신은 "그리스도께서 내가 지은 죄 때문에 죽으셨다는 확고한 신뢰와 확신"[79]이기 때문이다. 그러나 성결 신앙에서의 신적 증거와 확신은 "우

---

[77]   같은 책, 2:163.

[78]   같은 곳. 웨슬리는 1761년 일지에 자신을 따르던 사람들이 한 말을 기록했는데, 여기에 다시 한번 유사점이 명확히 나타난다. "우리는 지금 우리가 행위로 성결을 구하고 있음을 알게 되었습니다. … 과거에 믿음으로 순간에 칭의 받은 것같이 믿음으로 순간에 성결을 받을 것이라고는 전혀 생각하지 못했습니다." Ward & Heitzenrater, *Journal and Diaries*, 21:325 참조.

[79]   같은 책, 1:194, "믿음에 의한 칭의."

리가 칭의를 얻기 위해 믿은 내용과 달리, 그 자체만의 고유한 의미"[80]
를 가지고 있다. 웨슬리는 "우리가 성결하게 되어 죄에서 구원받고 사
랑 안에서 온전하게 되는 신앙이란 어떤 것입니까?"라는 질문에 다음
과 같이 답한다.

> 그것은 신적 증거와 확신으로서, 첫 번째로 하나님께서 성경에서 성결을 약
> 속하셨다고 믿는 것입니다. … 그것은 신적 증거와 확신으로서, 두 번째로 하
> 나님께서 약속하신 것은 하나님께서 이루어주실 수 있음을 믿는 것입니다.
> … 그것은 세 번째로 하나님께서 그것을 지금 이루실 수 있고 또 이루기를
> 원하신다고 믿는 신적 증거와 확신입니다. … 하나님께서 지금 우리를 성결
> 하게 하실 수 있고 또 성결하게 하기를 원하신다고 믿는 이 확신 위에 한 가
> 지 덧붙여야 할 것은, 하나님께서 그것을 정말로 이루심을 믿는 신적 증거와
> 확신입니다. [81]

칭의와 성결이라는 두 은혜의 역사의 차이점은 다시 한번 둘 사이
에서 일어난 영적 성장에 기인한다. 칭의 신앙은 그리스도인의 삶의 목
표가 아니라 그 시작일 뿐이다. 그러나 하나님께서 우리 영혼 안에 성취
하기를 원하시는 은혜의 훨씬 더 깊은 역사가 있다. [82]

---

80 같은 책, 1:347, "신자의 회개."

81 같은 책, 2:167-68, "성경적 구원의 길." 성결의 신앙에서의 신적 증거와 확신이
    칭의의 신앙에서와 어떻게 다른지를 살펴보려면 "신자의 회개", Outler, *Sermons*,
    1:347를 보라.

82 웨슬리는 완전성화는 하나님의 은혜를 통해 믿음으로 받는 것임을 강조하기 위해
    자신의 글 여러 곳에서 "벌거숭이 믿음"(naked faith)이라는 표현을 사용한다.
    Telford, *Letters*, 6:238 (to Francis Wolfe, October 25, 1776); 7:295 (Ann Loxdale,
    October 8, 1785); 7:322 (Mrs. Bowman, March 4, 1786) 참조.

완전성화 또는 그리스도인의 완전

존 웨슬리는 여러 글에서 신앙의 목적이 성결임을 처음 알게 된 것이 청년 때라고 밝힌다. 웨슬리는 "내가 그리스도인의 완전에 관해 내 의견을 처음 표명한 것은 이러한 말들을 통해서입니다. … 1725년 이후 나는 줄곧 이것을 목표로 삼아왔습니다"[83]라고 말한다. 이 중요한 해에 웨슬리는 테일러 감독의 『거룩한 삶의 규칙과 훈련』(Rules and Exercises of Holy Living)을 읽고, 의도의 순수성이 얼마나 중요한지 확신을 갖게 되었다. 그 후 그는 자신의 모든 삶을 하나님께 바치기로 결심했다. 링컨 칼리지의 이 젊은 교수는 다음 해인 1726년에 토마스 아 켐피스의 『그리스도를 본받아』(Imitation of Christ)를 읽었는데, 이 책은 "내면적 종교, 즉 마음의 종교의 성격과 범위"[84]를 강조하고 있었다. 몇 년 후인 1728년이나 1729년에 웨슬리는 윌리엄 로의 『그리스도인의 완전』(Christian Perfection)을 정독했는데, 이 책은 웨슬리 자신의 표현으로는 과거의 어느 때보다 "반쪽짜리 그리스도인이 되는 것은 불가능하다는 사실"[85]을 납득하게 했다.

웨슬리의 영적 추구가 매우 진지했음을 보여주는 이러한 초기의 자서전적 자료를 보면, 그가 몇 년 후 옥스퍼드 대학교의 세인트 메리 채플에서 그리스도인의 완전을 설교한 사실이 그리 놀랄 일은 아니다. 그는 이후 1765년에 존 뉴턴에게 보낸 편지에서 이 일을 회상하면서, 이

---

83   Jackson, *Works*, 11:373, "그리스도인의 완전에 관한 평이한 해설."

84   같은 책, 11:366.

85   같은 책, 11:367.

설교는 "지금 내가 모든 죄에서의 구원과 한 마음으로 하나님을 사랑하는 것에 대해 가르치고 있는 내용 모두를 그대로 담고 있습니다"[86]라고 적는다. 설교 "마음의 할례"는 웨슬리의 그리스도인의 완전 또는 완전 성화의 교리를 이해하는 데 큰 도움을 준다. 이 설교는 은총의 역사로 이루어지는 그리스도인의 완전을 거룩한 성품으로 설명한다. 웨슬리의 표현에 따르면, 그리스도인의 완전이란 "영혼의 습관적인 기질"[87]로서, 이 상태는 하나님께서 신자에게 "그리스도 예수 안에 있던 덕"[88]을 부어 주심으로 이루어진다. 달리 말해, 그리스도인의 완전이란 인간의 마음을 다스리는 거룩한 사랑, 곧 하나님과 이웃을 사랑할 뿐 아니라 모든 죄를 내쫓는 거룩한 사랑의 특성을 말하는 것이다.

그리스도인의 완전이 아닌 것

웨슬리의 완전성화 개념을 이해하는 데 가장 중요한 자료는 그가 1766년에 쓴 "그리스도인의 완전에 관한 평이한 해설"이다. 사실 모라비아 교도들과 칼뱅주의자들을 비롯해 많은 사람이 그리스도인의 완전 교리를 쉽게 오해했기에, 웨슬리는 이 논문에서 어떤 의미에서 그리스도인이 완전하지 않으며, 완전하게 되리라는 희망조차 가질 수 없는지를 설명하는 데 매우 주의를 기울였다. 이 논문에서 웨슬리는 1741년에 쓴 설교 "그리스도인의 완전"에서 자신이 주장해온 많은 것을 재확인한다.

첫째, 신자는 지식에서 완전하지 않다. 하나님을 온전히 사랑하고

---

86   Telford, *Letters*, 4:299 (to John Newton, May 14, 1765).

87   Outler, *Sermons*, 1:402, "마음의 할례."

88   같은 책, 1:403.

하나님의 은혜에 아무런 저항을 하지 않는 사람에게도 무지에서 해방
시켜 주신다는 약속은 주어지지 않았다. 마음이 순결해진 사람이라도
열광주의나 광신주의에 빠지지 않기 위해서는 여전히 공부하고 배우며
지성을 발전시켜야 한다. 그럴지라도 신앙의 기본적인 신비, 곧 삼위일
체나 성육신 같은 교리는 신자의 가장 명석한 사고의 범위조차 뛰어넘
는 것이다.[89]

둘째, 사랑 안에서 온전해진 사람도 무지에서 자유로울 수 없기에
그들은 모든 실수, 적어도 구원에 있어 본질적이지 않은 일에 관한 실수
에서 자유로울 수 없다. 그들은 사람들의 성격에 대해 계속 실수를 저지
르면서, 다른 사람을 원래 모습보다 더 나은 사람으로나 못한 사람으로
평가하기도 한다. 그들은 성경 해석에서도 비슷한 실수를 한다. 웨슬리
는 "그들은 성경을 이해함에서 실수를 피하려 최선을 다하지만, 그중 가
장 뛰어난 사람도 쉽게 실수를 저지릅니다"[90]라고 말한다. 그렇다면 하
나님을 향한 사랑으로 깨끗하게 된 마음을 갖는 것이, 신자를 실수하지
않는 상태와 모든 것을 아는 상태로 만드는 것은 아니다.

셋째, 그리스도인은 연약성에서 자유로울 만큼 완전하지 않다. 연
약성이란 "부족하거나 매우 더딘 이해력, 총명하지 못하고 혼동되어 있
는 생각, 일관성이 부족한 사고력, 불규칙하고 비약이 심하거나 무딘 상
상력"[91] 같은 것이다. 연약성을 말할 때 웨슬리가 염두에 둔 것은 몸과
영혼의 상호작용이다. 인간은 피조물로서 순수하게 영혼으로만 이루

89   Jackson, *Works*, 11:374, "그리스도인의 완전에 관한 평이한 해설." Outler,
      Sermons, 2:101, "그리스도인의 완전"도 보라.
90   Outler, *Sermons*, 2:102, "그리스도인의 완전."
91   같은 책, 2:103.

어져 있지 않고 육체적 한계를 가지고 있기에 여기서 혼동이 생겨난다는 것이다. "우리가 이 흙 집에 살고 있다는 사실은 우리의 지성에 쉽게 영향을 미칩니다. 때로는 우리의 이해를 흐리게 하거나 어둡게 하고, 때로는 좀 더 직접적으로 우리의 영혼을 낙심시키고 좌절하게 만듭니다"[92] 더 중요한 점은, 웨슬리가 "천 가지가 넘는 연약성이 최고 수준의 성결, 즉 순결한 사랑과 함께 있을 수 있습니다"[93]라고 주장한 것이다. 그렇다면 연약성은 죄에 대한 허가증이 될 수 없고, 죄에 대한 핑계로 연약성을 들먹일 수 없다. 웨슬리는 "어떤 사람들이 하는 것처럼, 잘 아는 죄에다 연약성이라는 너그러운 이름을 붙여서는 안 됩니다"[94]라고 경고한다. 요컨대 연약성이란 선악과 관계없는 것으로, 단지 인간이 세상에 사는 동안에는 벗어날 수 없는 한계, 곧 인간의 유한성을 말하는 것이다.

넷째, 온전한 사랑도 유혹을 제거하지는 못한다. 성경 어느 곳에도 그런 약속을 신자에게 주신 곳은 없다. 그 대신 웨슬리가 바르게 관찰한 것처럼, 성경은 하나님의 자녀에게 많은 유혹에도 불구하고 굳게 서라고 끊임없이 권고한다. 웨슬리는 사실 무지와 뒤섞인 유혹이 영적 생명에 얼마나 위험한가 하는 문제에 깊은 관심을 가져 1760년에는 "여러 가지 시험을 통한 괴로움"이라는 설교를 작성했다. 이 설교에서 웨슬리는 시험에서 벗어나는 것은 "이 세상에서는 불가능하다"[95]고 주장했다.

---

92 Telford, *Letters*, 5:267 (to Miss March, July 13, 1771).

93 같은 책, 5:6 (to Mrs Bennis, March 29, 1766). 연약성이라는 주제에 관해 더 살펴보려면 Cragg, *Appeals*, 66; Jackson, *Works*, 11:374, "그리스도인의 완전에 관한 평이한 해설"을 보라.

94 Outler, *Sermons*, 2:103, "그리스도인의 완전."

95 같은 책, 2:104. "여러 가지 시험을 통한 괴로움"; 2:222-35 참조.

이러한 현실은 신자에게 인내와 용기를 요구한다.

　마지막으로, 웨슬리는 하나님의 풍성한 은혜 안에서의 계속적인 성장과 발전을 인정하지 않는 정적인 상태로서의 완전 개념을 부인했다. 웨슬리 신학에는 영적으로 "이제 더 이상 전진할 곳이 없는" 완전 개념이 자리할 여지가 전혀 없다. 그리스도의 피로 그 마음이 깨끗해진 사람도 계속해서 성장해야 한다. 그렇게 이해하면 그리스도인의 완전이란 정적인 것이 아니라 동적인 것으로, 아우틀러가 바르게 지적한 것처럼 "완전히 이룬 완전"(perfected perfection)이 아니라, "더 완전해져가는 완전"(perfecting perfection)이다(빌 3:12-15).[96] 웨슬리는 "사람이 얼마나 높은 정도로 완전을 이루었든지 간에 그는 여전히 은혜 안에서 자라가야 하며, 자신의 구원자 되시는 하나님을 아는 지식과 사랑이 날마다 더해져야 합니다"[97]라고 경고한다(빌 3:16). 웨슬리의 구원의 길에서는 영적 엘리트 의식이 자리할 곳은 어디에도 없다.

　그러나 웨슬리가 그리스도인의 완전 이해에서 성장과 발전을 강조했다는 사실 때문에 웨슬리의 또 다른 분명한 가르침, 곧 하나님의 역사하심이 신자의 영혼에 하나님의 은혜를 실현함으로써 실제로 성결을 이루어내신다는 사실을 약화시켜서는 안 된다. 과정에 대한 웨슬리의 강조는 웨슬리의 다른 강조점인 성결의 실현 이전과 이후에 위치할 뿐이다. 만약 웨슬리의 완전 교리가 가진 미묘한 뉘앙스로서 점진적 요소와 순간적 요소의 관계를 적절한 균형 속에서 이해하지 못하면, 즉시 심각한 해석의 오류가 발생한다. 구원의 길의 점진적 성격을 강조한 나

96　같은 책, 2:98, "그리스도인의 완전"의 서론 부분.
97　같은 책, 2:104-5, "그리스도인의 완전."

머지 순간적 측면을 배제해버리는 사람은, 그 이름 자체가 의미하듯 완전성화가 온전하고 전적인 역사임을 파악하는 데 실패할 것이다. 그 결과 그리스도인의 점진적 양육만을 배타적으로 강조하면서, 성결의 은혜가 가진 온전성과 총체성은 상실하게 될 것이다. 신학자로서 웨슬리의 천재성은, 그가 세밀하고도 정교한 긴장 속에서 과정과 실현, 점진적 요소와 순간적 요소를 모두 붙들었다는 점에 있다. 신자는 그리스도인의 완전이라는 은혜가 실현된 후에도 은혜 안에서 지속적으로 성장할 수 있다. 그러나 하나님의 은혜 안에서 지속적으로 성장하는 것은 하나님께서 순간적으로 이루어주신 순결해진 마음이다. 그러므로 더 성장해야 한다는 강조가 성결의 은혜의 온전함에 대한 부인이 되어서는 안 된다.[98]

그리스도인의 완전이란 무엇인가

웨슬리는 "그리스도인의 완전에 관한 평이한 해설"에서 그리스도인이 어떤 의미에서 완전한지를 설명할 때 자신이 논의하는 대상은 "그리스도 안에서의 어린아이가 아니라 성숙한 그리스도인"[99]이라고 먼저 지적한다. 그리고 그 후에 즉시 "그러나 그리스도 안에서는 어린아이라도 죄를 범하지 않을 수 있을 만큼은 완전합니다"[100]라고 덧붙인다. 따라서 만

---

98   알버트 아우틀러는 웨슬리가 그리스도인의 완전을 "더 완전해져가는 완전"으로 이해함에서 동방 영성, 특히 마카리우스와 시리아의 에프렘의 영향을 크게 받았다고 주장한다. Outler, *Sermons*, 1:74, 서문 참조.
99   Jackson, *Works*, 11:374, "그리스도인의 완전에 관한 평이한 해설."
100 같은 곳.

약 누군가 사랑 안에서의 완전이 단지 "고의로 죄를 짓지 않을 권세"[101] 라고 주장한다면, 아우틀러가 말한 대로, 웨슬리에 의하면 이 권세는 하나님의 자녀, 심지어 그리스도 안에서 어린아이도 가지고 있는 특권이다. "하나님에게서 난 자는 누구나 … 하나님의 어떤 명령도 고의로 범할 수 없습니다"(요일 3:9).[102] 더 중요한 것은, 그리스도인의 완전은 죄의 권세의 문제에서 한 걸음 더 나아가 죄의 존재 자체를 다룬다는 점이다. 사실 웨슬리의 "그리스도인의 완전에 관한 평이한 해설"이나 성결을 주제로 다루는 중요한 설교는, 하나님의 은혜로 초기의 성화를 경험한 그리스도 안에 있는 어린아이의 특권을 설명하기 위해 매우 주의를 기울인다. 웨슬리가 그렇게 한 이유는 18세기 당시의 상황에서 자신의 글을 읽은 많은 독자가 하나님의 자녀의 자유를 온전히 성화된 사람만의 특권으로 생각함으로써 중생과 완전성화 모두를 평가절하하고 있음을 알았기 때문이다.

그렇다면 완전성화란 무엇인가? 웨슬리는 "주님 안에서 강한"(딤후 2:1)[103] 성숙한 그리스도인이 받은 은혜는, 적어도 두 가지 면에서 그리스도 안에서 어린아이가 받은 은혜보다 뛰어나다고 주장한다. 첫째, 그들은 악한 생각으로부터 자유하다. 웨슬리는, 만약 마음이 더 이상 악하지

---

101 Outler, *Sermons*, 1:65, 서문. 아우틀러가 웨슬리의 설교 "그리스도인의 완전"(2:97) 서문에 덧붙인 다음의 설명도 보라. "웨슬리에게 만약 구원이 우리 속에서 기형적으로 변해버린 하나님 형상의 전적인 회복을 의미하고, 온전한 구원이 부정적인 면에서 죄짓지 않을 수 있는 권세이자 긍정적인 면에서 하나님을 최고로 사랑할 수 있는 능력이라고 한다면, 웨슬리가 '그리스도인의 완전'이라고 부른 것은 은총 안에서 가장 깊은 단계로 나아간 것으로 이 세상에서 은혜의 승리를 의미한다."

102 같은 책, 1:436, "하나님께로부터 난 자의 특권."

103 같은 책, 2:117, "그리스도인의 완전."

않다면, 그 마음에는 더 이상 악한 의지와 정욕과 시기 같은 생각도 존재
하지 않는다고 설명한다. 웨슬리는 1766년에 "악한 생각으로부터 자유
롭다는 의미에서 완전하다는 표현은 오직 성숙한 그리스도인에게만 사
용할 수 있습니다"[104]라고 말한다. 그러나 악한 생각과 방황하는 생각은
구분되어야 한다. 웨슬리는 일찍이 1741년에 동생 찰스와 함께 출판한
한 찬송가 서문에서 "모든 자기 고집, 그리고 심지어 방황하는 생각에서
도 자유로운 죄 없는 완전(sinless perfection)이라는 정제되지 못한 주장
에 예전보다 한층 가까이 다가갔다."[105] 그러나 그는 이후 여러 글, 특히
설교 "방황하는 생각"에서 이러한 주장에 제한을 가했다. 웨슬리는 이
설교에서 방황하는 생각을, 하나님에게서 벗어나 방황하는 생각과 "우
리가 염두에 두고 있는 특별한 무엇에서 벗어나"[106] 방황하는 생각 두 가
지로 구분했는데, 전자는 악한 것이지만 후자는 악하지 않다고 설명한
다. 웨슬리에게 하나님에게서 벗어나 방황하는 생각은 실천적 무신론
으로서 불신앙의 마음을 가져오기에, 우리는 성결의 은혜를 통해 이런
생각에서는 자유롭게 되기를 기대할 수 있다.[107] 그러나 두 번째 의미의
방황하는 생각, 즉 우리가 염두에 두고 있던 것에서 생각의 맥이 끊기는
것 같은 방황에서는 결코 자유로울 수 없다. 웨슬리는 이런 방황은 "우
리의 혈관에서 피가 움직이며 돌아다니는 것과 마찬가지로" 전혀 죄 된
것이 아니라고 말한다.[108]

---

104 Jackson, *Works*, 11:376, "그리스도인의 완전에 관한 평이한 해설."
105 Outler, *Sermons*, 2:98, "그리스도인의 완전."
106 같은 책, 2:127, "방황하는 생각."
107 같은 책, 2:132.
108 같은 책, 2:133. 이런 의미에서 방황하는 생각은 사람이 결코 자유롭게 될 수 없는

둘째, 그리스도께서 가지셨던 마음을 갖고 사랑으로 온전하게 된 자는 현재 악한 성품에서 자유하다. 웨슬리는 1767년 동생 찰스에게 쓴 편지에서 "내가 완전이라는 말로 의미하는 것은, 하나님과 다른 사람에 대한 겸손하고 온유하며 인내하는 사랑이 삶 전체에서 우리의 모든 성품과 말과 행동 및 마음 전체를 다스리는 것이란다"[109]라고 적었다. 여러 면에서 매우 중요한 모든 악한 성품에서 건짐받는 이 구원은 긍정적으로나 부정적으로 설명할 수 있다.

부정적으로 말하면, 그리스도인의 완전은 과거에 죄로 향하던 마음의 성향이 만들어낸 교만, 자기 고집, 세상에 대한 사랑 같은 악한 성품으로부터의 자유를 가져온다. 이제 신자는 자기 내면에서 어떤 반역적인 근원도 "느끼지" 못한다. 마음은 거룩하게 하시는 성령의 임재를 통해 타고난 죄로부터 깨끗하게 되었고, 웨슬리 자신이 1766년에 사용한 표현에 의하면 그는 "죄에 대해 전적으로 죽는 경험"[110]을 한다(롬 6:6, 11).

오직 완전히 성화된 사람만이 악한 성품에서 자유롭게 된다는 웨슬리의 주장에서 주목할 점은, 그가 이 자유를 신앙 안에서 성숙한 사람의 특권으로 한정 지었다는 점이 아니라, 신자의 마음이 거룩한 성품을 통해 실제적으로 변화됨을 강조했다는 점이다. 이에 대해 알버트 아우틀

인간의 연약성의 또 하나의 예로 이해할 수 있다. 웨슬리의 설교, "그리스도인의 완전", Outler, *Sermons*, 2:103 이하 참조. 방황하는 생각에 대한 웨슬리의 견해를 더 살펴보려면 Telford, *Letters*, 3:243-44와 4:307를 참조하라.

109 Telford, *Letters*, 5:38 (to Charles Wesley, January 27, 1767). 몇 년 후 웨슬리는 안록스데일에게 "고린도전서 13장을 읽고 묵상해 보세요. 거기에 그리스도인의 완전의 참된 묘사가 있습니다."라고 조언한다. Telford, *Letters*, 7:120. 그리스도인의 완전에 대한 다른 설명을 위해서는 Telford, *Letters*, 2:280; 5:141와 Ward & Heitzenrater, *Journal and Diaries*, 21:245를 보라.

110 Jackson, *Works*, 11:401, "그리스도인의 완전에 관한 평이한 해설."

러는, 웨슬리가 비록 칭의 개념을 설명할 때는 라틴 교부신학의 법적 이
미지를 사용했지만, 완전성화의 교리에 분명히 나타나는 "참여적 주제"
에서는 동방 기독교에 의존했다고 주장한다.

> 라틴 기독교 이해를 위한 암호가 "용서", "무죄방면", "사면", "최종적 영광"같
> 은 것이라면, 헬라 기독교는 "용서", "화해", "참여", "완전" 같은 용어다. 라틴
> 기독교에서는 로마와 중세 법정에서 기인한 법적 이미지와 비유가 지배적 요
> 소였지만, 헬라 기독교는 "하나님께로의 존재론적 참여"란 비전에 매료되었
> 다. 전자는 십자가를 강조하지만, 후자는 십자가만이 아니라 그것을 지나 그
> 이상의 영광을 가리킨다.[111]

이 말의 의미는, 구원이란 단지 법적으로 실제 상태와 다름을 선포
하는 것이 아니라는 것이다. 즉 사람들이 실제로는 죄인이지만 성도로
선언받았다는 이유로, 자신의 상태와 다르게 선언받은 것을 구원의 전
부로 말해서는 안 된다. 구원은 하나님의 강력한 은혜를 통해 실제로
새롭게 되고 변화 받고 정결하게 되는 것을 포함한다. 여기서 다시 한
번 분명해지는 것은 의의 전가(imputation)와 의의 분여(impartation)의 차
이다. 초기적 성화든 완전성화든, 성화를 논의의 주된 주제로 삼았을
때 웨슬리의 사상을 지배한 것은 언제나 의의 분여와 은혜의 실현이라

---

111 Thomas C. Oden and Leicester R. Longden, eds., *The Wesleyan Theological
    Heritage: Essays of Albert C. Outler* (Grand Rapids: Zondervan, 1991)에 실린
    Albert C. Outler, "The Place of Wesley in the Christian Tradition," 92. 이 주제를
    더 살펴보려면, 그 책에 실린 다른 논문들도 살펴보라. 특히 pp. 46-47, 51, 59, 64,
    121, 200를 보라.

는 주제였다.

긍정적으로 말하면, 그리스도인의 완전은 하나님의 은혜로 자유를 회복하는 것이다. 즉 그리스도인의 완전은 그리스도께서 말씀하신 두 개의 큰 계명인 "네 마음을 다하고 목숨을 다하고 뜻을 다하여 주 너의 하나님을 사랑하라. … 네 이웃을 네 자신같이 사랑하라"(마 22:37-39)는 계명에 순종할 수 있는 자유를 가져온다. 웨슬리는 "성결한 사람의 영혼에는 사랑에 반대되는 어떤 잘못된 성품도 남아 있지 않습니다. … 그의 모든 생각과 말과 행동은 순수한 사랑의 다스림을 받습니다"[112]라고 주장한다. 웨슬리는 그리스도인의 완전에 관한 논문에서 다음과 같이 설명한다.

> 그리스도인의 완전은 하나님께 우리의 마음 전체를 드리는 것입니다. 즉 그것은 우리의 모든 성품을 다스리는 단 한 가지 갈망과 계획으로, 우리의 일부가 아니라 모든 영혼과 몸, 곧 존재 자체를 하나님께 드리는 것입니다(롬 12:1-2; 살전 5:23). 다른 관점에서 보면, 그리스도인의 완전은 그리스도께서 가지셨던 마음입니다(빌 2:5). 이 마음을 품은 성결한 사람은 그리스도께서 행하신 대로 행하게 됩니다(요일 2:6). 그리스도인의 완전은 모든 더러움과 외적이고 내적인 불결함에서 마음의 할례를 받는 것입니다(신 10:16; 30:6; 고후 7:1). 그것은 우리의 마음이 하나님의 온전한 형상, 우리의 마음을 창조하신 분의 온전한 형상으로 새롭게 되는 것입니다(창 1:27; 고후 3:18; 골 3:10). 또 다른 관점에서 보면, 그리스도인의 완전이란 우리의 온 마음을 다해 하나님을 사랑하고(신 6:5; 마 22:37), 이웃을 우리 자신처럼 사랑하는

---

112 Jackson, *Works*, 11:394, "그리스도인의 완전에 관한 평이한 해설.

것입니다(레 19:18; 마 22:39). … 내가 쓴 많은 글이 증명하듯이 1725년부터 1765년까지 지난 40년 동안 내가 한결같이 믿고 가르쳐온 온전하고도 유일한 완전이 바로 이것입니다.[113]

그렇다면 완전성화란 죄를 내쫓고 그 자리를 대신하는 사랑, 모든 악한 정욕과 성품을 정복하는 사랑이다. 신자 속에 있는 하나님의 형상, 특히 도덕적 형상은 이 영광스럽고 빛나는 은혜로 새로워진다. 과거에 죄에 깊이 빠져 있던 피조물이 이제는 놀랍게도 창조주 하나님의 선하심을 나타낸다. 어떤 경쟁자도 없이 영혼을 홀로 통치하는 하나님의 사랑보다 더 높고 위대한 것은 없다.[114]

언제 완전성화가 일어나는가

웨슬리는 언제 이 위대한 변화가 영혼에 일어나는가 하는 질문에 답하기 위해 상당한 주의를 기울였다. 그는 로마 가톨릭교도들과 루터주의자들, 칼뱅주의자들, 메소디스트들 모두가 하늘에서는 죄가 없을 것이라고 믿는 것과 영광 중에 계신 영원한 하나님의 현존으로 들어가려면 우리의 마음이 사랑 안에서 정결하게 되어 자범죄와 원죄 모두에서 자

---

113 같은 책, 11:444. 그리스도인의 완전에 대한 다른 설명을 위해서는 Telford, *Letters*, 4:157-58; 5:102, 238과 Jackson, *Works*, 11:441, 446를 참조하라.

114 웨슬리는 완전성화의 교리에 깊은 관심을 가지고 있었지만, 현존하는 문헌에서 그가 그 은혜를 받았는지에 대해 개인적으로 간증했다는 증거는 전혀 없다. Baker, *Letters*, 26:294 (to "John Smith," March 22, 1748); Telford, *Letters*, 5:43 (to Editor of Lloyd's Evening Post, March 5, 1767); Ward & Heitzenrater, *Journal and Diaries*, 22:72 (to Editor of Lloyd's Evening Post, March 26, 1767) 참조.

유롭게 되어야 한다는 주장에서 일치한다고 말한다.[115] 그러나 로마 가
톨릭교회 신학자들 및 유럽의 종교개혁 신학자들과 달리, 웨슬리는 완
전성화가 이 세상에서 일어날 수 있으며, 영혼을 정결하게 하는 것은 연
옥이나 죽음 자체가 아니라 하나님의 성령이심을 주장했다. 그렇다면
이러한 다양한 전통 사이의 주된 차이점은 완전성화가 언제 일어나는가
뿐 아니라, 어떤 방법으로 일어나는가 하는 문제와도 관련된다.

만약 이미 살펴본 구원의 길에서의 병렬구조가 올바르다면, 칭의와
중생에서처럼 완전성화에서도 순간적 요소는 발견될 수밖에 없다. 그
리고 이는 정확히 발견된다. 웨슬리는 "그리스도인의 완전에 관한 평이
한 해설"에서 완전성화는 순간적인 것이라고 주장한다. 그러나 완전성
화의 순간 "이전과 이후에는 언제나 점진적인 은총의 사역이 있다"[116]라
고 말하는데, 이 주장의 의미는 완전성화의 은총을 받기 전에 상당한 시
간이 경과될 수 있다는 것이다. 그러나 설교 "성경적 구원의 길"에 비록
점진적 요소가 있더라도, 원숙해진 웨슬리가 특별히 강조한 것은 순간
적 요소다. 다음의 인용구가 이를 잘 말해준다.

하나님께서는 이 위대한 사역을 점진적으로 행하실까요, 아니면 순간적으로
행하실까요? 아마 누군가에게는 그 사역이 점진적으로 이루어질 수도 있을
것입니다. 이 말의 의미는, 그들이 죄가 사라진 특정 순간을 말하지 못할 수
도 있다는 것입니다. 그러나 죄가 사라지는 것이 하나님의 뜻에 의한 것이라
면, 주님께서 "그 입의 숨으로" 죄를 눈 깜짝할 사이에 없애버리시는 일은 순

---

115   Jackson, *Works*, 8:328-29, "연회록." Davies, *Societies*, 178, "메소디스트의 원리에
대한 추가 설명"도 보라.

116   같은 책, 11:442, "그리스도인의 완전에 관한 평이한 해설."

간적으로 이루어지는 것이 가장 바람직합니다. 그리고 주님께서 일반적으로 그렇게 행하신다는 사실에 관해서는 아무 편견 없이 공정히 판단하는 사람이라면 만족할 수 있을 만큼 충분히 많은 증거가 있습니다. 따라서 여러분은 그 일이 한순간에 이루어질 것을 기대하십시오.[117]

더 나아가 신생과 완전성화 사이에서 이루어지는 은혜 안에서의 성장으로 인해 생기는 병렬구조가 시사하는 것은, 그 두 교리 모두에 순간적 요소가 있다는 유사점이 몇 가지 중요한 차이점을 통해 보완된다는 점이다. 이것 역시 정확히 발견된다. 예를 들어, 비록 웨슬리는 칭의와 그리스도인의 완전 모두가 점진적 역사 후에 오는 순간적 사건이라고 주장하지만, 그가 각각의 경우에 사용한 이미지는 현저히 차이가 난다. 칭의에 관해 웨슬리는 앞 장에서 밝힌 대로 탄생의 이미지를 사용해 매우 효과적으로 순간적 요소를 강조한다.

아이는 어머니에게서 순간적으로 태어납니다. 순간적이 아니라면, 적어도 매우 짧은 시간 안에 태어납니다. 그 후로 그는 성인이 되기까지 점진적으로 자랍니다. 비슷한 방식으로 하나님의 자녀가 하나님께로부터 나는 것은, 순간적인 것이 아니라면 아주 짧은 시간 동안 이루어집니다. 그러나 그 후로 그가 자라나 그리스도의 장성한 분량에 이르도록 성장하는 것은 서서히 이루어집니다. 우리의 자연적 출생과 성장의 관계와 동일한 관계가, 우리의 신생과 성화 사이에 있습니다.[118]

---

117 Outler, *Sermons*, 2:168-69, "성경적 구원의 길."
118 같은 책, 2:198, "신생."

그러나 완전성화를 설명할 때 웨슬리는 탄생의 이미지가 아니라 죽음의 이미지를 사용한다.

우리가 칭의되는 순간부터 점진적인 성화와 은혜 안에서의 성장, 날마다 하나님께 대한 지식과 사랑에서의 진전이 이루어집니다. 그리고 만약 죽음 전에 죄가 멈춘다면, 당연히 순간적인 변화로서 죄가 존재하는 마지막 순간이자 그것이 더 이상 존재하지 않는 첫 순간이 반드시 있기 마련입니다.[119]

그렇다면 전자의 탄생의 이미지가 하나님께로부터 나는 것과 성화의 시작을 가리킨다면, 후자의 죽음의 이미지는 거기서 어느 정도 시간이 지난 후 육적 본성이 끝나고 죄에 대해 죽는 것을 가리킨다.[120]

웨슬리의 완전성화의 교리에서 순간적 차원이 신앙과 행위의 관계라는 더 넓은 문제와 연결되어 있음을 인식한다면, 그의 완전성화의 교리가 점진적이고 순간적인 두 요소 모두를 강조하는 것은 모순이 아니다. 웨슬리는 1764년에 안 포드에게 보낸 편지에서 이를 자세히 설명한다.

하나님께서 일반적으로 칭의와 성결 사이에 어느 정도 시간의 차이를 두는 것을 기뻐하시더라도, "그리스도인의 완전에 관한 추가적 숙고"(Farther Thoughts on Christian Perfection)에서 분명히 설명한 것처럼, 우리는 이

---

119   Jackson, *Works*, 8:329, "연회록."

120   웨슬리는 사람이 하나님에게서 나는 것과 동시에 아무 시간적 간격 없이 온전히 성화될 수 있다는 생각에는 반대했다.

것을 불변하는 규칙으로 생각해서는 안 됩니다. 그러면 우리가 행위나 고난으로 성결해진다고 생각하는 것이 됩니다. 그렇지 않으면 시간이 무엇 때문에 필요하겠습니까? 그것은 행함이나 고난을 위한 것이 틀림없습니다. 그러나 필요한 것이 순전한 신앙뿐이라면, 한순간만으로도 한 시대만큼이나 충분합니다.[121]

그 외에도 웨슬리는 1782년에 헤스터 안 로에게 보낸 편지에서 자신의 생각이 변하지 않았음을 보여준다.

만약 완전성화가 행위에 의한 것이라면, 이러한 행위를 하기 위해 시간이 필요할 것입니다. 그러나 완전성화가 믿음으로 이루어진다면, 한순간은 수천 년의 시간과도 같음을 쉽게 알 수 있습니다.[122]

사실 웨슬리는 완전성화라는 은혜의 역사의 성격과 특성을, 완전성화에까지 나아갈 수도 있고 그렇지 않을 수도 있는 영적 성숙의 과정과 혼동하지 않도록 매우 주의를 기울였다. 그래서 마치 양(Miss March)에게 보낸 편지에서, 하나님께서는 매우 짧은 시간 안에 은혜의 위대한 역사를 이루셔서 "젊은이를 노인보다 지혜롭게 하실 수도 있고, 다른 사람들이 오랜 시간에 걸쳐 이룬 것보다 훨씬 더 친밀하고 깊은 하나님과의 교제를 매우 짧은 시간 안에 많은 사람에게 허락하실 수도 있습니다"[123]라고 적었다.

---

121 Telford, *Letters*, 4:268-69 (to Ann Foard, October 12, 1764).

122 같은 책, 7:98 (to Hester Anne Roe, January 7, 1782).

123 같은 책, 6:132 (to Miss March, December 27, 1774).

　　그렇다면 웨슬리에게 점진적 과정이라는 주제는, 성결이 실현되는 일에 어떤 의미에서는 필요한 일반적인 영적 성장과 행위와 순종을 강조한다. 달리 말해, 만약 칭의와 완전성화 사이의 기간이 길어질 경우, 이러한 행위는 하나님의 선물을 받는 일을 위해 우리를 준비시킨다. 그러나 앞서 밝힌 것처럼, 이 행위가 절대적으로 필요한 것은 아니다. 사람은 그것 없이도 믿음으로 온전히 성화될 수 있기 때문이다. 다른 한편, "그리스도인의 완전에 관한 평이한 해설"과 "성경적 구원의 길" 및 1780년대의 여러 편지 등 웨슬리의 후기의 글은 은혜의 순간성을 강조한다. 즉 사람의 마음을 전적으로 거룩하게 바꾸시는 분은 사람이 아닌 성령이시라는 점에서 하나님의 은혜를 강조할 뿐 아니라, 사랑 안에서의 완전은 오직 신앙만으로도 이루어질 수 있다는 면에서 성결의 절대적 조건은 신앙뿐임을 가르친다. 칭의에서처럼 성결에서도 이러한 설명은, 시간적 함의에서뿐 아니라 구원론적 함의에서도 중요하다.

　　더 나아가 웨슬리는 비록 자신의 글 전체에서 하나님의 자녀는 지금 바로 성결의 은혜를 받을 수 있다고 반복적으로 확언했지만, 목회적 관점에서는 이 은혜의 선물이 대체로 죽기 직전까지는 주어지지 않는다고 지적했다. 이러한 가르침은 1744년과 1747년의 연회록[124]뿐 아니라, 1766년에 쓴 "그리스도인의 완전에 관한 평이한 해설"에도 나타나 있다. 웨슬리는 "그리스도인의 완전에 관한 평이한 해설"에서 "우리는, 우리가 아는 신앙 안에서 죽은 많은 사람 중 대다수가 죽기 직전까지 사랑 안에서 온전하게 되지 못했음을 인정합니다"[125]라고 말한다. 그다음

124　Jackson, *Works*, 11:387, "그리스도인의 완전에 관한 평이한 해설"; 8:294, "연회록."
125　같은 책, 11:388.

해에는 동생 찰스에게 쓴 편지에서 "완전성화의 순간은 일반적으로 죽음의 순간, 즉 영혼이 몸을 떠나기 바로 전"[126]이라고 믿는다고 했다. 여기서 주목할 만한 점은, 웨슬리는 비록 많은 사람이 죽기 직전까지 그리스도인의 완전을 경험하지 못하더라도, 여전히 그리스도인의 완전이 순간적 은혜임을 주장한다는 사실이다.

그렇다면 웨슬리의 표현에 따르면 성결의 은혜는 신자가 "죽기 10년 전이나 20년 전, 또는 40년 전"[127]에도 받을 수 있는 은혜인데, 왜 그 은혜를 받는 것이 그렇게 자주 지연되는가? 웨슬리 구원론의 넓은 맥락에서 한 가지 가능한 대답은, 많은 신자가 여전히 하나님을 두려워하는 마음에 짓눌려 있어 자아를 버리고 하나님의 돌보심을 전적으로 의지하지 못하기 때문이라는 것이다. 그러나 자신에게 주어진 시간이 거의 끝났음을 자각함으로 맞게 되는 죽음의 위기는, 신자가 자신을 하나님께 온전히 드리고 온전히 정결하게 하시는 성령의 능력을 의지하게 하는 데 적합한 촉매제가 될 수 있다. 확실히 웨슬리는 루터주의자들이나 칼뱅주의자들 및 가톨릭주의자들과 달리, 우리가 죽기 전에 우리 속에 존재하던 죄에서 자유롭게 될 수 있음을 매우 강조했기에, 한 번은 다음과 같이 충고하기도 했다. "우리가 만일 죽기 전에 깨끗한 마음을 가지지 못한다면, 차라리 태어나지 않는 편이 더 나았을 것입니다."[128]

---

126 Telford, *Letters*, 5:39 (to Charles Wesley, January 27, 1767).

127 같은 책, 5:39 (to Charles Wesley, January 27, 1767).

128 같은 책, 4:44 (to Mr. Potter, November 4, 1758). 언제 완전성화가 일어나는가 하는 주제에 관해 더 살펴보려면 Jackson, *Works*, 8:285; 11:423, 380, 393와 Telford, *Letters*, 3:221; 4:100, Ward & Heitzenrater, *Journal and Diaries*, 22:20를 참조하라.

성결의 은혜는 상실할 수 있는가

일찍이 존 웨슬리는 온전히 성화된 사람은 은혜가 가장 풍성하게 실현된 그 상태에서 다시 타락할 수 없을 것이라고 생각한 적이 있었다. 그러나 1767년의 편지에 기록한 대로, 동생 찰스의 주장 및 토마스 월쉬의 실례는 결국 웨슬리로 하여금 "사랑 안에서, 그리고 모든 성품과 감정에서 정결하게 된 사람도 타락해 타고난 죄가 다시 마음을 오염시킬 수 있을 뿐 아니라, 자범죄를 짓게 하는 힘이 영혼까지 지배할 수도 있다는 사실"[129]을 납득하게 했다. 사실 웨슬리는 과거에도 그런 판단을 내린 적이 있다. 찰스에게 이 편지를 보내기 몇 년 전인 안 포드에게 보낸 편지에서 "나는 하늘 아래에서는 사람이 다시 타락할 수 없는 상태란 있을 수 없음을 믿게 되었습니다"[130]라고 말했다.

웨슬리는 결국 "은혜를 받은 모든 사람이 그것을 유지하는 것은 아니다"라는 사실을 깨닫게 되지만, 한동안 그는 이러한 영적 탈선이 얼마나 자주, 어느 정도까지 일어나는지에 대해 일관적이지 않았다. 예를 들어, 이 메소디스트 지도자는 1770년에 바톤 여사에게 보낸 편지에서 "열 명 중 한 명이나 서른 명 중 한 명"도 타고난 죄로부터의 구원을 일 년 이상 유지하지 못한다며 하소연했다.[131] 그러나 그다음 해 한나 볼에게 보낸 편지에서는 "칭의되었거나 성결하게 된 사람 다섯 중 세 명도 안 되는 사람만이 하나님께로부터 받은 선물을 그해 끝까지 유지합니

---

129   같은 책, 5:41 (to Charles Wesley, February 12, 1767).

130   같은 책, 4:266 (to Ann Foard, September 29, 1764). Ward & Heitzenrater, *Journal and Diaries*, 22:422 (July 25, 1774)와 Telford, *Letters*, 5:190 (to Mrs. Bennis, June 13, 1770)도 보라.

131   같은 책, 5:185 (to Mrs. Barton, March 15, 1770).

다"[132]라고 적었다. 1774년에는 그 비율이 또 한 번 바뀌는데, 이번에는 은혜 받은 사람 중 절반으로 줄어든다. 최종적으로 웨슬리는 죽기 몇 해 전인 1789에 아담 클라크에게 보낸 편지에서 좀 더 조심스런 입장으로 되돌아간다. "하나님의 은혜는 받는 것보다 유지하는 것이 더 중요합니다. 세 명 중 한 명도 그렇게 하지 못합니다."[133] 그리고 웨슬리는 자신의 요점을 다음과 같이 분명히 밝힌다. "온전한 사랑을 한번 맛본 모든 사람에게는 강하고도 분명하게 그 은혜를 지켜내라고 권면해야 합니다."[134]

비록 비율 면에서는 변동이 있었지만, 웨슬리는 온전히 성화된 사람도 다시 타락할 수 있다는 사실을 확신했다. 그러면서 동시에 그가 반드시 타락할 수밖에 없는 것은 아니라는 점에 대해서도 동일한 확신을 가졌다.[135] 달리 설명하면, 비록 타고난 죄가 다시 사람의 마음에 자리를 틀 수는 있지만, 그 죄의 존재는 필연적인 것도 피할 수 없는 것도 아니다. 순결해진 마음도 각종 유혹과 모든 종류의 괴로움으로 뒤흔들릴 수 있다. 그럼에도 웨슬리는, 하나님의 은혜는 성결로 그들을 지키시고 모든 악에서 그들을 건져주시는 일에 결코 부족함이 없음을 확언했다.

---

132 같은 책, 5:273 (to Hannah Ball, August 14, 1771).

133 같은 책, 8:188 (to Adam Clarke, November 26, 1789).

134 같은 곳. 일찍이 웨슬리는 온전한 사랑의 상태에서 다시 타락한 사람은 "영원에 들어가는 순간까지" 다시 회복될 수 없다고 믿은 적이 있다. 그러나 그는 생각을 바꾸었을 뿐 아니라, 메소디스트들의 경험을 통해서도 그렇지 않다는 사실을 알게 되었다. Telford, *Letters*, 5:138 (to Mrs. Bennis, May 30, 1769) 참조.

135 Ward & Heitzenrater, *Journal and Diaries*, 22:217 (March 15, 1770).

성결한 사람도 그리스도를 필요로 하는가

웨슬리는 성결의 은혜는 상실할 수 있기에, 그 마음이 순결하게 된 사람은 끊임없이 그리스도와 가까이 동행하면서, 하나님의 은혜를 당연한 것으로 여기지 말아야 함을 강조했다. 그는 어린양의 피로 마음이 깨끗해진 사람도 여전히 그리스도를 모든 직분 안에서, 즉 예언자와 제사장과 왕으로서 필요로 한다고 가르쳤다.[136] 더 나아가 웨슬리는 "가지가 포도나무에 붙어 있을 때는 열매를 맺지만, 포도나무에서 잘려나가면 말라 시들고 맙니다"(요 15:5)[137]라는 시각적인 비유를 통해 신자도 계속 그리스도에 의존해 있음을 설명했다.

그 외에도 웨슬리는 "그리스도인의 완전에 관한 평이한 해설"에서 신자가 계속해서 그리스도를 의존해야 하는 이유를, 단지 타고난 죄와 자범죄가 다시 넘쳐나지 않게 자신을 지켜내기 위해서만이 아니라, "마땅히 해야 하는데 하지 못한 일, 자신의 결점, 판단과 실천에서의 잘못 및 다양한 종류의 단점으로 인해서도 그리스도의 대속을 필요로 하기 때문"[138]이라고 밝힌다. 웨슬리는 한 편지에서 다음과 같이 적는다. "온전히 성화된 사람이라도 육체 속에 사는 동안에는 실수하기 쉽고, 잘못된 판단으로 말하고 행동하기 쉽습니다."[139] 물론 그 결과는 "그들 역시 엄격한 의의 기준에 저촉되지 않고 살 능력이 없기에 여전히 하나님

---

136   Jackson, *Works*, 11:417, "그리스도인의 완전에 관한 평이한 해설."

137   같은 책, 11:396.

138   같은 곳.

139   Telford, *Letters*, 4:13 (to Elizabeth Hardy, April 5, 1758).

의 자비와 용서를 필요로 한다"[140]는 것이다. 달리 말해, 웨슬리는 온전히 성화된 사람도, 비록 고의가 아니더라도 여전히 "온전한 율법"의 기준에 미치지 못하기에, 그들의 행위는 속죄를 필요로 한다고 주장한다.

> 이 부분을 좀 더 설명하자면 (1) 적절한 의미의 죄(알려진 하나님의 법을 고의로 위반하는 것)뿐 아니라, 부적절한 의미의 죄(알려진 것이든 그렇지 않은 것이든 하나님의 법을 고의성 없이 위반하는 것) 역시 속죄의 피를 필요로 합니다. (2) 나는 인간이 죽음 아래 처해 무지와 실수를 벗어날 수 없게 된 결과, 하나님의 법에 대한 비고의적 위반마저도 벗어날 수 있는 그런 온전함은 세상에 존재하지 않는다고 믿습니다.[141]

따라서 웨슬리는 '죄 없는 완전'(sinless perfection)이라는 표현을 결코 사용하지 않았다. 고의적이든 비고의적이든 신자가 하나님의 완전한 율법을 위반하는 일에서 완전히 자유로울 수 있다는 의미를 내포하지 않기 위해서였다. 사랑 안에서 온전하게 된 사람도 여전히 무지와 실수를 벗어날 수 없는데, 이 불완전한 상태는 인간의 유한성과 분리될 수 없는 것이다. 따라서 사랑의 법에 대한 "비고의적 위반"은 적절한 의미에서 죄가 아니더라도 여전히 그리스도의 속죄의 피를 필요로 한다. 웨슬리는 "절대적 완전은 사람도 아니고 천사도 아니며, 오직 하나님께만 속한 완전입니다"[142]라고 말한다.

---

140 같은 곳.

141 Jackson, Works, 11:396, "그리스도인의 완전에 관한 평이한 해설." 이러한 구분에 대해 더 자세히 살펴보려면 Lindström, *Wesley and Sanctification*, 140-60를 참조하라.

142 같은 책, 11:442. 웨슬리의 완전 교리가 일상생활에도 잘 적용될 수 있음을 입증한

확신

웨슬리는 신자가 자신이 온전히 성화되었음을 어떻게 알 수 있는지를 설명하면서 다시 한 번 칭의와 완전성화의 관계를 설명한다. 다음 설명에 나오는 병렬적인 용어에 주목해 보자.

질문 16　당신이 성결하게 되어 내적인 부패에서 구원받은 것을 어떻게 알수 있는가?

대답　　내가 성결하게 되었음을 아는 것은, 칭의된 것을 아는 방법과 다르지 않다. 칭의에서든 성결에서든 "우리는 하나님께서 우리에게 주신 성령으로 말미암아" 우리가 하나님의 것이 되었다는 사실을 안다. 성령의 증거와 열매로 그것을 아는 것이다.[143]

웨슬리는 1767년에 페기 데일에게 보낸 편지에서 "성령께서 칭의뿐 아니라 성결을 증거해주시는 것은 하나님의 자녀의 특권입니다. 만약 당신이 겸손한 마음으로 하나님과 가까이 동행한다면, 칭의의 증거처럼 항상 분명하게 성결의 증거를 갖게 될 것입니다"[144]라고 강조한다.

지금까지의 예에서 칭의와 완전성화의 유사성은 두 가지 면에서 나

흥미로운 현대의 연구로는 William E. Sangster, *The Path to Perfection: An Examination and Restatement of John Wesley's Doctrine of Christian Perfection* (London: Epworth Press, 1984)를 참조하라. 사랑 안에서 온전하게 된 사람이 계속적으로 그리스도를 의존하는 문제에 관해 더 살펴보려면 Telford, *Letters*, 4:13, 186, 189, 191; 5:315; Jackson, *Works*, 11:395-96, 417, 419 참조.

143　같은 책, 11:20.

144　Telford, *Letters*, 5:50 (to Peggy Dale, June 18, 1767).

타난다. 첫째, 칭의에서와 마찬가지로 완전성화는 성령의 직접 증거를 갖는데, 이는 성령께서 하나님의 은혜로우신 역사가 우리 영혼에 성취되었음을 우리에게 증거하시고 확신을 주신다는 것을 의미한다. 웨슬리는 "그러므로 성령께서 칭의에서와 같이 분명하게 자신이 온전히 성화된 사실을 증거하시기 전까지는, 어느 누구도 그 역사가 이루어졌다고 믿어서는 안 됩니다"[145]라고 적었다. 또 이 문맥에서 병렬구조가 분명하게 나타내는 것은, 일부 사람들의 잘못된 주장처럼 완전성화가 성령을 처음으로 받는 것을 의미하지는 않는다는 사실이다. 사실 웨슬리는 성령 받음이라는 특정 주제에 관해 조셉 벤슨에게 "만약 그들이 이것을 '성령 받는 것'이라고 부르고 싶어 한다면 그렇게 하도록 두십시오. 그러나 그런 의미로 성령을 받는다는 표현을 사용하는 것은 성경적이지도 않고, 매우 부적절합니다. 그들 모두는 칭의될 때 이미 '성령을 받았기 때문'입니다"[146]라는 말로 주의를 주었다. 둘째, 칭의와 마찬가지로 완전성화는 성령의 간접 증거, 즉 성령의 열매를 포함한다. 웨슬리는 과거에 있었던 메소디스트 연회의 결정을 인용하면서 "어떤 '성령의 열매'로 우리가 가장 높은 의미에서 '하나님의 것이 되었음'을 알 수 있습니까?"라고 질문한 후, "사랑과 희락과 화평 같은 것입니다"(갈 5:22-23)[147]라고 답한다

　　예상대로, 초기의 확신과 이후의 확신 사이의 차이는 (이 역시 그 두 시점 사이에 일어난 영적 성장에 기인하는 것으로) 두 가지 측면, 즉 성령의 직접 증거와 간접 증거 모두에서 일어난다. 첫째, 웨슬리는 성령의 직접 증

145　Jackson, *Works*, 11:420, "그리스도인의 완전에 관한 평이한 해설."

146　Telford, *Letters*, 5:215 (to Joseph Benson, December 28, 1770).

147　Jackson, *Works*, 11:422, "그리스도인의 완전에 관한 평이한 해설."

거에서 칭의와 성결의 차이에 대해 "우리가 칭의될 때 성령께서 우리 영과 더불어 우리 죄가 용서받았음을 증거하신 것과 마찬가지로, 우리가 성결하게 될 때 성령께서는 우리에게서 죄가 제거되었음을 증거하십니다"[148]라고 말한다. 유사한 방식으로 웨슬리는 칭의와 성결의 차이를 그리스도 안에서 어린아이가 청년으로, 청년이 아비로 변화되는 것(요일 2:12-13)으로 설명했다. 예를 들어, 웨슬리는 1771년 3월에 조셉 벤슨에게 쓴 편지에서 "그리스도 안에 있는 어린아이는 (나는 그런 이들을 수천 명 알고 있습니다) 이따금씩 성령의 증거를 가집니다. 사도 요한이 말한 청년은 성령의 증거를 지속적으로 가집니다. 나는 그리스도 안에서 아비로 불릴 수 있는 사람이란, 사랑 안에서 온전하게 된 사람 또는 성령으로 충만한 사람이라고 믿습니다"(롬 8:15-16; 요일 2:12-13).[149]

그 외에도 웨슬리는 『신약성서주해』에서 약간 다른 유형론을 제시하는데, 이곳에서는 서로 다른 종류의 확신을 다음과 같이 설명한다. "자연적 인간은 두려움도 사랑도 가지고 있지 않습니다. 각성된 사람은 두려움만 가지고 사랑을 가지지 못합니다. 그리스도 안에서 어린아이는 사랑과 두려움 모두를 가집니다. 그리스도 안에서 아비는 두려움이

---

148 같은 책, 11:420.

149 Telford, *Letters*, 5:229 (to Joseph Benson, March 16, 1771). 웨슬리 당시 일부 메소디스트들은 성령의 증거가 오직 사랑 안에서 온전하게 된 사람에게만 해당된다는 잘못된 생각을 가졌다. 그러나 웨슬리는 다음과 같이 응답한다. "만약 (많은 사람이 주장하듯) 누군가가 성령의 증거는 오직 가장 높은 수준의 그리스도인에게만 해당되는 것이라고 주장한다면 어떻게 될까요? 당신의 대답은 '사도는 그런 제한을 두지 않았습니다. 그러므로 성령의 증거는 하나님의 모든 자녀에게 속한 것입니다'라는 것이 되어야 하지 않을까요? 또 만약 누군가가 성령의 증거가 가장 낮은 수준의 그리스도인에게만 해당된다고 주장하더라도, 그 대답은 똑같은 것이 되어야 하지 않겠습니까?" Jackson, *Works*, 11:421, "그리스도인의 완전에 관한 평이한 해설" 참조.

없는 사랑을 가집니다"(요일 4:18).[150] 이러한 구분의 사례는 18세기 메소디스트들에게서 많이 찾을 수 있다. 그러나 웨슬리는 올더스게이트 직후의 어느 시점에 자신의 신앙이 모든 의심과 두려움에서 자유로워졌다고 잘못 생각한 적이 있다. 앞 장에서 언급한 대로, 그가 칭의와 신생에서 충만한 확신을 기대하게 된 것은 영국 모라비아교도들의 가르침을 통해서다. 그는 나중에는 결국 하나님의 자녀의 신앙은, 비록 죄책과 죄의 권세 모두에서 자유를 얻을지라도, 때로 의심과 두려움으로 얼룩질 수 있음을 발견하게 된다. 그러나 웨슬리 자신의 표현을 사용하면, 사랑 안에서 온전하게 된 사람은 "모든 의심과 두려움을 내쫓고, 잠시라도 그것이 자리할 어떤 여지조차도 남겨놓지 않는"[151] 충만한 확신을 갖게 된다.

둘째, 성령의 간접 증거에서도 칭의와 성결은 중요한 차이점을 지닌다. 예를 들어, 웨슬리는 완전성화에 뒤따르는 성령의 열매를, "신자의 내면에서 사랑과 희락과 화평이 끊어지지 않는 상태로, 변함없이 오래 참고 인내하고 하나님께 맡기며, 온유함으로 모든 분노를 극복할 때 이

---

150 웨슬리, 『신약성서주해』, 요일 4:18. Telford, *Letters*, 5:175 (to Mary Bosanquet, January 2, 1770)와 6:146 (to John Flether, March 22, 1775)도 보라. 웨슬리는 두려움만 갖고 사랑을 가지지 못한 각성된 사람을, 사랑과 두려움 모두를 가진 그리스도 안에서의 어린아이와 구분했음을 주목하라. 전자는 종의 신앙이라면, 후자는 하나님 자녀의 신앙에 해당된다.

151 Jackson, *Works*, 8:393, "처치 씨의 주장에 대한 답변." 그 외에도 웨슬리는 신앙의 충만한 확신과 소망의 충만한 확신을 구분했다. 전자는 "죄 용서 받았음을 믿는 현재의 충만한 확신"이라면, 후자는 "미래의 견인에 대한 충만한 확신"을 갖는 것까지 포함한다. Davies, *Societies*, 375-76; Outler, *Sermons*, 3:549; 4:37; 웨슬리, 『신약성서주해』, 575; Jackson, *Works*, 9:32 참조.

루어집니다"[152]라는 말로 설명한다. 그리고 웨슬리는 "성령의 열매에 어
떤 위대한 것이 있습니까? 우리는 칭의 받을 때 이 모든 것을 갖게 된 것
이 아닙니까?"라는 질문에 매우 놀랍게도 다음과 같이 답한다.

성령의 열매란 자기 고집이 조금도 섞임 없이 하나님의 뜻에 전적으로
위탁하는 것 아니겠습니까? 누군가가 우리를 자극하는데도 전혀 분노하지
않고 친절함으로 대하는 것 아니겠습니까? 세상을 조금도 사랑하지 않고
모든 교만을 버리고, 오직 하나님 안에서 사랑하고 오직 하나님만 사랑하는
것 아니겠습니까? 모든 시기와 질투와 경솔하게 판단하는 태도를 버리고
이웃을 사랑하는 것 아니겠습니까? 어떤 일에서도 빼앗을 수 없는 평안함과
절제로 영혼 전체를 붙들어주는 온유함 아니겠습니까? 만약 아무도 이런
수준에 이르지 못했다고 부인하려면 그렇게 하십시오. 그러나 칭의된 모든
사람이 그것을 부인한다고 말하지는 마십시오.[153]

웨슬리가 강조한 것은 이 역사의 완전함과 철저함뿐 아니라 그 열
매의 항구성으로, 이러한 요소는 18세기에 웨슬리를 비난하던 사람들
이 자주 간과한 것이었다.

---

152 같은 책, 11:422, "그리스도인의 완전에 관한 평이한 해설."
153 같은 책, 11:422-23.

부연: 구원의 길에 정해진 순서가 있는가

구원의 순서가 있다는 주장에 대한 반대

이제까지의 논의에서 분명해진 것은, 구원의 과정에 관한 웨슬리의 논리적 사고에는 하나의 구조가 있다는 것이다. 그러나 일부 학자들은 웨슬리의 구원론에 실제로 순서나 틀이 있다는 것을 부인한다. 그들은 주로 '구원의 순서'(*ordo salutis*)라는 용어를 '구원의 길'(*via salutis*)이라는 용어로 바꾸어버림으로, 웨슬리에게 구원은 과정이지 "정형화되어 있는 여러 단계의 급작스런 변화"가 아님을 강조하려 한다.[154] 그러나 알버트 아우틀러가 가장 열심히 알린 구원의 순서라는 용어가, 구원이 여러 단계의 급작스런 변화로 이루어짐을 의미한다는 해석이 정확한 것일까? 만약 그렇지 않다면, 콜린 윌리엄스와 토머스 오든이 웨슬리의 구원 교리의 기본적 틀을 여러 단계의 급변으로 이해함으로써 구원의 점진적 측면을 제대로 고려하지 못했다는 것이 더 정확한 것일까?[155] 별로 인정받지 못하는 이러한 최근의 비판과 달리, 분명한 사실은 아우틀러와 윌리엄스, 오든 및 다른 학자들은 구원의 길에 함축되어 있는 구원의 순서나 구조뿐 아니라 과정과 성장과 성숙의 요소에도 분명히 주의를 기울였다는 점이다.

---

154 Maddox, *Responsible Grace*, 157.

155 Colin W. Williams, *John Wesley's Theology Today* (Nashville: Abingdon Press, 1960), 167 이하; Thomas C. Oden, John Wesley's Scriptural Christianity: A Plain Exposition of His Teaching on Christian Doctrine (Grand Rapids: Zondervan, 1994), 277 이하 참조.

근래의 연구들이 구원의 순서라는 용어에 대해 제기하는 두 번째 비판은 매우 이해할 수 없는 주장으로, 그 표현이 학문적 사고에 역행한다는 것이다. 이런 주장을 주로 퍼뜨려온 랜디 매덕스는 다음과 같이 설명한다.

> [구원의 순서라는 용어를 사용하려는] 이러한 계획은 최근 매우 격렬하게 비판받았는데, 이는 그들이 웨슬리가 목회적 상황에 따라 구분한 것을 기술적·학문적 구분으로 오해했다는 것이다. 이러한 비판은 매우 적절하다. 웨슬리가 인간의 구원에 관해 여러 특별한 구분을 주장했을 때 그가 염두에 둔 문제는 대부분 부흥운동에서 제기된 목회적 필요에 대해 해결책을 강구하는 중에 생겨난 것이지, 학문적인 방법론을 만들려 한 것이 아니었기 때문이다. 웨슬리의 구원의 순서에 대한 논의는 정반대의 의미를 함축하고 있다.[156]

그러나 더 면밀히 살펴보면 이 주장에는 여러 문제가 있다. 첫째, 웨슬리의 구원 교리에서 나타나는 구분이, 성경적 표준이 무엇인지를 살펴보려는 의도와 관계없고 웨슬리가 사역하던 사람들의 경험에 원천을 둔 것이라는 주장은, 단지 경험이라는 요소 한 가지만을 지나치게 강조한 것으로, 이는 웨슬리의 신학방법론의 기본적 방향성을 왜곡한다. 반면 구원의 순서를 살펴보려는 동기를 오직 "학문적인 방법론을 만들어내려는" 한 가지 목적 때문으로 결론짓는 것 역시 올바르다고 할 수 없다. 웨슬리 신학의 기본적 입장에 대한 바른 설명은, 웨슬리 구원론의

---

156 Maddox, *Responsible Grace*, 158. 괄호 내용은 내가 덧붙인 것이다.

외형적 요소 즉 웨슬리의 구원 교리가 가진 특정한 형태는, 성경을 표준
으로 삼아 기독교 전통에서 얻은 통찰과 이성을 분별력 있게 사용한 결
과라는 것이다. 다양한 목회적 상황에 대처하기 위해 웨슬리는 성경과
전통과 이성이라는 요소를 모두 고려했다. 이는 웨슬리의 구원론에 나
타나는 구원의 순서가 목회적 맥락을 고려하지 않은 미숙한 학문적 태
도에서 나온 것이 아니라 성경, 그중에서 특히 도덕법과 이성과 전통이
라는 신학적 표준을 목회적 상황에 적용한 결과물임을 의미한다. 그렇
다면 메소디스트 학자들이 구원의 순서라는 표현을 사용하는 것은, 성
급하게 학문적 순서를 확립하려는 욕심 때문에 오류에 빠진 것이 아니
라, 웨슬리의 구원론의 외형과 순서가 깊은 신학적 숙고의 산물이면서
도 목회적 상황을 충분히 염두에 둔 결과물임을 중요하게 생각했기 때
문이라 할 수 있다.

　둘째, 구원의 순서에 대한 이러한 비판이 왜 있었는지에 관해, 학자
와 평신도를 포함해 메소디스트들은, 구원의 과정에 대한 웨슬리의 설
명이 인간이 창조해낸 특정 형태의 산물일 뿐 아니라 매우 조직적이라
는 사실을 솔직히 인정할 필요가 있다. 우리가 웨슬리의 지적 성향이 논
리와 순서와 일관성을 중시했음을 감안한다면, 그의 구원론이 특정 형
태를 가졌다는 것은 놀라운 일이 아니다. 그 구원의 과정은 시간과 상
황에 따라 쉽게 달라지는 불명확한 것이 아니라 표준적 요소가 한 번씩
되풀이되는 분명한 형태와 특징을 가졌다는 점에서, 루터나 칼뱅, 그외
다른 사람이 설명한 구원 과정과 구별되는 독특성을 보인다. 나는 이를
웨슬리의 신학적 지문(fingerprint)이라고 부른다.

　셋째, 구원의 순서라는 용어 사용에 반대하는 이들에게서 일반적으
로 나타나는, 웨슬리의 구원론의 구조를 사실상 무시하는 태도는 그 자

체로 여러 가지 오류를 가지고 있다. 예를 들어, 이들의 견해에서는 모든 구원론적 구분이 단지 정도의 차이가 되고 마는데, 그렇게 되면 웨슬리가 선행은총과 성화의 은혜 사이를 구분지은 질적 차이는 부정되거나 최소화된다. 그러나 그러한 견해는 다양한 성품과 감정을 가진 신자의 마음이 하나님의 은혜로 변화될 때 일어나는 참된 변화를 충분히 고려하지 못한 것이다. 달리 말해, 은총이 실현됨으로써 이루어지는 인간 존재의 변화는 확실한 형태를 갖는다. 신자는 자신의 영적 여정의 각각 다른 시점에서 실제로 전혀 다른 존재가 된다. 예를 들어, 죄를 깨닫게 하는 은혜가 죄에 대한 자각으로 이끌고, 중생하게 하는 은혜가 신생이라는 결과를 낳으며, 온전히 성화시키는 은혜가 완전성화를 가져오는 것같이, 은혜의 한 상태는 다른 상태와 혼동되어서는 안 된다. 웨슬리는 이러한 존재의 변화를 당연히 정적인 방식으로가 아니라, 하나님의 은혜가 실제적 결과를 가져와 신자의 삶에서 특정한 형태로 나타남을 드러내는 방식으로, 자연적 상태, 율법적 상태, 복음적 상태 사이에서의 변화로 설명했다. 그 형태를 설명하는 것이 바로 구원의 순서다.

더 나아가 만약 웨슬리의 구원론에 어떤 특정한 구조가 없다면, 매덕스가 웨슬리의 구원론을 이해하는 가장 중요한 방법으로 제시한 "응답 가능한 은혜"(responsible grace)라는 요소만으로는 신자가 하나님의 형상 안에서 점진적으로 새로워지는 과정에 어떤 변화가 예비되어 있는지를 정확히 설명할 수 없다. 그렇다면 이 요소는 구원의 순서를 설명하거나 예측할 수 없게 된다. 실제로 "응답 가능한 은혜"라는 요소는 구원이 어떻게 진행될 것인지 그 방향을 제시하는 순서가 아니라, 하나님의 은혜라는 큰 테두리 안에서 하나님과 인간의 협력이 어떻게 이루어지는지를 설명하는 역학(dynamic)이다. 그러나 이 역학만으로는, 우리의 일상적 삶에서 하나님의 은혜가 분명하게 드러나도록 은혜에 구체성을 부여하는 요소로서 우리 마음에 일어나는 다양한 변화 및 우리 존재의 변화의 단계를 기술하는 것이 불가능하다. 요약하면, "응답 가능한 은혜"는 웨슬리의 구원론의 일면을 나타낸다는 점에서 중요하지만, 그것이 웨슬리의 구원론의 전부는 아니다.

그 외에 가장 중요하게 지적할 만한 점은, 웨슬리의 구원론에 순서가 있다는 것을 부인하는 태도는, 메소디스트 지도자의 구원 과정에 관한 훌륭한 설명과 일치하지 않는다는 것이다. 예를 들어, 웨슬리는 찬송가를 펴낼 때 매우 목회적인 입장에서 구원의 순서, 즉 하나님의 은혜가 실현되는 여러 단계에 따라 찬송가의 순서를 결정했고, 메소디스트 신도회(속회, 반회, 선발 신도회 등)를 조직할 때도 구원의 순서를 고려해 그 단계별로 모임을 조직했다. 또한 아우틀러가 웨슬리 구원론의 요약이라고 불렀던, 웨슬리의 구원의 길의 독특성을 명확히 드러낸 설교 "성경적 구원의 길"을 작성해 구원의 과정을 설명했다.[157]

지금까지 논의하고 설명한 내용으로 인해, 독자들은 우리가 이 책 전체에서 왜 '구원의 순서'라는 용어를 사용하지 않고 '구원의 길'이라는 용어를 사용하는지에 대해 의문을 가질 수 있을 것이다. 그 이유는 최근 학자들의 비판에 동의해서가 아니라, 구원의 순서가 구원의 전체 구조에서 은혜가 실현되는 다양한 단계를 의식함으로써 구원이 과정적임을 강조할 수 있는 것처럼, 구원의 길 역시 구원을 계속적인 과정으로 보면서도 동시에 구원론의 전체 구조를 두드러지게 드러낼 수 있다는 사실을 보여주기 위해서다. 즉 구원의 순서에서처럼 구원의 길 역시 순서

157 Outler, *Sermons*, 2:153 이하, "성경적 구원의 길."

를 말하고, 분명한 구조를 나타낸다. 웨슬리 구원론에 관한 핵심 설교인 "성경적 구원의 길"이 보여주는 것이 바로 이것이다.[158] 실제로 이 설교를 읽고도 구원의 순서가 자세히 설명되었다는 것을 즉각적으로 알아차리지 못하는 사람은 거의 없다.

구원의 순서에 대한 확증

내가 보기에 웨슬리의 구원의 길은 질적으로 거의 구별되지 않는 은혜가 양적으로만 증가하는 방식의, 특정한 구조가 없는 무정형(amorphous)의 과정이 아니다. 오히려 웨슬리의 구원의 길은 구원의 전체 과정에서 은혜가 순간적으로 실현되는 여러 중요한 지점을 강조한다. 이러한 점을 고려해 내가 제안하는 웨슬리 구원론의 모델은, 죄인이 은혜 안에서 진전해 나가는 과정을 추적하는 방식이다. 그 진전은 죄인이 선행은총에서 죄를 깨닫게 하는 은혜(율법적 회개)로 옮겨가는 것에서 시작해, 그 후로는 칭의의 은혜, 중생의 은혜, 초기적 확신의 은혜, 죄를 깨닫게 하는 은혜(복음적 회개), 온전히 성화시키시는 은혜, 그리고 최종적으로는 충만한 확신의 은혜로 순서대로 옮겨간다. 이 구원의 여정은 칭의에 해당되는 요소와 완전성화에 해당되는 요소로 구별되는 두 가지 초점을 갖는다. 따라서 다음 도표가 보여주듯이, 이 여정에서 죄를 깨닫게 하는 은혜를 통한 율법적 회개와 중생 및 초기의 확신은 칭의라는 초점과 밀접한 관계가 있다. 이와 병행을 이루는 죄를 깨닫게 하는 은혜를 통한 복음적 회개와 충만한 확신은 완전성화라는 초점과 연결되어 있다.

158　같은 곳.

	칭의	완전성화
율법		
유사점	정죄함	정죄함
차이점	자범죄	타고난 죄
회개		
유사점	자신을 아는 지식	자신을 아는 지식
차이점	율법적 회개	복음적 회개
회개에 합당한 행위		
유사점	조건부로 필요함	조건부로 필요함
차이점	(엄밀히 말해) 선하지 않음	(성화의 은혜로) 선함
신앙		
유사점	절대적으로 필요함	절대적으로 필요함
차이점	"그리스도께서 내 죄를 위해 죽으셨음"을 전적으로 신뢰	그리스도께서 "남아 있는 모든 죄에서 건져내실 수 있음"을 전적으로 신뢰
시간적 차원		
유사점	과정적/순간적	과정적/순간적
차이점	탄생의 이미지	죽음의 이미지
성령의 증거		
유사점	직접 증거	직접 증거
차이점	죄를 용서받음	죄가 제거됨

　　칭의와 관계된 교리와 완전성화와 관계된 교리 사이의 구조적 관계는 병렬구조다. 이는 일차적으로 웨슬리가 죄책 및 죄의 권세에서의 구원(칭의와 중생)과 더 깊은 구원의 역사로서 죄의 존재에서의 구원(완전성화)이라는, 서로 구별되는 두 가지 구원의 과정을 묘사할 때 동일한 용어를 사용했음을 의미한다. 본 장에서 분명해진 것은, 칭의와 완전성화 사이의 병렬구조는 율법, 회개, 회개에 합당한 행위, 신앙뿐 아니라 확

신에서도 발견된다는 점이다. 예를 들어, 이미 언급한 대로 율법의 역할, 회개에 합당한 행위, 신앙의 내용 등은 칭의와 완전성화에서 유사점을 지닌다(도표 참조). 이 점에서 우리는 웨슬리가 먼저 율법적 회개로 무엇을 의미했는지를 살펴봄으로써 그가 복음적 회개로 무엇을 의미했는지에 대해서도 일차적으로 어느 정도 파악할 수 있는데, 이런 유사성은 다른 주제에서도 나타난다.

그러나 칭의와 완전성화의 일차적 유사성을 강조하는 병렬구조만으로는, 신자가 은혜 안에서 자라감에 따라 일어나는 구원론적 변화를 설명할 수 없다. 또 이 일차적 병렬구조는, 비록 웨슬리가 각각 다른 교리로 구분해 설명한 은혜의 실현에는 주의를 기울이지만, 구원의 과정이나 흐름을 설명하는 면에서는 약점을 가지고 있다. 이 점에서 두 은총의 단계의 차이점을 강조하는 이차적 수준의 병렬구조가 필요하다. 이는 우리가 웨슬리의 구원의 교리를 적절히 이해하려면, 예를 들어 율법적 회개와 복음적 회개의 유사성뿐 아니라 차이점도 반드시 염두에 두어야 함을 의미한다. 여기서 차이점은, 두 회개 사이에서 이루어지는 영적 성장을 시사한다. 칭의와 완전성화의 차이점을 강조하는 이 이차적 수준의 병렬구조는, 웨슬리의 목적론적 신학이 함축하고 있는 영적 발전과 성숙이라는 역동적 변화를 설명하는 적절한 수단이 된다.[159]

웨슬리의 구원 교리의 독특성은, 유사점과 차이점 중 어느 하나를 지나치게 강조한 나머지 다른 하나를 배제해버리지 않고, 유사점과 차이점을 적절하게 조화시킨 점에 있다고 할 수 있다. 웨슬리가 구원과 연

---

159 웨슬리의 목적론적 신학의 역동성에 대해 더 살펴보려면 Bence, *Hermeneutic*, 33 이하를 참조하라.

관된 다양한 교리에 대해 실제로 가르친 내용을 좀 더 세밀하고 논리적
이며 정확하게 설명하려면, 칭의와 완전성화 사이에 존재하는 일차적,
이차적 차원의 병렬구조 모두에 반드시 주의를 기울여야 한다. 만약 구
원의 핵심적 "순간들"에 이루어지는 은혜의 실현만 중시하면서 구원의
과정을 무시하면, 웨슬리가 초신자와 사랑 안에서 온전하게 된 신자 모
두를 향해 하나님의 은혜 안에서 더욱 전진할 것을 조언한다는 사실을
놓치게 될 것이다. 반면 구원의 과정적 성격만 중시하면서 구원의 순간
적 요소를 배제해버리면, 존재를 변혁시키시는 하나님의 은혜의 결과로
서 신자에게 일어나는 결정적 변화를 인식하지 못하게 된다. 달리 말해,
과정과 실현이라는 관계에서 웨슬리의 교리의 병렬구조가 가진 유사점
과 차이점 모두를 적절하게 조화시키지 못하면, 웨슬리 신학을 잘못 이
해함으로써, 적절히 설명하기보다는 자의적으로 조작하는 과를 초래할
수밖에 없다. 반면 칭의와 완전성화의 관계를 좀 더 폭넓은 관점에서 대
비 속에서의 병렬구조로 보면, 이는 구원의 과정뿐 아니라 그 과정에서
의 결정적 요소를 조화롭게 설명할 수 있게 된다. 이러한 병렬구조만이
웨슬리의 구원의 길의 과정적 성격과 순간적 요소를 적절히 결합함으
로써 은혜 안에서의 점진적 성장과 성숙의 과정 및 은혜가 실현되는 결
정적 순간의 중요성을 함께 강조할 수 있다. 이러한 균형을 가진 강조는
구원론의 다른 모델에서는 불가능하다.

7장

최종적 칭의

현세적 삶만 중시하는 태도의 위험성

웨슬리의 구원의 길을 고찰할 때 반드시 기억할 것은, 순서대로 이루어
지는 이 구원의 길은 그 자체가 목적이 아니라 그 이상의 것을 가리키
는 매우 목적론적인 것으로서 구원의 최종점, 곧 영원히 하나님과 함께
하는 삶을 지향한다는 점이다. 웨슬리는 자신의 설교집 서문에서 다음
과 같이 말한다.

> 나는 내가 하루살이처럼 쏜살같이 날아가는 삶을 살고 있다고 생각해왔습니
> 다. 내 영혼은 하나님께로부터 와서 하나님께로 돌아가기까지 거대한 바다
> 위를 표류하다 결국 사라질 것이며, 한번 정해지면 다시 변경할 수 없는 영원
> 으로 들어갈 것입니다. 내가 알고 싶은 것은 단 한 가지, 하늘로 가는 길입니
> 다. 나는 어떻게 저 행복한 해변에 안전하게 다다를 수 있는지 알고 싶습니
> 다. 하나님께서는 그 길을 가르쳐주시고자 스스로를 낮추셔서 하늘에서 내
> 려오셨습니다.[1]

웨슬리의 구원 교리를 다루는 많은 연구는, 내세의 삶을 경시하고

---

1   Outler, *Sermons*, 1:104-5, 서문.

현세적 삶만 중시하거나 내세를 상당히 피상적으로 다룬다. 그들의 관점에서는 현세의 삶, 특히 죄인들의 생계와 관련된 필요가 최대 관심사가 된다. 신학적으로 좀 더 나은 연구도 대부분 완전성화를 구원의 궁극적 목표로 두고서, 웨슬리의 죽음과 영원 및 최종적 칭의에 대한 가르침을 생략해버린다.[2] 신학적으로 진보와 보수 진영 모두에서 나타나는 웨슬리 신학에 대한 이러한 왜곡은, 이 메소디스트 지도자가 언제나 영생을 강조했다는 사실과 이 영생이 어떤 면에서는 현재적 실재지만 동시에 초월적 실재이기도 하다는 사실을 바르게 전달하지 못할 수 있다.

웨슬리 신학의 방향을 바르게 조망할 수 있는 창문은 그의 설교다. 예를 들어, 웨슬리는 설교 "마음의 할례"(1733)에서 자신을 따르는 사람들에게 일평생 한 가지 목적, 곧 "현세에서도 내세에서도 하나님을 즐거워하는 것"[3]만을 추구하라고 조언한다. 이 중요한 주제는 이후 "산상수훈(13)"에서도 나타나는데, 웨슬리는 이 설교에서 필연적 분리, 즉 신자가 일상에서 지속적으로 경험하는 분리를 강조한다. "그는 영원한 거주자가 아니라 영원한 처소를 향해 나아가는 나그네이자 잠시 머무는 자로서 이 세상이 단지 몇 일이나 몇 년을 머물다 떠날 곳임을 알고 있습니다."[4] 시간과 영원이라는 주제에 관해 웨슬리의 가치판단이 가장 분명하고 강하게 드러나는 곳은 설교 "인간이란 무엇인가?"(1788)다. 웨슬리는 "우리는 왜 세상에 보내심을 받았는가?"라는 질문에 "다른 어떤 것도 아

---

2   예를 들어, 내 초기 저술은 완전성화와 현세적 삶을 강조하면서 웨슬리의 구원론을 더 넓은 영원이라는 문맥에서 다루지 못하고 있다. Kenneth J. Collins, *Wesley On Salvation* (Grand Rapids: Francis Asbury Press, 1989) 참조.

3   Outler, *Sermons*, 1:408, "마음의 할례."

4   같은 책, 1:692, "산상수훈(13)."

닌 오직 한 가지 목적은 영원을 준비하는 것입니다. 우리는 오직 이 목적을 위해 살고 있습니다. 우리에게 생명이 주어지고 지속되는 것은 다른 어떤 것도 아닌 이 목적을 위해서입니다"[5]라고 답한다. 그렇다면 피조된 생명이나 사물같이 일시적인 것에 우리의 마음을 빼앗기는 것은 어리석은 일이다. 웨슬리 자신의 표현을 사용하면, "영원한 것보다 일시적인 것을 더 사랑하는 것 … 영원한 행복보다 일 년, 길어도 천 년밖에 가지 않을 행복을 더 추구하는 것"[6]은 어리석은 일이다.

그 외에도 훨씬 많은 내용을 언급할 수 있는데,[7] 이러한 증거를 고려하면 알버트 아우틀러가 웨슬리 신학에서 구원론과 종말론이 밀접하게 연결되어 있다는 점에서 "그 둘은 사실상 하나님께서 인간에게 베푸시는 동일한 은혜의 두 가지 측면"[8]이라고 주장한 것은 잘못이 아니다. 그렇다면 우리가 질적으로 구분되는 삶을 살기 위해 은혜 안에서 새롭게 되어 영생을 향유하는 것("영생은 하나님께서 자신의 아들을 우리 마음에 나타내시기를 기뻐하실 때 시작됩니다"[9])과 그러한 은혜에서 흘러나오는 자비와 구제의 일 등과 같은 이타적 노력은 이 세상뿐만이 아니라 다가올 세상을 위해서도 가치 있는 것이다. 구원의 길은 완전성화를 이루고 나면 갑자기 끝나버리는 것이 아니다. 오히려 그것은 구원받은 자를 다가오는 삶, 곧 영생으로 옮겨주는 다리나 길 같은 것이다.

5　같은 책, 4:26, "인간이란 무엇인가?"

6　같은 책, 2:367, "영원에 대하여."

7　같은 책, 2:361, 364, 366, 368, "영원에 대하여"와 3:96, "영적 예배", 196-97, "중요한 질문", 458-59, "인간이 무엇이관대"를 보라.

8　같은 책, 3:181, "중요한 질문."

9　같은 책, 3:96, "영적 예배."

죽음

존 웨슬리의 삶과 사상은 시대적으로 19세기와 20세기의 실존주의 철학보다 앞서 있지만, 그럼에도 둘 사이에는 상당한 유사성이 있는데, 무엇보다 죽음을 매우 중요하게 다룬다는 점에서 그렇다. 웨슬리는 일부 실존주의 철학자들, 특히 키에르케고르처럼 죽음에 이르는 과정과 죽음의 순간을 위기로 보면서, 삶이 영원하지 않다는 사실을 심각하게 숙고하게 한다는 점에서 이 위기가 가진 가치를 발견했다. 웨슬리에게 죽음이란 실제로 끝나는 것, 우리가 가진 유한성이 끝을 맺는 것으로, 우리의 현세적 실존을 제거할 뿐 아니라 우리의 실존 방식에 대해서도 이의를 제기한다. 더 넓게 보면 죽음은, 웨슬리 신학의 다른 요소처럼 구원을 이루고 더 가치 있는 삶을 살게 하는 데 도움을 준다. 비록 죽음은 웨슬리가 한때 오해한 것같이[10] 그 자체가 영혼을 정결하게 하는 것은 아니지만, 구원이라는 중대한 문제에 직면해 우리가 삶에서 가졌던 다양한 활동과 목적에 대한 해명을 요구한다.[11] "죽음을 생각하는 것은 우리가 가진 모든 능력에 대해 경종을 울립니다."[12] 죽음에 관한 숙고는 더 진지하고 거룩한 삶을 살게 하는 채찍으로 작용할 수 있다.

죽음이 갖는 중요성은 죽음으로 영원한 세계가 시작된다는 웨슬리

---

10 웨슬리는 (출판에 적합하지 않다고 생각한) 초기의 자필설교 "선한 사람들의 괴로움과 쉼"에서 죽음은 우리를 "고통과 질병에서뿐 아니라…죄에서도" 구원할 것이라고 주장한다. 유사한 강조점이 다른 자필설교 "죽음과 구원"에서도 발견된다. Outler, *Sermons*, 3:539, "선한 사람들의 괴로움과 쉼"; 4:212, "죽음과 구원" 참조.

11 이 주제를 다루는 웨슬리의 설교 "영원에 대하여"를 보라. Outler, *Sermons*, 2:363.

12 Outler, *Sermons*, 4:207, "죽음과 구원."

의 가르침에서도 드러난다.[13] 웨슬리는 1788년에 "사람이 마지막 숨을 내쉬는 그 순간, 그는 영원 안에 사는 사람이 됩니다"[14]라고 주장했다. 그러나 적절히 이해하면 죽음은 영혼과 몸의 분리를 가져오지만, 영혼은 죽지 않고 죽을 수도 없다는 웨슬리의 주장으로 이러한 죽음의 결정적 의미가 다소 축소되기도 한다.[15] 1장에서 이미 살펴보았듯이, 사실 웨슬리는 영혼의 불멸성을 확고하게 주장했기에, 사람은 어떤 의미에서는 죽지 않는 존재라 할 수 있다. 영혼은 사람의 정체성을 결정짓는 본질로서 내세에서도 지속된다. 이 점에서 대해 웨슬리는 설교 "인간이란 무엇인가?"(1788)에서 다음과 같이 설명한다.

> 나는 누구입니까? 확실히 나는 내 몸과 구별되는 존재입니다. 내 몸이 내게 꼭 포함될 필요가 없다는 점은 분명해 보입니다. 내 몸이 죽어도 나는 죽지 않고, 내가 죽기 전에 존재하던 것처럼 존재할 것이기 때문입니다. 나는 비록 몸이 썩어 티끌이 되어버리더라도 모든 열정과 감정을 가지고 스스로 생각하고 움직이는 이 원리는 계속 존재할 것이라고 믿습니다.[16]

웨슬리는 같은 해에 작성한 설교 "보이는 것으로 행하는 것과 믿음으로 행하는 것"에서도 "우리는 죽음이 우리의 존재를 완전히 끝낸다고 생각할 수 없습니다. 우리의 몸은 정말 티끌로 돌아갑니다. 그러나 더

---

13 같은 책, 4:32, "믿음의 발견에 대하여."
14 같은 곳.
15 같은 책, 4:25, "인간이란 무엇인가?"
16 같은 책, 4:23. 이 주제에 관한 웨슬리의 생각을 더 살펴보려면 내가 쓴 *A Faithful Witness: John Wesley's Homiletical Theology* (Wilmore, Ky.: Wesley Heritage Press, 1993), 192 이하를 보라.

고귀한 특성을 가진 영혼은 죽음에 영향받지 않습니다"[17]라고 주장한다. 웨슬리는 끝없이 존재한다는 것은 "위대하신 창조주만의 비공유적 속성"이 아니며, "하나님께서는 자비롭게도 자신의 수없이 많은 피조물 역시 그 속성에 참여시키기를 기뻐하셨습니다"[18]라고 주장한다.

심판

죽을 때 불멸하는 영혼은 '하데스'(hades, 음부)라 불리는, 육신과 분리된 영이 가는 곳으로 들어간다.[19] 웨슬리는 음부라는 장소나 상태를 지옥과 혼동하지 말아야 한다고 주장하는데, 그것은 그곳이 의롭든 의롭지 못하든 모든 분리된 영혼이 거하는 곳이기 때문이다. 웨슬리는 죽음 이후에 의로운 자는 더 이상 고통받지 않는다는 점에서 연옥 개념을 부인한다. 분리가 이루어지는 곳은 음부임이 틀림없는데, 이는 사랑의 하나님께 반항하고 교만, 뻔뻔함, 정욕, (특히 의로운 자들에 대한) 미움, 탐욕, 신성모독 등에 사로잡혀 지냈던 사람이 하나님의 성도를 괴롭히지 못하게 하기 위한 것이다. 웨슬리는 다음과 같이 설명한다. "음부의 거룩한 영을 위한 장소와 악한 영을 위한 장소 사이에는 '넘을 수 없는 경

---

17 같은 책, 4:51, "인간이란 무엇인가?" 2:290-91, "선한 청지기"와 2:367, "영원에 대하여"도 보라. 그러나 웨슬리는 역설적으로 죽음으로 육체가 끝나지 않는다고 지적한 다. 이 말에서 웨슬리가 염두에 둔 것은, 마지막 날 몸의 부활 시에 있을 연속성이다. Outler, *Sermons*, 2:367, "영원에 대하여" 참조.
18 같은 책, 2:361, "영원에 대하여."
19 같은 책, 4:8, "부자와 나사로."

계'가 있습니다. 어느 쪽에서도 다른 쪽으로 건너갈 수 없습니다."[20] 따라서 음부란 각각 천국과 지옥으로 가기 위한 대기실이라 할 수 있다. 그곳은 육체와 분리된 모든 영이 앞으로 있을 심판을 기다리는 장소다.

죽은 영혼은 자연히 음부의 어느 곳에 자리했는지를 통해 자신의 최종적 운명을 알 수밖에 없다. 그러나 그것을 아는 것 자체가 심판은 아니다. 웨슬리는 죽을 때 흔히 개별적 심판이라 불리는 심판이 있고, 이후에는 총체적 심판이라는 다른 심판이 있다고 주장하는 두 번의 심판 개념을 부인했다.[21] 그는 히브리서 9:27의 "한 번 죽는 것은 사람에게 정해진 것이요 그 후에는 심판이 있으리니"라는 말씀을 주해하면서, 영혼이 육체와 재결합하는 부활 때 단 한 번의 결산 및 보편적 심판이 있을 것이라고 주장한다.[22]

다가올 심판에 대한 세부사항에 대해서는 웨슬리가 여러 글에서 다루었지만, 특히 설교 "대심판"(1758)에서 명확하게 다룬다. 여기서 웨슬리는 심판자가 누구이며, 언제 이 두려운 사건이 있을 것인지, 어디에서 있을 것인지, 심판받는 자는 누구인지, 이 "대심판"의 판결에 영향을 끼칠 증거는 어떤 것인지 등의 문제를 다룬다.

먼저, 심판자가 누구신가 하는 문제에 대해 웨슬리는, 하나님께서는 "'그 근본은 영원에 있으시며'(미 5:2), '만물 위에 계신 하나님'(롬 9:5) 이신 당신의 독생자를 통해"[23] 세상을 심판하실 것이라고 지적한다. 웨

20 같은 책, 4:190, "믿음에 대하여(2), 히 11:1." 웨슬리의 설교 "부자와 나사로", 같은 책, 4:8 이하도 보라.
21 같은 책, 2:292, "선한 청지기." 2:293도 보라.
22 웨슬리, 『신약성서주해』, 히 9:27.
23 Outler, *Sermons*, 1:359, "대심판."

슬리는 이 사실을 강조하기 위해 성부 하나님께서는 "'성부 하나님의 영
광의 광채시요 그 본체의 형상'(히 1:3)이신 그분께 '모든 심판을 맡기셨
습니다'(요 5:22)"[24]라고 선포한다. 웨슬리는 이 설교에서 하나님께서 도
덕법이라는 기준에 의해 사람의 행위를 심판하실 것이라고 특별히 언
급하지는 않지만, 위에서 인용한 기독론적 용어는 도덕법이라는 기준이
유효하며 필요하다는 점을 넌지시 드러낸다. 예를 들어, 웨슬리는 1750
년에 작성한 설교에서 도덕법을 설명할 때 이제는 익숙해진 문구를 사
용한다. "그렇습니다. 어떤 의미에서 우리는 사도들이 하나님의 아들에
관해 말씀한 것을 이 도덕법에도 적용할 수 있습니다. 다시 말해, 도덕
법은 하나님의 '영광의 광채'이자 '그 본체의 형상'입니다."[25] 이런 점에
서 보면 그리스도께서 모든 인간을 심판하실 때, 웨슬리가 구원의 길에
서 필수불가결한 요소로 묘사한 "하나님의 영원한 마음의 복사본이자
하나님 본성의 사본",[26] "옳고 그름의 변경할 수 없는 기준"[27]인 도덕법이
아무런 역할도 하지 않는다는 것은 상상할 수 없다.

총체적 심판이 언제 있을 것인지에 관해 웨슬리는, 예를 들어 예언
자 요엘의 글에 나오는 "여호와의 크고 두려운 날"(욜 2:31)을 가리킨다.
웨슬리는 지혜롭게도 이 사건이 일어날 정확한 시간을 지목하지는 않
지만, "사람의 자녀들의 날"[28]이 끝날 때 주님의 날이 시작될 것이라고
주장한다. 그 외에도, 심판의 판결이 얼마나 오랜 시간이 걸릴 것인지

---

24 같은 곳.
25 같은 책, 2:9, "율법의 기원, 본성, 속성 및 용법."
26 같은 책, 2:10.
27 같은 책, 2:13.
28 같은 책, 1:359, "대심판."

에 대해 웨슬리는 "심판받는 사람의 수와 심판에서 따지게 될 행위의 숫자를 생각한다면 심판 날에 처리해야 할 일을 위해서는 천 년도 부족할 것입니다"[29]라고 말한다. 웨슬리는 심판이 적어도 수천 년이 소요될 것이라고 추측한다.

웨슬리는 신학적으로 매우 신중한 사람이었지만, 심판이 어디서 이루어질 것인지를 생각할 때는 최고의 상상력을 발휘했다. 그는 총체적 심판이 지상에서 이루어질 것이라고 주장한 보스톤(Thomas Boston)과 벵겔(Johann Albrecht Bengel)에 반대해,[30] 심판의 장소는 "그리스도의 오심과 함께 구름 속" "행성들보다 배나 높은 위치"일 것이라고 추측했다. 웨슬리는 데살로니가전서 4:16-17에서 바울이 언급한 성도의 휴거에 관한 말씀이 이런 생각을 지지해준다고 생각했다.[31]

심판받을 사람에 관해 웨슬리는 요한계시록을 인용하면서 그들은 "아무도 능히 셀 수 없는 큰 무리"(계 7:9)일 것이라고 주장한다.[32] 심판받을 무리에는 "세상이 시작된 후부터 끝날 때까지 아담의 허리에서 나온 모든 사람"[33]이 포함될 것이다. 달리 말해 모든 사람, 즉 모든 성도와 죄인이 그리스도의 심판대 앞에 서게 될 것이다. 이에 대해 웨슬리는 다음과 같이 설명한다.

---

29 같은 책, 1:360.
30 같은 책, 1:360, 각주 29, "대심판"을 보라.
31 같은 책, 1:361. 이 연결이 중요한 이유는, 웨슬리가 적어도 어떤 점에서는 그리스도의 재림과 휴거와 총체적 심판을 연결했다는 사실을 나타내기 때문이다. 이 관점에서 역사의 절정은 그리스도의 재림이다.
32 같은 곳.
33 같은 곳.

터무니없지 않게 대략 추측해서 지구에 남자와 여자, 아이까지 4억 명 이상의 사람이 살고 있다고 가정할 때, 7천 년 동안 세대를 이어가며 살았던 모든 사람이 한꺼번에 모인다면 얼마나 큰 무리가 되겠습니까?[34]

세상에 살았던 모든 사람은 자신의 행위, 즉 세상에서 하지 말아야 할 일을 한 것이나, 하는 것이 마땅함에도 불구하고 하지 않은 일이 무엇인지에 따라 심판받을 것이다. 각 사람이 행한 모든 일이 밝혀질 것이고, "'사람이 무슨 무익한 말을 했든'(마 12:36) 그들은 심판의 날에 자신이 한 모든 말에 대해 설명해야 할 것"[35]이다. 그 외에도 웨슬리는 "모든 사람이 자기 영혼 속에서 있었던 모든 내적인 일, 모든 욕구와 열정, 성향, 감정"[36]을 실토할 것이기에, 누가 의롭고 악했는지가 분명히 드러날 것이라고 선언한다.

여기서 일부 웨슬리 학자들이 놀라는 것은, 웨슬리가 "대심판"의 범위가 모든 말과 행동과 성향까지를 포함하는 철저한 것이 될 것이라고 주장한 것이 아니라, 행위에 따라 심판이 이루어질 것이라고 주장한 것 때문이다. 간단히 말해 문제가 되는 것은, 어떻게 믿음을 통해 은혜로 의롭다 함을 받은 죄인이, 마지막 날에는 최종적이고 결정적으로 행위에 의해 의롭다 함을 받을 수 있는가 하는 점이다. 사도 바울이 갈라디아서, 특히 3장에서 경고하고 반대한 것이 바로 이 문제가 아닌가? 행위에 의한 칭의는 믿음에 의한 칭의를 무너뜨리지 않는가? 웨슬리 신학은

---

34 같은 책, 1:361.

35 같은 책, 1:362-63.

36 같은 책, 1:363. Collins, *Faithful Witness*, 196도 보라.

겉으로는 복음적으로 보이지만 그 속에는 은혜에 관해 해결되지 않은 긴장이나 완전히 모순된 주장이 있는 것은 아닌가? 이러한 문제는 웨슬리의 구원론에 대한 총체적 평가에 있어 매우 중요한데, 이를 해결하려면 웨슬리가 두 번째의 칭의 개념, 그리고 그와 관련된 문제에 관해 무엇을 말했는지를 먼저 살펴보아야 한다.

최종적 칭의

두 번째 칭의가 있는가

웨슬리가 1738년 이전에는 성화 또는 성결이 칭의 전에 있어야 한다고 잘못 판단했음을 보여주는 상당한 증거가 있다. 초기 웨슬리, 특히 그가 조지아에 있을 때 얼마나 자주 성화와 칭의를 혼동했는지는 앞 장에서 이미 다루었다. "이성적이며 종교적인 사람들에게 보내는 추가적 호소"에 나오는 웨슬리의 설명을 다시 기억해 보자.

> 나는 1725에 부제로 안수 받았고, 다음 해에 사제가 되었습니다. 그러나 위에서 말한 위대한 진리를 확신하게 된 것은 그로부터 몇 년이 지난 후였습니다. 그 모든 시간 동안 나는 칭의가 무엇이며, 칭의를 얻는 조건이 무엇인지 대해 완전히 무지했습니다. 나는 때로 (특히 조지아에 있는 동안) 칭의를 성화와 혼동했습니다.[37]

37　Jackson, *Works*, 8:111, "이성적이며 종교적인 사람들에게 보내는 추가적 호소."

　　웨슬리가 성화를 초기적 칭의의 기초로 보던 잘못된 순서를 바로잡
은 후 다시 이전으로 돌아가지 않을 수 있었던 것은, 1738년에 신학적·
체험적으로 놀라운 변화를 경험했기 때문이다. 알버트 아우틀러는 이
사건을 조금 달리 표현해, 웨슬리에게 1738년은 신학적으로 위대한 해
로서 올더스게이트는 오직 믿음과 거룩한 삶 둘 사이의 시간적 순서를
뒤바꾼 극적인 순간이었다고 지적한다.[38] 이 변화를 감안하면 웨슬리
가 조지 불 감독의 저서인 『사도적 조화』(Harmonia Apostolica)를 비판하면서
1741년의 일지에 그 불평을 적어놓은 것이 놀랄 일은 아니다.

　　나는 불 감독의 『사도적 조화』를 꼼꼼히 읽고 일부를 옮겨 적었다. 그의 주장
　　은 "오직 믿음이 아니라 모든 선행이 칭의나 죄 용서에 반드시 필요한 전제조
　　건"이라는 것이다. 그러면서도 논문 중간에서는 "오직 믿음만이 칭의의 조건"
　　이라고 주장한다. 그는 그 이유를, 칭의와 관련해 믿음 자체가 의미하는 것이
　　모든 내적이고 외적인 선행이기 때문이라고 말한다.[39]

　　새롭게 발견한 믿음에 따라 올더스게이트 체험 후의 웨슬리는, 바울
이 설명한 칭의는 이중적인 것이 아니라 하나라고 주장했다. "칭의란 우
리 죄의 현재적 사면 또는 우리가 처음 하나님께 용납받는 것입니다."[40]
여기서 칭의의 기초는 성화나 성결 및 그리스도의 계명에 대한 순종이

38　Thomas C. Oden and Leicester R. Longden, eds., _The Wesleyan Theological Heri-tage: Essays of Albert C. Outler_ (Grand Rapids: Zondervan, 1991)에 실린 Albert C. Outler, "The Place of Wesley in the Christian Tradition," 84.

39　Ward & Heitzenrater, _Journal and Diaries_, 19:202 (June 24, 1741).

40　Telford, Letters, 2:191 (to Thomas Church, February 2, 1745).

아니라, 믿음을 통해 받는 은혜 곧 아무 공로 없는 자에게 주시는 하나님의 전적인 은혜다. 1745년에 웨슬리는 다시 토마스 처치에게 영국 국교회의 설교집과 신조가 말하는 칭의는 이중적인 것이 아니라 하나라고 말한다. 웨슬리의 표현을 사용하면, 칭의란 "현재적 용서이고 하나님께 용납받는 것"[41]이다. 이렇게 이해하면, 첫 번째 칭의와 성화는 공통적인 요소인 신앙을 통해 연결되어 있지만 서로 다른 역사다. 하나님께서 "우리를 위해" 행하시는 역사와 하나님께서 "우리 안에서" 행하시는 역사는 서로 구별된다.

그럼에도 이러한 주장이, 웨슬리가 총체적 심판에서 있게 될 두 번째 칭의 또는 흔히 최종적 칭의로 불리는 개념을 부인한 것을 의미하지는 않는다. 사실 린드스트롬은 1738년 웨슬리의 첫 번째 신학적 방향 전환이 있은 직후에 이 이중적 칭의 개념이 나타난 증거를 발견했다.[42] 더 나아가 웨슬리는 1745년에 토마스 처치에게 쓴 편지에서 두 번째 칭의 개념에 분명하게 동의한다. "그러나 마지막 날에는 완전성화가 우리의 칭의보다 앞섭니다."[43] 그다음 해에는 설교 "믿음에 의한 칭의"에서 로마서 2:13("하나님 앞에서는 율법을 듣는 자가 의인이 아니요 오직 율법을 행하는 자라야 의롭다 하심을 얻으리니")을 설명하면서 "바울은 우리의 칭의를 마지막 날에 내려질 결정으로 돌리는 듯이 보입니다"[44]라고 말한다.

1770년대에 이르러 웨슬리는 자신이 매우 중요하게 여긴 주제인 성

---

41 같은 책, 2:186.

42 Harald Lindström, *Wesley and Sanctification: A Study in the Doctrine of Salvation* [Wilmore, Ky.: Francis Asbury Publishing Co., (1982)], 207.

43 Outler, Sermons, 2:186, "신생."

44 같은 책, 1:190, "믿음에 의한 칭의." 이중적 칭의에 대한 다른 증거를 보려면 Jackson, *Works*, 10:431, 444, "힐 씨의 '걸러내야 할 사상'에 대한 반론"을 참조하라.

결과의 연결선상에서 두 번째 칭의를 더 강조하면서, 이전에 혹평한 불 감독의 책을 다소 호의적으로 보기 시작했다. 예를 들어, 웨슬리는 "여러 설교자와 친구들에게"라는 편지에서 다음과 같이 말한다.

> 나는 30년 전 기독교 교회의 위대한 빛인 불 감독에게 매우 화가 났던 것이 사실입니다. 그가 『사도적 조화』에서 우리의 첫 번째 칭의를 최종적 칭의와 구별한 후, 내적이고 외적인 선행이 전자의 조건은 아니지만 후자의 조건이 된다고 주장했기 때문입니다.[45]

불 감독의 글에 대한 새로운 평가는 웨슬리가 마음과 삶의 거룩함에 더 큰 관심을 갖게 된 데서 비롯되었는데, 이는 특히 그가 월터 셜리(Walter Shirley), 롤란드 힐(Rowland Hill), 그 외의 다른 사람들에게서 드러난 칼뱅주의적 율법무용론과 맞부딪친 결과였을 것이다.[46]

성결, 행위, 율법에 관한 재검토

웨슬리는 신학적으로 최종적 칭의 개념을 초기적 칭의와 분리하면서 성

---

45 Telford, Letters, 5:264 (to Several Preachers and Friends, July 10, 1771). 강조는 내가 덧붙인 것이다.

46 그러나 이것이 불의 신학과 웨슬리 신학 사이에 여전히 상당한 차이점이 있다는 사실을 부정하는 것은 아니다. 웨슬리가 칼뱅주의자들의 율법무용론의 문제로 분투한 사실에 대한 훌륭한 연구를 살펴보려면 Earl Crow, "John Wesley's Conflict with Antinomianism in Relation to the Moravians and Calvinists" (Ph. D. Dissertation, The University of Manchester, Manchester, England, 1964)와 Allan Coppedge, *John Wesley in Theological Debate* (Wilmore, Ky. : Wesley Heritage Press, 1988)를 참조하라.

결과 행위와 도덕법에 대한 순종이 그리스도의 심판대에서 칭의를 얻기 위한 조건으로 필요함을 강조하기 위해 많은 노력을 기울였다. 그는 1745년에 작성한 "이성적이며 종교적인 사람들에게 보내는 추가적 호소"에서 성결이 필요한 첫 번째 이유를 다음과 같이 주장한다. "내적이고 외적인 성결은 [칭의] 신앙의 결과이자, 최종적 칭의를 위한 일반적이고도 명시적인 조건입니다."[47] 그 외에도 1745년에 토마스 처치에게 보낸 편지에서는 다음과 같이 지적한다.

> 하나님께서 우리에게 신앙을 주시고 용서하실 때 요구하시는 것과, 우리가 영광 중에 계신 하나님 앞에 설 수 있게 하시기 위해 요구하시는 것은 전혀 다른 것입니다. 전자를 위해 꼭 필요한 것은 오직 죄에 대한 깨달음과 회개뿐입니다. 그러나 후자를 위해 반드시 필요한 것은 우리가 온전히 "모든 죄에서 씻음 받는 것"(요일 1:7, 9) "화평의 하나님께서 우리를 온전히 거룩하게 하시는 것"(살전 5:23)입니다.[48]

또 웨슬리는 자신의 논문 "근본에 대한 강타: 그리스도께서 그 친구들의 집에서 살해 당하시다"(1762)에서 성결의 중요성을 더욱 강조했다. 이 논문에서 인용한 다음의 글을 보면, 1725년 이후에 쓴 모든 글에서 웨슬리는, 신자의 삶에서 은혜가 실현되는 것을 대단히 중요하게 여겼을 뿐 아니라, 하나님의 은혜에 대한 율법무용론적인 이해를 구원의 본질 자체를 파괴하는 것으로 여겨 반대한 것을 누구나 알 수 있다.

---

47 Cragg, *Appeals*, 115. 괄호 내용은 내가 덧붙인 것이다. 116, 130도 보라.

48 Telford, *Letters*, 2:189 (to Thomas Church, February 2, 1745).

아닙니다. 그럴 수 없습니다. 지금 하나님을 위해 살지 않는 사람은 그 누구
도 영원히 하나님과 함께하지 못합니다. 이 세상에서 하나님의 형상을 지니
지 못한 사람은 그 누구도 천국에서 하나님의 영광을 즐거워하지 못합니다.
이곳에서 죄로부터 구원받지 못한 사람은 그 누구도 내세의 지옥에서 구원
받지 못합니다. 낮은 곳에 있을 때 그 마음에 하나님 나라가 없다면 그 누구
도 위에 있는 하나님 나라를 보지 못합니다. 천국에서 그리스도와 함께 다스
릴 사람은 누구든 땅에 있을 때 그리스도께서 그 내면을 다스리셨던 사람입
니다. 그는 자신 안에 "그리스도께서 가지셨던 마음"을 가지고 있기에 "그리
스도께서 행하신 것처럼 행할" 수 있습니다.[49]

웨슬리는 한참이 지난 1790년에 설교 "결혼예복에 대하여"에서 같
은 주제를 조금 다른 관점에서 다루면서, "영광에 들어가는 모든 영혼에
게 그리스도의 의가 필요하다는 것은 분명합니다. 그러나 하나님의 모
든 자녀에게는 그들 자신의 개인적 성결도 필요합니다"[50]라고 적었다.
달리 말하면, 그리스도의 의는 우리에게 "천국 시민권"을 부여한다면,
개인적 성결은 우리에게 천국 시민으로서의 "적합성"을 부여한다는 것
이다. 웨슬리는 "그리스도의 의가 없다면 우리는 영광의 나라에 들어갈
자격을 갖추지 못할 것입니다. 성결하지 않다면 우리는 그 나라에 적합
하지 않을 것입니다"[51]라고 설명한다.

최종적 칭의를 위해서는 행위가 필요하다는 사실에 대해 린드스트

---

49 Jackson, *Works*, 10:364, "근본에 대한 강타."
50 Outler, *Sermons*, 4:144, "결혼예복에 대하여."
51 같은 곳.

롬은, 이 조건적 요소가 "1744년의 연회록에서 이미 나타난다"[52]고 주장
한다. 사실 그보다 몇 년 전인 1741년에도 웨슬리는 일지에 "나는 잉함
씨와 긴 대화를 나누었다. 우리 둘은 … 기회가 있는데도 선행을 하지
않은 사람은 그 누구도 최종적으로 구원받을 수 없다는 데 동의했다"[53]
고 말한다. 몇 년 후 처치 씨에게 답할 때도 이 주제에 대한 자신의 가르
침을 명확히 했다. 예를 들어, 웨슬리를 반대하던 사람들, 특히 처치 씨
는 "만약 선행이 우리가 칭의되는 조건이 아니라면, 그것은 우리의 최
종적 칭의를 위한 조건도 아니다"[54]라고 분명히 결론짓는다. 당연히 웨
슬리는 앞의 전제 부분은 인정했으나, 뒷부분의 결론은 부인했다. 웨슬
리의 논리는 지금까지 다루어 온 중요한 주제로서, 칭의 이전에는 적절
히 말해 선행이 불가능하지만, 최종적 칭의에는 선행이 필요하다는 것
이다.[55] 웨슬리는 어떤 면에서 보든 이 구분이 옳다고 확신했다. 이 구
분은 칭의 신앙 이전의 행위를 칭의 신앙의 열매와 구분하는데, 칭의 신
앙 이전의 행위는 성화시키는 은혜의 도움을 받지 못하기에 엄격한 의
미로 말하면 선할 수가 없지만, 칭의 신앙 이후에는 성화시키는 은혜의
도움을 받기에 그 은혜의 열매는 선할 수 있다고 보기 때문이다. 즉 이
구분을 통해 웨슬리가 강조한 것은, 사람들이 오해하는 것처럼 칭의 신
앙의 열매를 맺게 하는 것은 인간의 성취나 공로가 아니라, 하나님의 성
화시키시는 은혜라는 것이다.

---

52 Lindström, *Wesley and Sanctification*, 208.

53 Ward & Heitzenrater, *Journal and Diaries*, 19:208 (August 1, 1741).

54 Davies, *Societies*, 96-97, "처치 씨의 주장에 대한 답변."

55 같은 곳. 웨슬리는 1762년에 혼 씨에게 보낸 편지에서도 또 한 번 마지막 날에는 모
든 사람이 "자신의 행위에 따라" 심판받을 것이지만, 그러한 행위가 "현재적 칭의를
받기 위한 조건"은 아니라고 주장한다. Cragg, *Appeals*, 455 참조.

바로 이러한 생각을 바탕으로 웨슬리는, 구원의 경륜에서 행위는 매우 중요해 우리가 한 말이나 우리가 가졌던 성품과 함께 마지막 날에 우리가 정죄받거나 용서받는 일에 척도가 된다고 주장했다. 이 주제와 관련된 중요한 본문인 마태복음 12:37("네 말로 의롭다 함을 받고, 네 말로 정죄함을 받으리라")을 주해하면서 웨슬리는 "여러분이 참된 신자였는지 아닌지를 입증하기 위해 여러분의 행동과 말은 여러분에게 도움이 되는 증거로, 아니면 여러분을 고발하는 증거로 제시될 것입니다"[56]라고 역설한다. 그는 마태복음 25장에 대한 해석에서도 역시 유사한 결론을 내린다. 비록 칭의 이전에는 어떤 선한 일도 행할 수 없었더라도, "최종적 칭의에서는 '최종적 칭의의 조건인 행위'에 따라 판단이 내려질 것"[57]이다.

웨슬리는 최종적 칭의를 위한 행위의 필요성과 함께 그 큰 날을 위한 준비로 도덕법에 대한 순종의 가치를 강조했다. 예를 들어, 웨슬리는 1762년에 혼 씨(Mr. Horne)에게 보낸 편지에서, 영혼이 새롭게 지음받지 않고는 최종적 칭의에서 우리를 도울 수 있는 것은 아무것도 없다고 선언한 후, 새 창조 이후에는 반드시 "하나님의 모든 계명을 언제나 신실하게 행하는 것"[58]이 필요하다고 말한다. 또 노년의 웨슬리는 "여러 설교자와 친구들에게"라는 편지에서 율법무용론자들이 매우 싫어하는, 하나님의 명령을 지키는 것에 대해 다음과 같이 주장했다. "내가 구원이라는 말로 의미하는 것은 최종적 구원입니다. 그렇다면 내적인 선행(하나님과 이웃에 대한 사랑)과 외적인 선행(하나님의 계명에 대한 순종) 모두가 구

---

56 웨슬리, 『신약성서주해』, 마 12:37.
57 Jackson, *Works*, 10:432, "힐 씨의 '걸러내야 할 사상'에 대한 반론."
58 Cragg, *Appeals*, 456.

원의 조건임을 누가 부인할 수 있겠습니까?"[59] 영국의 대부흥기에 윌리엄 커드워스(William Cudworth)와 제임스 휘틀리(James Wheatley) 같은 사람은 "계명 준수"의 가치를 의심하고 그것을 과도한 율법주의라고 비난했지만, 웨슬리는 분명 그렇게 하지 않았다.

결국 웨슬리를 반대한 칼뱅주의자들은 웨슬리가 성결과 행위, 율법에 대한 순종을 강조한 부분을 인용해 웨슬리 신학이 복음적이지 않다는 자신들의 주장을 뒷받침하는 결정적인 증거로 삼았다. 예를 들어, 이러한 강조점을 빠짐없이 담고 있는 1770년도 연회록이 출판되자, 헌팅던 백작부인은 이 연회록을 "천주교가 정체를 드러낸 것"[60]으로 낙인 찍고, 이 연회록이 "예수 그리스도가 아닌 다른 칭의의 기초"[61]를 세웠다며 반대했다. 백작부인의 조카 월터 셜리 역시 논쟁에 가담해 웨슬리가 다음 연회에서 이 연회록을 철회할 것을 요구하는 회람용 서신을 작성했다.[62]

이러한 반대에 직면해 웨슬리는 연회록의 주장을 다시 면밀히 점검했고, 최종적으로 "이 주장을 숙고하면 할수록 나는 더 그것을 좋아하게 되고, 그것이 옳을 뿐 아니라 … 가장 중요한 진리를 담고 있음을 더욱 확신하게 됩니다"[63]라는 결론을 내렸다. 그럼에도 웨슬리는 메소디즘의 두 진영 사이의 평화를 조성하기 위해 1771년 브리스톨 연회에서 셜리가 자신에게 제출한 선언문에 서명했다. 그 선언문에는 다음과 같은 내용이 기록되어 있다.

59 Telford, *Letters*, 5:264 (to Several Preachers and Friends, July 10, 1771).
60 Luke Tyerman, *The Life and Times of the Rev. John Wesley*, M.A., 3 vols. (New York: Burt Franklin, 1872), 3:73.
61 Crow, "Antinomianism," 227.
62 이 회람 서신의 내용을 수록한 곳으로는 Tyerman, *Life*, 3:93-94을 참조하라.
63 Telford, Letters, 5:252 (to Mary Bishop, May 27, 1771).

1770년 8월 7일자 런던연회록의 교리적 논점은 행위에 의한 칭의에 호의적이었던 것으로 이해되어왔지만, 존 웨슬리 목사와 연회에 모인 다른 사람들은 그런 주장을 한 것이 아니며, 우리는 행위에 의한 칭의 교리를 가장 해롭고 혐오할 만한 교리로서 거부한다는 사실을 밝힌다. 런던연회록은 그 표현에 있어 충분히 신중하지 못했기에, 우리는 여기서 오직 우리의 주님이시고 구세주이신 예수 그리스도의 공로 외에는 다른 어떤 것도 신뢰하지 않는다는 사실을 하나님 앞에서 엄숙히 선언한다.[64]

웨슬리가 이 문서에 서명한 것은 칼뱅주의자들의 승리를 의미하는 것처럼 보이지만, 사실상 헌팅던 측에서는 목적한 것보다 훨씬 작은 것만 얻었을 뿐이다. 웨슬리와 그의 동료 설교자들이 동의한 것은 오직 1770년 연회록이 "그 표현에 있어 신중하지 못했다"는 것밖에 없었기 때문이다.[65] 웨슬리의 신학적 논적은 그의 신학이 분명히 은혜로 시작한 것은 믿었지만, 결국 인간의 노력으로 끝난다고 결론짓고 말았다.[66] 만약 웨슬리가 칼뱅주의 메소디스트들에게 은혜와 공로 모두에 대해 자신의 생각을 명확히 설명했다면, 그들의 잘못된 판단은 끝날 수 있었을 것이다. 그러나 또 다시 웨슬리는 그들에게 그런 기회를 제공하지 못했다.

---

64   Tyerman, Life, 3:100.
65   같은 책, 3:104. 1770년 연회와 관련된 논쟁에 대해서는 다음 자료를 보라. Jackson, Works, 8:337; Curnock, Journal, 5:427; Telford, Letters, 4:103; 5:252, 274, 275.
66   웨슬리가 구원의 경륜에서 행위의 가치를 어떻게 평가했는지에 대해 다른 자료를 살펴보려면 Outler, Sermons, 3:187와 Ward & Heitzenrater, Journal and Diaries, 19:208; 22:400, 웨슬리, 『신약성서주해』, 롬 9:21, Jackson, Works, 8:377; 11:495, Telford, Letters, 8:251를 참조하라.

공로에 관한 질문

1770년대는 웨슬리에게 여러 면에서 격동의 시기였다. 이 시기에 칼뱅주의 메소디스트들은, 노년의 웨슬리가 여전히 최종적 칭의의 조건이 행위임을 말하면서도 "우리 중 어느 누구도 행위가 하나님께 용납받는 조건이라고 말하지 않습니다. 그것은 칼뱅주의자들의 중상모략입니다"[67]라고 주장한 것에 놀랐을 것이다. 신앙의 열매로서 사랑 안에서 행하는 행위가 최종적 칭의의 조건이 된다는 주장과, 인간의 노력으로서의 행위가 구원을 위한 공로가 된다는 주장이 서로 다른 것이라고 보는 이 구분은, 웨슬리가 구원을 얻는 것과 유지하는 것 사이를 분명하게 구분했음을 다시 한 번 보여준다. 이 점은 특히 그의 "여러 설교자와 친구들에게"라는 편지에서 잘 나타난다.[68] 달리 말해, 웨슬리는 성령의 성화시키시는 은혜로 마음이 새롭게 된 하나님의 자녀는, 시간이 주어진다면 구제와 자비의 행위를 할 것이라고 생각했다. 그런데도 이러한 행위가 따르지 않는다면, 결론적으로 그들에게 "사랑으로써 역사하는 믿음"(갈 5:6)이 없다는 것이고, 그렇다면 믿음이 없기에 구원도 받지 못했다는 것이 된다. 대부분의 경우 초기의 칭의와 최종적 칭의 사이에 상당한 시간적 간격이 주어진다는 것을 감안한다면, 이 점은 더 큰 중요성을 갖는다. 여기서 구원과 행위의 관계는 "칼뱅주의자들의 중상모략"에서처럼 행위가 구원의 공로적 원인이 된다는 것이 아니라, 시간 속에서 맺히는 구원의 열매가 행위이기에 이 행위가 믿음으로 구원받은 사실

---

67 Telford, *Letters*, 6:76-77 (to Mrs. Bennis, March 1, 1774).
68 같은 책, 5:265 (to Several Preachers and Friends, July 10, 1771).

을 입증하는 증거가 된다는 것이다.[69] 아무리 고상하고 아무리 많이 행
했어도 인간의 선행은 구원의 공로가 될 수 없다. 웨슬리에게 초기의 칭
의와 최종적 칭의 모두에서 구원의 공로적 원인은 오직 예수 그리스도
께서 이루신 대속뿐이다.

칼뱅주의 메소디스트들이 웨슬리의 구원의 교리를 잘못 판단한 것
은, 웨슬리가 "공로"라는 말을 어떤 의미로 사용하는지 바르게 이해하
지 못했기 때문이다. 이 문제의 부분적 원인은 웨슬리가 명쾌한 설명을
하지 못한 데 있었을 것이다. 예를 들어, 월터 셜리와 헌팅던 백작부인,
그 외 다른 사람들이 맹렬하게 비난했던 1770년의 연회에서 웨슬리는
공로를 다음과 같이 정의했다.

우리는 공로 자체를 끔찍하게 싫어하지는 않습니다. 우리는 우리가 행한 행
위에 따라, 우리가 행한 행위로 인해 상급을 받게 될 것입니다. 이것이 "우리
의 행위로 인해"라는 말과 무엇이 다릅니까? 그리고 이 말이 "우리의 행위가
가치 있기에"라는 말과 무엇이 다릅니까?[70]

웨슬리를 비난한 사람들은, 어떤 다른 설명 없이 사용된 "우리의 행
위가 가치 있기에 상급을 받는다"는 문구를, 트리엔트 종교회의의 주장
을 똑같이 반복한 것으로 쉽게 오해해버렸다. 예를 들어, 16세기 트리
엔트 종교회의는 이 주제에 대해 다음과 같이 판결했다.

---

69 Lindström, *Wesley and Sanctification*, 212-213를 보라.
70 Jackson, *Works*, 8:337-38, "연회록."

칭의된 사람의 선행은 그 사람 자신의 선한 공로가 아니라 하나님의 선물이
라는 식으로 말하거나, 칭의된 사람이 … 공로를 통해 은혜를 증가시키고, 영
원한 생명을 받고, 영생을 쟁취하는 것이 아니라고 말하는 사람은 … 저주를
받을지어다.[71]

그러나 웨슬리가 사용하는 "공로"라는 용어의 의미는 로마 가톨릭
이 사용한 의미와는 전혀 다른 것으로서, "엄격"하고 "적절"한 의미의 공
로와 "느슨한" 의미의 공로 사이를 구분해 이해해야 한다. 먼저 엄격하
고 적절한 의미의 공로에 대해, 웨슬리는 1771년에 동생 찰스에게 쓴 편
지에서 "나는 칭의되기 전에는 사람 안에 어떤 선한 것도 있을 수 없다
고 천 번도 넘게 선포해왔다. 칭의 이전이든 이후든 인간의 공로라는 것
은 전혀 있을 수 없다"[72]고 적었다. 웨슬리는 다른 글인 "힐 씨의 '걸러내
야 할 사상'에 대한 반론"(1773)에서 다음과 같이 선언한다.

나는 … 엄격히 말하면 그리스도의 피 외에 다른 공로는 있을 수 없고, 구원
이란 행위의 공로에 의한 것이 아니라고 주장합니다. 엄격히 말하면 우리는
우리가 누구이며, 무엇을 가졌으며, 무엇을 행했는가 하는 것으로는 하나님
께 가장 작은 것 하나도 얻을 만한 가치가 없습니다.[73]

웨슬리는 이를 강조하기 위해 다음의 말을 덧붙인다. "공로라는 말

---

71   Philip Schaff, ed., *The Creeds of Christendom* 3 vols. (Grand Rapids: Baker Book
      House, 1983), 2:117-18.

72   Telford, *Letters*, 5:270 (to Charles Wesley, August 3, 1771).

73   Jackson, *Works*, 10:433, "힐 씨의 '걸러내야 할 사상'에 대한 반론."

을 엄격한 의미로 사용한다면, 나는 공로를 전적으로 부인합니다."[74] 그렇다면 그가 1770년의 연회록에서 사용한 "공로"라는 용어는 이 "엄격한" 용법이 아니다. 그러나 불행하게도 웨슬리를 비난한 사람들은 이점을 알지 못했다.

다음으로, 동생 찰스에게 보낸 편지에서 언급한 것처럼 웨슬리가 공로를 "느슨한" 의미로 사용했을 때는, 그는 단지 우리의 행위에 "상급이 따른다"는 것을 의미했을 뿐이다.[75] 그러나 이 상급이라는 요소조차도 구원받은 사람에게 하나님의 은혜를 요구할 독립적인 권한이 있음을 의미하지 않는다. 상급의 의미는, 전능하신 하나님께서 이미 은혜를 베풀고 계시기에, 그 전적인 은혜로 인해 우리의 행위까지도 귀한 것으로 여겨져 상급을 받는다는 것을 의미한다. 달리 말해, 성령의 능력을 부으심으로써 그리스도인으로 삶의 열매를 맺게 하실 뿐 아니라, 이 열매로 인해 또 다시 신자에게 보상하시는 것은, 하나님께서 지극히 은혜로우시기 때문이라는 것이다. 이 열매는 사람의 노력만으로는 결코 맺을 수 없기 때문이다! 그렇다면 웨슬리에게서 "느슨한" 의미의 공로는 인간의 자율적 성취를 강조하는 것이 아니라, 정반대로 하나님께서 행하시는 일이 얼마나 은혜로운지를 재차 강조하는 것이다. 즉 은혜를 주셨다는 사실을 강조하는 데서 끝나지 않고, 그 은총으로 맺은 열매에 대해 한 번 더 보상하신다는 사실을 강조한다. 이러한 여러 이유로 인해, 성화는 초기의 칭의의 기초는 아니지만, 최종적 칭의의 기초가 된다. 이는 우리의 행위가 하나님의 선하심을 요구할 독립적인 기초가 되어서가

---

74 같은 곳. 웨슬리의 "힐 씨의 주장에 대한 반박," 10:393도 보라.

75 Telford, *Letters*, 5:270 (to Charles Wesley, August 3, 1771).

아니라, 그 행위가 하나님의 은혜로 부여받은 살아 있는 신앙을 입증하는 증거가 되기 때문이다. 이러한 사실을 고려하면, 웨슬리의 구원론적 사상을 트리엔트 종교회의의 관점으로 해석하는 것은 매우 잘못된 것이다. 웨슬리 신학은 은혜로 시작해 은혜로 끝맺는다. 즉 웨슬리 신학은 인간의 특권이 아니라, 하나님께서 우리에게 베푸시는 은혜가 얼마나 큰지를 강조하는 신학이다.

결 론

교회 일치를 위한 구원론?

지금까지의 연구, 특히 최종적 칭의까지를 모두 살펴봄으로써 명확해진 것은, 첫째로 웨슬리의 구원 교리가 매우 정교하다는 점이다. 그래서 웨슬리 신학을 좀 더 정확히 이해하려면 구원론에 포함된 각각의 교리를 더 광범위한 신학적 맥락 및 실천적 맥락에서 고려해야 한다. 이를 위해서는 웨슬리가 명쾌하고 독특하며 균형 있는 신학을 만들기 위해 능숙하게 사용한 자료가 매우 광범위함을 기억해야 한다. 예를 들어, 웨슬리가 공식적인 교리에 반영시킨 성경적 내용의 분량은 언제나 엄청나다. 설교와 편지, 신학논문을 막론하고 웨슬리의 글을 읽는 사람은 누구나 그 속에 성경적 용어가 강하게 자리잡고 있음을 발견하게 된다. 웨슬리는 성경을 잘 알고 있었을 뿐 아니라, 자신의 신학에 순서와 일관성, 신학적 온전성을 가져다주는 기준으로 언제나 성경을 의존했다. 그러나 성경을 잘 모르는 사람들에게는 신학적 세밀함으로 끊임없이 구분 짓고 연결 지은 것으로 인해 웨슬리가 지나치게 현학적으로 보일 수도 있을 것이다.

둘째로 웨슬리의 신학적 공식에 반영된 기독교 전통의 흐름은 많은 사람, 특히 이집트의 마카리우스나 시리아의 에프렘, 아빌라의 요한, 베버리지 감독, 페넬롱 대주교, 아우구스트 프랑케, 마이클 몰리노스, 피터 뷜러, 제레미 테일러 등 다양한 원천으로부터 온 것이다.[1] 로마 가톨릭주의, 동방 정교회, 경건주의, 모라비아주의, 영국 국교회주의 등에서 끌어온 이 광범위한 원천으로 인해 웨슬리를 비난하던 사람들은 그를 수수께끼 같은 인물로 여겼는데, 이는 그중 많은 사람이 자신이 읽은 내용을 절충할 능력을 갖추지 못했을 뿐 아니라, 웨슬리처럼 폭넓은 독서도 하지 못했기 때문이다. 예를 들어, 로마 가톨릭과 동방 정교회를 포함하는 가톨릭교도들에게 웨슬리는, 은혜와 믿음을 강조하고 특히 18세기 부흥운동 전체를 통해 '오직 믿음'이라는 주제를 발전시킨 점에서 확고하게 개신교적으로 보였을 것이다. 또 비록 잘못된 판단이긴 하지만, 그들에게는 웨슬리가 칭의에 "직접적"으로 필요한 요소나 "간접적"으로 필요한 요소를 구분한 것이, 개신교 신학의 전제와 추측에 "억지로 끼워 맞추기"를 한 것처럼 여겨질 수도 있었을 것이다.

반면 개신교인들에게는 웨슬리가 목적론적 성격을 가진 구원론의 중요한 요소로 성결한 삶, 하나님의 율법에 대한 순종, 행위, 최종적 칭의, 명령법을 강조하기에, 지나치게 가톨릭적으로 보일 수 있을 것이다. 실제로 웨슬리의 "힘쓰고, 애쓰고, 노력하라"는 표현은 그를 반대하던 칼뱅주의자들을 참을 수 없게 만들었다. 웨슬리가 소속되어 있었지만, 그가 교회의 사역을 예전적으로보다 기능적으로 정의한 것을 호의적으로 보지 않았던 많은 영국 국교회 구성원에게는, 웨슬리가 복음에 대한 자신만의 사적인 확신 위에 성경을 덧입혀 하나의 조직 전체의 표

---

1   예로 든 이 모든 저자는 웨슬리가 "실천적인 신학에서의 최고의 작품"이라고 평가한 웨슬리의 『기독교총서』(*A Christian Library*)에 포함되어 있다. John Wesley, *A Christian Library: Consisting of Extracts from and Abridgments of the Choicest Pieces of Practical Divinity Which Have Been Published in the English Language*, 30 vols. (London: J. Kershaw, 1827) 참조.

준으로 만들어버린 건방진 인물로 보였을 것이다.[2] 더 나아가 웨슬리가
강조한 영적인 경험과 은혜의 실현, 인간의 마음 가장 깊은 곳으로부터
의 거룩한 성품 등은, 영국 국교회의 많은 사람이 근시안적으로 점차 익
숙해져버린 종교의 형식적 요소를 훨씬 뛰어넘는 것이었다. 이런 영국
국교도들, 특히 깁슨과 라빙턴 감독 같은 사람에게는, 웨슬리가 뻔뻔스
럽게도 건전한 신학의 경계선을 넘어선 열광주의자나 광신자 또는 부
흥사에 불과했다.

그렇다면 웨슬리의 구원 교리와 그 실천적 적용점은 그것을 보는
사람의 특정한 신학적 관점이 무엇인지에 따라 여러 다른 방식으로 이
해될 수 있게 된다. 웨슬리는 개신교도나 경건주의자로도 보일 수 있
고, 가톨릭교도, 고교회주의 사제, 저교회주의 전도자로도 보일 수 있
다.[3] 20세기에 들어서는 이 메소디스트 지도자의 신학적 초상을 칼뱅,[4]
루터,[5] 종교개혁,[6] 로마 가톨릭주의,[7] 더 최근에는 마카리우스, 시리아의

2 예를 들면, 영국 국교회적 의미에서 예절과 질서는 웨슬리의 옥외설교뿐 아니라, 그
  가 계속적으로 교구의 경계를 지키지 않은 것에 의해서도 제대로 지켜지지 못했다.
3 웨슬리가 계속 영국 국교회의 예절과 질서를 어겼음에도 18세기 영국 국교회가
  강단을 허락하지 않은 것 외에 특별히 그를 견책하지 않았다는 것은 놀라운 일이
  다. C. J. Wright, "Methodism and the Church of England," *Modern Churchman*
  45 (December 1955): 345-52; D. Hofler, "Methodist Doctrine of the Church,"
  Methodist History 6 (October 1967): 25-35; J. D. Beals, "John Wesley's Concept
  of the Church," *Wesleyan Theological Journal* 9 (Spring 1974): 28-37.
4 George C. Cell, *The Rediscovery of John Wesley* (Lanham, Md.: University Press of
  America, 1984) 참조.
5 Franz Hilderbrandt, *From Luther to Wesley* (London: Lutterworth Press, 1951) 참조.
6 William R. Cannon, *The Theology of John Wesley, with Special Reference to the Doc-
  trine of Justification* (Lanham, Md.: University Press of America, 1984) 참조.
7 Maximin Piette, *John Wesley in the Evolution of Protestantism* (London: Sheed
  and Ward, 1938); John M. Todd, *John Wesley and the Catholic Church* (London:

에프렘, 좀 더 일반적으로는 동방 정교회[8] 등의 화풍으로 그리고 있지
만, 각각의 관점 자체만으로는 여전히 전반적인 그림을 그리기에 불충
분하다. 그 각각의 초상은 웨슬리의 신학적 천재성의 일부는 표현해냈
지만 전체를 표현하지는 못한다. 예를 들어, 웨슬리의 구원 교리를 장
칼뱅의 해석적 관점에서 이해하는 것은, 그의 칭의와 은혜에 관한 교리
를 어떤 면에서 매우 선명하게 볼 수 있게 해줄 것이다. 그럼에도 그러
한 접근은 웨슬리 신학에서 똑같이 중요한 다른 요소를 불분명한 채로
남겨두게 만든다. 이와 유사하게, 웨슬리의 구원론을 동방 정교회의 관
점으로 이해하는 것은, 알버트 아우틀러가 잘 보여준 대로 많은 장점을
가지고 있다. 그럼에도 그것 역시 웨슬리 신학에서 중요한 요소, 특히
칭의 같은 법정적 주제나 신생과 완전성화 같은 참여적 주제에서 순간
적 요소라는 측면을 명확히 설명할 수 없게 된다.

　　따라서 웨슬리의 구원 교리를 있는 그대로 고찰하는 가장 좋은 방
법은, 그 전통이 아무리 중요하더라도 어느 하나의 신학 전통의 입장만
을 충실하게 반영하는 것이 아니라, 웨슬리의 궁극적 기준인 성경에 원
래 있기에 서로 다른 기독교 신학 전통이 각각 부분적으로나마 반영하
고 있는 다양한 진리를 의식적으로 정교하게 종합하는 방법일 것이다.
물론 이는 많은 신학 사상의 학파들이 웨슬리의 구원의 길에서 자신들
의 신학적 입장을 발견할 수도 있음을 의미한다. 이 점에서 웨슬리의 구

Hodder and Stoughton, 1958) 참조.

8　　Thomas C. Oden and Leicester R. Longden, eds., *The Wesleyan Theological Heritage: Essays of Albert C. Outler* (Grand Rapids: Zondervan, 1991)에 실린 Albert C. Outler, "John Wesley's Interests in the Early Fathers of the Church," 97-110; Maddox, *Responsible Grace* 참조.

원의 길은 다양한 기독교 전통 사이에 적절한 대화의 토대를 마련할 수
도 있지만, 동시에 그 전통 중 어느 하나도, 심지어 영국 국교회주의마
저도 그 속에서 배타적으로 자신의 전통의 주장만을 발견하는 것은 불
가능하다.

　웨슬리가 평생 많은 수고를 통해 만들어낸 정교한 신학적 종합은,
서로 아무 모순 없이 율법과 복음, 신앙과 거룩한 삶, 은총과 행위, 하나
님의 사랑으로서의 은혜와 하나님의 능력 부음으로서의 은혜, 칭의와
성화, 순간과 과정, 선행은총의 보편성과 구원의 제한적 실현, 하나님
의 주도하심과 인간의 응답, 그리고 초기의 칭의와 최종적 칭의를 모두
함께 붙든다. 그렇다면 웨슬리 신학은 사실상 하나의 "종합적인"(con-
junctive) 신학이다. 이런 관점에서 보면 웨슬리 신학을 바르게 이해하기
위해 반드시 극복해야 할 유혹은, 다양한 신학적 기둥 중 하나를 지나치
게 강조한 나머지 다른 기둥을 손상시키는 태도일 것이다. 이 유혹에 넘
어진 결과는, 예를 들면 웨슬리를 "개신교적" 인물이나 그렇지 않으면
"가톨릭적"인 인물 등으로 어느 한 면만을 가지고 이해하는 것이 되고
말 것이다. 그러나 웨슬리 신학을 이해하는 최선의 방법은 이러한 유혹
을 극복하고, 웨슬리 신학의 넓이와 그가 주의 깊게 만든 신학적 세밀함
에서 기쁨을 발견하는 데 있다. 그렇게 할 때 우리는 이전에 상상한 것
보다 더 위대한 웨슬리를 발견하고, 다양한 신학적 전통과 풍부한 대화
를 나눌 수 있는 신학적 도구를 갖추게 될 뿐 아니라, 가장 중요한 변화
로서 우리가 웨슬리의 구원의 길만이 줄 수 있는 특별한 희망과 약속을
마음껏 증거하게 될 것이다.

색인

편지

주제

성구

성경적 구원의 길: 존 웨슬리 신학의 정수

Copyright ⓒ 웨슬리 르네상스 2022

초판1쇄 2023년 6월 30일

지은이 케네스 J. 콜린스
옮긴이 장기영
펴낸이 장기영
편 집 장기영
교정·윤문 이주련
표 지 장여결
인쇄 (주) 예원프린팅

펴낸곳 웨슬리 르네상스
출판등록 2017년 7월 7일 제2017-000058호
주소 경기도 부천시 호현로 467번길 33-5, 1층 (소사본동)
전화 010-3273-1907
이메일 samhyung@gmail.com

ISBN 979-11-983900-0-4 (93230)
값 22,000원